人文松江丛书

松江工匠

《松江工匠》编委会 编

上海书画出版社

前　言

在松江深入推进科创、人文、生态建设进程中，抚今追昔，看华亭画卷，听茸城之歌，有一种绚烂而精致的色彩装点大美云间，有一种穿越时空的文明进步跫音经久回荡。这就是由传统定义的匠人和新时代大国工匠承前启后谱写的传承之歌。

有着“上海之根”美誉、古为“东南一大都会”的松江，峰泖秀丽，富庶一方。生活在这里的百姓勤劳智慧，有着“民兴于仁，士奋于学”的“尚文”风尚，富有创新精神和创造能力。松江曾在中国历史的发展进程中，创写了两大产业中心的历史辉煌，即南宋时期为我国缂丝生产中心，明代为我国棉纺织业中心。仅此，足以看出松江工匠曾为熠熠生辉的古老中华文明，做出了伟大的历史贡献。

在征集《松江工匠》资料编撰过程中，我们深切地感受到，作为社会群体之一的工匠，尤其是工匠中的杰出人物（包括佚名工匠），他们无不是优秀物质财富的创造者，祖传技艺的继承更新者，先进技术的开拓进取者，将文人审美理念转化为生活品质的提升者。他们在衣食住行等方面不断创新技艺，给人们的生活带来了愉悦福音，并以精益求精、一丝不苟、持之以恒的伟大工匠精神，让生活的世界变得更加丰富多彩，温暖人心。所以，品江南滋味，读松江故事，传承优秀传统文化，松江工匠的作品，值得一记；松江工匠的技艺，值得一传；松江工匠的精神，值得一书。

松江历史上有不少杰出工匠，载誉光荣与梦想，播种美丽与芬芳。如在缂丝领域创立“朱缂法”的南宋华亭人朱克柔，其手织《莲塘乳鸭图》为存世国家宝藏；元代松江府乌泥泾人黄道婆，改革棉纺织生产工具，传播先进棉纺织技术，被誉为中国棉纺织业祖师；继黄道婆之后，明代家住松江东门外的丁娘子，织出了用棉精纯、细软精美的“飞花布”。又如明代华亭人杨青，不仅是《故宫志》

记载的著名瓦匠，而且对宫廷建筑规制、营造工艺都有颇深造诣和独到见解。明末华亭人张南垣，是《清史稿》立传的造园叠山大师，他的叠山艺术开创了一个时代，创新了一个流派，是中国园林艺术成熟的最终标志。载于当代院士科创篇、航天军工篇中的多位科创志士，他们或是松江人、新松江人，或是在松江建有科研基地并扎根某一领域进行科研攻关、产品研发取得卓越成绩的新时代大国工匠。这就形成了《松江工匠》一书的出彩亮点：物载传统技艺，人见创新风采。

松江历史有多久，工匠与时俱进的足迹就有多长。为了充分反映松江工匠从容独立、踏实务实、摒弃浮躁、宁静致远、精致精细、执着专一、追求卓越的精神风范和创造成果，本书以特别推荐篇、营造修缮篇、杂项行家篇、菜点名师篇、非遗传承篇、特殊建造篇、佚名工匠篇、院士科创篇、航天军工篇共九个章节，根据能够收集到的相关资料，或见人见物，或以匠心打造的存世之物展开技艺追寻与阐述，进而成就了较为厚重的《松江工匠》一书。

习近平总书记在全国劳动模范和先进工作者表彰大会上指出，劳模精神、劳动精神、工匠精神，是以爱国主义为核心的民族精神和以改革创新为核心的时代精神的生动体现，是鼓舞全党全国各族人民风雨无阻、勇敢前进的强大精神动力。流转的是岁月，不变的是情怀。本着对历史尊重，对工匠敬仰，对其劳动创造成果珍视和传承工匠技艺、弘扬工匠精神之初衷，同时为新时代建设知识型、技能型、创新型工匠大军书写历史新篇章，灌注文化自信的丰厚底蕴和创新驱动的精神力量，按照我区人文松江建设三年行动计划提出的大力发掘、传承、弘扬优秀传统文化，见人见事讲好松江故事的要求，几年来，《松江工匠》编写组在区文旅局的重视下克服重重困难，始成松江有史以来第一本以反映工匠成就并以图文并茂形式呈现于世的综合性专著。希望借助这本书的编写出版，留住闪光的工匠记忆，为当下松江唱响奋进新时代之歌，续写根深才能叶茂、源远方可流长的美好佳话，增添工匠精神古今传承的不竭力量。

目　录

叁　杂项行家篇

肆　菜点名师篇

伍　非遗传承篇

陆　特殊建造篇

柒　佚名工匠篇

捌　院士科创篇

玖　航天军工篇

壹

特别推荐篇

朱克柔

华亭朱缂法 南宋第一人

缂丝是中国丝绸艺术品中的精华，与刺绣、玉雕和象牙雕、景泰蓝并称为中国四大特种工艺品，并与云锦合称为中国两大珍品手工丝织物。“缂”是织纬的意思，用彩色丝线织纬而成图形，故称作“缂丝”；又因每处不同颜色地方的边缘，都有形似镂刻的小孔，故又叫作“刻丝”，亦写成“克(剋)丝”。缂丝具有艺术与工艺的双重价值，俗称“织画”。从北宋缂丝日用品到南宋缂丝艺术品，充分显示出能工巧匠的聪明智慧和才能。宋元以来缂丝一直是皇家御用织品之一，常用以织造帝后服饰、御真(御容像)和摹缂名人书画。因织造过程极其细致，摹缂常胜于原作，而存世精品又极为稀少，常有“寸缂寸金”和“织中之圣”的盛名，朱克柔便是矗立在缂丝艺术顶峰时代的第一高手。《中国工艺美术史》载：“南宋时，制作技艺更加精巧，产地以云间(松江)为中心，名家辈出。朱克柔、沈子蕃、吴煦等都是缂丝名手。朱克柔的作品古淡清雅，《莲塘乳鸭图》是其代表作品。”

朱克柔(周洪声绘)

朱克柔，女，名刚，字克柔，华亭人。她的成名年代在北宋徽宗时期(1101—1126)。《中国染织史》载：“朱克柔的缂丝闻名于世，成为当时文人、

朱克柔印章

官僚们争相抢购的对象，甚至连宋朝皇帝也派宦官到江南去搜刮。宋徽宗还亲笔在一幅《碧桃蝶雀图》上题诗：‘雀踏花枝出素纨，曾闻人说刻（缂）丝难。要知应是宣和物，莫作寻常黹绣看。’”

缂丝作品题材广泛，有人物、树石、花鸟等，风格清淡古雅，形象生动，为一时之绝技。现存朱克柔缂丝作品 7 件，其中《莲塘乳鸭图》是已知的朱克柔最大缂丝画，长 107.5 厘米，宽 108.8 厘米，描绘了六月底、七月初的场景，红荷白鹭、浮萍翠鸟、蜻蜓草虫、双鸭游乐、乳鸭萌萌，白鹭鸟神情精灵剔透。整个画面生动活泼，色彩富有变化。画中荷花、水芙蓉、萱草、莲花、石竹、慈菇等运用写实笔调。这幅作品丝线组织细密，丝丝缕缕皆匀称、分明，远观竟像是水墨画，淡雅别致，丝线的颜色均是通过植物染就。青石上缂制隶书小款“江东朱刚制，莲塘乳鸭图”，画面左下角有“克柔”朱红印一方。

缂丝有结、掼、勾、戗四种最基础的技法，《莲塘乳鸭图》的织造技艺十分高超，整幅以“长短戗”为主进行缂织，整幅作品彩色丝线有二百多种，墨绿色的太湖石用色线约二十五种；表现荷叶、花瓣等过渡色的变化，自然逼真。

南宋朱克柔缂丝《莲塘乳鸭图》

中央电视台《国家宝藏》
展示马惠娟仿制的《莲塘乳鸭图》

“长短戗”缂法是朱克柔首创，被称为“朱缂”，这种缂丝法使花纹由深到浅晕色，利用缂丝线条伸展的长短变化，使得深色纬和浅色纬相互交叉，从而得到自然晕色的效果。

朱克柔传世缂丝《牡丹图》为 25 厘米左右方幅，蓝地五色织成。用色除白色外，计有蓝色 2 种，黄色 4 种，绿色 4 种，朱色 1 种。经线用捻度大的绢丝，一寸见方的面积中有经丝 116 支，纬丝 360 支，可见其细密精致。牡丹花瓣部分的晕色也全部织出，这是缂丝织法中最困难的技法，织品工细高雅，堪称绝品。朱克柔的织品可谓达到了中国古代缂丝艺术发展的高峰。

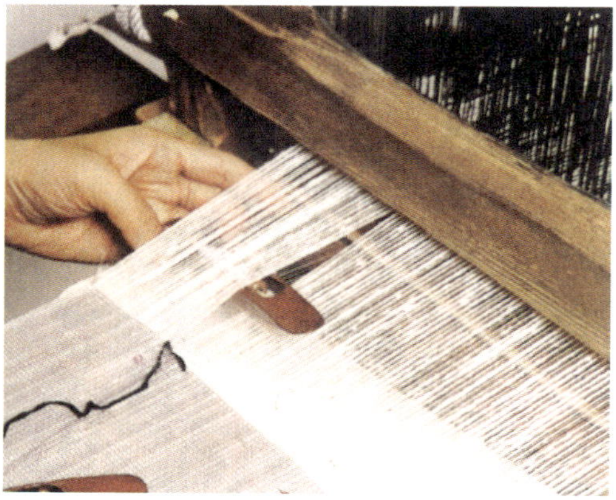

织缂丝

缂丝织机

缂丝是我国将绘画移植于丝织品的特种工艺，织造时，以本色生丝为经，色彩丰富的熟丝作纬。先在平纹木机上架好经线，按照底稿在经线上描出图案或文字的轮廓，图案必须按色彩与形状分块、分区、分段，并做好记号，然后对照底稿，用小梭装上彩色丝线，断断续续织出图案、文字。因各色纬丝仅于图案花纹需要处与经线交织，所以纬丝不贯穿全幅，即称“通经断（回）纬”。由于缂丝采用该手法，把各色纬线依着画稿来回穿梭，彼此又相关联，组成正反两面相同的图案。

缂丝主要有木机一台，织造工具又有拨子、梭子、移筒、竹筘、毛笔、剪刀、镜子、撑样杆、撑样板等。最基础的技法分别是结、掼、勾、戗，戗又叫炝色或镶色。工艺流程一般为落经线、牵经线、套筘、弯结、嵌后轴经、拖经面、嵌前轴经、捎经面、挑交、打翻头、箸踏脚捧、扪经面、画样、摇线、修毛头。缂丝的基本特点为能自由变换色彩，因而特别适宜制作书画作品。缂织彩纬的织工须有很高的艺术造诣。缂丝织物的结构则遵循“细经粗纬”“白经彩纬”“直经曲纬”等原则，即：本色经细，彩色纬粗，以纬缂经，只显彩纬而不露经线等。由于彩纬充分覆盖于织物上部，织后不会因纬线收缩而影响画面花纹的效果。

朱克柔缂丝《牡丹图》

朱克柔缂丝《牡丹图》局部

河北定州在北宋时是缂丝的重要产地，随着南宋政治中心南迁，华亭地区人才辈出，成为缂丝重镇，时称“北有定州，南有华亭（松江古称）”，两地先后成为那时的缂丝生产中心。南宋华亭缂丝名家、画家朱克柔的缂丝作品为天下一绝，被文人及官员们视同名画，争相购买，宋宫廷屡派宦官征其作品。所作人物、树石、花鸟、草虫等，有“精巧疑鬼工，品价高一时”之誉。后人赞她的技艺：“运丝如运笔，为绝技，非今人所得梦见也。”

清故宫有《缕绘集锦册》二十开。见《墨缘汇观》《石渠宝笈续编》。安仪周《墨缘汇观·名画》，文彦可题写：“朱克柔，以女红行世，人物、树石、花鸟精巧，疑鬼工品，价高一时，流传至今尤为罕见。曾此尺帧，古澹清雅，有胜国诸名家风韵，洗去脂粉，至其运丝如运笔。是绝技，非人所得梦见也，宜宝之。”朱克柔的织品可谓达到了中国古代缂丝艺术发展的高峰。传世作品有《牡丹图》《山茶蛱蝶图》（现藏辽宁省博物院）、《莲塘乳鸭图》（现藏上海博物馆）、《山雀图》《鹡鸰红蓼》《花鸟》《梅花画眉》（现藏台北故宫博物院）。

缂丝称为“织画”，朱克柔以丝代笔作《莲塘乳鸭图》，专家惊呼，“远观竟像是水墨画，淡雅别致，正是因为丝线的颜色均是通过植物染就的。遥想九百多年前，毫无任何人工合成成分，仅通过纯天然的方式便可将丝线染得层次分明，足见其高超的技艺。”专家们还推测：朱克柔的艺术修养很高，她一定是一位画家，高超的作画技艺需要从小受熏陶，有名师指点，能看到名家名作，这决定

朱克柔缂丝《山茶蛱蝶图》

上海博物馆

了她曾经生活在大户人家。缂丝是一门纯手工制作的技艺，工艺精细繁复，一件成功的作品，所用人力物力非普通人家可以承受。专家认为《莲塘乳鸭图》是迄今为止现有宋代缂丝作品中最高超的杰作，并且太精细、太复杂了，到目前为止还没有办法用机械化、电脑化制作完成，必须要发挥人的主观能动性才能织造，这才是缂丝的特点，也是朱克柔缂丝作品的独特魅力。

毛　盛

夏布纻绫似绢　南宋皇室夏衣

南宋绍熙《云间志》载："白苎城在县城南四十里。高一丈，周回一万步。旧经云：地生野苎，因以为名。今俗云白苎汇。"苎麻是中国特有的以纺织为主要用途的农作物，是麻中特优品种，中国国宝。中国的苎麻产量约占全世界的90%，在国际上被称为"中国草"。浦江之南接叶榭塘段古称麻泾港，其西滩生长优质白苎。宋代叶榭毛家汇村地处麻泾港畔，村人多以种白苎，织纻绫、夏布为业。该地所产夏布，轻如蝉翼，薄如宣纸，平如水镜，细如罗绢，为达官贵族喜爱的珍品。绫与苎丝合织成纻绫，又叫纻丝绫布，制成夏衣，特别贵重，作为贡品进京。当地出过一位叫毛盛的织麻能人。

毛盛（张新华绘）

毛盛，女，纺苎丝洁白光泽，织布细如罗绢，教麻泾女纺织夏布、纻绫，进临安（今杭州），为宫廷所用。叶榭白沙（今毛家汇村），东靠麻泾港（今叶榭塘）。明万历《叶谢（榭）志》载：叶谢（榭）塘西白沙盛产白苎，故俗称白苎汇。毛、盛二姓，盛姓族人开店经商，除经营杂品、酒肆、饭店外，主要经营麻纺产品，渐形成小集。毛家大族以种植白苎与纺织夏布、纻绫为主。毛家老宅有数十间九架梁连脊房，人称“长屋脊”，前后两排，连接盛族商街，十分特别。村民每户独立居住，中为天井，后埭为生活起居，前埭为白苎纺织工场，如纺织长廊，人称毛家汇。北宋绍圣元年（1094），毛家娶盛家独生女为妻，翌年生一女，取名毛盛。她从小进私塾读书学画，并跟父母种收、加工白苎，纺织纻布。

苎麻良种在苗期最怕水，要开深沟，清沟泥，铲平沟底，开深沟口，确保横沟、竖沟、围沟配套。要适时收获，早收获纤维未成熟，影响产量；过迟收获，纤维木质化程度高，品质差。须掌握下部叶片脱落，上部叶和叶柄变黄，茎由绿色转向褐色，用手试折麻茎中部，木质部脆而易断，当韧皮部坚韧易与

20 世纪 90 年代叶榭毛家汇村

苎麻丝

古冈身遗址

苎麻

木质部分离时，要及时收获。苎麻脱胶十分艰难而重要，除用石灰或草木灰外，还采用“半晒半浸”的方法，即把煮过的麻缕用清水洗净后，摊放在铺于水面的竹帘子上半浸半晒，日晒夜收，直到麻纤维达到极白程度。这种方法，是利用日光紫外线进行界面化学反应产生臭氧，对纤维中的杂质和色素进行氧化，使生色基团变为无色基团，从而起到漂白作用。种良麻，选好麻，优质白苎原料是织布的基础。

在北宋毛家汇人所称的纺织品就是白苎织品。那时十岁以上的女孩就必须学纺纱织布，并以织纻布快慢，布匹精细，花纹、色彩难易等，评其女是否聪明伶俐，心灵手巧，也被男方视为重要择偶标准；纻布又是女方重要陪嫁物品，因此毛家汇村家家有织机，妇女人人织纻布。众女孩中毛盛出类拔萃，所织纻布细密可与绢媲美，评为“第一织手”，众口称好。村中妇女都向她求教，学习种苎、选苎、剥苎、浸苎、漂洗、绩苎、成线、绞团、梳苎、上浆、纺织等工序。原料苎麻胶质重，成麻不规则，制作又颇受天气影响，故纺织纻布十分不易。毛盛经数年研究，使所织夏布达到细密结实，挺括滑爽，透气排汗，吸湿性好，传热力强，舒适凉爽，抗菌保健，而且还具有缩水小、着色力强、不易变形、不易褪色、易洗快干的要求，成为理想的夏季衣料。毛盛还用纻丝织成纻绫布，又叫纻丝绫，纺织要求更高。她用多梭多色线恢复祖传龙凤、麒麟、天马等纹饰，并增加了孔雀、鸳鸯、喜鹊、蝙蝠及吉祥植物、喜庆图案等。据

明夏布单衫

夏布

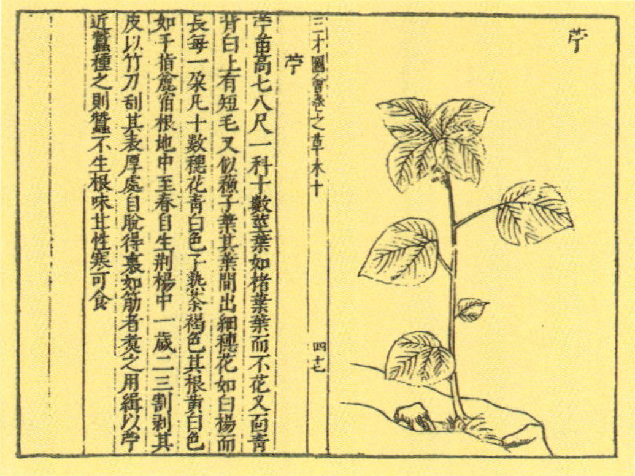
苧

三才圖會卷之草木十　四七

苧

苧麻高七八尺一科十數莖葉如楮葉葉而不花又面青
背白上有短毛又似蕁子葉其葉間出細穗花如白楊而
長每一朵凡十數穗花青白色子熟茶褐色其根黄白色
如手指麄宿根地中至春自生荊揚中一歲二三割剝其
皮以竹刀刮其表厚處自脫得裹如筋者煑之用緝以苧
近蠶種之則蠶不生根味甘性寒可食

苎（《三才图会》）

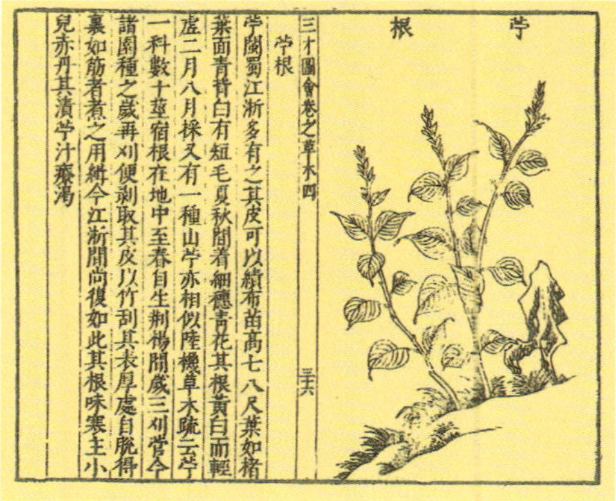
苧根

三才圖會卷之草木四　三六

苧根

苧閩蜀江浙多有之其皮可以績布苗高七八尺葉如楮
葉面青背白有短毛夏秋間着細穗青花其根黄白而輕
虛二月八月採又有一種山苧亦相似陸璣草木疏云苧
一科數十莖宿根在地中至春自生荊揚間歲三刈官令
諸園種之歲再刈便剝取其皮以竹刮其表厚處自脫得
裹如筋者煑之用緝今江浙閩尚復如此其根味寒主小
兒赤丹其漬苧汁療渴

苎根（《三才图会》）

白纻舞（刘文西绘）

传，她还创新双面织图案，使纻绫更高贵、典雅、轻盈，独具风格，名传京城。

南宋初，毛家汇村长与毛盛带领十二名村姑进京城临安，献纻布、纻绫，同时跳“白纻舞”，又称“纻衣袖舞”。该舞三国始创，唐代成熟，以手和袖的功夫见长。村长与船工们用东江丝竹伴奏，由竹笛、二胡主奏。毛盛唱唐张籍《舞曲歌辞·白纻歌》：

皎皎白纻白且鲜，将作春衫称少年。
裁缝长短不能定，自持刀尺向姑前。
复恐兰膏污纤指，常遣傍人收堕珥。
衣裳着时寒食下，还把玉鞭鞭白马。

六名村姑身穿自制的轻软洁白特长袖纻服起舞，如同蓝天上轻轻飘动的白云。姑娘们列队舞起双手，长袖飘曳生姿，随着队列不断变化，形成各种轻盈动态，飞舞长袖是白纻舞的最大特

白纻舞

点。舞袖动作有“掩袖”“拂袖”“飞袖”“扬袖”等。掩袖是村姑出场不断飘收长袖，似仙女下凡。定位后倾斜转身，用双手双袖掩面，半遮娇态；拂袖是舞中长袖拂转，双手协调，左右飘动，犹如白浪翻转；飞袖是加快节奏，村姑向上争挥双袖，双人交叉挥袖，如同雪花翻飞；扬袖是舒展优雅，轻舞慢转，六人配合成各种动作，相互交流眼神，并与观众互动。接着另六名村姑身穿红、黄、绿三色自制纻绫服，呈上下弧形轻步出场，长袖飘动，如同蓝天上的一条彩虹。她们在六名白色纻服村姑前折腰转身，脚步轻盈，舞姿飘逸，舞衣鲜艳，光彩照人，她们还与身穿白纻服村姑一起含笑流盼，用长袖飘向贵宾，飞向高空，或弓腰拂袖，欢快奔放，祝贺南宋建都临安。在阵阵掌声中，十二名村姑敬献纻布、纻绫。

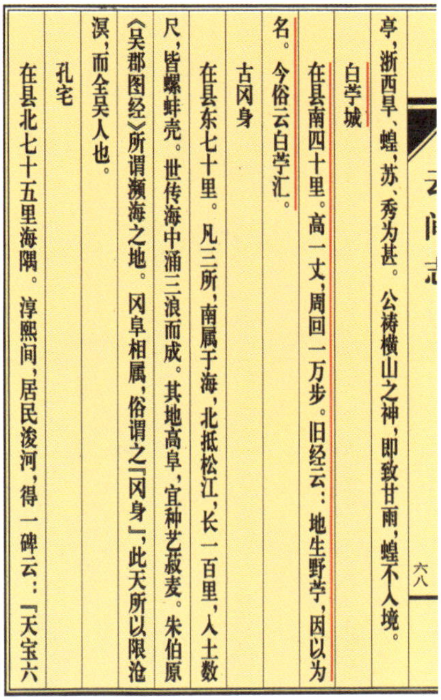

亭，浙西旱、蝗，苏、秀为甚。公祷横山之神，即致甘雨，蝗不入境。

白苎城

在县南四十里。高一丈，周回一万步。旧经云：地生野苎，因以为名。今俗云白苎汇。

古冈身

在县东七十里。凡三所，南属于海，北抵松江，长一百里，入土数尺，皆螺蚌壳。世传海中涌三浪而成。其地高阜，宜种艺菽麦。朱伯原《吴郡图经》所谓濒海之地。冈阜相属，俗谓之『冈身』，此天所以限沧溟，而全吴人也。

孔宅

在县北七十五里海隅。淳熙间，居民浚河，得一碑云：『天宝六

六八

白苎城（《云间志》）

历史发展，穿着变化，但《白纻歌》还在飘荡，“白苎城”史事不断传颂，请看《续华亭百咏·白苎城》：

古城不可见，平野秋风多。
白日照村落，遥闻采苎歌。

黄道婆

我国棉纺业始祖　技术革新传播人

黄道婆，生卒年不详，宋末元初人，生于华亭（元至元二十九年即1292年，从华亭县中分离出上海县），家住乌泥泾（今上海市徐汇区华泾镇）。据元王逢《黄道婆祠并序》记载："黄道婆，松之乌泾人。少沦落崖州，元贞间（1295—1297），始遇海舶以归。躬纺木棉花，织崖州被自给。教他姓妇不少倦。未几，被更乌泾名天下，仰食者千余家。"陶宗仪《南村辍耕录》载："国初时，有一妪名黄道婆者，自崖州来，乃教以做造捍弹纺织之具；至于错纱配色，综线挈花，各有其法。以故织成被褥带帨，其上折枝、团凤、棋局、字样，粲然若写。人既受教，竞相作为，转货他郡，家既就殷。未几，妪卒，莫不感恩洒泣而共葬之，又为立祠，岁时享之。"时有民谣云："黄婆婆，黄婆婆，教我纱，教我布，二只筒子两匹布。"民谣传至当代，松江又出了位以水稻"老来青"成名的种田能手陈永康。松江新民谚说："织布要学黄道婆，种田要学陈永康。"黄道婆的影响力穿越时空，深入人心，始终是闪烁云间工匠光辉的一颗"织女星"。

黄道婆（程十发绘）

从元代开始，《嘉禾志》《南村辍耕录》等始有关于松江地区种植棉花和纺织棉布的记录。虽然南宋《云间志》“物产”中未记棉花，但棉花传至松江的实际时间，可能是在南宋后期。据明正德《松江府志》记：“木棉本出闽广，可为布，宋时乡人始传其种于乌泥泾镇，今沿海高乡多植之。”初期，因棉纺织技术落后，松江地区棉花种植面积有限，陶宗仪《南村辍耕录》卷二十四有云：“初无踏车、椎、弓之制，率用手剥去子（籽），线弦竹弧置按间，振掉成剂，厥功甚艰。”公元 1289 年，元世祖忽必烈设置专管棉纺织生产的机构“江南木棉提举司”，责令江南百姓每岁纳贡木棉 10 万匹，百姓为之叫苦不迭。黄道婆年轻时被迫离乡，远去海南崖州生活了三十多年，带着从黎族人民那里学习到的植棉、捍棉、纺纱、织布等一整套先进的棉纺织技术回到阔别已久的家乡，传授先进棉纺织技艺，创新开发花饰精美的乌泥泾番布和乌泥泾被等，从而推动了松江地区棉纺织业走向繁荣发展。

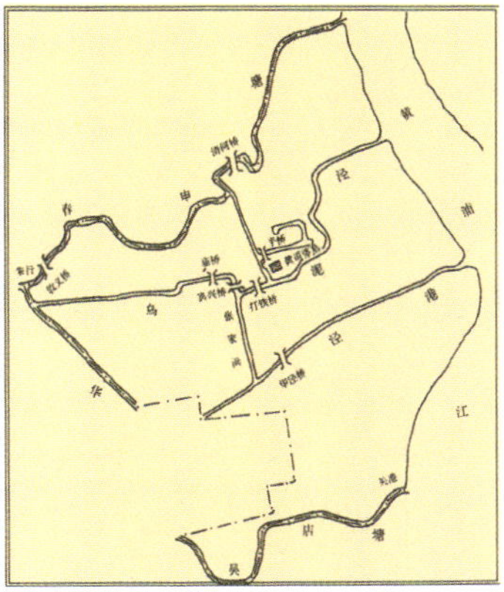

古乌泥泾镇示意图

1980 年发行的黄道婆纪念邮票

黄道婆传授制作并加以改进的棉纺织工具现已无存，但从成书于元皇庆二年（1313）王祯《农书》中尚能感知一二。《农书》谓去籽云：“昔用辗轴，今用搅车，尤便。夫搅车，四木作框；上立二小柱，高约尺五，上以方木管之；立柱各通一轴，轴端俱作掉拐，轴末柱窍不透。二人掉轴，一人喂上棉英，二轴相轧，则子落于内，棉出于外，比用辗轴，工利数倍。”具体说起来，“捍”即用于轧脱棉籽的搅车。它的上面有一根小直径的铁轴，下面配合一根直径较大的木轴。二轴直径不等，所以转速不同，棉籽喂入二轴之

《黄婆传艺图》（程十发绘）

采摘棉花

黄道婆曾在崖城镇水南村（今属三亚市）住过的地方

间，二轴相轧，棉籽落于内，棉纤维则被带到外，其生产效率较之手剥或用铁杖擀法去棉籽提高数倍。

“弹”，即弹松棉花的椎弓。《资治通鉴》载，初“以竹为小弓，长尺四五寸许，牵口弦以弹松”。可见，以往是用指来弹拨弓弦，而非用椎来敲击。王祯《农书》云：“木棉弹弓，以竹为之，长可四尺许，上一截颇长而弯，下一截稍短而劲，控以绳弦，用弹棉英，如弹毡毛法。”也就是说，原来的椎弓是四五寸长的小竹弓，黄道婆将它改制成四五尺的“绳弦大弓”，有大头和小头之分。弹棉花时，先用木椎小头一端击弓弦数次，将棉絮弹松；后用木椎大头一击，让松散的棉纤维和杂质分散两处，起到清棉的作用。用这样的椎弓每天可弹棉约六七十斤，弹出来的棉花既松散又干净，为纺纱织布创造了良好条件。黄道婆所创的这种弹棉花用的大椎弓，后远传日本，称为“唐弓”。

“纺”，即纺车。王祯《农书》载，三锭续木棉纺车，“轮动弦转，莩維随之，纺人左手握其棉筒，不过二三，续于莩維，牵引渐长，右手均撚，俱成紧缕，就绕续上”。据纺织专家研究，元代海南岛黎族所用的竹轮纺车，直径为 30 厘米至 40 厘米，有一种大轮的为 61 厘米。黄道婆从崖州引进这种纺车后，改进为三锭脚踏纺车，即将原来的竹轮直径改小，对脚踏木棍支点和竹轮偏心距作合理的调整，克服了棉纺易断的毛病。经黄道婆改进过的三锭纺车纺棉纱，一足运轮，一手三纱，既省力，工效又高，比英国哈格里夫斯 1764 年制造的第一架手摇纺纱机，即世界著名的“珍妮机”，还要早四百多年。

三锭纺车

“织”，即织机。沿用织麻布的投梭织机，由杠（经线轴）、杼、卷布轴组成。有

鲜艳如画的乌泥泾被

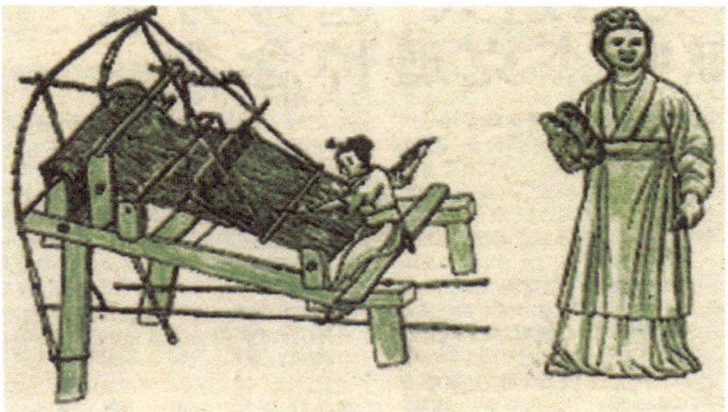

黄道婆革新织布工具

平纹织机与提花织机两种，提花织机能织出各种纹样花布。宋应星《天工开物》云："凡工匠结花本者，心计最精巧，画师先画何等花色于纸上，结本者以丝线随画量度，算计分寸秒忽而结成之。张悬花楼之上，即结者不知成何花色，穿综带经，随其尺寸、度数，提起衢脚，梭过之后居然花现。"史载黄道婆所传，并不止于平纹织机，还有提花织机。《南村辍耕录》载黄道婆传授"错纱配色，综线挈花"技法，织出的乌泥泾"被褥带帨"，亦即被、褥、带、佩巾或巾帕之物，"其上折枝、团凤、棋局字样，粲然若写"。王逢诗云："崖州布被五色缫，组雾紃云灿花草。片帆鲸海得风归，千轴乌泾夺天造。"在黄道婆的传授下，当地"人既受教，竞相作为，转货他郡，家既就殷"，从事棉纺织生产的人口也随之增多。

据明宋应星《天工开物·乃服·造棉》记："凡棉布寸土皆有，而织造尚松江。"也就是说，棉布各地都生产，但织造技术以松江为最高。明代松江发展成为全国棉纺织业中心，形成四大品种七八十个布名。徐蔚南著《上海棉布》载："(清末)上海所产之棉布，就其最重要者言，则分四种：曰扣布，曰稀布(希布)，曰标布，曰高丽布。"其中又以精线绫、三棱布、尤墩布、丁娘子布等为布中精品。另据明正德《松江府志》记，松江布中的"精线绫、三棱布、绫纱方巾、剪绒毯皆天下第一。梅花灯笼、拨罗绒、纹绣亦他方所无"。至明代，松江棉布已由最初的本色布，发展成为可以提供各种需要的系列产品，畅销各地。叶梦珠《阅世编》记上海外销棉布分为三等。其一是标布，"上阔尖细"，以三林塘为最精，周浦次之，县城再次之，"俱走秦晋京边诸路"。其二是中机，"较标布稍狭而长者"，"走湖广、江西、两广诸路"。其三是小布，"阔不过尺余，长不过十六

明朝松江家庭棉纺织图

明朝松江棉布集市

尺”，“单行于江西之饶州等处”。另外，松江东门外双庙桥丁娘子的“飞花布”，以光洁细软著称于世。还有郊西尤墩布，轻细洁白。自万历以来，松江尤墩布制成的暑袜，“极轻美，远方多来购之”。可见，从元代陶宗仪记述的“厥工甚难”，到王鏊《上海县志序》云：松江“以土产之饶，海错之异，木棉、文绫，衣被天下，可谓富矣”，至清初叶梦珠感叹“松民之贸利，半仰给纺织”中看出，明代松江棉布，无论在质量还是产量方面都达到相当水平和规模。纵观这一切，“纺织之母”黄道婆厥功甚伟。

黄道婆不仅在革新棉纺生产工具，传授棉纺技艺方面，为乡民致富带来了实实在在的好处，而且由她相传的松江棉纺业，至明代“衣被天下”，促进了纺织文化的丰富和发展。除《天工开物》在织、染上直接记述松江布外，许多著名文学作品里都写到松江布，如《金瓶梅》和《悲惨世界》等文学作品中均写有松江布。吴梅村《茸城行》诗描绘了松江布的繁荣景象，诗云：“千箱布帛运轺车。”再如松江布与书画、礼仪、风俗等交织在一起，彰显了一种文化魅力。程十发艺术馆展出过一幅人物画，其中就有一位腰束松江布作裙的中年妇女，正以人民代表的身份向票箱投下庄严的一票。此外，据《谷水旧闻》载：明万历年间，家住华亭县十五保的陈守贞，人称孝子，其“孑身事母，手自纺织，所织布独精洁”，呼为“陈孝子布”。明代武宗正德皇帝朱厚照御赐松江布为“龙布”，朝廷官服用纺织品花色来区别等级，而农工商学和释道儒等也都有自己的服饰。叶梦珠《阅世编》卷八中专记“冠服”“内服”应有的传统礼仪规制。至于风俗方面，松江尊仰黄道婆，她去世后，当地乡民给她

黄道婆雕像

立了祠庙，祠庙被毁后，又重建之。王逢的《黄道婆祠并序》记录了这一史实，诗云："赵翁立祠兵火毁，张君慨然继绝祀。"反映了人事有代谢，往来成古今的民间敬仰风俗代代相传。

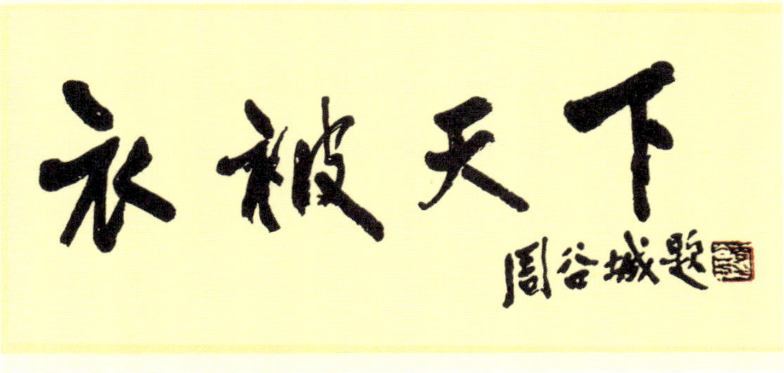

1989年全国人大常委会副委员长周谷城为黄道婆像题词

20世纪20年代末，上海市民投票评选市花，"棉花"当选，则蕴涵着一种浓厚的纺织情结。时至当下，月有阴晴圆缺，人有悲欢离合，衣着应时得体，也有约定俗成的规矩。近有松江学者说，棉布之经纬布局，以三、四、五、六、八、九为基数。这些数字里也含有民间风俗信仰的文化取意。如天地人为"三"，一年"四"季，"五"谷丰登，"六"畜兴旺，四面"八"方，"九"五之尊。风俗沉淀，落地生根。这些文化现象进一步引人深思，古代工匠在创造物质财富的同时，也在纺织文化上留下了丰厚的积淀，尤其是黄道婆引进并创新棉纺技术并得以在江南松江生根开花，既是黄道婆具有开放心态和开拓胆识的生动表现，同时又是松江本土具有文化融合基因特质的充分反映。这一鲜明的创新特色，对于高扬"科创"旗帜的当代松江来说，其与时俱进的底蕴传承意义熠熠生辉，历久弥新。

黄道婆纪念馆

黄道婆墓

尹细娘

咸店创精盐　名声播千里

叶榭盐仓始于西汉，“（吴王）濞（刘濞是汉高祖刘邦兄长刘仲的儿子）则招致天下亡命者益铸钱，煮海水为盐”（《史记·吴王濞列传》）。盐铁运往广陵（今扬州，汉初为吴王都城），实行专卖，等于征收人头税，财源旺盛而可靠。为此，在叶榭建仓储盐待运，盐官守军驻之，叶榭始名“咸店”。因旧属吴王封地，叶榭总仓收运之盐，清代前称“吴盐”。唐代诗人李白在《梁园吟》诗中写有“吴盐如花皎白雪”；北宋诗人周邦彦在《少年游》词中也描绘“吴盐胜雪”，均称颂吴盐洁白精妙。南宋华亭已有五个盐场，元初年产盐 40 万担，在两浙（浙东、浙西）34 个盐场中，占 50% 左右，承担盐税为两浙之冠，提供元朝政府大笔财源。元朝末年，松江华亭尹细娘常到叶榭盐廒，为当盐工的儿子送饭，她眼见地上散落竹盐包（大多用芦苇包装）、船舱内没有扫净的盐粒，四处收集后，回家溶于水中，过滤后烧制成精盐，卖给盐廒，精盐价高，双方得利。

尹细娘（张新华绘）

尹细娘，女，叶榭尹家村人。个高，腰细，手粗，脸黑，走路健步如飞，说话

吴王刘濞（江苏盐税博物馆）

粗声大气，干活十分干练，丈夫海边烧盐，死于海难，与儿子相依生活，身强力壮，人们又叫她尹强娘。洪武二年（1369），她42岁（根据推算，尹细娘约生于元泰定四年即1327年）。尹细娘十余年制精盐积累了丰富的经验，她将海水烧煮成的大盐，制作成精盐和牙盐。大致方法为，大盐加入清水溶化为卤水，过滤杂质后，再加适量增白草药水拌匀，接着在地面垒砌盐灶，拼搭铁盘面，架盘上灶，将化成的卤水倒入盘中，点燃柴薪煮煎，蒸发盐卤，将正在结晶中“欲成未结糊涂湿盐”捞出，置于铺有竹篾的撩床上沥干，日晒成粗盐，该盐洁白光亮。尹细娘不用盘内卤水蒸干结晶法，以免盐色变黄，影响精盐质量。后来，她采用盐区使用的广袤数丈的煎盐铁盘，可谓当时的“高科技”工具，使产量成十倍地增长。粗盐再放入石臼中捣细成精盐，作为白切羊肉、白切猪头肉、油余花生米等冷菜及火锅佐料。尹细娘又根据小孩蛀牙、大人牙黄等情况，创制咸店竹筒牙盐粉，在烧制粗盐时加入防蛀洁牙的中草药，成盐后磨成细盐粉，装入小竹筒内，筒外贴“竹筒牙盐”红纸，在牙盐竹筒口的木塞上包红绸，成为没有牙膏前的洁牙粉，上市后供不应求。

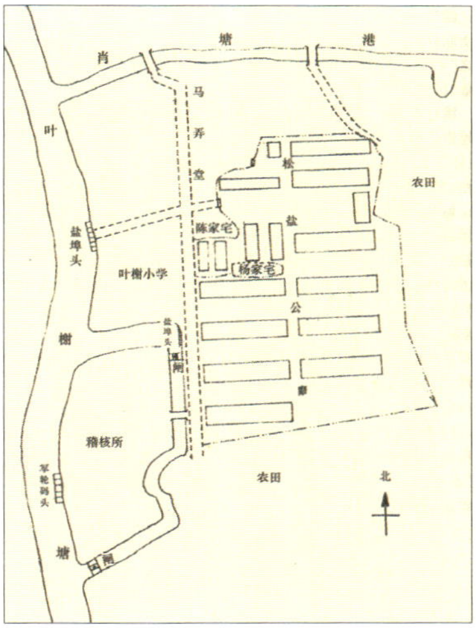

1931年松盐公廒图略

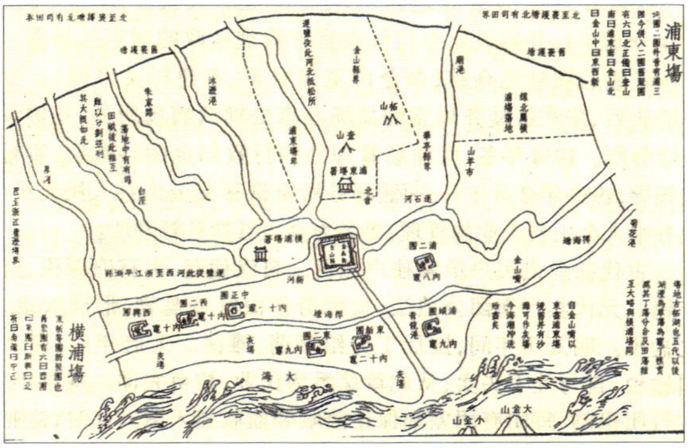

清乾隆盐场图

咸店盐廒，古为华亭盐区总廒

(又称华亭盐公廒),位于盐铁塘(叶榭塘古称)河东畔。初由西汉吴王刘濞开创,唐五代十国时期吴越王钱镠扩建,宋末元初将大部分盐仓改为七架梁瓦房,明初大水淹盐仓,逐步翻建成九架梁、十一架梁瓦房不等,并增高地基,盐廒旁挖廒河,宽约 50 米,护仓排水。盐廒占地三十余亩,正门西向靠叶榭塘河,时有廒仓二百余间,每间平均可储盐约 3000 包,全廒共可容盐 6000 万斤左右。叶榭塘、肖港塘、盐廒河可同时停靠 20 吨至 30 吨盐船近百艘。盐船停靠妥当,盐官察看,盐务人员验盐发牌,更夫扯起"松叶总廒"大旗为号,近 200 名计件装卸工,见之即赶到卸盐。

制盐场景(张新华绘)

盐铁塘(任建新绘)

盐是人们生活的必需品,也是人体所必需的营养物质,每个人都需一定的摄入量。适当合理用盐可保持人体健康,故古代人认为盐是健康之神。用盐腌菜、腌肉、腌鱼等,可储藏防腐。咸味是基本主味,是各种复合味的基础味,绝大部分菜肴都离不开盐。咸味主要指食盐的味,俗语说"盐为百味之首","珍馐百味离不开盐","无盐不是味","无盐就无味",这正是指咸味在调味中的重要作用。有了盐才有了调味,咸味在烹调时能独立调味,不仅能突出原料的香鲜、美味、可口,而且还有解腻、压异味的作用,咸味恰如其分,无所不宜,盐是人类生活必不可少的珍物。盐为国家重要管理物资之一。

古代运盐船模型

场灶煮盐

上卤煎盐

干拌起盐

明洪武元年（1368），朱元璋称帝，翌年农历八月，叶榭地区遇强台风，大风呼啸，暴雨倾盆，潮水猛涨，当地称狂风、暴雨、涨潮“三兄弟”碰头，叶榭塘发大水，水淹盐廒内十几万斤海盐，廒官立即组织塘岸筑坝，盐仓围堤，但水如猛兽般淹进盐仓内，大量盐包成盐卤，损失惨重。朱元璋接报大怒，将叶榭廒官发配三千里。尹细娘绕盐仓看了围在仓内的盐卤，计上心来，立即向廒方提出将盐卤特制成精盐，挽回损失的建议，得到盐廒官方同意。尹细娘马上动员几十户村民搭盐灶，买铁锅，运盐卤，滤杂质，每灶置四锅，点火日夜不绝，连续近十日方熄，每担卤得盐几十斤，再加工成精盐，将大量精盐装在盐罐内，其余精细盐装在竹筒里，村民呼

晒盐

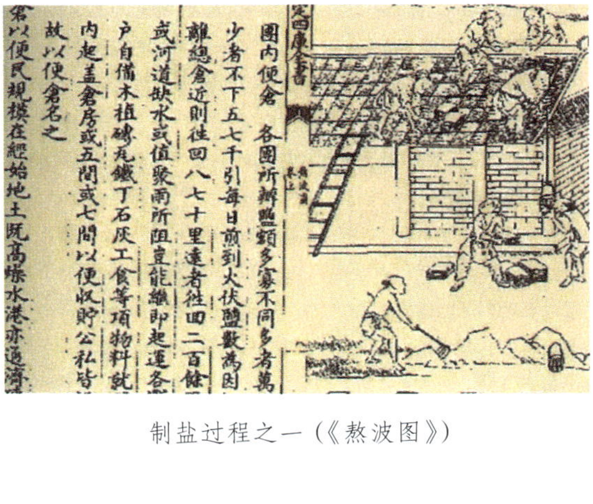

團内便倉　各團所辦鹽額多寡不同多者萬
少者不下五七千引每日煎到火伏鹽數爲因
離總倉近則往回八七十里遠者往回二百餘
或河道缺水或值聚雨所阻豈能繼即起運各
户自備木植磚瓦鐵丁石灰工食等項物料就
内起盖倉房或五間或七間以便收貯公私皆
故以便倉名之
倉以便民規模在經始地土既高嵘水港亦通濟

制盐过程之一（《熬波图》）

20 世纪 90 年代叶榭烧盐埭村

精盐

盐业生产

为："尹细娘竹筒特白精盐。"据传还将"竹筒特白精盐"六字写在红纸上，斜贴于竹筒中间，装盐口木塞上包上红绸，送往京城南京，朱元璋见后大加赞赏，下旨嘉奖尹细娘，并特许烧盐村特制精盐事宜。

尹细娘组织全村人一起制精盐、竹筒牙盐，销往大江南北，全村人共同富裕。用锅煎制精盐，俗称"烧盐"，松江叶榭尹家村被呼为"烧盐埭"，该埭制精盐早已成为历史，但"烧盐村"名使用至今。

钱 女

制作四方平定巾 松江丝织传天下

巾在我国帽文化史上是一方瑰宝。明代初定天下，文人士子流行戴巾，由此成为一种时尚潮流。以致明代巾为历代类型最多，个性最为鲜明。其中方巾还有一则故事。黄能馥、陈娟娟编著的《中国服装史》载：“方巾是古代角巾，明郎瑛《七修类稿》说，洪武三年（1370），明太祖朱元璋召见浙江山阴著名诗人杨维桢，杨维桢戴着方顶大巾去谒见，太祖问他戴的是什么巾，他答道叫四方平定巾，明太祖听了大喜，就让众戴之。”朱元璋竭力推广四方平定巾（名为巾，实为帽），使该巾成为明代一统天下的象征。据传，四方平定巾为松江绫锦墩钱女制作。

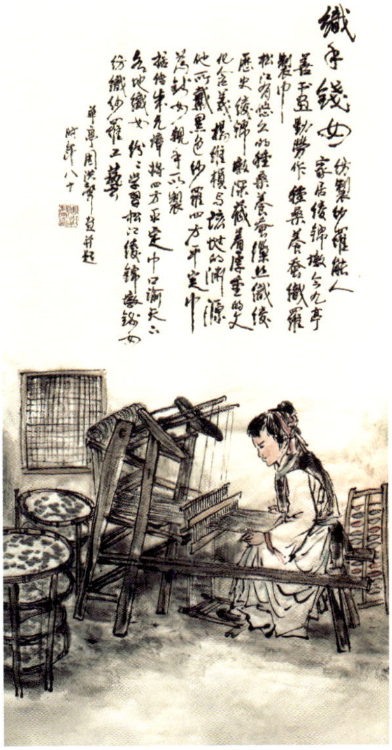

钱女（周洪声绘）

陈茂同著《中国历代衣冠服饰制》载：“四方平定巾，是明代儒生及处士所戴的方形软帽，亦名‘方巾’。明初颁行的一种方形软帽，为职官、儒士所戴的便帽，以黑色纱罗制成，其形四角皆方，所以又名‘四角方巾’。明王圻《三才图会》云：“方巾，此即古所谓角巾也，制同云巾，特少云文。相传国初服此，取四方平定之意。”四方平定巾是以黑色纱罗制成，可以折叠，呈倒梯形造型，展开时四角皆方，也称‘方巾’，或称‘四角方巾’。四方平定巾初

四方平定巾

兴时，高矮大小适中，其后总在变化，到明末则变得十分高大，故民间常用‘头顶一个书橱’来形容。”明初杨维桢应召，从松江到京城，谒见开国皇帝朱元璋，自然要穿得十分讲究，头戴黑色纱罗制作的方巾（四方平定巾），纱罗是一种古老的制作工艺，松江绫锦墩钱女为织纱罗能手，该织品全部采用条形绞经组织特殊工艺，由于纱罗多以蚕丝做原料，工艺复杂独特，用它制作的织物较绫、绸、缎更为名贵，多为贵族所用。

杨维桢（1296—1370），字廉夫，号东维子等，元诸暨人，书画家、诗文作家，铁崖诗派领袖。其父为他在铁崖山上建“读书楼”，去梯，读书于其上五年，因自号铁崖。泰定四年（1327）进士，官天台县尹，钱清场盐司令，杭州四务提举，建德路总管府推官，江西等处儒学提举，因兵乱未赴，浪迹山水间。其间曾应邀于松江潢溪义塾教授《春秋》，又被聘为应奎文会主评等。至正十九年（1359）十月，杨维桢应松江同知顾逖支招，携妻儿再次来松定居，以授课松江府学为生。明洪武三年（1370）正月初，杨维桢抵金陵

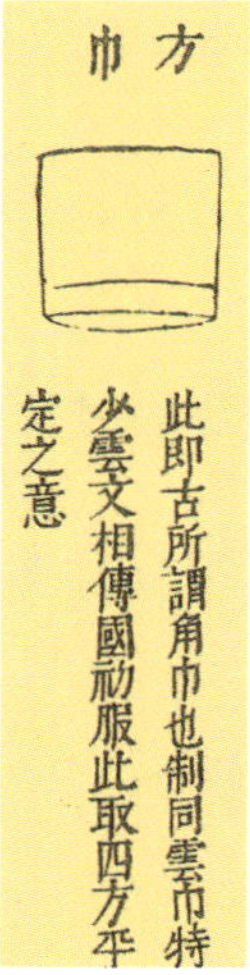

方巾（《三才图会》）

杨维桢

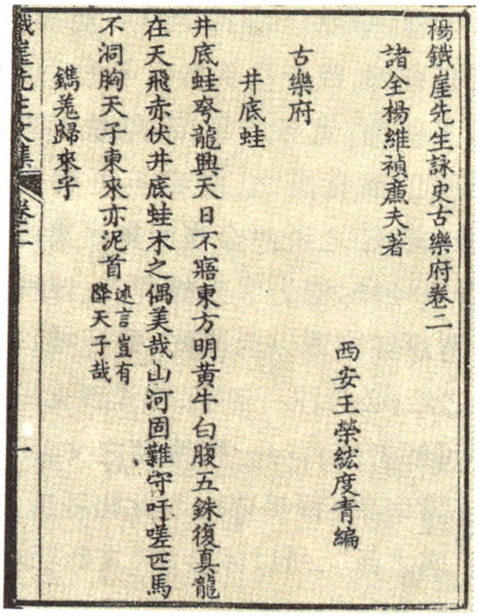
楊鐵崖先生詠史古樂府卷二
諸全楊維禎廉夫著
西安王學鋐度青編
古樂府
井底蛙
井底蛙夸龍與天日不瘖東方明黃牛白腹五銖復真龍
在天飛赤伏井底蛙木之偶美哉山河固難守吁嗟巴馬
不洞胸天子東來亦泥首述言豈有辟天子哉
鐫羌歸來乎

《杨铁崖先生咏史古乐府》卷二卷头（清乾隆刻本）

（今南京）修礼乐书，曾作《钟山应诏》(《铁崖逸编注》卷七）诗：

钟山兀立楚江西，玉柱曾经御笔题。
云护金陵龙虎壮，月明珠树凤皇栖。
雄吞古甸三秦小，峻入层霄五月低。
愿效华封歌圣寿，万年王气与天齐。

该诗作于京城，表达了对新朝的归顺与祝福。后编定了礼乐书条目，即乞归。抵松卒。

三高士墓碑

唐乾宁四年（897），吴越王钱镠遣部将顾全武攻占华亭县，推行“保境安民，发展农桑”之政策，绫锦墩为当时种桑、养蚕、织纱罗地之一。杨维桢好友钱全衮（1290—1372）与钱女都是吴越王后裔，由钱塘移居华亭。入明，皇帝朱元璋曾数召钱全衮出仕，钱皆婉谢不就。钱女与钱全衮隐居于松江九亭绫锦墩，学习先祖种桑、养蚕、织纱罗，并筑芝兰室以医济世、著书会友。杨维桢为常客，并写《绫锦墩》诗一首：

先生绫锦墩边住，日日柴门踏锦沙。
千古清风高士传，一溪流水野人家。
将军树老秋风里，使者槎回碧海涯。
不斗名园紫丝障，凤篁吹月醉桃花。

《绫锦墩》一诗，以史家笔记，记述了钱全衮与钱女不慕名利，矢志隐居种桑、养蚕、织纱罗的志向。本诗用韵对仗十分工整，诗风清丽典雅，叙议抒情相兼并用，读来顺畅上口。全诗意境优美：柴门、锦沙、流水、人家、老树、

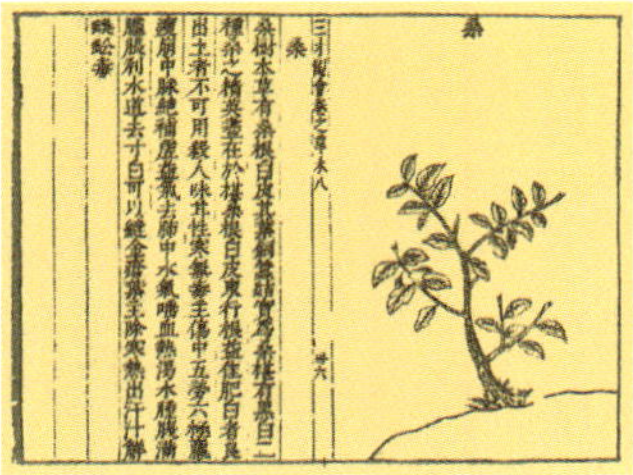

桑（《三才图会》）

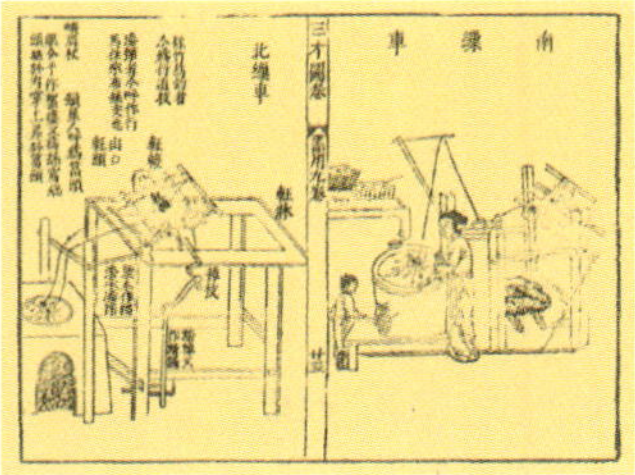

南缫车、北缫车（《三才图会》）

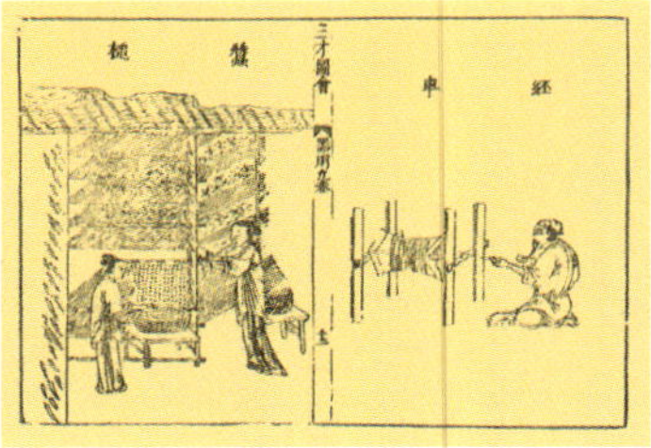

蚕槌（《三才图会》）

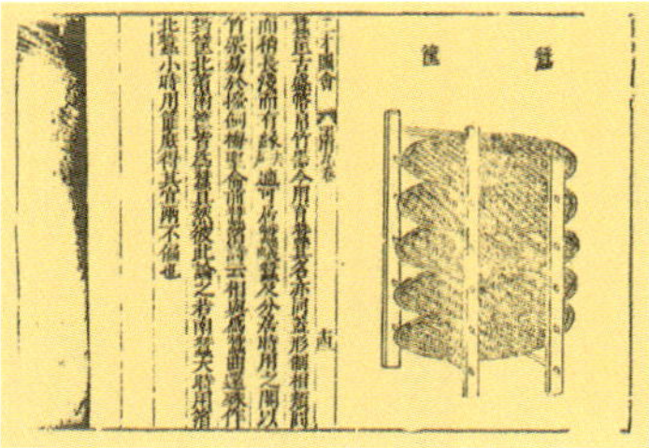

蚕筐（《三才图会》）

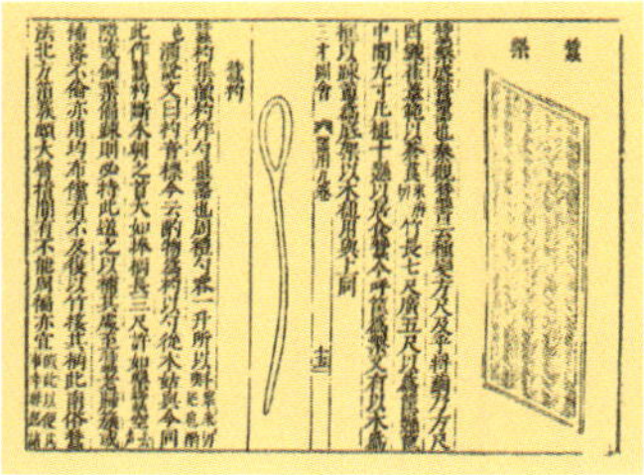

蚕盘（《三才图会》）

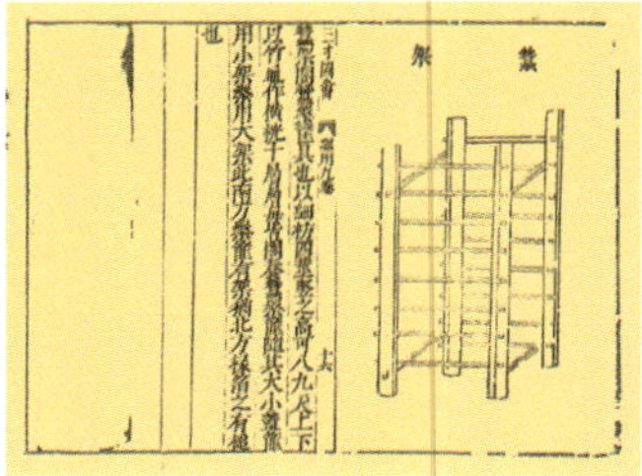

蚕架（《三才图会》）

头戴四方平定巾人物图
（明万历刻《御世仁风》插画）

浮槎，皆历历在目。若吟诵再三，真有“诗中有画，画中有诗”的真切感。

绫锦墩在盘龙塘上，沧泾与隐泾间，地貌特高，为松江境内植桑、养蚕、织纱罗的重地。该处曾发现西晋著名文学家陆机书“绫锦”两字榜书石碑，由此可见，松江有着悠久的种桑养蚕、缫丝织绫的历史，绫锦墩地名深藏着厚重的文化含义，揭示了杨维桢与该地的渊源。他所戴之黑色纱罗方巾，即四方平定巾据传为钱女亲手所制，体现了杨维桢与吴越王后裔的深厚友情。

钱女善书画，种桑养蚕，织罗制巾。她与钱全衮一起隐居于松江隐泾旁村野之所，柴门蓬牖，勤于劳作。钱女起早摸黑，抢在冬季桑树休眠时期，最迟在发芽前，将粗大优良桑苗栽种完成。他们把桑根理直，向四周舒展，黄色树根埋在地面下四寸左右处，扶直树干后，用表土培壅踏实，施上一勺清水粪，保证桑树苗壮成长，俨然老农一般，见者犹生崇敬之情。蚕是一种能吐丝结茧的完全变态昆虫，相传钱女能掌握蚕四次眠，五个龄期，28 天左右的生长规律，对 1—3 龄小蚕，4—5 龄大蚕分别精心管理，尤其对 5 龄蚕发育到一定程度，开始吐丝结茧的熟蚕，认真观察，分批上簇，控制上簇密度，适时上簇，且加强簇中保护，生产出一流好茧，为织出品质优良的纱罗打下基础。

《乡村纺织》（吴珍华绘）

钱女善用经线绞转与纬线进行交织，织成高级丝织品——纱罗。该织物与普通的织品不同，工艺较为复杂，在每根纬纱投入织口后相邻的经纱互相扭绞，形成绕纱孔扭绕的经纱，使组织结构中有一定的空隙，防止经纱和纬纱发生滑溜和位移。纱罗布面纱孔清晰、均匀，布质较轻薄，透气性良好。这种织物常用于蚊帐布、窗纱、筛绢、外衣内衬等，尤其适用于制作方巾（四方平定巾）。据传，朱元璋将四方平定巾口谕传天下后，各地织女纷纷学习松江绫锦墩钱女纺织纱罗工艺，购买绫锦墩四方平定巾，松江钱女声名鹊起，松江丝织传天下。

王时敏（明 曾鲸绘）

丁娘子

松江飞花布　皇宫制内衣

黄道婆为松江棉纺织业的发展打下基础，功绩卓著，她的名字家喻户晓。但对松江布起腾飞作用的领军人物乃华亭车墩人丁娘子（元末明初人），知者甚少。据元至正十七年（1357）修成的《续松江府志》中载，三纱木棉布“出沙冈、车墩”。以上得知，在元末丁娘子的家乡已能生产出质量较好的木棉布。丁娘子在一个良好的纺织环境中成长。康熙《松江府志》卷四载：“东门外双庙桥有丁氏者，弹木棉极纯熟，花皆飞起，用以织布，尤为精软，号丁娘子布，一名飞花布。”此布特点是光洁细密特白。明宣德年间（1426—1435）巡抚周忱见丁娘子布质特佳，上奏朝廷，以布代税，“准一匹二石”（一匹布折二石粮），每匹布两端织红纱以作标志，进贡朝廷，称红纱官布，丁娘子布作为名品进入皇宫。朱彝尊《丁娘子布歌》：“丁娘子，尔何人，织成细布光如银。舍人笥中刚一匹，赠我为衣御冬日。感君恋恋情莫逾，重之不异貂襜褕……”丁娘子布进宫廷，皇帝及王公贵族用来制作内衣，轻软保暖，备受欢迎，三宫六院供不应求。

丁娘子（叶良玉绘）

丁娘子布选料讲究，棉花选用亚洲棉

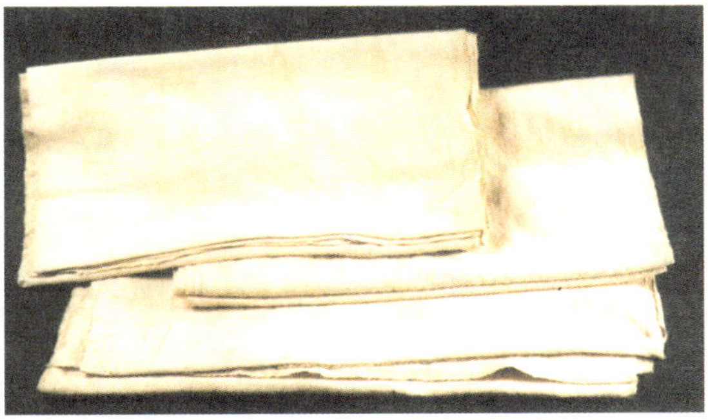

闵行区塘湾出土的明代松江布（《实证上海史》）

松江蓝花布

（中棉）中的黑籽棉，品质特佳，纤维长而质软，有乳精色的上等棉花，又把握各项工艺和技术，如剥籽去绒，弹花松软，棉条一致，纱线匀细，刷纱光滑，经纬均匀等。丁娘子能将光滑的细线，织成平滑柔软、光洁如银、紧细若绸、布纹新颖的幅阔棉布，在当时靠手工操作的时代，是一项十分困难的技能，因此，丁娘子广受青睐。她还亲自把握弹花关，相传，丁娘子学习弹棉被絮技术，将弹弓加长，使弹棉花节奏更均匀有力。后又不断探索实践，弹棉花技艺出众，快而不乱，以致“花衣”飞起，如天女散花，场面夺目，人们以“飞花”誉之。所弹出的絮松软均匀，故将所织布称“飞花布”。杨光辅在《松南乐府》中把丁娘子布与露香园顾绣相提并论。

著名学者施蛰存在《云间语小录·丁娘子》中载：“松江棉布，元时已以细紧为天下最。明清间尤盛称丁娘布，盖郡城东门外，双庙桥有丁氏妇，弹棉花极精纯，用以织布，细软不同凡俗，因以著名，又称飞花布。”文中还引用了松江府娄县布衣葛厚卿诗云：

吾松丁娘子，经纬机上新。紫花花如金，白花花如银。
抱布献天子，曾为皇家珍。篝灯勤夜织，劳苦难具陈。
一人事织作，不能衣百人。安得一娘子，化为十百身。

松江地区的织妇也竞相仿效丁娘子布，由此形成了“丁娘派”。《古今图书集成》

松江布展示馆

松江布（《松江史志》）

记载：明正德年间，“松郡所处，皆切于实用，如绫布二物，衣被天下，虽苏杭不及也”。民众中广泛流传着一首《竹枝词》道：

夹来捍弹戽还浆，经纬停匀布最良。
未暇调脂兼弄粉，欲凭纤手学丁娘。

丁娘子技艺传到浦东三林塘，所制布称“三林塘飞花布”，并用丁娘子技艺织成纱支匀细、布身坚密、结实耐穿的棉布新品——标布，该布染色或漂白后，可做成外套、马褂、靴面、缠脚带等，变成一种外用布料，成为名牌产品，三林塘飞花布与三林塘标布一起进京城，被明武宗皇帝封为“龙布”。丁娘子布最先传到一江（黄浦江）之隔的叶榭，将飞花布技艺与本地小布相结合而生产的土布命名为“扣布”。飞花布得以传布更广，还有：上海江湾飞花布、嘉定外冈飞花布等。钱门塘市学丁娘子布而闻名，钱门塘四乡的丁娘子布，“纱细工良，明时有徽商僦居里中，收买出贩”。伴随着商品流通的增长，松江棉纺织业有了更广

江南记忆（周菊华绘）

泛的发展。《竹枝词》说：

脚踏式三锭木棉车

> 比户缫车月满阶，河豚上市布盈街。
> 村塘织得丁娘派，西浦还夸胡草鞋。

松江郡城里传有运用丁娘子布技艺织成尤墩布之说。据沈祥龙《潭东杂记》载，在松江府城西门郊外有一孤坟，为丁娘子墓。曹树翘《织布行》诗云："斜飞九寸出油墩，娘子道婆重沪邑。"相传，丁娘子从松江府城东车墩双庙桥，嫁于西门郊外油墩港畔，她广传飞花布技艺，为适合大众穿着，创制新品尤墩布。用尤墩布做成夏天穿的袜，轻薄细白，坚实耐穿，故称"尤墩暑袜"。《中国织染史》载："尤墩布：尤墩系松江西郊里名，布阔三尺余。"《云间据目抄》卷二中记有："万历以来，用尤墩布为单暑袜，极轻美，远方争来购之。故郡治西郊广开暑袜店百余家，合郡男、妇皆以做袜为生，从店中给筹取值，亦便民新务。"松江暑袜业的生产模式，已摆脱传统的手工业生产模式。具体生产者是城厢居民，经营者是袜店商人。居民从袜店商人处领得原料，在家中加工成袜，然后将成品交还袜店，领取工钱。袜店老板的"给筹取值"，成为包买商，已具有资本主义生产关系的萌芽。全国各地的布商、袜商涌入松江府城，争购飞花布、尤墩暑袜等著名棉纺织品。

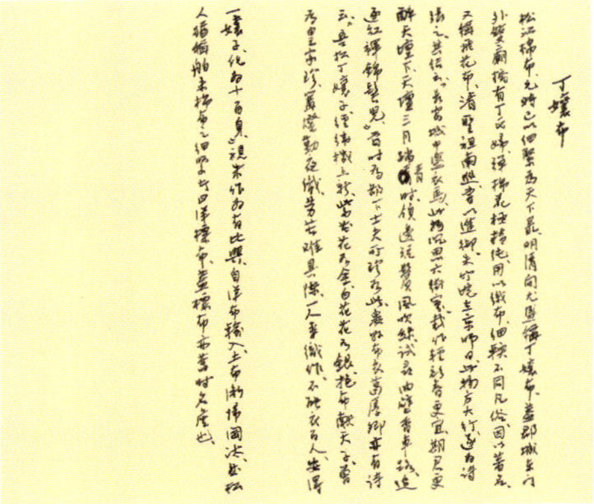
丁孃布

丁娘布（施蛰存著《云间语小录》）

丁娘子流派的棉布是松江布的品牌，优良的棉布，适合大众的价格，使以丁娘子为代表的松江布成为优质品牌布的代名词，松江布名震全国。用紫棉花织成的飞花布，还出口国外。翦伯赞《中国史纲要》第三册第二节载："当时工商业发展比较显

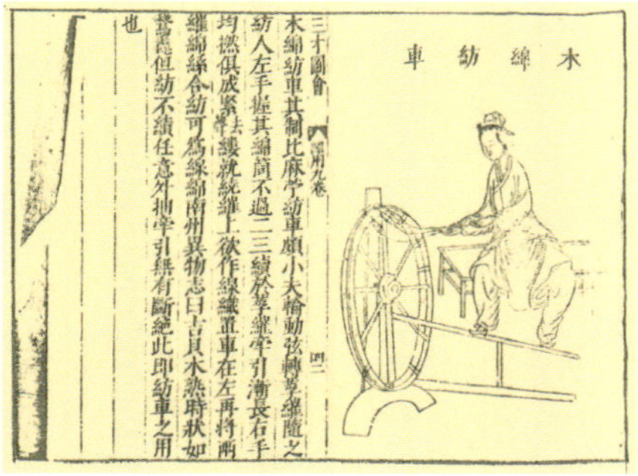

木棉纺车（《三才图会》）

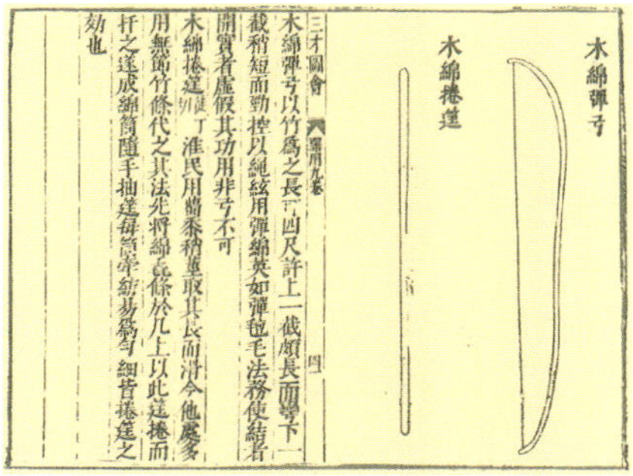

木棉弹弓、木棉卷筳（《三才图会》）

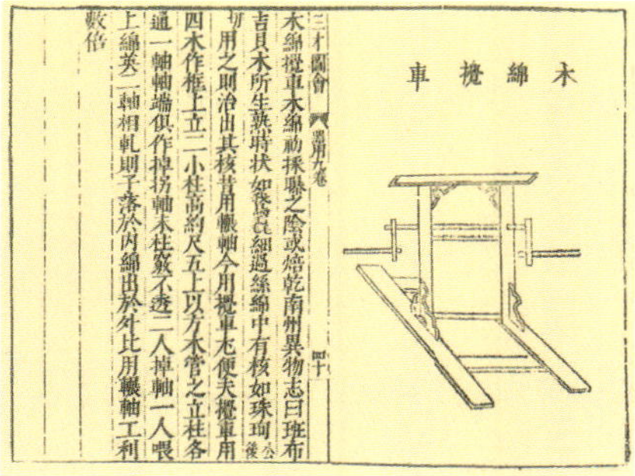

木棉搅车（《三才图会》）

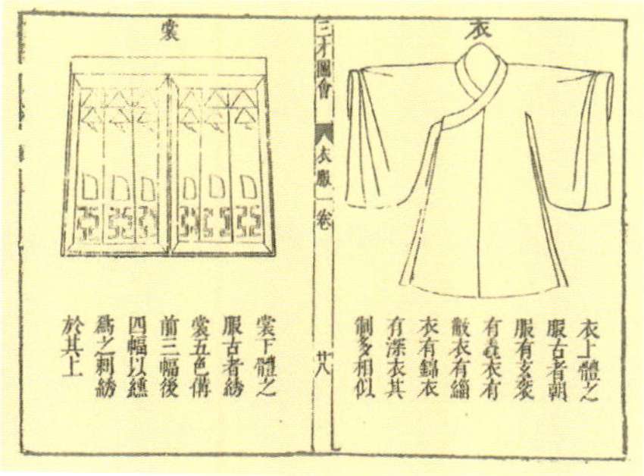

衣、裳（《三才图会》）

著的城市，除去南北两京外，大致分布在江南、东南沿海和运河沿岸三个地区，其中以江南地区最为繁华。在这里，已经形成五个大手工业的区域，即松江的棉纺织业、苏杭二州的丝织业、芜湖的浆染业、铅山的造纸业和景德镇的制瓷业。”松江棉纺织业列五大“手工业中心”之首，松江棉纺织业进入鼎盛时期。

龚　扣

叶榭精密筘布　皇孙贵族喜爱

元至元十四年（1277）升华亭县为华亭府，次年改称为松江府，明代松江府已与苏州诸府连称，并为东南名郡，“苏松嘉湖，东南上郡”。松江府论地域，仅抵苏州十分之三，而赋额却近于苏州，当时有“江南之赋税，莫重于苏松，而松为尤甚”之说。同时，松江还是全国重要的棉纺织基地，所产棉纱棉布，行销大江南北，因此又有“松江棉布，衣被天下”之誉。顾翰《松江竹枝词》载：

> 种得木棉几亩多，纺纱织布近如何？
> 小姑欲学丁娘子，阿母思酬黄道婆。

叶榭龚扣学习飞花布弹花、织布技术，与妻改进织机，他织出的筘布精密光软，与丁娘子布齐名，时有“华亭两能手，南扣北飞花”。继黄道婆之后，浦南龚扣和浦北丁娘子皆为松江棉纺织业做出重大贡献。

龚扣（韩雯绘）

龚扣，后名龚筘，小名龚三郎（排行第三），明洪武三年（1370）生，69 岁卒。家住叶榭刷布弄。该地两面住房，围墙高耸，夹弄中两行 150

棉花

晾晒筘布

余米林荫道，天晴晒不到太阳，经布不易断纱，刷布浆水不会变硬，周围数埭妇女都来此经纱刷布，研究布匹花样，交流织布技艺，故称“刷布弄”。此地自元代开始织布，是叶榭地区棉纺织基地。龚家世代织布，龚扣母亲是村内的织布好手，但元末其长子早产而故，明初次子于河边玩耍溺水而亡，三子（龚扣）出生后龚家喜出望外，其母一直将他带在身边，寸步不离。孩子会走路时，曾用绳拴在织布机上，生怕乱走出事，故取名龚扣。他从小随母纺纱、染纱、经布、织布，耳濡目染棉花变纱、经织成布，布上还织有许多美丽的花纹，渐渐对织布产生浓厚兴趣，常常吵着让他玩玩织布。布宽二尺余，人小手短，布梭两边过，屁股两边移，他在母亲指导下花布织得有模有样。龚扣 12 岁那年，父亲打造了一台新织布机，他在旁边仔细观察了造机的全过程。晚上，父母入睡，他偷偷跑到织布房，在新机上装了不满一尺的经纱，连夜开织。他高兴极了，布狭只要动腰，双手即可左右移动梭子轻松织布。天亮后，其母闻声走进织布房，惊喜地看到小布已织近丈。第二天，龚扣将一匹布下机，母亲十分高兴地捧着龚扣的首匹小布奔向刷布弄，展示龚扣的织艺。织娘们蜂拥而至，边看边摸，人人称赞：“小布真好，龚扣奇男孩！”小男孩学织布、龚扣织小布之事传遍叶榭。

织筘布

当时，妇女们生儿育女后用细密的小布做尿布，宽度十分合适，松软舒服护童体，制作又十分方便，叶榭人将小布视为育儿布，作为女方陪嫁之物，这布十分贴切生儿育女、传宗接代之习俗，从而将孩子织小布，发展到大人也织小布。但原织大布宽二尺余，而小布宽仅一尺，同样一梭又一梭，工作效率大不一样。龚扣一心想要提高织布效率，在巧匠父亲的帮助下，他改进了布机上的扣，将经线从筘齿间通过时，让纬线推到织口更通畅，加快了织布的速度。

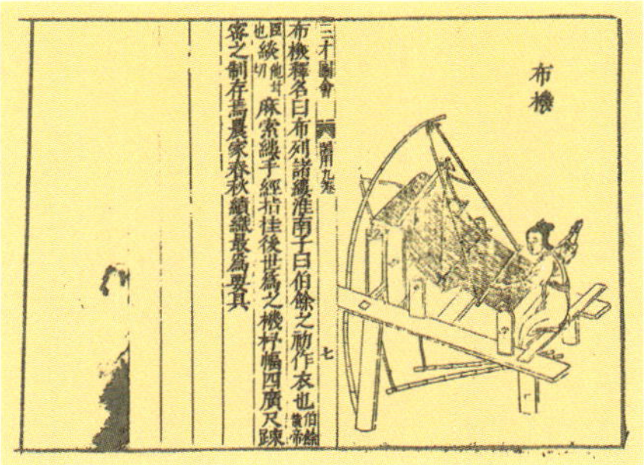

布机（《三才图会》）

黄浦江两岸，北有车墩双庙桥丁娘子飞花布，南有叶榭刷布弄龚扣小布，两地互访互学。相传，当时丁娘子家乡双庙桥有一女子叫陈巧女，貌美，心灵手巧，是一名织飞花布好手。在互学中两人见面，陈氏仰慕年轻英俊小伙龚扣的真实为人与高超织技，两人一见钟情，结为夫妻。陈氏为“丁娘派”传人，弹棉花快而不乱，花衣飞起，如雪漫天，场面夺目，弹出的花絮极松软，织成的布光洁如银，细软似绸，布纹新颖。龚扣向妻陈氏学技，取其之长，所织筘布融汇南北织布的高超技艺。龚扣还与妻子共创“双筘四脚踏布机”，使织布速度加快，布更紧密，吸湿性更佳。龚扣布机改革获成功，人们将龚扣呼为龚筘，其小布称为筘布。棉花品种是棉布质量的基础，龚扣引进佳品黑籽中棉种植，该棉纤维长度适中，拉力强，质地软，乳精色，棉绒一流。好棉弹好花，纺好纱，织出平滑、细软、光洁、

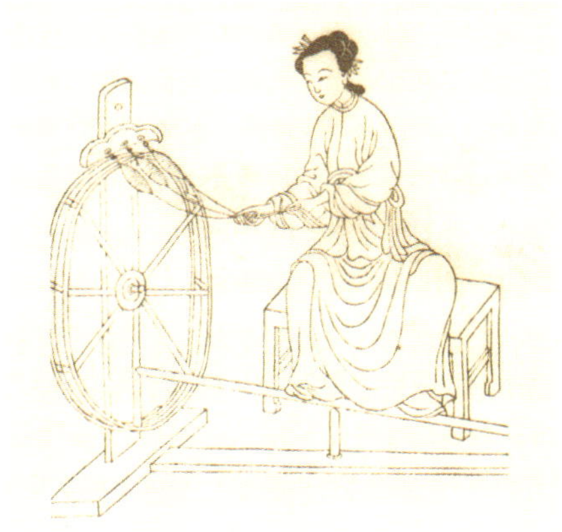

使用三锭纺车
（明代徐光启《农政全书》）

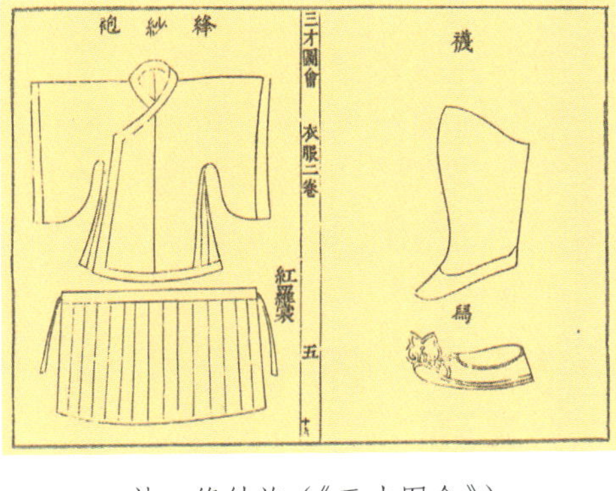

袜、绛纱袍（《三才图会》）

经布

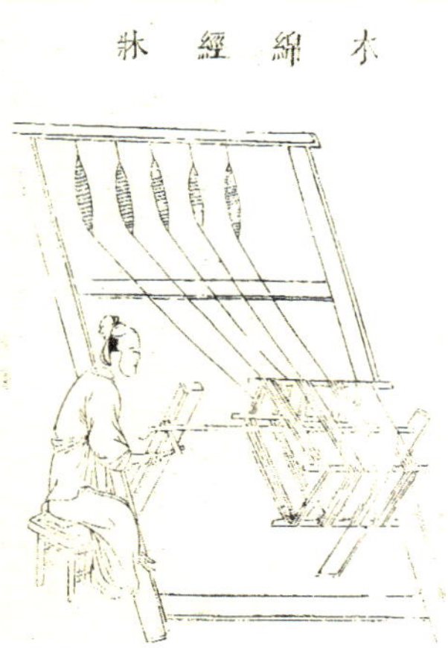

木棉经床

木棉线架

踹布（《松江文物志》）

20 世纪 90 年代叶榭刷布弄

细密、牢固的筘布，为明代四大品种之一，与丁娘子布齐名，各地布商争相订购，成为制内衣裤、暑袜、尿布的上等布料。

我国明朝初年，日本正处在南北朝分裂时期，封建诸侯割据，互相攻伐。在战争中失败了的封建主，组织武士、浪人和不法商人等开始到中国沿海地区进行武装走私和抢掠骚扰，历史上称为“倭寇”。据明末《叶谢（榭）志》载：明永乐三年（1405）委任华亭人侯端，字敬庄，为金山卫指挥同知，抵御倭寇。他性格刚毅，武艺超群，臂力过人，能一手挽起四五尺高的石狮子行走十余步，面不改色。东海边常有狂风暴雨，将士头戴箬笠，身穿蓑衣大风雨不能御，明永乐十三年（1415）初，侯端与龚扣商议制作军用雨衣、帐篷事宜。龚扣织成中纱细密筘布，再用面粉（又说糯米粉）、石膏粉加桐油等合成秘方，涂在筘布上，阴干后，为“防水布”，紧密不透水，用这种油布制成军用雨衣和帐篷，经久耐用。当年，倭寇突然登岸偷袭金山卫，侯端接报，马上和同知卫事邵清商议出城迎敌，侯端从东门出击，倭寇冲进南门，侯端转身杀进城里，倭寇发现制成军用帐篷的油筘布，将布结成绊马索，层层横拉于街中，企图生擒侯端。侯端灵机一动，计上心来，以其娴熟的悬马功，手扯油筘布绳，再次冲出城门，命士兵手捧稻

抗倭图卷（局部）

草，自己先将手中的油筘布点上火，抛到倭寇木船上，十余艘倭船大部分被烧。倭寇得知木船被焚将断归路，再也无心恋战，只得逃亡。侯端有勇有谋，利用做军用帐篷的油筘布和稻草焚烧倭船，然后于海滩乘胜围剿，击败倭寇，数十年间，倭寇再也不敢轻易进犯金山卫。

叶榭筘布除本色白布外，还染制七色，用作婴儿尿布、内衣裤、暑袜，还制成头巾、围裙、鞋帽、围巾等名优特产。筘布及其产品风靡市场，供不应求。当地人喜用筘布制成的头巾、围裙等作表演服饰，配以布梭、纱筒等作道具，跳筘布裙舞（也叫围裙舞），庆棉丰，赞布美，盼生活节节高。

松江地区很多地方学织筘布，如泗泾筘布、七宝筘布、纪镇筘布等，南汇学织筘布几乎遍及各乡镇。在苏州街市上高挂松江筘布店招牌，松江郡城有松江本庄筘布店、松江加长筘布店等。京城派宦官到松江，甚至到叶榭元代寿家厅收购筘布，以正宗叶榭筘布满足皇孙贵族的用布需求。

何　瓛

九年官窑制瓷　奉献特级瓷品

中国瓷都景德镇举世闻名，明代成化斗彩（又称逗彩）瓷器为稀世珍品，其中成化斗彩鸡缸杯又为绝代精品，胎体轻薄如纸，釉质晶莹如玉，色彩鲜艳，画面清澹雅逸，属于明宪宗朱见深（年号成化）的御用酒杯，至万历已价值连城。明《砚山斋杂记》中写道："神宗时尚食，御前有成杯一双，已值钱十万。"明郭子章撰《豫章陶志》曰："成窑鸡缸杯为酒器之最。"在中国瓷器史上，关于明成化瓷器的辉煌成就，北京社会科学院研究员、中国紫禁城学会副会长、著名历史学家阎崇年认为，成化瓷器之所以精美，原因之一是清官何瓛。

何瓛（张光欣绘）

《松江人物》中记载：何瓛，字廷玉，号西野，华亭人。自幼聪颖异常，属对吐词，令人惊骇。20 岁补为诸生，应贡到朝廷考试，得第一。到吏部等候选派，授为饶州（今江西省鄱阳县）别驾（《正德松江府志》又称为饶州府通判）。饶州有一个小公署在景德镇上，其职务仅负责窑厂一事。何瓛到景德镇公署，认真办理窑厂烧制陶瓷之事，成绩显著，连任九年。遇到升迁机会，他却托病辞去，一心留在饶州，专管景德镇窑厂之职，退休离去时，景德镇人扳住他的车子舍不得他离去，送行的人络绎不绝。

《明神宗实录》

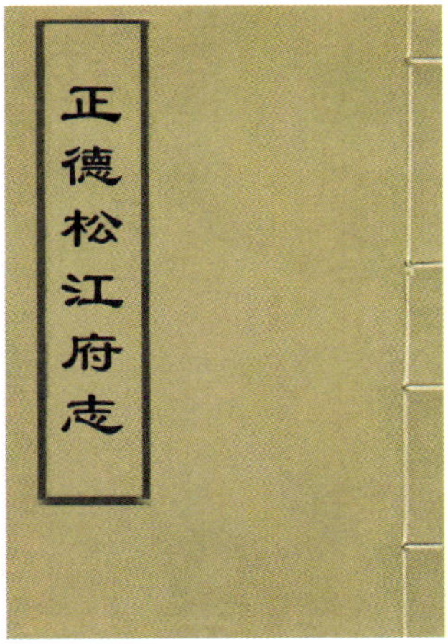

《正德松江府志》

何瓛事迹在《先别驾西野公传》有比较详细的记载：何瓛，华亭人。自幼聪颖隽秀，作文赋诗，令众人惊讶。但是，参加科考六次落第，成化初年，顺天乡试再次落第。连连下第，他悒悒不乐，一位张公惜才，建议他去做官，他到吏部竞聘任职，被派为饶州别驾，别驾为副职。当时有句民谚："宁愿做县正，不愿做州副。"他愿得县正，不愿得府佐，心里怏怏不乐，又找张公述说。张公说，饶州的副职，虽官府在府城鄱阳，却有衙署在景德镇，所职掌事务只有御窑厂一事，没有杂务，劝他就职。于是，何瓛携带家眷到景德镇上任。当时，成化帝要龙凤图案的瓷器，欲以宣德窑为范型，照样烧造，务求精美。皇命下到饶州，何瓛闻命后，既苦恼，又担心。他日思夜想，战战兢兢，会同工匠共同密商。于是，选取精细原料，设计最佳图样，每次烧窑，放置成百上千的瓷胎。然后，何瓛整肃衣冠，与同事一起，默默祷祝。神奇的是，瓷器经过窑火，产生窑变——或器形变，或颜色变，如蓝白色变为红色等。大家额手相庆，烧窑完全成功，上呈瓷器，极合宫中意旨。但何瓛居官清廉勤慎，体恤民情。窑变的瓷器，不可再现。这些窑变的精品，他没有上交。交了，朝廷再要，到哪里去找，他将这些窑变的极品，储藏仓库，加以封存。景德镇人感激何公一心为民的高恩大德。

何瓛不攀富贵。宁王看中他的孙子，要结为姻亲。他认为此或非福，毅然辞婚。后来宁王谋反，何家未受牵连。何瓛三年任满，又任三年，期末考核满意，再留任三年。他在饶州连任九年。何瓛离任时，多处延请，他一概拒绝。景德镇官民敬重何公，工匠、市民有的扶着慈母，有的搭起帐篷，夹道相送，盛况空前。

成化斗彩鸡缸杯一对

景德镇御窑博物馆

成化初年，何瓛到景德镇职掌御窑厂事务时，遇上了一个好时机，他与窑工们一起研究创烧了成化瓷，其中神品成化斗彩鸡缸杯便是代表作。台北故宫博物院藏斗彩鸡缸杯，高3.4厘米，足径4.3厘米，口径8.3厘米，该杯体积小巧，恰可握于掌上。斗彩瓷器烧造工艺大致是：先将瓷胎画青花，上釉入窑，经1300℃左右高温烧成胎体，再用红、绿、黄、紫等诸色填入其中，这就是填彩，成化时期的填彩多有突出或未填满青花轮廓线现象。接着二次入窑，经600—800℃低温烧造完成，釉下青花与釉上彩画，姹紫嫣红，交相辉映。成化斗彩鸡缸杯的外壁以斗彩技法装饰，绕杯绘两组相同的鸡群，均为一公鸡、一母鸡、三雏鸡。鸡的姿态各异，活灵活现，跃然瓷上。鸡群周围，洞石清秀，萱草碧青，月季吐艳，一派春意盎然的景象。娟秀的杯体，疏朗的构图，协和相配，浑然有致，技艺卓绝，宛如天成。图案设色以淡雅的钴蓝，配以红、黄、绿、紫等色彩，给人以恬淡柔丽之美感。杯底有青花双方框，内书“大明成化年制”六字双行楷书款。斗彩鸡缸杯上画鸡有几种说法：一是明宪宗成化皇帝热衷书画，有一次，他欣赏宋人画的《子母鸡图》，看到母鸡带着几只小鸡觅食的温馨场景，非常有感触，就在这幅画上题了一首七言诗，表达了母鸡对小鸡的呵护之情，萌发了要做成化斗彩鸡缸杯的心愿；二是成化元年是鸡年；三是“鸡”和“吉祥”的“吉”谐音。“斗彩”以制瓷的工艺方法取名，是将釉上五彩和釉下青花相结合，形成釉上、釉下彩绘互相争奇斗艳的艺术效果。又因杯形似缸，外绘子母鸡，而命名“斗彩鸡缸杯”。

明宪宗性情豪奢，生活怠玩，喜爱艺术，颇有情趣，喜欢具有小、巧、薄、艳特色的瓷器，他对烧造成化斗彩鸡缸杯要求非常高。何瓛也必须特别认真，亲自参与，他深知如有闪失会危及窑工性命。该杯成品率不高，上品供奉宫廷，

明成化斗彩鸡缸杯在香港苏富比拍出 2.8 亿港元

斗彩鸡缸杯，明成化，高 3.4cm，口径 8.3cm，足径 4.3cm

官窑博物馆陶瓷研究中心

次品则被销毁。据有关资料，成化“斗彩鸡缸杯”现存只有 19 只，其中 4 只在私人藏家手中，其余均被博物馆收藏。在历代瓷器收藏家中流传着一句话“宁存成器，不苟富贵”。明沈德符《万历野获编》中有“成窑酒杯，每对至博银百金”。古代成化官窑器受人追捧程度可见一斑。1999 年 4 月，在香港苏富比举办的中国文物艺术品拍卖会上，一件保存品相完好的明代成化斗彩鸡缸杯，拍出 2917 万元港币的天价，成为当时中国古代瓷器在拍卖市场上的成交最高纪录。2014 年 4 月 8 日，香港苏富比举行重要中国瓷器及工艺品春季拍卖会，玫茵堂珍藏明成化斗彩鸡缸杯估价 2 亿至 3 亿元港币，为当时估价最贵的中国古代瓷器拍品。此件拍品从中午 12 点 20 分开拍，起拍价为 1.6 亿元港币，后以 2.8124 亿元港币成交，再次刷新中国瓷器的最高拍卖纪录。

非遗传人演示景德镇瓷器制作过程

《松江府志》记载，何瓛退休后，闲居家中，读书著述，游戏泉石二十年，卒年 85 岁。时过五百余载，清官何瓛与景德镇工匠们创烧的成化旷世绝品瓷器，尤其是创烧成化斗彩鸡缸杯事迹永载中国陶瓷史史册，清官何瓛的名字也将永远铭记在松江人的心中。

徐叔文

佘山妙制畸墅茶　好水好壶品好茶

茶是中华民族的举国之饮，被尊为“国饮”。在当今世界，茶与咖啡、可可鼎足而立，而且在三大传统天然饮料中独占鳌头。中国是最早产茶和饮茶的国度，是世界茶乡，也是茶文化的发源地。古人云“晨起七件事，柴、米、油、盐、酱、醋、茶”。《中国茶酒辞典》记：天目山茶在“五代吴越时已被列为贡茶。”松江九峰为天目山余脉。明代著名文学家、书画家陈继儒，久居佘山，他在《沐堂建殿疏》中曰：“壬子，为游客入山，不戒于火，大殿竟付烈焰中。此时有支谷长老，住徐叔文茶园中，见沐堂峰顶，幡幢麾盖，簇簇人烟燎间去，意甚怪之，而未几诸佛化为灰烬矣。”徐叔文主要生活于明弘治至嘉靖年间，松江人，是明代宰相徐阶的至亲族人，在佘山辟有茶园，著名文人、宗教人士常来茶园中喝茶小住。经徐叔文创制明代佘山畸墅茶（古名本山茶）进入名茶之列。民国时期茶园被毁，20 世纪 50 年代后期，佘山林场从杭州梅家坞引进绿茶良种，如今佘山茶成为上海著名特产，沪上百宝之一。

徐叔文（张新华绘）

冯时可，华亭人。约生于嘉靖二十年

冯时可

（1541），“四铁御史”冯恩第八子。隆庆五年（1571）进士，官至湖广布政司参政（从三品），后因事罢归。他在《茶录》中载：明代“松郡佘山亦有茶，与天池无异，顾采造不如，近有比丘来，以虎丘法制之，味与松萝等”。文中提及天池茶产于苏州天池山，明代以其品质之优良，制法之特异，曾称誉一时。尤其产于江苏苏州虎丘的茶，盛名于明代，是当时中国最好的茶叶之一。明著名文学家屠隆《考槃余事》曾誉虎丘茶最号精绝，为天下冠。惜不多产，皆为豪右所据，寂寞山家，无由获购。明著名文学家徐渭有诗赞云：

虎丘香茗炒烘蒸，七碗何愁不上升。
青箬旧封题谷雨，紫砂新罐买宜兴。

该诗指出虎丘茶始创炒、烘、蒸制作工艺，品质十分优异。根据冯时可记载，比丘曾从虎丘得采造法，并将其传到佘山，徐叔文将虎丘部分制茶法与佘山茶制作技法相结合，创制出可与松萝名茶媲美的佘山畸墅茶。明陈继儒在《岩栖幽事》中论及“余乡佘山茶与虎丘相伯仲”。明叶梦珠在《阅世编》中曰：佘山茶叶与松萝相等，购求甚难，非与地主关系密切者不可得。即得两许，价亦甚昂。

佘山茶园

晨曦采茶

徐叔文经营的佘山茶园，土松地肥，雨水充沛，气候宜人，十分有利于茶叶生长，树种优良，芽叶壮实。清明时节前后，便开始采茶。采摘标准：初采，即以采一芽二三叶为主，制成名贵的高级茶；春采，即春季一芽四叶等，制普通茶；成熟采，即待新梢充分成熟，出现红棕色时进行采摘，是制老青茶等原料。据传，佘山茶融入了虎丘茶的有关工艺，虎丘茶是炒青类茶叶，讲究香味，所以要少采茶树上一叶，要去叶尖，以免炒茶时嫩叶、叶尖易焦而影响茶叶香味。新佘山茶在炒茶时要用扇子扇，通过散热保持茶叶鲜绿。在制作上有三大特点：一是要用银锅，二是炒制手法十分考究，三是火候掌握要恰当。其茶显著特色是色重、香重、味重，即色绿、香高、味浓。新佘山茶冲泡后香气满屋，品尝时清香爽口，茶香浓郁，品质优异。

茶馆

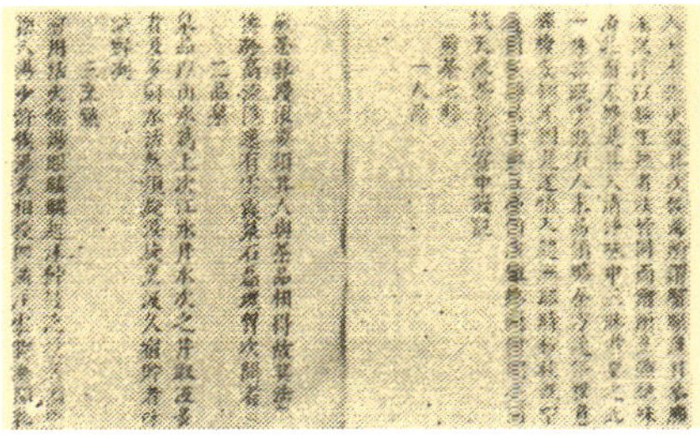

（明）陆树声《茶寮记》论茶与人品

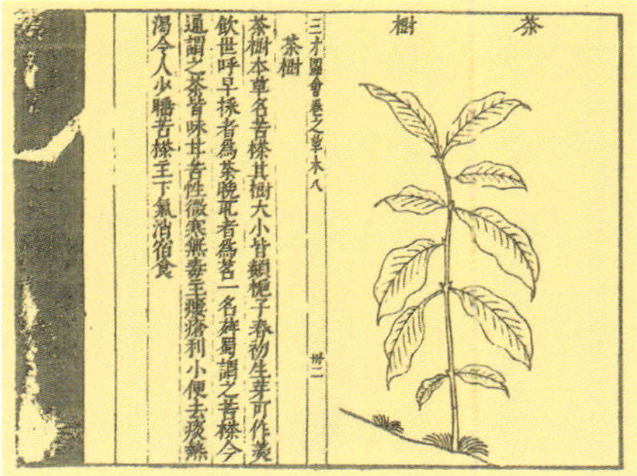

三才圖會卷之草木八　卅二

茶樹

茶樹本草名苦搽其樹大小皆類梔子春初生芽可作羹飲世呼早採者爲茶晚取者爲茗一名荈蜀謂之苦搽今通謂之茶皆味甘苦性微寒無毒主瘻瘡利小便去痰熱渴令人少睡苦搽主下氣消宿食

茶树（《三才图会》）

明万历三十年（1602）五月五日，董其昌重游小横山“小赤壁”后，又到卢山陆万言别业。那天下起雨来，一进门，只见陆万言正在作山水画，用笔点缀泉石，听见董其昌的赞扬声，方知老友光临，马上沏上佘山上等畸墅茶来招待。恰巧好友张子渊从白岳前来拜访，携来安徽松萝名茶一包。陆万言用同样的茶具和泡茶法将松萝茶泡了一杯，请董其昌品尝后，使之与佘山畸墅茶一评优胜。松萝茶“叶片厚，叶脉细，嫩度好，条索紧结，色泽有光，香气鲜醇”，而畸墅茶“叶片扁薄，叶脉清晰，青绿光亮，淡淡兰香，先薄后浓，香散满屋”。董其昌连声称赞：“畸墅好茶！略胜一筹。”在座每人各泡一杯名茗，一起品尝，户外雷声大作，室内气氛热烈，大家为两地名茶点赞。

烹茶图

名茶须用甘泉煮，松江自古以“水清人秀”闻名遐迩。唐代诗人白居易当杭州刺史时，写过一首题为《晚起》的诗：

卧听冬冬衙鼓声，起迟睡足长心情。
华簪脱后头虽白，堆案抛来眼校明。
闲上篮舆乘兴出，醉回花舫信风行。
明朝更濯尘缨去，闻道松江水最清。

松江最清水在哪里，大概是在松郡九峰间。理由一，闻名华夏的“天下第四泉”——濯月泉，坐落在天马山护珠塔（俗称斜塔）南坡，明代何三畏所作《第四泉记》载：天马山“濯月泉”为天下第四泉（镇江“中冷泉”为天下第一泉、无锡“惠山泉”为天下第二泉、苏州“剑池泉”为天下第三泉），传为茶圣陆羽所定。理由二，佘山丛林中的洗心泉，清乾隆年间，华亭人黄橘洲曾写《松江竹枝词》，其中一首为：

天下第一泉中冷泉

天下第二泉惠山泉

天下第三泉剑池泉

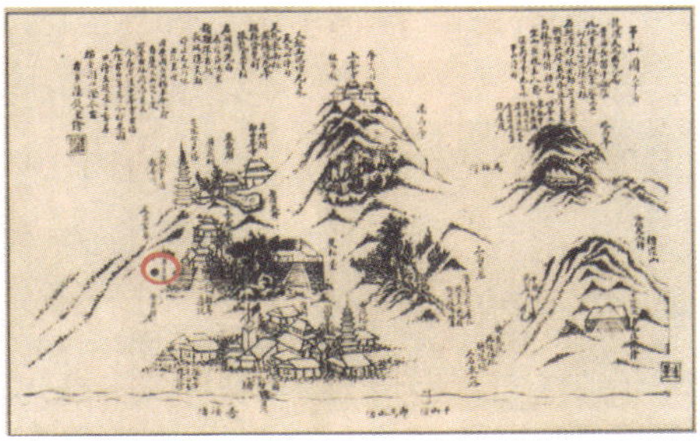

《干山（天马山）图》
天下第四泉濯月泉红圈位置

佘山茗叶胜寻常，制焙初成气更香。
门外洗心泉味好，为郎手煮润诗肠。

斗茶图

这首诗赞赏了不寻常的佘山茶叶，要泡出如此香味浓郁的好茶，必须还要用甘泉才能出名茗。接着提到了清心明目、滋润诗肠的佘山“洗心泉”。该泉“洗心”两字，出于佛家言，其意为：君如进佛国，需达到“无我之境”，必先“洗心”，方可抛弃世间一切俗念。人进佘山，喝上一口“洗心泉”，以泉洗心，达到无我境界。凡夫俗子如喝上一口用“洗心泉”水沏的佘山畸墅茶，乃为人生一大幸事。

炒茶锅

宋代尚有茶美、水美、壶美“饮茶三绝”之说。佘山有好茶、好水，也有好壶。由陈继儒倡导、设计，经时大彬制作的紫砂一手壶，改写了中国茶具文化由大壶变成小壶的历史。《冯可宾茶笺》中说：“茶壶以小为贵，每一客，壶一把，任其自斟自饮，方得为趣，何也？壶小则香不涣散，味不耽搁。”紫砂小壶又称一手壶、文人壶，是一只手可稳稳托起品茗、把玩、欣赏的小壶，该壶将“大壶饮、小壶品”之论变成喝茶方式之一，改写了中国大壶一统天下的局面，使中华茶文化增添了新的内涵。陈继儒好茶，在老是堂之侧有一专门茶室，题曰：“茶星至茶时，茗战者咸集，先生苦之。”题于壁上的则是：“独饮得茶神，两三人得茶趣，七八人则施茶矣！”是一个真正懂茶之人。时大彬是晚明最负盛名的紫砂大师，最初制大壶，仿制供春壶，后到江苏太仓结识了陈继儒、王时敏、王鉴等著名学者和书画家，共同探讨茶艺，品茶之道，深受启发，因而改制成小壶。时大彬不仅亲自来松江聆听陈继儒的茶艺之道，回宜兴后又派其得意弟子蒋伯荂至东佘山，由陈继儒画壶为式创制小壶雏形，带回宜兴制作烧制，出窑的一手壶轻巧、古朴、实用、美观。美国旧金山亚洲艺术博物馆收藏了一把时大彬制作的白泥瓜棱壶，壶底楷书铭文“品外居士清赏，己酉重九，大彬”十二字，“己酉”即明万历三十七年（1609）。据传，这把白泥瓜棱小壶（一手壶），由时大彬专为陈继儒所制。时大彬制茶壶富于巧思，常杂以砂硇土，开创调砂法制壶，使紫红陶胎上现出星星白点，形制工整，简洁深厚。又首创方形等壶式，并改进供春壶“斫木为模”的制法，确定了紫砂壶泥片镶接成形的基本方法，是紫砂壶制法的一大飞跃，因此赞他“千奇万状信手出”，“宫中艳说大彬壶”。

徐叔文茶园在松江西佘山，陈继儒白石山庄筑于东佘山，时大彬居陶都宜兴，二峰一地三人展示深厚友谊，共同谱写中国茶文化之新篇章。陈继儒写《茶记》，为茶生趣；徐叔文制佘山畸墅茶，为一手壶增色；时大彬造一手壶，为茶添味，三人共同悟出了水、茶、壶三位一体的高雅品位，茶文化将生活艺术化，使一片茶叶四处飘香。

炒茶工具

白泥瓜棱壶
（时大彬为陈继儒特制小壶）

杨彩霞

仓城绣花鞋　江南树品牌

杨彩霞生于明万历九年（1581），松江人。提起松江秀野桥，人们就会联想起松江鲈鱼，秋风起，桥下鲈鱼肥，桥畔“彩霞鞋庄”，名店招牌高挂，绣花鞋铺成行，一派江南水乡美丽景象。美景触发大学者施蛰存在《云间语小录》上写了一则《绣鞋桥》的短文：“秀野桥在西门外沈泾塘上。古时为木桥，明洪武间始易以石。自廛市西移，富家大宅，均趋城西，此桥遂当通衢。董阆石《云间竹枝词》云：‘拟住红楼狭巷中，绣鞋桥畔待春风。郎来不用青骢马，双桨穿城一水通。’以秀野为绣鞋，若非当时俗称，则诗人之藻缋矣。”文中讲述了松江郡城之变化，桥之变化，桥名之变化的历史图景。

杨彩霞（叶菁绘）

松江衣被天下，物产丰饶，民风淳朴，江南名邑，天宫里的仙女也十分向往。民间传说，有位仙女不顾天规，私自下凡来到松江，与府城西沈泾塘上摇渡船的英俊小伙子成了家。仙女聪明能干，靠为人家缝制绣花鞋谋生，小两口恩恩爱爱，生活宁静，两人心中有一个

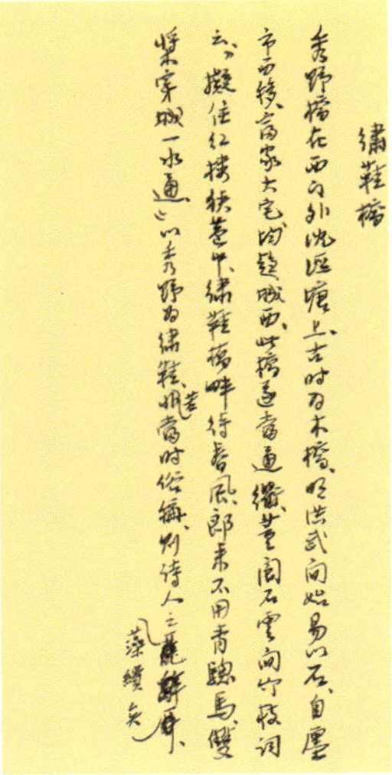
绣鞋桥
秀野桥在西门外沈泾塘上，古时为木桥，明洪武间始易以石，自虚
市西移，富家大宅均筑城西，此桥遂为交通孔道。董其昌石云向有题词
云：“凝伫红楼秋菊中，绣鞋桥畔待春风。郎来不用青骢马，双
桨穿城一水通。”以秀野为绣鞋，若非当时俗称，则诗人之雅称矣。

绣鞋桥（《云间语小录》施蛰存著）

善良的愿望：共同努力挣钱在沈泾塘上造一座桥，为乡亲们办一件好事。几经严寒酷暑，造桥工程即将开工，王母娘娘发现了下凡仙女的踪迹，派天兵天将把仙女捉回天庭。一路上，对美满的人间自由生活和纯真爱情眷恋的仙女，不停地抗拒天兵天将，挣扎中仙女脚上的一只绣花鞋掉了下来，落在沈泾塘河面上，只见霞光一闪，那只绣花鞋化成了一座横跨沈泾塘的大桥，仙女和小伙子的愿望终于实现了。为了纪念仙女，人们就把这座大桥叫作“绣鞋桥”。

鞋文化与刺绣艺术完美结合的绣花鞋是华夏民族独创的手工艺品，这种根植于民族文化中的生活实用品，被世人誉称“中国鞋”。松江鞋店始于何时，《云间杂识》有一段记载：“鞋制初尚南京轿夫营者，郡中绝无鞋店与蒲鞋店。万历以来始有男人制鞋，后渐轻俏精美，遂广设诸肆于郡治东，而轿夫营鞋为松之敝帚矣。”根据施老讲述，明万历末年（1620），家住仓城的杨彩霞开设“彩霞鞋庄”经营各式绣花鞋。鞋源来自民间绣女，鞋子由全国布商卖向四面八方。松江郡城女子从童年开始绣花，鞋上绣花是他们最初的手艺，仓城地区的

老屋马头墙（1998 年）

松江秀野桥

松江大仓桥

女子为出嫁和挣钱，用十几年时间含辛茹苦地绣花、绣鞋，将少女纯真的爱一针一线绣到鞋面上，表达对爱情的忠贞、对幸福的追求、对未来孩子的爱、对老人的孝敬。绣花鞋的制作与刺绣水平成为当地评价一位姑娘心灵手巧的重要方面，她们用一双双绣花鞋表现自己的才能智慧和艺术魅力。北方布商来松认为鞋与“偕”同音，将绣有吉祥花纹的绣花鞋作为陪嫁，有祝福新人相亲相爱、长相厮守、在花繁锦绣的美好岁月中白头偕老、共沐生活的瑰丽与芬芳之意，因此绣花鞋成为新娘出嫁的嫁妆。松郡妇女将精致的绣花鞋作为陪嫁，还将多余之鞋陈列在彩霞鞋庄，被外地客商一抢而光。

松江非物质文化遗产传习基地

彩霞鞋庄绣花鞋分为：宝宝囡囡鞋，花样有：虎头鞋、猫头鞋、狗头鞋、猪头鞋、鸡头鞋、兔头鞋、鱼头鞋等；姑娘花鞋，花样有：蝶穿梅花、蜡梅茶花、杨柳春蓝等；新娘绣花鞋，花样有：鸳鸯戏水形影不离、牡丹国色天香等；中年妇女花鞋，花样有：蓝采和花鞋、三梅花鞋等；老年花鞋，花样有：祝寿鞋、三荷花鞋、八仙花鞋等；寿终花鞋，花样有：万年青花鞋、仙桥荷花鞋等。寿鞋一般用莲花和藕的图案，而且莲花的多少和子女多少有关，即所生几个孩子鞋上有几朵花，几片莲叶。女的是花，男的是叶。鞋头上绣有一藕，几根藕须，象征高洁安睡，藕须也有家庭兴旺之意。古人称老人去世为仙逝，有点像乘坐观音莲花宝座升天的意思。因此，很多寿鞋需要订制，杨彩霞需日夜绣花赶制。

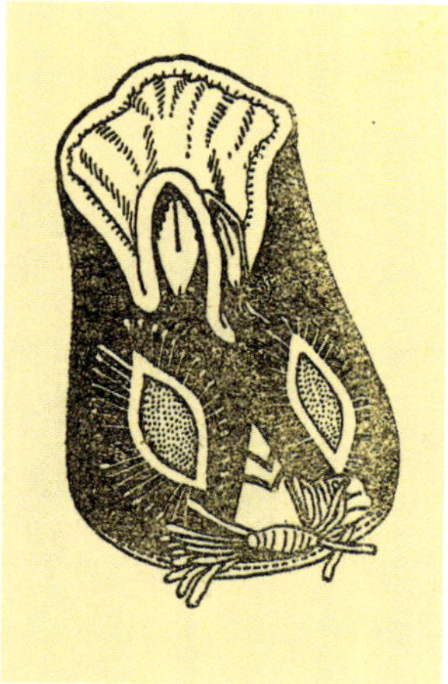

民间兔头童鞋

明代裹足盛行，在城镇甚至成为品美之饰。民间缠足年龄通常为四岁至八岁，因为这时的脚骨很容易弯曲变形。脚形要具备六个字——短、窄、薄、平、直、锐。“短”指脚前后长度，“窄”指左右宽度，“薄”指上下厚度，“平”指足背而

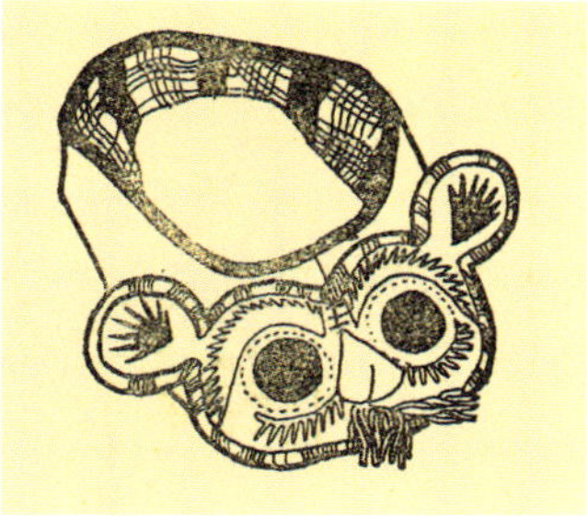

民间虎头童鞋

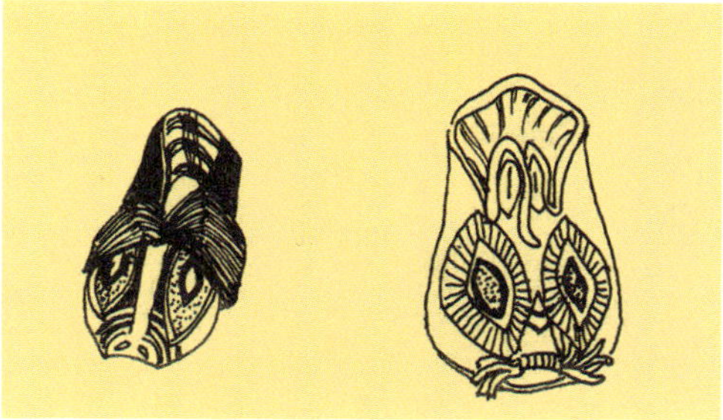

民间绣花猪头童鞋和兔头童鞋

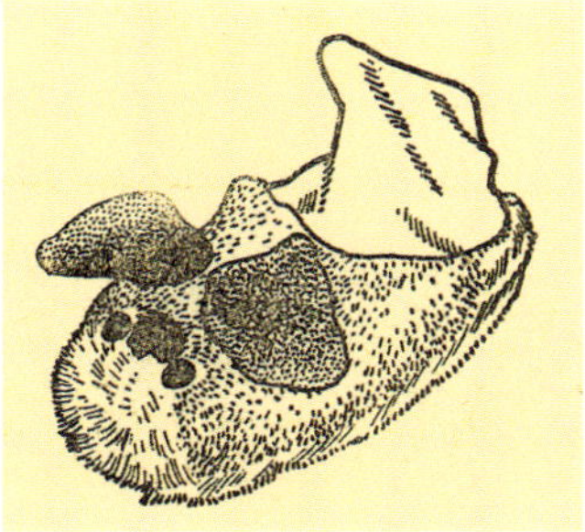

民间狗头童鞋

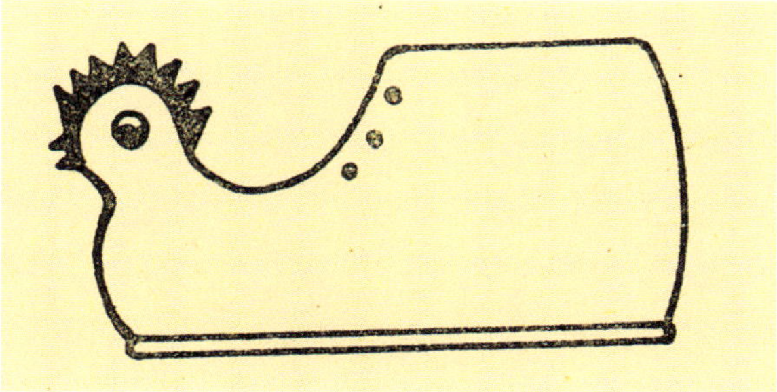

民间鸡头童鞋

言，“直”指足跟而言，“锐”指足尖而言，称为“三寸金莲”，缠足妇女穿着尖头绣花小鞋。中国目前收藏的最小的“三寸金莲”实物，鞋长仅 9 厘米，还不到二寸八分。缠足是封建社会对中国妇女的摧残和压迫。

彩霞鞋庄最使人喜欢并关注的是儿童绣花鞋，童鞋绣大自然中的花草、动物，使小孩穿后更活泼可爱，并且将最易破的鞋端加固一层绣布，既美观又牢固，在童鞋上绣花草，做成各种小动物的样子来适应儿童心理需求，也体现了真诚的母爱，符合顾客的要求。如虎头鞋，在民间，虎作为神祇，为人守门、镇宅、驱邪、禳灾，是人们心目中的保护神。虎作为吉祥物，绣在娃娃鞋上，保佑孩子长大成人。同时虎在人们的观念中，是奋发向上，生命力旺盛的象征，生龙活虎也是对孩子的祝福。又如穿猫头鞋，一方面父母盼子女像猫一样走路轻盈、敏捷，捉鼠时机灵、勇敢；让孩子一生逢凶化吉，遇难呈祥，步步顺利。猫头鞋的制作也很特别，采用绣贴结合，猫的眼睛和鼻子，先用蚕茧剪

清“三寸金莲”绣花鞋

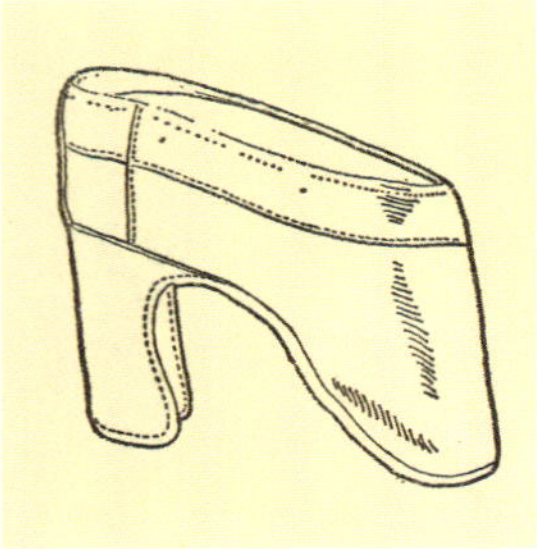

高跟皮“金莲”

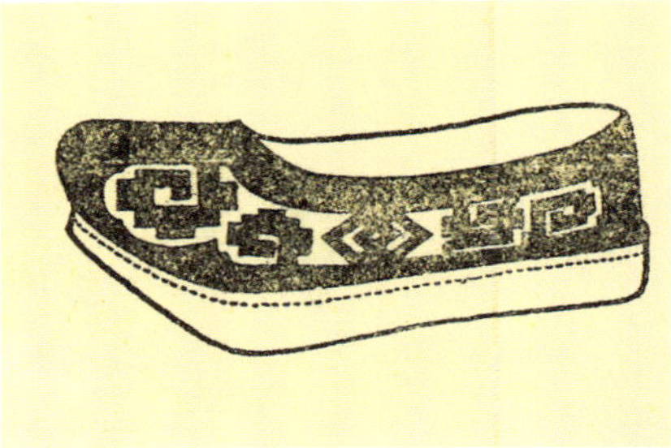

清代贵族布鞋

“三寸金莲”鞋套

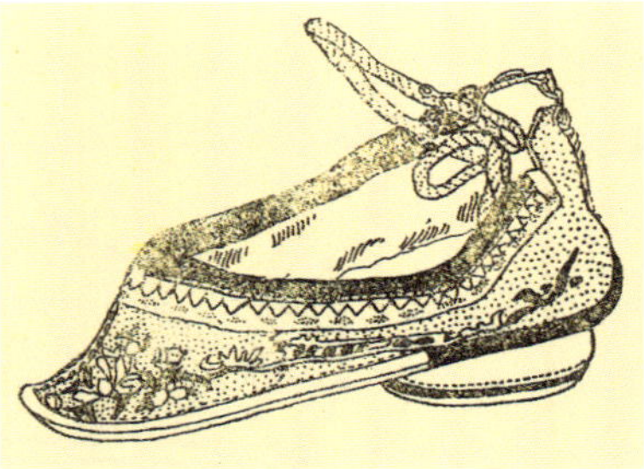

清代“三寸金莲”红帮连跟带绊

清代老人穿的元色“金莲”

成打成底样，再用黑线绣眼珠，黄线绣大鼻子，嘴和胡子用红绿线，也有用彩色丝绒做胡须，还有用绸布加刺绣做猫耳朵等，立体感强，生动活泼，精致逼真，猫成为儿童喜爱的朋友。

硬底绣花鞋做工复杂，工序繁缛，技艺高深，难度大，耗时长。鞋底制作，每道工序要求明确严格，一丝不苟。第一糊布板：把棉布用糨糊一层层粘贴在一起，贴至 1.5 毫米左右，晒干成布板；第二切底：把布板切成一片片鞋底；第三包边：每片鞋底用新白布条包上四边；第四黏合：把包边后鞋底料八九层粘在一起；第五圈底：用麻绳把粘合后的鞋底沿四边缝合，这是决定鞋的样式和强度的重要一环；第六纳底：用麻绳缝制鞋底。要求每平方寸鞋底纳 80 针以上，一双鞋纳 2000 多针，加工时用手勒得紧，针码还得分布均匀；第七槌底：纳好鞋底，经 80−100℃热水浸泡及热闷软后，用铁锤槌平，槌时要靠模板加工，将鞋底定型，使鞋底结实耐磨不变样。

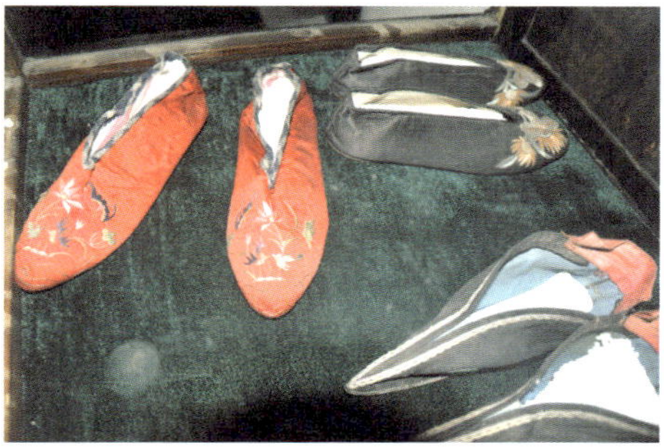

绣花鞋（张碧瑞提供）

人物图案 异形绕线板（张碧瑞提供）

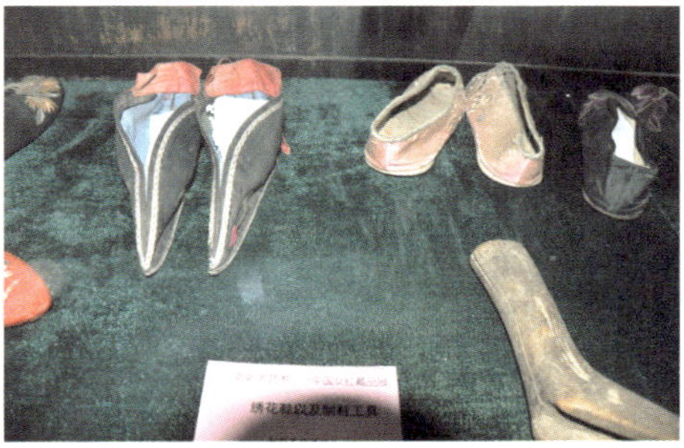

绣花鞋及制鞋工具（张碧瑞提供）

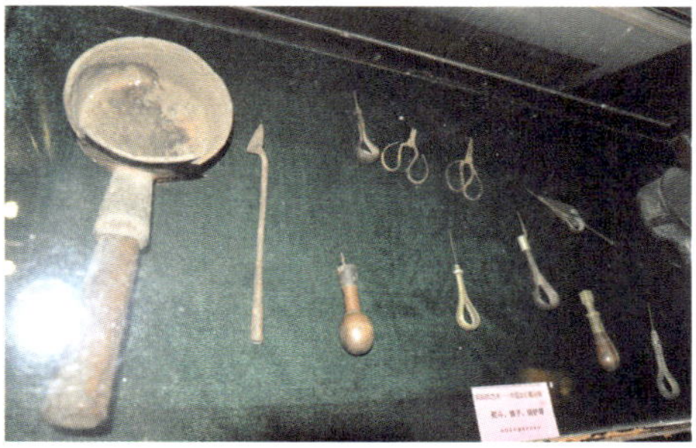

熨斗锥子铜铲（张碧瑞提供）

古代鞋摊

仓城彩霞鞋庄前店后工场，将各地收购来的绣花鞋帮上薄浆，与纳后加工的鞋底配对，晚上杨彩霞与帮工一起掩鞋口。为保证鞋子品相，还做了小孩、小脚、大脚等各种式样与大小的鞋子木模，塞在每双鞋子内，两三天后将绣花鞋送往店里上架出售。一排排绣花鞋，外形挺括，线条多姿，图案吉祥，面料鲜艳，五彩缤纷。北上漕运船工，顺船捎带绣花鞋，江南布商贩布也贩鞋。彩霞绣花鞋，江南树品牌，仓城绣花鞋，声名传天下。

丁　佩

“仿真”画绣家　《绣谱》传千秋

《绣谱》是我国刺绣有史以来第一部专著，作者是清代女刺绣工艺家丁佩，署名云间人，即松江人。善诗文，精于刺绣，初学绣花卉，渐及山水、人物，精益求精。丈夫陈鯍椇，善诗文、书画。《绣谱》于清道光元年（1821）刊行。丁佩对刺绣长久以来没有得到应有的重视，而且“古无成书”的状况极为不满，她指出，刺绣“大而施之庙堂，小而施之鞶（束衣带）、帨（古时佩巾等）”，用途极广，和民众的生活关系密切。古人对于刺绣“未有谱之者，以其无足轻重”的态度是错误的。丁佩要弘扬女红的高超绣艺，改变前人以刺绣为业余杂活或视“女红”为末业的观念，使中国的刺绣技艺得以传承与发展，发愤写了《绣谱》这部流传后世的不朽著作。

丁佩（周洪声绘）

《绣谱》将绘画、书法、诗词等艺术形式同刺绣比较，深入浅出地解说刺绣工艺的规律。正如作者所言：“以针为笔，以纤素为纸，以丝绒为朱墨、铅黄，取材极约而所用甚广，绣即闺阁中之翰墨也。”在《绣谱》中，以画喻绣、画绣相比之处比比皆是。如在谈到刺绣的重要前提选样时，丁佩认为：“绣工之有样，犹画家之有稿，其格局布置，即一成而可

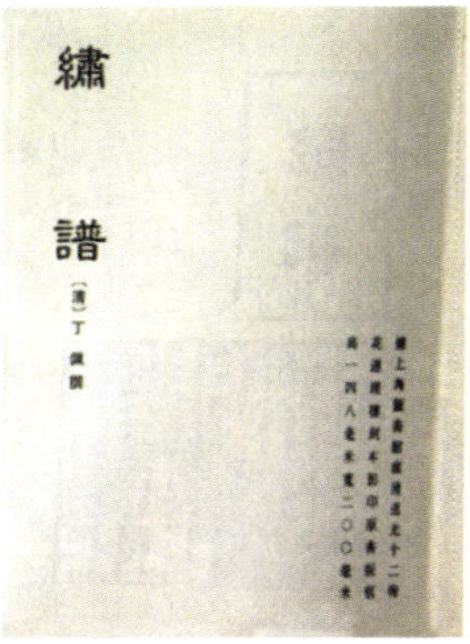

《续修四库全书·绣谱》

易者也。”又如，讲到刺绣所有工具时，丁佩认为绣画有异曲同工之妙，“云霞、水土、花木，物物无色不备者，此惟造化能之，而欲以人力强为摹仿，则惟画与绣耳”。还在《选样》篇中对刺绣提出了审理、度势、剪裁、点缀、崇雅、传神等要求，也受到中国传统绘画理论的启示。丁佩同时总结了一套绣字的诀窍。“真字宜瘦，挑、攫、点、拂，皆须各具锋芒。如作藏锋，便少疏朗之致。草书点画最简，萦拂处更易见长，惟转折肥瘦，均须留神，否则便失书意。隶书匀整平直，但宜具古绣之致。篆则光圆宛转，本属绣工之所长，第须起始分明，神完气足而已。”丁佩更认为，绣较之于笔墨，另有一种好处是：“黑以代墨，惜无浅深。然以之绣字，则不愁书被催成墨未浓矣。”丁佩进一步强调指出，从某些方面来说，“书画皆可以乘兴挥洒”，而刺绣“则积丝而成，苟缺一丝，书画即为之减色”，所以刺绣“较他艺术难”。

丁佩《绣谱》（中华书局）

清代刺绣孔雀开屏牙柄扇

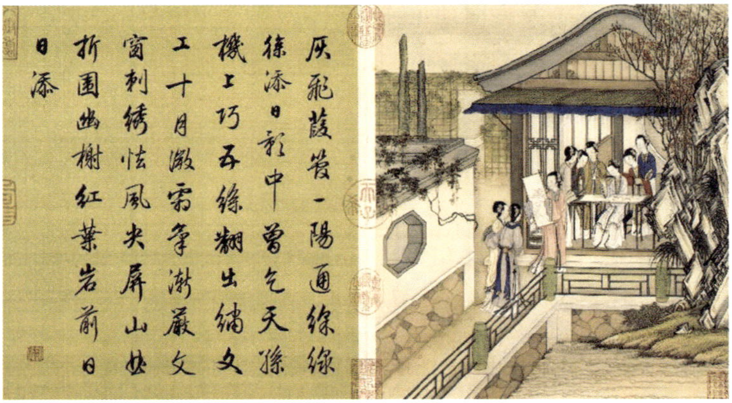

《月曼清游图》之一（清　陈枚绘）

《绣谱》全书分六个部分。1. 择地部分。讲述刺绣的环境必须闲、静、明、洁。2. 选样部分。讲述选定绣稿时要注意审理、度势、剪裁、点缀、崇雅、传神的技术要领，并避免失之巧庸和过于繁简。3. 取材部分。讲述丝线、绫缎、纱罗、绣针、剪刀、绷架等材料、工具的重要性。4. 辨色部分。讲述 18 种色彩的特点及用法。5. 程工部分。讲述刺绣工艺技法以及齐、光、直、匀、薄、顺、密等标准或称规律。6. 论品部分。论述以文品、诗品之高下、画理之浅深来品评刺绣，并将刺绣分为能、巧、妙、神、逸等五个等级，以及精工、富丽、清秀、高起等四个品格。《绣谱》议论精详，条分缕析，总结了刺绣工艺的技法及其美学特点，对于当今的刺绣工艺仍具有指导意义和借鉴价值。

丁佩在艺术创作上最主要的特点，就是写实、师造化的创作思想和方法。她强调，在万物中，“一物具一物之理”，“物皆有一定之色”，刺绣的画稿设计和绣制必须首先认真观察生活，使绣制的艺术形象符合生活的真实，即要“审理”。评价绣品的优劣，则是“象形惟肖”，“不失矩度”，也要真实。如果“草高于屋，树软如棉，只求布置”上好看，而“理未安”，则违背了生活的真实，即增其丑也。作为一名艺术家，丁佩十分注重观察生活，从自然界的美丽景色中汲取艺术的营养。丁佩回忆：有一年春天，她乘船过梁溪，只见阳光斜照两岸山峦，萦绕在山腰间的云雾五彩缤纷，景色非常迷人。于是，她在回到松江后，立即用“退红（浅红）绒（丝绒），掺以牙色（似浅朱而略微红），绣成遥山一桁”。绣成后，只见“山椒新绿成林，溪中碧水鳞次”，连她自己也“顿觉耳目一新，此画家所未到也”，连画家也没有达到如此效果。丁佩的刺绣作品已不是一般的实用绣，而是细腻典雅、格调高雅的观赏绣。

丁佩在刺绣工艺理论上的重大成就，是在历史上第一次提出了刺绣工艺的规律，即齐、光、直、匀、薄、顺、密七个字。齐，就是要求“界限分明”，针脚齐，“如快剪剪成，不使一毫出入”。光，由于缎绫、丝线的光泽，所以刺绣具有其他艺术所不能及的特长，即还能“绘光”，表现光彩。尤其在花卉方面，丁佩说：唯有刺绣才能最充分地表现出花卉的神态和光彩。此外，如金鱼的眼泡、猫和虎的毛等，这些也都是借助于刺绣艺术中“绘光”的特长，而这些却是“非写生家所能及其万一也”，远远不是画家们所能做到的。直，刺绣和书法一样，“亦宜直”“直始能正”“始能平”，而且“平如春水”。匀，就是“粗细适均，疏密相称”。这也是和直、光有关。不匀则不直，“不直则不光”。针线粗细不一，必然不直，绣品也必然没有光彩。薄，就是将丝线擘成极细之丝，绣成后宛如“彩毫轻染，观之高出纨素之上，扪之则复相平”。顺，就是刺绣时，“直则俱直，横则俱横，即使遇有圆折之处，第当以针脚之长短，由渐而转，自然成片”。这样，绣品才能有光彩。如果在刺绣时，贪图省事，在圆折处不逐渐依次顺转，而是“一线斜牵”，则全幅“必然黯然无光”。密，它“与薄似乎相反，而实相成”，关键在于“细”。只有细，才能薄和密。如果丝线较粗，则每丝相接之处，必微有洼隆，不能融成一片，“唯细而密，则虽千丝万缕”，千针万线，绣成后缎

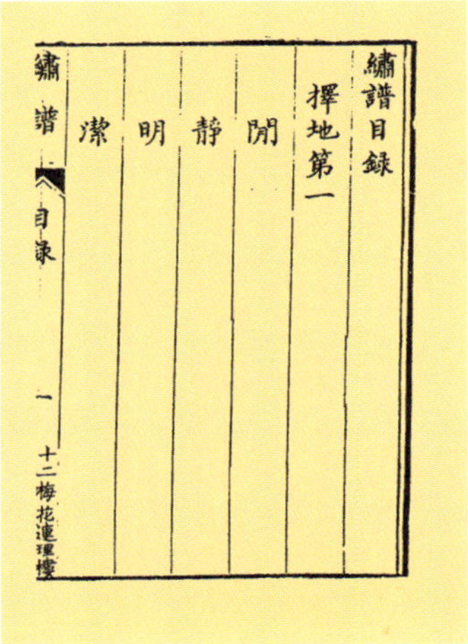
繡譜目録
擇地第一
閒
静
明
潔
繡譜　目録　一　十二梅花連理樓

《绣谱·择地第一》

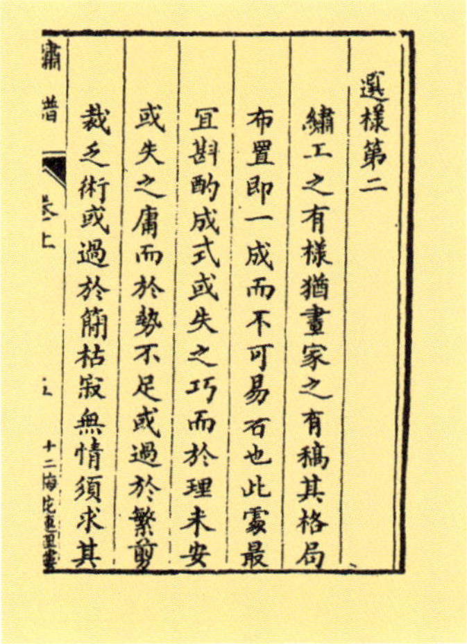
選様第二
繡工之有様猶畫家之有稿其格局
布置即一成而不可易者也此處最
宜斟酌成式或失之巧而於理未安
或失之庸而於勢不足或過於繁剪
裁乏術或過於簡枯寂無情須求其
繡譜　卷上　二　十二梅花連理樓

《绣谱·选样第二》

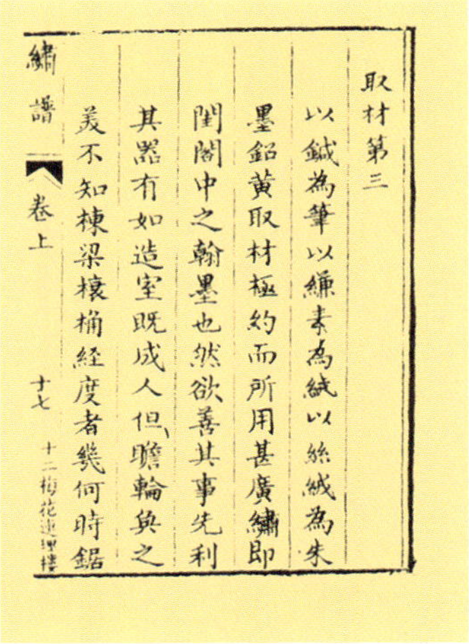
取材第三
以鍼為筆以縑素為絨以絲絨為朱
墨鉛黃取材極約而所用甚廣繡即
閨閣中之翰墨也然欲善其事先利
其器有如造室既成人但瞻輪奐之
美不知棟梁榱桷經度者幾何時鋸
繡譜　卷上　十七　十二梅花連理樓

《绣谱·取材第三》

面仍然光亮、平滑，如同明净的镜面一样。这七个字既各有特色，又互为联系，充分体现了刺绣工艺技法的规律和要求。只有熟练地掌握并运用这一规律，才能绣出精美的作品。

清代黑缎底打籽绣便服褂

丁佩对故乡松江怀有深厚的感情，即便是一枚小小的绣花针，她也认为，绣针是松江的最好。“针产于吾松，初不知其妙也。”而且丁佩从小使用松针、了解松针，因此详细介绍了松针构造上的优点：“松针之所以妙者，光也，直也，细也，锐也，而尤在铸孔之际，圆而不偏，细而不滞。自尖以上匀圆如一。铸孔处虽稍扁而两旁皆平……性亦耐，用之数月以后，益觉灵滑异常矣。”丁佩对于绣底质地和材料的选用，《绣谱》中曰：“刺绣以缎为最，绫次之，绸绢又其次也。”据传，丁佩最喜欢选用松江东门所产的缎料，作为绣底材料。色彩“皆须素地”，因为“如有花纹，绣成光采必减，宜择细密光洁者为佳”。丁佩每次回松，总要买些家乡的绣花针、飞花布、缎料等特产回婆家。

《绣谱》不失为一部让人耳目一新的著作。丁佩这位封建社会的妇女，为闺阁之事者著书立作难能可贵，后人可以从《绣谱》一书中了解到仿真绣的特点和精巧的艺术美感，为其精湛的刺绣技术所折服。

恽　氏

远祖没骨画　三代创松绣

松江顾绣即露香园顾绣，几乎家喻户晓；松江人丁佩撰写的中国第一本刺绣著作《绣谱》广为流传，但松江名特绣品“松绣”，人们却十分陌生，知晓者甚少。近人朱启钤在北洋时期历任内务总长，代理国务总理等要职，又是中国近代刺绣研究的奠基人，他所著《女红传征略》中写道：“光绪间，松江杨氏姑妇习绣事于祖姑恽氏。恽本习祖传没骨画法，后嫁于杨，而少寡，遂以绘事施之刺绣，凡绣件皆出自心裁，不依俗谱，山水、人物、花鸟皆能为之。三代孀居，恃此为生，‘松绣’之名因而大著。”“松江杨氏姑妇”，“姑”旧时作婆婆解，“妇”即媳妇，“三代孀居”，则意味着是“婆婆—媳妇—孙媳”关系。她们的绣艺得传于“祖姑恽氏”。

恽氏（周洪声绘）

恽氏，女，清光绪年间（1875—1907）嫁给松江杨姓。据传光绪十年，恽氏虚岁21岁，嫁到松江，若按此说，恽氏约生于同治三年（1864）。她是恽寿平后人，家祖传恽寿平的没骨花鸟画与没骨法，能运用没骨法制作绣品，所绣还能别出心裁，不依照俗传的谱样，因此具有独特的风格，对山水、人物、花鸟都绣得挺好，十分别致。她

朱启铃

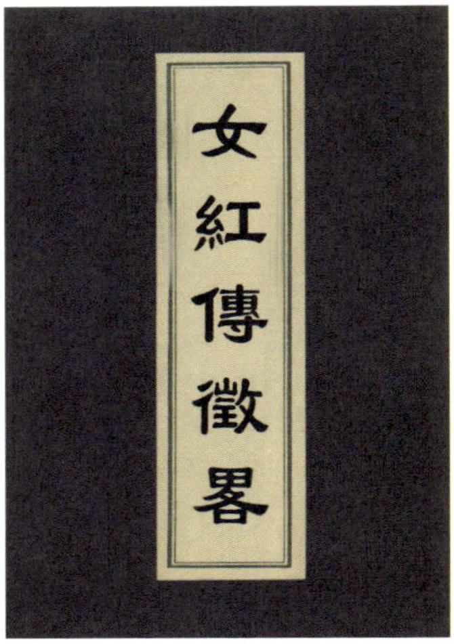

《女红传征略》（朱启铃著）

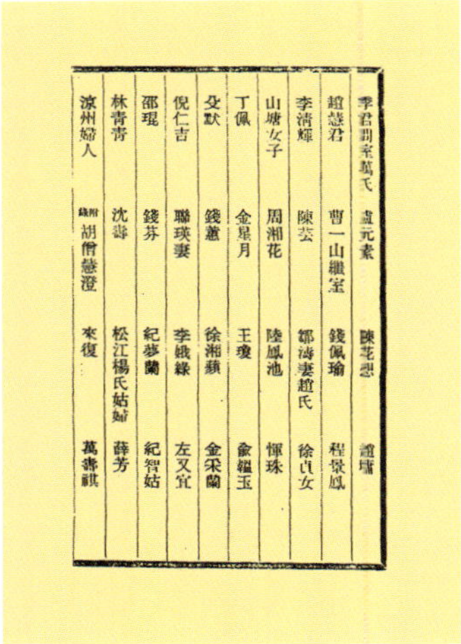
李君謂室葛氏　盧元素　陳芝想　盧墉
趙慧君　曹一山繼室　錢佩瑜　程景鳳
李清輝　陳芸　鄒祷妻趙氏　徐貞女
山塘女子　周湘花　陸鳳池　惲珠
丁佩　金星月　王瓊　俞韞玉
殳默　錢蕙　徐湘蘋　金采蘭
倪仁吉　聯瑛妻　李娥綠　左又宜
邵琨　錢芬　紀夢蘭　紀智姑
林青青　沈壽　松江楊氏姑婦　薛芳
涼州婦人　附錄 胡僧慧澄　來復　萬壽祺

松江杨氏姑妇（《女红传征略》）

的儿媳和孙媳，也都擅绣，遂成名家，一门三人，依靠刺绣为生，当时以“松绣”之名著称于世。

美学史教授陈麦说：“松绣，就是松江之绣。”他在《传统顾绣与顾绣传统》一文中写道：“松绣是以‘没骨法’传神取胜的，自五代、北宋起就已流传的‘没骨法’，偏重于色彩晕染，或稍稍落墨写出枝叶蕊萼。与‘双勾法’比较，可以摆脱外形生涩的边缘轮廓限制，更有利于丝绣技巧的发挥，也可以说‘没骨法’是古代绣艺的进步或革新。因而，松绣与顾绣有写生传神层次上的认同（书画元素或写生如画），或者说，它们都是特定地域、地缘文化积累的再发展。”“松绣与顾绣同居于绣艺门类，属于同一地区地缘文化范围，并且还可以划入同一‘画绣’范式……顾绣与松绣，有着共同的文化传承脉络，从绣艺发展联系中，松绣应是顾绣这一优良传统的延续。”

松绣为了更形象地表现花鸟等层次丰富的色彩效果，采用景物色泽的老嫩、深浅、浓淡等各种中间色调，进行补色和套色，从而充分表现原物的天然景色。一朵花在画家手里仅需几笔就能完成，而到了恽氏这里就需要用针和线，在底料上，按照花上呈现的暗淡深浅颜色，用不同色线来回反复，必须对照原作，进行再度创作，针法、用线色、用线量将决定着作品的质量，各种拿捏之道尤为深奥。松绣把传统的针法与没骨花鸟画笔法相结合，以针代笔，以线代墨，分层晕染，浑然一体，完成了一幅酷似画作的绣品。

恽寿平（1633—1690），初名格，字寿平，以字行，改字正叔，号南田等。他生于江苏武进（常州）的世家大族，自幼聪明，“八岁咏莲花成句，惊其塾师”。少时从伯父著名画家恽向学诗文绘画，青少年时期参加过抗清义军，家破人亡，当过俘虏，又被浙闽总督收为义子，曾在灵隐寺为僧，返故里后以卖画为生。他精于楷书，取法褚遂良、米芾而自成一体。诗为毗陵六逸之首，擅五言古诗，其诗格超逸，书法俊秀；画初学元黄公望、王蒙，深得冷澹幽隽之致，画笔生动。他在继承徐崇嗣的没骨花卉画法基础上，重视形象写生，“以花传神”。他的画法是一种“点花粉笔点睛，点后复以染笔足之”的新体貌，方薰认为这是“前人未传此法，是其独造”的新风貌。恽寿平融工笔与写意之精华为一体，既有工笔画的形态逼真，更具写意画的传神。恽寿平与王时敏、王鉴、王翚、王原祁、吴历合称“清六家”。他的诗、书、画被誉为“南田三绝”。恽寿平和王翚结交，自谦曰：“是道让兄独步，格耻为天下

恽寿平

恽寿平没骨画

恽寿平没骨画

恽寿平菊花轴

第二手。”他遂多作花鸟，斟酌古今，以北宋徐崇嗣没骨法为宗，直接用颜色或墨色绘成花叶，而没有“笔骨”，给当时的花鸟画创作注入了一股新的活力，对明末清初的花卉画有“起衰之功”，被尊为“写生正派”，影响大江南北。《国朝画征录》载：“近日无论江南江北，莫不家家南田，户户正叔，遂有‘常州派’之目。”

据中国绘画史载，常州画派达百人之多，且有不少女画家。恽寿平把绝大部分精力都投入花鸟画创作上，留下了较多的作品。因为花鸟画作品一般篇幅都不大，比较适合于刺绣题材。其后代恽氏对先祖恽寿平没骨花鸟画从小临摹学习，有特殊的感情，她嫁到松江后，便用恽寿平没骨花鸟画及其“没骨法”画作为蓝本，一门三人创“松绣”。“松绣”声名卓著，引起了朱启钤、叶瀚等南北主流文化人士的高度关注和评价。

朱启钤在《存素堂丝绣录》中载有清代恽氏冰娥绣《菊花》轴。该绣品质地为白绫，高二尺三寸四分，宽一尺二寸。绣的是写意《菊花》，并题句云：

紫菊宜新寿，茱萸辟旧邪。
愿陪长久宴，岁岁捧香花。

《存素堂丝绣录》书影

松江“杨氏姑妇”的“祖姑恽氏”是否为恽冰娥，盼学者们深入考证，揭开谜底。

贰

营造修缮篇

秀　道

亲自参与筑佛塔　挺立佘山见辉煌

位于西佘山东麓山坡上的秀道者塔，又名月影塔，建于北宋太平兴国年间（976—984），塔为砖木结构，八面七级，高约 29 米。2002 年 4 月，公布为上海市文物保护单位。

秀道者塔的建造者相传名“秀”，修道隐于佘山，塔建成后自焚，故名。宋代诗人许尚《华亭百咏 · 秀道者塔》云：“辛勤成雁塔，俄赴积薪焚。静夜眈眈影，疑来护刻文。”秀道者塔造型别致，外形美观，周边修篁掩映，塔与青翠山色融为一体，风景如画，现为佘山上存世最久的名胜古迹。

秀道（韩雯绘）

作为一座耸立千年的佛塔，历代工匠的修旧如旧是保持原有风貌并延续古塔寿命的重要保障。从该塔围廊柱础为青石覆莲式，各层四面设壶门，壁间设仿木直棂窗，方向依次转换；各层墙面泥道拱为砖砌，底层在外廊设梯，二层以上方室内以木梯相通等方面看出，形制上与宋代《营造法式》规范相符，显示出北宋砖木结构楼阁式塔的基本特征。例如，秀道者塔各层四面设有仿木直棂窗，线条简单，形如栅栏，也叫“一马三箭”，这是唐宋时期窗的流行形式；又如秀道者塔各层挑檐斗拱为木质，而墙面泥道拱为砖砌，为宋代斗拱形制之一。再从塔刹承露盘外壁所铸“万历”字样中可见，该塔曾于明万历年间（1573—1644）有过一次较大规模的修缮。

秀道者塔碑

20世纪60年代，曾从塔基采集到丹凤瓦当、滴水等物，是明代重修的实证。时至当代，因秀道者塔年久失修，各层塔檐、平座以及围廊等都已无存，塔身和塔刹也破旧残损。1997年，松江县人民政府批准重修，1998年12月完工。据《松江文物志》记，当年，对如何修缮秀道者塔存有两种不同意见：其一，保持现状，进行加固处理；其二，恢复塔的原貌，修复围廊、塔檐、平座和塔刹。松江县博物馆就恢复原样修复的依据问题，作出专题汇报。根据塔身现状勘察和馆藏资料分析，给出了如下修缮依据：

修缮前的秀道者塔

一是塔墙体结构保存完整，壶门、角柱、直棂窗等几乎无缺，体现了北宋的特点；二是围廊平面尺寸尚存，现存宋式青莲瓣覆盆式柱础三个，为复原廊柱尺寸及位置提供了依据；三是塔身现存各层砖砌泥道拱，尚存泥道拱痕迹，可见原底层斗拱是二挑五铺作，以上各层挑檐与平座斗拱，为一挑四铺作；四是塔身平座部位的砖砌叠涩出挑做法和砖砌泥道拱并存；五是几处泥道拱之间的残存出挑木拱，其断面尺寸可作为木拱复原断面尺寸；六是木斗拱的出挑尺寸与长宽比例可参照墙身泥道拱尺寸，按法式比例复原；七是出檐尺寸可根据斗拱出挑比例与塔身尺寸比例进行复原；八是松江县博物馆藏有20世纪60年代于该塔基础部位出土的一套瓦当、滴水，图案为朱雀、花卉，是复原塔檐用瓦尺寸的标准范本；九是塔刹基本保存，缺失的象轮、宝顶等可参照当地宋塔塔刹进行复原；十是塔身墙体色彩比较明确，墙身仿木结构部分如柱、枋、泥道拱、直棂窗等部

秀道者塔天宫

秀道者塔塔刹宝珠铭文

修缮后的秀道者塔

秀道者塔外楼梯结构

秀道者塔内部结构

位为铁红色，墙面为白色。在此基础上，上海市文物管理委员会专家对秀道者塔的修缮方案提出了相应的修改意见。

该塔修复工程，从提出修缮依据到设计施工，匠心融入全过程，例如解决了第六、第七层结构加固拆修、塔刹修复、围廊结构复原等施工中的一系列难题，力求修缮质量尽善尽美。1998 年 6 月 2 日，该塔修缮施工中于塔顶砖结构内发现了天宫，从中清理出青铜太子像、青玉带饰、南宋至明代中晚期钱币数枚以及锡匣等，匣内藏有青铜信女像、玉水禽衔莲佩以及五色石等文物，并发现塔刹承露盘外壁铸有“万历”等铭文。这些塔藏文物和塔刹铭文的发现，为考证、研究该塔的功能和经历提供了实物佐证。1998 年 12 月，采用传统材料与传统工艺，恢复了塔的围廊，各层塔檐、平座和塔刹，使古朴的秀道者塔风采卓然，重现于西佘山上。

刘砖王

松江造“金砖”　特献建故宫

金砖是中国传统窑砖烧制业中的珍品，是专为皇宫烧制的高质量铺地方砖，端正完整，颗粒细腻，质地密实，平面如砥，踏上去不滑不涩，广润似墨玉，像一块乌金，敲起来有金石之声，所以叫“金砖”。另一说是，这种砖运到北京的“京仓”，供皇宫专用，因此叫“京砖”，逐步演化为“金砖”。明永乐五年（1407）皇帝朱棣决定将都城由南京迁至北京，建造紫禁城。华亭人杨青负责奉天、华盖、谨身三殿（现为太和、中和、保和殿）以及两宫瓦工工程，在他提议下将金砖的制造重任交给了苏州、松江二府。松江府台接旨后，速令刘砖王负责制作金砖。

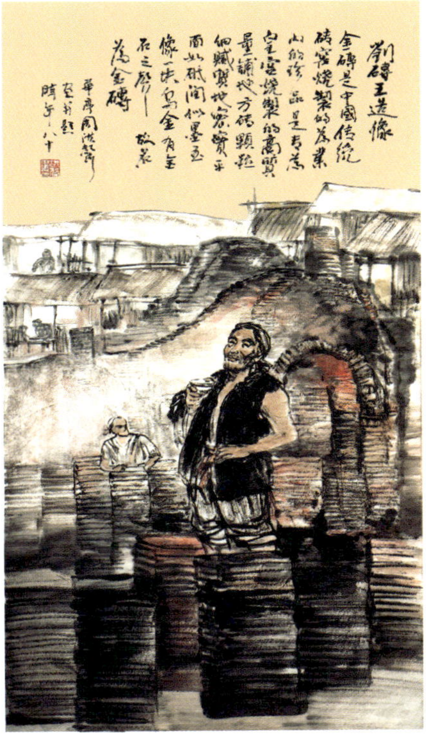

刘砖王（周洪声绘）

刘砖王家住松江李塔汇，生于元朝末年，是一个闻名江南的制砖能手，砖王之称淹没了其真实之名。刘砖王年轻时正值明朝建立不久，百废待兴，官府兴土木，商贾造新楼，百姓修家园。松江府台为了促进建材业发展，检验全府各县砖瓦质量，在府城小校场举行“百砖会”。全府几十座砖窑各自拿出最好的产品陈列展出，进行质量测试比评。经官府与行家评议，李塔汇刘砖王砖头一举夺魁，从此名闻江南。

紫禁城的建筑等级非常严格，室内和走廊地面铺方砖的规格大有区别，小屋铺尺二砖，配房铺尺四砖，较大的房屋铺尺七砖，但这些砖只能称为方砖，不能称金砖。金砖规格主要有一尺七寸、二尺、二尺二寸三种，紫禁城主要宫殿室内都用这种金砖墁地。烧制金砖的工艺独特，制作考究，工序繁复，耗时长久。从选土练泥、踏熟泥团、制坯晾干、装窑点火、文火熏烤、熄火窨水，到出窑磨光的过程十分复杂。工部郎中张向之所著《造砖图说》中写道，阴干砖坯入窑后要以糠草熏一月，片柴烧一月，棵柴烧一月，松枝柴烧四十天，凡一百三十日而出窑。

北京故宫铺地金砖

刘砖王烧金砖质量要求十分严格，砖泥是质量的重要基础，取泥先打探洞，探测表土厚薄及泥储存的深度、广度，鉴别土质的优劣，看样定点。定点后先挖去表土，然后把优质的泥运到场上堆起，让这些泥任凭风霜雨雪的侵袭，使其团粒结构分解，俗称“冻

北京紫禁城

《天工开物》金砖烧制图解
（练泥 制坯 阴干 入窑 窨水）

金砖（《苏州手艺》）

土”，好处是使泥土无硬块，易翻踏，质细腻，黏性强，这是上等金砖的泥料。明代宋应星所著《天工开物》中对泥料要求是“黏而不散，粉而不沙者为上”。接着练泥，先往泥堆里渗适量水，然后人牵牛在泥堆里反复踩踏，使泥稠至仿佛糯米年糕时为止。制坯时要将泥“填满木框，以铁线弓戛其面”。“松江监制”的金砖对应边上有两个“坑”，直径大小为2厘米—3厘米，深2厘米左右，工匠铺设方砖时在凹坑处抹上灰浆，干后砖与砖之间不会松动与沉降。砖坯制成后须置于室内通风处晾干。烧金砖须用大窑，每窑只有窑中央可装一百块左右金砖坯，四周得用杂砖围护，以防窨水时水滴直接滴到金砖上产生白色斑点。

根据祖规，开窑点火前须举行“敬窑神”“祭六眼”仪式，在恢宏清亮的钟声中仪式隆重开始。德高望重的主祭刘砖王在六名陪祭伴随下走向祭坛，供台上放着一个猪头、一只鸡、一条鱼等供品，俗称“六眼”（三只动物各有两眼，共六眼），砖窑也有“六只眼”——窑门、烟囱、顶部加水处、观火洞和窑底两个洞，李塔汇人称“双六眼”。在供品中，活蹦乱跳的鱼格外惹眼，窑民释意为“活灵活现”，“六眼道，窑火旺，周时短，出好砖”。随着刘砖王一声高喊：“请窑神！”一位主窑师请出鲁班雕像，身后两名老窑工手持“乌泥变宝玉，窑门出黄金”红色对联一齐出场，十二名身穿窑工服、手执祭窑旗的年轻男子笔直地站立在祭坛两侧。在主祭人刘砖王带领下，陪祭及参祭人员三次磕头跪拜窑神，紧接着窑工们随刘砖王齐声喊道："喝点火酒，马上点火！"妇女们送上美酒，大家一饮而尽，随刘砖王一声令下："点火！"六名陪祭人手持稻草扎成的火把，进窑点火。虔诚的神情，庄重的仪式，表达着世代窑工对窑神的感谢和对未来的期盼。

金砖制作场景（《苏州手艺》）

金砖烧好后，必须往窑里浇水降温。这些浇向窑里的水，得由窑工们沿着窑墩外那条又陡又高的砖梯挑到窑顶，再从窑顶浇入窑中。出窑的日子是长时间酝酿后的高潮，是收获的时刻，也是谜底揭开的时刻，金砖烧制成功的那一刻，刘砖王立即率领窑工，焚香点烛，燃放鞭炮，再拜窑神，气氛紧张而热烈。

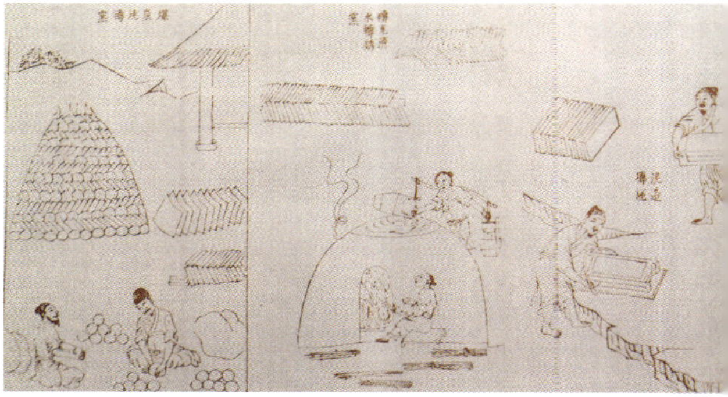

《中国古代建筑技术史》

刘砖王与窑工们将一块块金砖像宝贝一样包装好，亲自装船护送金砖，船经京杭大运河送到北京，到铺墁时，工艺要求更为严格，首先要花一番心血进行细致打磨，这道工序在一个圆形的水槽里进行，一边磨，一边冲水，不仅要让金砖表面变得平滑，像镜子一样光亮，还要使墁好后表面严丝合缝，即"磨砖对缝"。然后抄平铺泥、弹线、试铺，最后按试铺要求墁好刮平，浸以桐油，使"金砖"光泽鲜亮，还能够延长它的使用寿命，至此才算完成。当刘砖王看到北京紫禁城三大殿二宫的"金砖地"时，激动万分，能让无数工匠用智慧和血汗制成的"金砖"铺在紫禁城里，"金砖"才真正名实相符。

刘砖王不仅造"金砖"铺北京故宫大殿，还根据杨青要求制作紫禁城墙"京砖"，因故宫城墙砖有特别高的标准，当地民众将城砖也呼为"金砖"。松江人为建造世界著名宫殿紫禁城贡献"金砖"而感到十分自豪，并世代传颂。

杨　青

著名瓦匠高超技艺　主参建造一流故宫

故宫旧称紫禁城，是明清两个朝代的皇宫。建造该宫是按紫微垣在天空的位置，在北京城的中央建造了一组巍巍壮观的宫殿群。太和殿即金銮殿，建筑在八米高的台基上，象征天和天子的权位无比尊贵。乾清宫和坤宁宫象征天地乾坤。乾清宫东面的日精门和西面的月华门象征日月。东西各有六宫，象征十二星辰。东西六宫后若干组建筑象征众星。这里戒备森严，是不许老百姓进入和靠近的禁地，于是便有了“紫禁城”的说法。如今早已是中国综合性博物馆，也是中国最大的古代文化艺术博物馆，是第一批全国重点文物保护单位、第一批国家5A级旅游景区、第一批全国爱国主义教育示范基地。1987年入选世界文化遗产名录。据《北京志·世界文化遗产卷·故宫志》记载，故宫初建与重建奉天殿（今太和殿）、华盖殿（今中和殿）、谨身殿（今保和殿）、乾清宫、坤宁宫等主要建筑，建造设计者有蒯祥（木工）、蔡信（木工）、陆祥（石工）、杨青（瓦工）、阮安（宦官、建筑家）等，其中杨青为华亭金山卫人。1966年10月，该地由松江县划归金山县（今上海市金山区）。

杨青（周洪声绘）

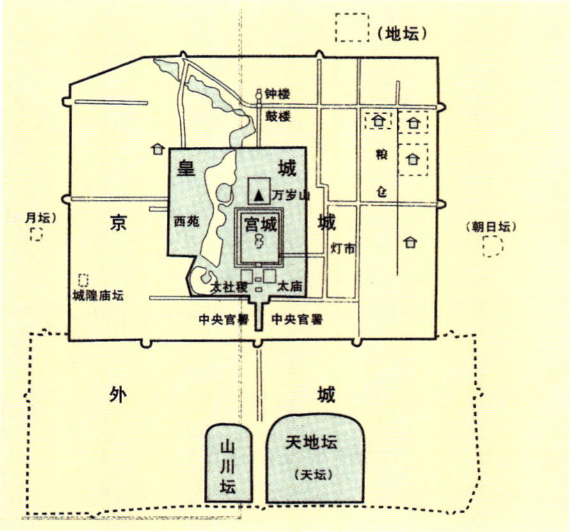

明朝的北京城

梁思成著《中国建筑史》记载，明成祖永乐四年（1406）建北京宫殿，修城垣。紫禁城建成于永乐十八年（1420），翌年正式迁都。不期于三个月又七天以后，即四月初八日，奉天、华盖、谨身三殿遭灾被焚。《北京志·世界文化遗产卷·故宫志》载明永乐十九年（1421）四月后：“由于十多年的新建工程，人力、物力、财力消耗很大，北部边患频传。永乐二十年、二十一年和二十二年朱棣连续亲征，最后死于回师途中，故永乐年间未遑修复。明仁宗在位时间甚短，特别是他即位七个多月即打算还都南京，并已下令诸中央机构，在北京的‘悉加行在二字’，如永乐迁都前状况，当然无意整修北京宫殿。宣德年间的朝政，大体皆延洪熙帝的遗绪，并自元年始，曾两次罢采木之举，罢采买营造诸事。明英宗9岁即位，由张太后及四朝旧臣杨士奇、杨荣、杨溥主政，朝政尚属清明，并无南还意向。正统元年（1436）十月，朝廷命初建北京宫殿的参与者、少保兼工部尚书吴中、都督同知沈清、太监阮安，率军夫数万人修建京师九门城楼。因为明初北京城墙因元城旧，仅略加修葺，月楼城铺之制多未备。到正统五年（1440）二月又下令‘以营建宫殿，发各监局有轮班匠三万余人，操军三万六千人供役’。命已升为左都督的沈清、少保兼工部尚书吴中提督‘官军匠作人等建宫殿’。至次年九月，三殿（奉天殿、华盖殿、谨身殿）二宫（乾清宫、坤宁宫）完成。”

故宫的文献与实物很丰富，但谁是建筑设计者的资料不多，所以流传有“蒯祥说”“蔡信说”“杨青说”等版本。有专家综合几种说法认为，蒯祥生于明洪武三十一年（1398），永乐四年（1406）始建故宫时，他才8岁，怎能担当此项特大工程。初建故宫蔡信、杨青起了很大作用。故宫三殿二宫被焚后，时隔二十余年重建时由于他俩年事已高，所以蒯祥的作用要更大些。据《中国古代建筑技术史》记载：“由于蒯祥技术高超，他被选拔为重大工程的设计师，与阮安、蔡信、杨青等分工负责，周密配合，营建北京城及宫殿。”

《北京志·世界文化遗产卷·故宫志》：“杨青（生卒年不详），明瓦工。原名阿孙，南直隶金山卫（今上海金山区）人。杨青名为明成祖朱棣所赐。青善心计，凡制崇广，材用大小，都能称旨。并擅长估算，精于调配工料，善于安排施工人力，与蔡信同期参加营建北京宫殿及陵墓工程，是当时瓦作的匠师代表人物。初封太仆少卿。正统五年（1440）重建三殿、二宫有功，升工部左侍郎。”

《松江人物》记载：“杨青，明初华亭县筱馆人，幼名阿孙，以泥瓦匠谋生。永乐（1403—1424）初，被征役于京师。一日，成祖见粉刷不久的后宫墙上有异常色彩，疑而询问，众人知道实情却没有谁敢回答，只有阿孙伏地报告说：‘此乃蜗牛爬过而留下的痕迹。’成祖喜其能以实对，问姓名，知为杨阿孙，就说：‘幼名未改吧？现杨柳返青，可更名为杨青。’赐予冠带，任之以工部吏役。后宫小殿建成，成祖见之，十分满意，以金银豆撒于殿下，算是奖赏，任令工匠自取，众人争相向前，只有杨青居后不争，于是成祖更加器重他。后来大规模建造朝堂宫阙，任杨青为都工。杨青善于筹划，凡建筑的制度规模，高低大小，

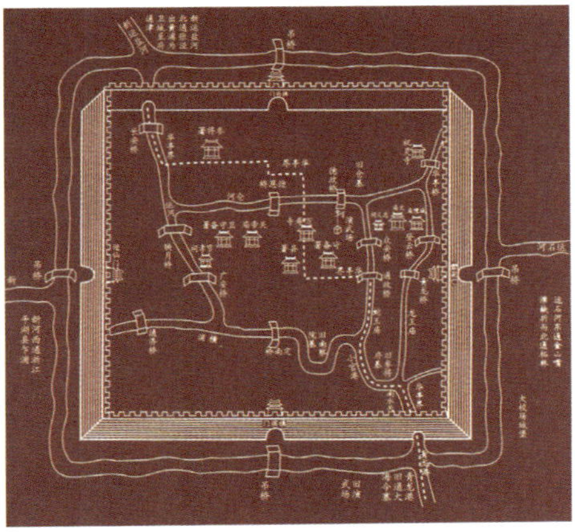

《金山卫城池图》（《1937，上海金山卫》）

北京故宫三大殿

北京故宫中和殿（四角攒尖顶）

北京故宫保和殿（重檐歇山顶）

全都符合皇帝旨意。竣工后，皇帝钦命杨青为工部左侍郎。其子善父业，官至工部郎中。”

故宫奉天、华盖、谨身三殿（嘉靖重修时改名皇极、中极、建极，清顺治时改称太和、中和、保和）与乾清、坤宁两宫为主，加之周围设有云龙阶石、镏金宝鼎、铜狮、琉璃照壁、九龙壁、日晷、嘉量等建筑小品，以及黄瓦、红墙、朱楹、金扉、白玉雕栏这些精细绚丽的装修和彩画，组成建筑群体，整个显得高大雄伟，金碧辉煌。从南面的承天门（今天安门）始，一条中轴线直贯北面玄武门外的万岁山（今景山）。这些宫殿正处于中心地带，显示统治者的无上权威。

太和殿装饰、陈设与屋顶样式均为中国古建筑中最高等级，位于太和门内正北，与中和殿、保和殿前后序列，合称三大殿，又称前三殿。三大殿坐落在平面呈“土”字形的宽大台基之上。台基上下三重，俗称三台，高 8.13 米。太和殿是中国现存古建筑中规模最大的殿宇。面阔十一间，进深五间，建筑面积达 2300 多平方米。殿高 26.92 米，黄琉璃瓦重檐庑殿顶。正脊两端大吻由十三块琉璃构件拼接组成，高 3.4 米，重约 4.3 吨，表面饰以龙纹，又称龙吻。檐宇四角安有仙人走兽，走兽又称小兽，一般古建筑多用奇数，至多不过九个，而太和殿加行什（猴），共安放了十个，为古建筑琉璃装饰的特例。太和殿檐角的走兽依次排列为龙、凤、狮子、海马、天马、狻猊、押（狎）鱼、獬豸、斗牛、行什，多为有象征意义的传说异兽。

紫禁城城垣也是城池的主体建筑，它的平面以城垣外皮计算，南北长 960 米，东西宽 760 米，为一矩形。由于所处的特殊地位，墙身比南京皇城更为高大、宽厚。紫禁城城垣从地面到顶部高 9.9 米，墙的厚度墙脚为 8.62 米，顶部为 6.66 米，断面呈上窄下宽的梯形。城垣顶部外侧砌筑堞墙（也称雉堞墙），上置品字形垛口。堞墙通高 1.34 米，厚 0.37 米。顶部内侧砌筑宇墙（俗称“女儿墙”）。宇墙略低于堞墙，墙顶砌出檐砖和琉璃披水，上覆以扣脊瓦，呈“囤”形“莺不落”墙顶。堞墙和宇墙之间的城垣顶部，铺筑海墁城砖，顶面略向里倾斜，便于雨水从宇墙下部的沟眼泄出。紫禁城城垣的用砖量，约在 1000 万块以上，每块长 0.48 米，宽 0.24 米，厚 0.12 米，重约 24 千克。砖的质量要求严格，必须质坚色正，敲之有声，断之无孔。当时为了解决大量用砖问题，大部分选择了山东临清及运河两岸土质较好的地方建窑烧造，据传也有松江烧制的城砖运京。同时为了运输方便，大量城砖都是从大运河运至通州张家湾，再经陆路运到北京。《大明会典》记载：永乐三年，定每料船带砖二十块，沙滚砖三十块。城砖制作精良，又千里迢迢运输，花费白银十分可观。

紫禁城的宫殿里，地是用金砖墁的。金砖是专为皇宫烧制的细料方砖，端正细腻、质地密实，颜色纯青，敲起来有金石之声。也有一种说法是，这种砖

北京故宫太和殿的大吻

北京故宫太和殿檐角走兽

只能运到北京的“京仓”供皇宫专用，所以叫“京砖”，然后逐步演化为“金砖”。故宫太和殿、中和殿、保和殿内墁地的金砖，多是明代烧制的。其中有产自苏州、松江等地烧制的金砖。这些地方的土质细腻，含胶体物质多，可塑性大，澄浆容易，制成的砖质地密实，且可利用运河水运到北京。松江府的金砖据说就是杨青推荐的。杨青还带去了一大批松江工匠参与故宫的建造。

北京故宫太和殿檐角仙人骑凤

明永乐七年(1409)，明长陵开始动工。明长陵距北京故宫五十千米，为十三陵之首，是明成祖即永乐皇帝朱棣和皇后徐氏的合葬墓，也是永乐皇帝自建的“寿宫”。陵园规模宏大，用料严格考究，施工精细，工程浩繁，营建旷日持久，仅地下宫殿就历时四年。梁思成著《中国建筑史》载：“陵(长陵)以成祖永乐十三年(1415)完成，殿(长陵棱恩殿)亦同时物。殿平面广九间，深五间，较之北京清故宫太和殿深度虽稍逊，而广过之，两者面积大致相等，同为国内最大之木构。其外观重檐四阿顶，立于三层白石陛上。下檐斗拱单杪双下昂，上檐双杪双下昂。其下檐斗拱自第二层以上，引伸斜上者六层，实拍相联，缀以三福云伏莲销，已形成明清通行之溜金科。其补间铺作当心间加至八朵之多。上檐斗拱则唯第二层昂及耍头后尾延长，压于下平榑之下；在比例

北京故宫太和殿屋脊上的神兽

上，其昂尾之长，尚为前所未见也。殿全部木料均为香楠，当心间四内柱特大（径 1.17 米），自顶至根，一木构成，为稀有之巨观。殿梁额横断面均狭而高，不若后世之近乎正方形者。殿内藻井当中三间较高，两侧三间较低。”

《英宗实录》记载：正统六年（1441），太仆寺少卿杨青亦升工部左侍郎。此距永乐十八年（1420）因功加官已有二十一年。杨青的儿子继承父业，官至工部郎中。杨青年迈后以老疾乞南京休养，卒赐祭葬，即由皇帝下旨，举行了隆重的葬礼。

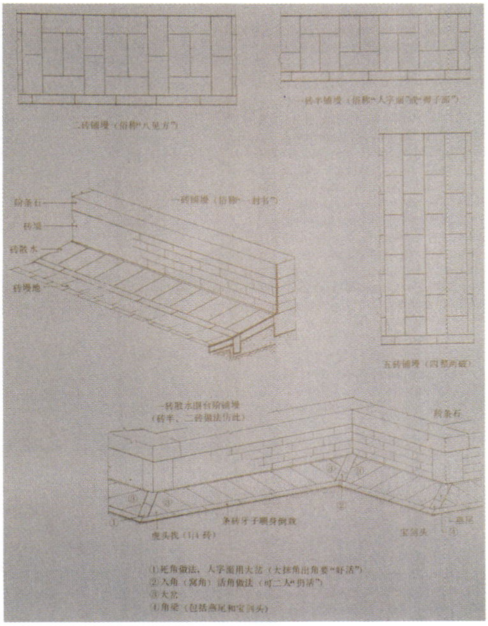

砖散水（台基或墙角用）
（《中国古代建筑技术史》）

明长陵正门

林有麟

搜奇石建素园　写石谱传千古

晚明时的松江府城富庶繁荣，甲第如云，名园交错，众多私家园林闻名遐迩。在这些园林中林有麟素园，虽然无法与地广百亩、规制壮观的园林比气派，但该园外景得采花泾波光掩映，富有恬静雅致的灵动风韵，园中又建收藏奇石的“玄池馆”，且园主人多才多艺，“笼天地于形内，挫万物于笔端”，撰写《素园石谱》《青莲舫琴雅》等传世名著，从而奠定了素园在江南园林中别具一格的历史文化地位。1998 年 10 月，钱以同宅（素园）公布为松江区文物保护单位。

林有麟

史载，素园主人林有麟，生于明万历六年（1578），卒于清顺治四年（1647），字仁甫，号衷斋，华亭（今上海松江）人。系南京太仆寺卿林景旸之子，国子生，以父荫授通政司经历，历任都察院都事、太仆寺丞、刑部主事、刑部外郎、郎中等职，累官四川龙安府知府；清廉勤政有才略，贵而能谦，富而好礼，有“翩翩佳公子”之誉。林有麟，为官一任，造福一方，颇得民望，人称“林青天”。享年 70 岁，去世后被祀于龙安名宦祠。

能诗文，善画山水，钻研造园艺术，精于奇石鉴赏，精通古琴制式的林有麟，不仅以文人士大夫的学识修养和风骨情操直接参与造园实践活动，而

素园

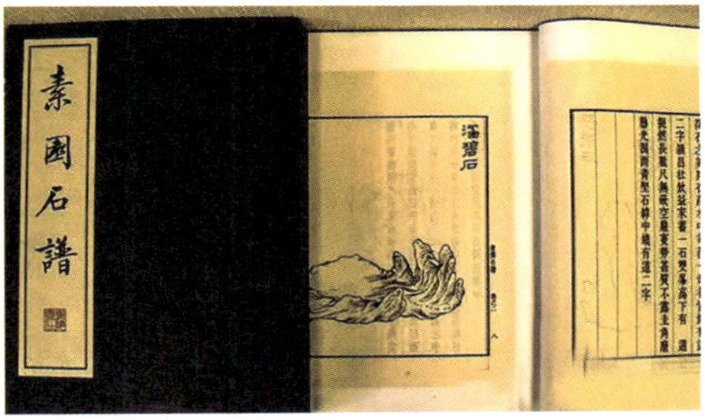

《素园石谱》书影

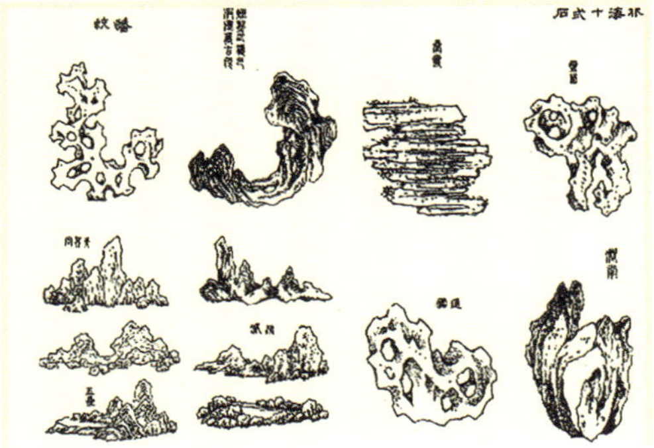

北海十二石

且以辨石优劣之能的鉴赏之功，以及悟出“石尤近于禅”的至理名言，为提升江南园林山水景观的内涵文化品质作出了贡献。更为出彩的是，他广搜三吴奇石，营造素园玄池馆，著写《素园石谱》，以生动可感的图文并茂形式一一呈现，成就了我国明代最具代表性的一部论石著作。这部专著的重要意义在于深度开启了江南赏石文化时代的大门，进一步推动了我国赏石文化跳出“小众”圈子，进入大众视野，发挥文化传播和社会教化作用。文人赏石与赏石文化，前者可以说是文人雅士的孤芳自赏，后者则是传统赏石文化的普及和推广。

林有麟《素园石谱》共收录各种奇石 102 种，计有大小石画 249 幅，始于蜀中“永宁石”，终于松江普照寺“达摩石”，绘图精致，规模宏大。林有麟《素园石谱》，较之北宋杜绾《云林石谱》和南宋范成大《太湖石志》有其鲜明特点，即先以石图说话，一一展示百种名石品貌图形，随后传写名石神韵。所以，阅览《素园石谱》，就像在轻松阅读千姿百态、千奇百怪的名石文化传承连环画，从中能领略到包括苏轼雪浪石、米芾研山等珍奇异石的产地、采石、造型、题铭、文人题咏等精彩内容，进而从名石的瘦、皱、漏、透，清、奇、雅、逸中感悟“花能解语事还多，石不能言最可人”的大美不言品质。东汉许慎《说文解字》云：“玉，石之美者。有五德：润泽以温，仁之方也；理自外，可以知中，义之方也；其声舒扬，尊以远闻，智之方也；不折不

素园（张新华绘）

素园（钱以同宅）

挠，勇之方也；锐廉而不忮，洁之方也。”赏《素园石谱》温故知新，进一步感悟唐人白居易的爱石十德：养性延容颜，助眠除睡眠。澄心无秽恶，草木知春秋。不远有眺望，不眠入洞窟。不寻见海浦，迎夏有纳凉。延年无朽损，弄之无恶业。

素园由明入清，“表宅里，树风声”，三易其主，继林有麟之后，素园为松江几社翘楚、以《鹤静堂集》传世的周茂源所有；其后成为多年为官，矢志清廉，勤于职守且精心侍母，母亡同哀，致疾而死的钱以同宅园。在林有麟素园旧址上翻建的钱以同宅，虽是清代建筑，但院中湖石等依旧为明代素园遗物，直至 1949 年后尚有部分存世。睹物思人，素园传承着一种淡泊澹远的家国情怀。林有麟之父林景旸，隆庆三年（1568）进士及第。张居正当政时，综合考核事物名称与实际是否相符，林景旸所奏均得以施行，军政为之一新。林有麟的祖父去世，其父林景旸回家守丧，居家不出。但当巡抚下令当地县田出助役钱，每七十亩征收一金时，心系松郡百姓的林景旸挺身而出，据理力争，减去十分之七。后来他捐田百亩助学，又以三百亩供养家族。林景旸享年七十五岁，去世后被供入乡贤祠。林景旸的孙子林希颢、曾孙林子卿等后人皆有学识品行。清康熙《松江府续志》即为林子卿等修纂，并著有《素园稿》。

林有麟建素园，广搜名石于其内，与其耳濡目染家乡赏石文化氛围有关。首先，松江古有仰山爱石的文化传统。云间“二陆”，人才如玉，机、云兄弟，享“玉出昆冈”之誉。陆机《文赋》感云：“石韫玉而山辉，水怀珠而川媚。”观人题壁，便识文章。林有麟作文学习苏东坡。相传苏东坡曾登临小昆山“二陆”读书台，在一旁的崖壁上留下摩崖石刻“夕阳在山”四字，署名“子瞻”。林有麟绘画学习米芾父子。清嘉庆《松江府志》将米芾列入“寓贤”，引青龙镇隆平寺《经藏记》云：“元丰五年（1082）正月，襄阳米芾治事青龙镇。”米芾敬石，拜为“石丈”。林有麟《素园石谱·凡例》云：“每一开卷，石丈俨在前矣。”

林有麟生活的晚明时代，松江大兴园林之风，古园续新园，有着华亭唱晚、园林风光美不胜收的景象。松江府城大户人家私家别业多见奇石异峰林立，如云间洞天立峰、熙园万斛峰、庆云山庄凌霄石峰、孙家园汉阳太守峰、濯锦园五老峰、杨园矶石阿峰、倪园古倪峰，还有张弼归里，只带回一块石头，百姓称之为“廉石”等不胜枚举，尤以位于府城东向和东门、北门外的园林奇石异峰为胜。若是放眼松郡各地百余座园林和寺庙等所藏名石，则更为可观。

耳濡目染，客观影响主观。林有麟《素园石谱·凡例》云：“余性嗜山水，故寄兴于石。”再读林有麟《素园石谱·自序》，其建素园玄池馆直接动因清晰可见。自序云：“石之大，崒嵂尽于五岳；而道书所称洞天福地、灵踪化人之居，则皆有怪青奇碧焉。”大意是石头之高大，其高峻的各类情态五岳毕具；而道教典籍中所说洞天福地、神仙居住的地方，都有异乎寻常的美玉存在。林有麟开篇说石论道，气象恢宏，首推“怪青奇碧”之美，表明中国不仅宝石富有，而且赏石问道，乃祖师可追老庄“道法自然”之道。

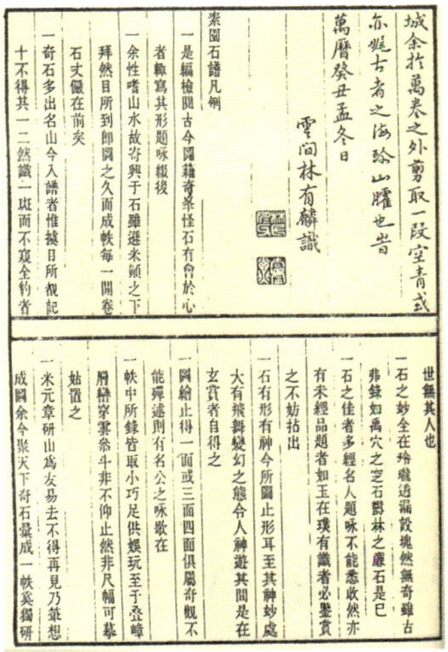
城余於萬卷之外剪取一段空青武
夷蜒古奇之海給山曜也皆
萬曆癸丑孟冬日
雲間林有麟識
素園石譜凡例
一是編檢閱古今圖籍奇怪石有會於心
者輒寫其形題咏綴後
一余性嗜山水故寄興于石雖選米顛之下
拜然目所到即圖之久而成帙每一開卷
石丈儼在前矣
一奇石多出名山今入譜者惟據目所視記
十不得其一二然識一斑而不窺全豹者
世無其人也
一石之妙全在玲瓏透漏設塊然無奇雖古
非錄如禹穴之芝石鬱林之廉石是已
一石之佳者多經名人題咏不能悉收然亦
有未經品題者如玉在璞有識者必鑒賞
之不妨拈出
一石有形有神今所圖止形耳至其神妙處
大有飛舞變幻之態令人神遊其間是在
玄賞者自得之
一圖給止得一面或三面四面俱屬奇觀不
能殫述則有名公之咏歌在
一帙中所錄皆取小巧足供娛玩至于叠嶂
層巒穿雲叅斗非不仰止然非尺幅可摹
姑置之
一米元章研山爲友易去不得再見乃筆想
成圖余今聚天下奇石彙成一帙奚獨研

《素园石谱·凡例》

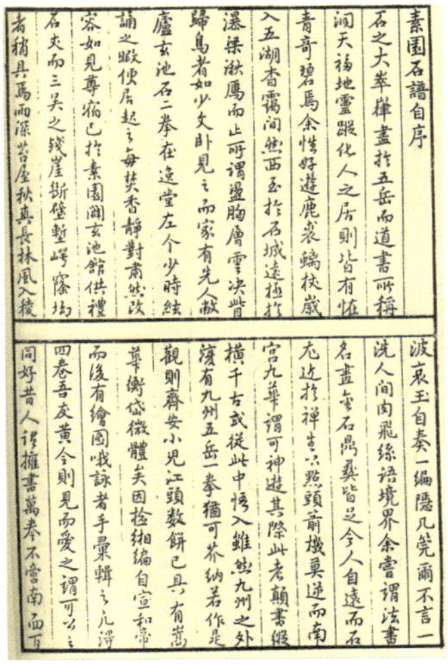
素園石譜自序
石之大崒嵂盡於五岳而道書所稱
洞天福地靈蹤化人之居則皆有恠
青奇碧焉余性好遊鹿裘鳩杖嵗
入五湖杳靄间然西至於石城遠極於
瀑渫湫焉而止所謂盪胸層雲決眥
歸鳥者如少文卧見之而家有先人敝
廬玄池石二拳在逸堂左个少時結
誦之暇便居起之每焚香靜對肅然改
容如見尊宿已於素園闢玄池館供禮
石丈而三吳之幾崖斷壁巉嶸
者稍具焉而深岩屋秋真長林風入穫
波哀玉自奏一編隱几莞爾不言一
洗人间肉飛絲語境界余嘗謂法書
名畫金石鼎彝皆足令人自遠而石
尤近於禪至於點頭翻機莫逆而南
宮九華謂可神遊其際此老顛書綴
橫千古武從此中悟入雖然九州之外
復有九州五岳一拳猶可芥納若作是
觀則齊安小兒江頭數餅已具有嵩
華衡岱微體矣因捡緗編自宣和帝
而後有繪圖哦詠者手彙輯之几得
四卷吾友黃令則見而愛之謂可公之
同好昔人謂擁書萬卷不啻南面百

《素园石谱·自序》

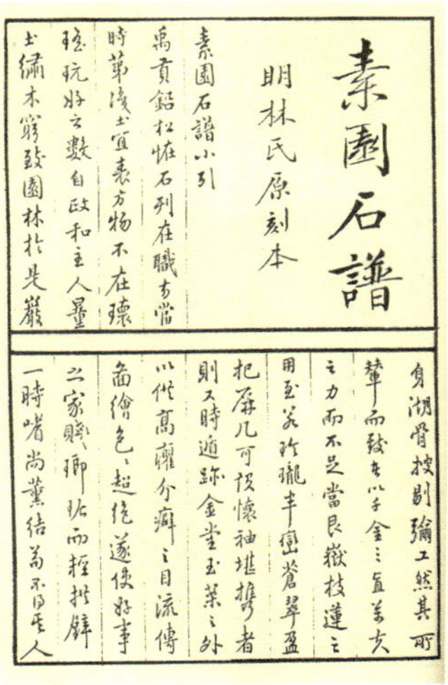
素園石譜
明林氏原刻本
素園石譜小引
禹貢鉛松怪石列在職方當
時第後世宜表方物不在玩
好玩好之數自政和主人畢
世鏞木窮致園林於是巖
身湖骨披剔殫工然其所
輦而致者以千金之直萬夫
之力而不足當艮嶽枝蓮之
用至若玲瓏丰凹蒼翠盈
把屏几可設懷袖堪攜者
則又時適跡金堂玉案之外
以代高癖介癖之目流傳
崙繪色超絕遂使好事
之家聯翩而推挽辟
一時嗜尚薰結為不得已人

《素园石谱·小引》

《自序》又云："余性好游，鹿裘蟎杖，岁入五湖杳蔼间。然西至石城，远极于瀑梁湫雁而止。所谓荡胸层云，决眦归鸟者，如少文卧见之。"从中可见，喜欢旅游的林有麟，虽衣着华贵，但亲近山水，去过很多地方，西游重庆白帝城，远至浙江天台山、雁荡山等。他看到了唐代诗人李白和杜甫诗中描绘的壮美景色，如杜甫《望岳》诗云："荡胸生层云，决眦入归鸟。会当凌绝顶，一览众山小。"这些壮美景色和他小时候读诗文时"卧游"山水的想象画面美丽邂逅，如影随形。

《自序》继续说道："而家有先人'敝庐''玄池'石二拳，在逸堂左个。少时弦诵之暇，便起居之。每焚香静对，肃然改容，如见尊宿已。于素园辟玄池馆，供礼石丈，而三吴之残崖断壁、堑崿窿坳者稍具焉。雨深苔屋，秋爽长林，风入棱波，哀玉自奏，一编隐几，莞尔不言……一洗人间肉飞丝语境界。"从上述《自序》中，知林有麟小时候居住的老屋，逸堂左偏房里供奉着先人传下来的两块奇石，每次焚香静对，便会肃然动容，如见到了德高望重的先人。后来他在素园建造玄池馆，用以专门供置、礼拜奇石。能够代表三吴悬崖陡壁、深沟山坎、洞穴山坳地貌的奇石都被他收集在其中。林有麟用词谦逊，谓之"稍具焉"。随之笔锋一转，借景抒情，风声、雨声、读书声的诗情画意便跃然纸面，感叹"哀玉自奏"，是"石乐"清音和着古琴的空灵，与清妙的诗文一起自然奏响的天

素园院子透景

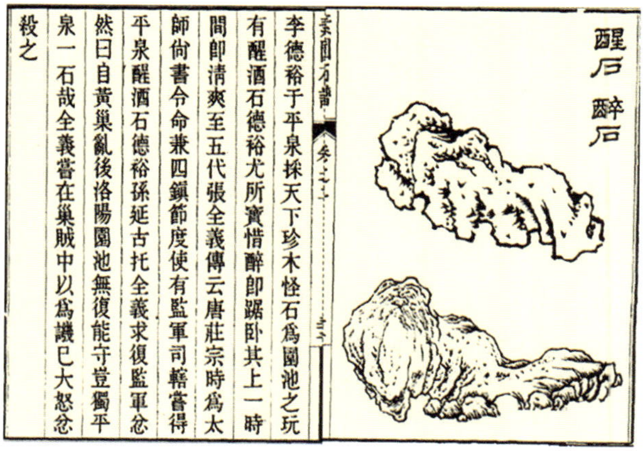

醒石 醉石

李德裕于平泉採天下珍木怪石爲園池之玩有醒酒石德裕尤所寳惜醉即踞卧其上一時間卽清爽至五代張全義傳云唐莊宗時爲太師尚書令命兼四鎭節度使有監軍司轄嘗得平泉醒酒石德裕孫延古托全義求復監軍忿然曰自黄巢亂後洛陽園池無復能守豈獨平泉一石哉全義嘗在巢賊中以爲譏巳大怒忿殺之

醒石与醉石（《素园石谱》）

籁之音。一卷诗文放在矮几上，人闲适地坐在矮几后面，微笑不语。心静下来了，万物皆静，推歌舞喧嚣于园外，收获独善其身。由此，为我们展示了一幅盆池拳石间，烟霞俱足的修身养性画面。这段《自序》内容直接点明了林有麟建素园玄池馆的起因和初衷。

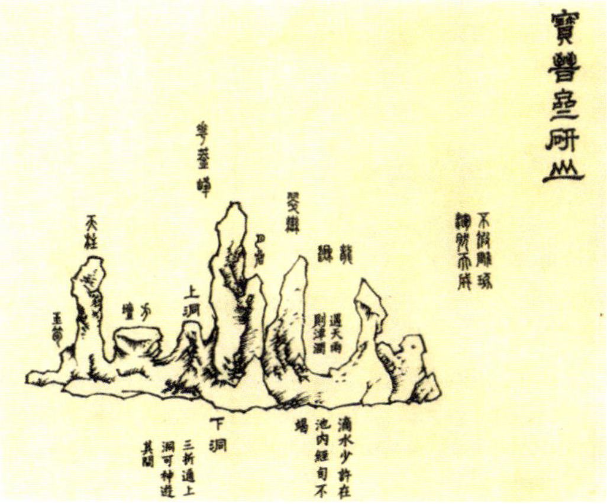

宝晋斋研山图《素园石谱》

林有麟给自家园林取名“素园”，素是质朴的白色，可谓大道至简。玄池馆名，以家传“玄池”石而得名。玄的本义为赤黑色。黑与白，不仅色纯单一，而且阴阳调和。老子曰：“知其白，守其黑。”正所谓五色有太过，有不及，唯黑白无太过，玄之又玄也。《文选》扬雄赋作有云：“且人君以玄默为神，淡泊为德。”明代松江陈继儒作《小窗幽记》，抒发心上之玄的幽远之意。我国园林文化崇尚返璞归真，重视对宇宙幽玄本体的领悟，淡泊人生的品位，以及人格修养的自觉；而我国的传统赏石，早期多取单色，最忌“五色乱目”。所以，花枝招展与不施粉黛的素面朝天，不是同一格调。

从《素园石谱》《自序》《凡例》和黄经所撰《小引》中可以看出，作为文人士大夫的林有麟，文心、素心、匠心，合为初心搏动，激荡人生心脉。寄情于石的林有麟，为梦想而生并追梦而行，他想让家中没有奇石或想阅尽天下名石的人不再拥有遗憾，故而撰写石谱，且格外注重赏石文化的传承；他寄希望读过《素园石谱》的人，从中得其精髓，进而告别低俗。为了偿之夙愿，无论何时何地，只要看到眼睛为之一亮的奇石，林有麟就会像摄影师那样迅速抓拍，取出纸笔，聚精会神地描绘石图，随后墨洒幽香，神游石谱，写其心得，积久成卷。由此想起当代传唱的一首歌：有一个美丽的传说，精美的石头会唱歌，它能给勇敢者以智慧，也能给善良者以欢乐。只要你懂得它的珍贵，山高那个路远也能获得。

虽然林有麟所载奇石并非“乐石”，但今人去读《素园石谱》，感叹其中所录

素园内景

素园雅音堂

百种奇石，都有来历不凡的生命歌唱。例如有块名为“石女”的奇石，载有前人题咏，选自钱鹤滩诗作。明代《明日歌》作者、松江状元钱福号鹤滩，其《石夫人》题咏云：“亭亭不语立江滨，万里无家石作邻。云鬓不梳千载髻，蛾眉长锁万年春。霜为铅粉凭风传，霞作胭脂仗日匀。莫道眼前无宝镜，一轮明月照夫人。”

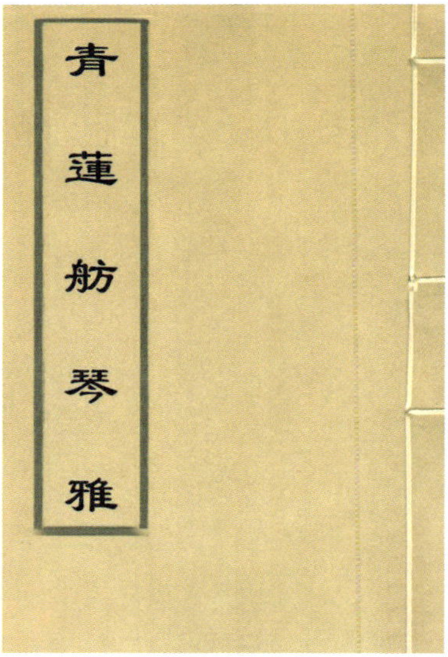

《青莲舫琴雅》

《素园石谱》收录有明代研山代表作《青莲舫研山》。据高濂《燕闲清赏笺》载：“研山始自米南宫，以南唐宝石为之，图载《辍耕录》，后即效之。”《南村辍耕录》为元代寓居松江陶宗仪所撰，此图见载于《南村辍耕录·卷六》。此外，林有麟在《青莲舫研山》石图下写了一段文字，其中有云：“斯石余甚爱之，尝置之青莲舫中，以娱晨夕，差胜宋人之宝燕石矣。”林有麟取青色莲花为舫名、石名和琴书之名，折射出一道追求人生品格的光芒。宋代周敦颐《爱莲说》云：“出淤泥而不染，濯清涟而不妖。”也因此，在走进小园幽静、石畔欲眠、琴囊可枕的素园之时，也进一步读懂了立身处世的林有麟，一生都在守护着恬淡以养德的一颗初心。

张南垣

一代造园大师　父子名扬天下

张南垣（1587—约 1671），名涟，以字南垣行。明松江府华亭县人。家住松江府城西门外西林寺附近，50 岁迁居嘉兴。明末清初著名学者黄宗羲、吴伟业均撰有《张南垣传》，《清史稿》中也为其立传。张南垣出生在一个普通的市民家庭，人长得黑而敦实，生性诙谐，早年学画，师法黄公望、倪瓒笔法，擅画人物又兼画山水。他与董其昌、韩希孟等共同生活在晚明时代，那时的松江府经济富庶、文化昌盛，艺术流派纷呈，诞生了一批他所仰望的书画艺术和工艺大家。如先学书、后以书入画的中国画坛巨擘董其昌，又如以针代笔的女中神针韩希孟。张南垣走的是一条另辟蹊径的发展之路，即以画入石，造园叠山，多得画意，堪称一绝。

张南垣（周洪声绘）

过往的史实证明，张南垣在这条路上登高致远，以与自然融为一体且得深邃意境而获得巨大成功，其造园叠山艺术开创了一个时代，创新了一个流派，成为中国园林艺术成熟的标志。明代计成，集江南园林之精华，著说《园冶》，而当时的三吴大家名园，多出张南垣手。所以，张南垣所创的造园叠山艺术风格和手法，对计成《园冶》阐述造园叠山学说产生直接影响。不仅如此，张氏叠山风格在对江南民间造园产生深远影响的同时，还波及了京师的皇家园林，其中就有张南垣子、侄等人秉承张氏家传叠山法建造的畅春园等皇家苑囿，龙心甚悦，康熙曾亲笔撰写《御制畅春园记》。我国著名古建筑和园林专家陈从周《说园》称："云间（松江别称）名手张涟、张然父子，人称张石匠，名动公卿间，张涟父子流寓京师，其后人承其业，即山子张也。"

《园冶》书影（计成著）

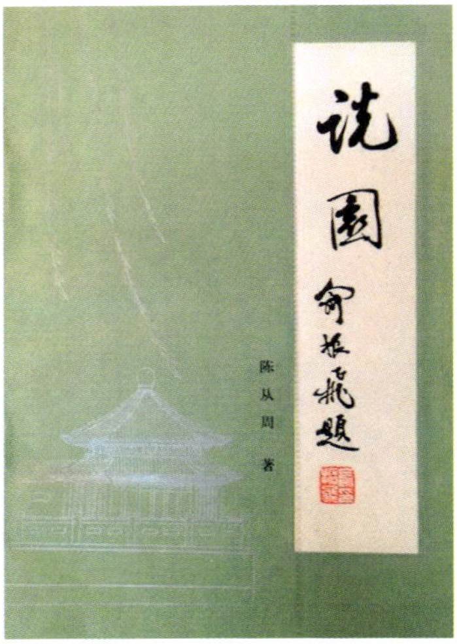

《说园》书影（陈从周著）

山水花木和建筑景观，是构成一座古典园林必不可缺的基本要素。世界造园分为三大体系，我国园林居其一，而论中国在世界园林中的特殊贡献，园林叠山则是我国古代独创的一门造型艺术。时至明末，我国园林叠山大致经历了三个发展阶段：第一阶段叫"起土以准嵩霍"，也就是真山大壑的整体再现，追求自然主义的"准"字，尚缺乏艺术上的概括性；第二阶段是仿山像山，缩小比例，追求浪漫主义的小中见大，特点是一个"像"字，有了夸张的艺术呈现手法；第三阶段是建立在现实主义基础上创造出的一种山林意境，即以真实的尺度感，概括再现真山大壑的局部山根山脚，仿佛奇峰在园外，部分延伸到园中。人在园中观之，能感悟到浑然天成的自然之道，"壶中"虽小，"天地"大也。第三阶段求的是一个"境"字，即平冈小坂，陵阜陂陀，融入自然，看似并不显眼，却可一斑而窥全貌，小中见大，"似有深境"，"虽由人作，宛自天开"。园林叠山，从自然主义到浪漫主义，再从浪漫到现实主义，宛如从"看山似山，看山不是山"步入了"看山还是山"的道法自然的佳境，标志着我国叠山艺术的成熟。生活在明末清初的松江张南垣，正是中国园林史上开启叠山艺术第三发展阶段的代表人物。

明代颐园，是松江现存的最古园林。颐园中形似悬崖的黄石假山，是江南园林叠山发展至第二历史阶段并步入后期末流的真实写照。据考，该黄石假山用的是流行于明代中叶以前的“堆山法”筑就，自明末叠山大师张南垣首创“拖泥带水法”后，“堆山法”已不再受人青睐。根据相关专家的研究成果，概括张南垣的叠山艺术主要表现在以下四个方面，即以山水画意通之于造园叠山，反对罗致奇峰异石；提倡“陵阜陂陀”“截溪断谷”，疏花散石，随意布置；提倡园林假山风貌是土山和土石相间，土中戴石；有机安排山水与建筑和花木配置，点染满园灵动春意。

颐园假山

依据上述四个方面，可清晰辨识张南垣的园林叠山作品具有“张氏之山”的创新特征，即与以往全石假山不同，是土石相间、土中戴石的假山。张南垣是位集画家、造园叠山家多种技艺与身份的平民匠师，他之所以能够独辟蹊径创出一条园林叠山新路，除了以画家三昧通之于造园叠山和具有一双慧眼以及精湛的手工技艺外，还与他亲近自然、务实而为的性格有着密切的关系。他既能识土石草树性情，深刻认识因地制宜、土石随性方显率真本色的造园理念，同时又把园主的性情和家底殷实情况放在心上，能在体现园主情趣和量力而行上为东家精心谋划造园事宜，同时不忘造园叠山必借群工之手而为之。故而素来谦和的他，信誉高，口碑好。

张南垣的实在，还体现在既不凌空蹈虚，又不形而上学，而是以真知灼见、脚踏实地的态度把能够做的事情做到极致。他认为“今夫群峰造天，深岩蔽日，此夫造物神灵之所为，非人力所得而致也”；又云：“惟夫平冈小坂，陵阜陂陀，版筑之功，可计日以就”，“有林泉之美，无登顿之劳，不亦可乎？”中国园林中的假山景观，先为土山，后为石山，张南垣开创了土石结合的园林假山面貌。松江董其昌、陈继儒对既省人工物力，又得胸中丘壑的“土中戴石”假山很是赞

豫园大假山图（应野平绘）

赏，感云："此知夫画脉者也。"

张南垣反对罗致奇峰异石，提倡回归自然，就地取材，随心点缀，于看似平常中再造神奇。张南垣之所以反对一味罗致奇峰异石，因为置石与叠山虽然都是山石艺术，但各是一个分支，如果园林假山尽全石假山，则会走向琐碎，堕入淫巧。此外，筑山所用名贵石料供不应求。以造园最为名贵的太湖石为例，《博物要览》载"石性坚而润，而嵌空穿眼，宛转险怪"较大的太湖石，至张南垣时已越来越少。然而，明代中晚期的江南地区，建造私家园林风盛。生活在晚明时代的松江陈继儒感云："郡内外，第宅园林，雕峻诡壮，力穷而止。"如当时属松江府的上海豫园主人潘允端，历时十八载，可谓倾囊尽资而建；又如绍兴祁彪佳建园中假山，耗资巨大，为了采购奇峰异石，最后是囊空如洗。有些园林因买不到大块太湖石，园主又要装门面，便用较小的湖石拼成峰石，进而发展成为叠筑太湖石假山。时比张南垣年长九岁的松江林有麟著《素园石谱》云："平江太湖工人，取大材，或高一二丈者，先雕置急水中舂撞之，久久如天成，或以烟熏，或染之色。"这种所谓的瘦、皱、透皆出于人工所为，故有"种石"之说和"种石农"之称。当时的大户人家崇尚造园，在耗资巨大的同时又带来一些消极的社会影响，如相互攀比，助长奢靡风气；过度追求奇峰异石，造成资源枯竭，甚至带来造假等问题。

中国古典园林独具东方神韵，园林文化的哲学精魂，则是老子的"道"，即"道法自然"。有着平民匠师本色且注重务实创新实践的张南垣，虽有《清史稿》所说的"少学画，谒董其昌，通其法"之能，但画名和文名胜不过同郡的董其昌、陈继儒。事实上，他们之间也不宜作这样的比较，因为董、陈在先，比他年长三十多岁，虽都属于晚明时代，却非同辈中人；况且，张南垣走的是转行发展的手艺之路。但学画师法黄公望、倪瓒的张南垣，对元末画家的画风有着深刻的领悟，如倪瓒的许多画作，树木说不上佳木，山石说不上奇石，远处的山坡也可谓平淡无奇，但一经组合，极为平常的事物却能飘逸仙气。从吴伟业《张南垣传》中看到其取元人之意境，移山水画法为石作之法的非凡表现。吴伟业说："每创手之日，乱石林立，或卧或倚。"经张南垣"呼役夫曰：'某树下某石，可置某处'"点缀后，"若金在冶，不假斧凿"，也现结构天然，奇正无不入妙的鬼斧神工，或半亩方塘犹居深谷，或荒丘数日成林泉，堆土叠石为假山，高下起伏，诗情画意，天然第一。张英《吴门竹枝词二十首》中有云："名园随意成丘壑，曲水疏花映小峦。一自南垣工累石，假山雪洞更谁看？"由此感言，如果说东晋王羲之，以曲水流觞、《兰亭集序》定格了江南文化的高度，那么明代松江张南垣，则以曲水疏花、土中戴石的"张氏之山"，创立了江南园林文化自明末清初的标杆尺度。更为难能可贵的是，作为一介平民匠师的张南垣，生活在晚明松江奢靡风盛的社会氛围之中，他不尚空谈，创立"土中戴石"园林假山，并以"拖泥带水"法施之。这既是一种造园风格的新突破，更是作为一代匠人大师敢于面对社会现实问题，勇于实践创造，将崇尚简朴的理念与风骨情操集于造园之中的一种精神风范，恰如陈继儒赋诗云："南垣节侠流，慷慨负奇略。盘礴笑解衣，写石露锋锷。"

张南垣一生中筑建过二十多处园林叠山作品，据史书记载并可印证的有以下十二处，分别是松江李逢甲的横云山庄；嘉兴吴昌时的竹亭湖墅、朱茂时的放鹤洲、徐必达的汉槎楼；太仓王时敏的东郊园、南园和西田，吴伟业的梅村、钱增的天藻园、郁静岩斋前的叠石；常熟钱谦益的拂水山庄；吴县席本祯的东园；嘉定赵洪范的南园等。此外，据吴之振《黄叶村庄诗案·再咏川图次韵》一诗注云，郡人张南垣不仅能杂土叠石为假山，又妙作盆池小山，"数尺中岩岫变幻，溪流飞瀑，湖滩渺茫，树木蓊郁，点缀寺宇台榭，石桥墓塔，颓墙败阑，皆一一生动"。

王时敏

张南垣生养四子，皆能传父术，其中尤以次子张然、三子张熊最为知名。他

太仓东郊园

常熟拂水山庄

还有一个侄子叫张钺，也是“张氏之山”的工匠传人。“山子张”中最出名的是张南垣次子张然，字铨侯，号陶庵，清康熙年间为皇家总园林师。北京著名的皇家园林畅春园，是清康熙年间在京城修建“三山五园”，即圆明园畅春园、香山静宜园、玉泉山静明园、万寿山清漪园（颐和园）中的第一座大型皇家园林；此园建成后，是康熙皇帝经常休息和办公的地方。起初，大学士冯铨聘张南垣去京师建造畅春园，但因年老之故，张南垣遣其次子张然前往。张然秉承父亲家传的叠山主张和做法，延续朴雅自然的“张氏之山”风格。康熙《御制畅春园记》：“依高为阜，即卑成池。相体势之自然，取石甓夫固有。计庸畀值，不役一夫。”另据高士奇《侍从畅春园宴游恭记》，康熙不仅喜欢这种风格，而且还要按此风格自己动手体验。此外，南海瀛台和玉泉山静明园等叠山景观也是张然所造。三子张熊，曾与父亲张南垣一起在嘉兴为朱茂时建造过鹤洲草堂；无锡寄畅园为张南垣之侄张钺所造。撰写《造园大师张南垣》的曹汛教授判断，颐和园谐趣园中的一处假山，叠成“平冈小坂”“陵阜陂陀”，虽没有查到作者，但一见即知是“张氏之山”。上述可见，由张南垣首创的“张氏之山”风格，已是中国园林发展史上的一个时代标志。

南海瀛台

陆景甫

建筑砖雕堆塑　刻制工艺精湛

明末清初抗清义士李待问舍身为民，被奉为松江府“城隍”。1932年，一幅名为《墨龙》的大型壁画让松江城隍庙殿堂又添了威武神圣之气象，这幅高4米，宽5米的壁画作者为工匠陆景甫。

陆景甫（1879—1954），字凤山，松江县人，家住新桥沙港村。家境清贫，仅读几年书。13岁，迁居松江城内大吴桥西，做泥水匠学徒。很快对绘画及雕塑工艺发生兴趣，常用心练习，苦下功夫，无论严寒还是酷暑，从不间断。满师后，绘画和雕塑技艺已经有相当根底，为同行们所推崇。但他并不自满，只要遇到机会，就会尽力前往拜访前辈名师，以博采众长。他生活节俭，节省下钱来购买各种古典小说，从“绣像”和插图中揣摩古代建筑工艺和人物服饰之美；还经常外出观赏各种名胜古迹，如苏州与杭州的古典园林以及普陀古刹等，从真实的物象上激发灵感，以提高雕绘水平。功夫不负有心人，他很快便成为同行中的佼佼者。

陆景甫

陆景甫毕生致力于壁画、砖雕、堆塑等建筑艺术。作壁画，首先注重“打底”，即粉刷墙壁，必须刮抄到家，反复研实，使墙壁如上等

松江府城隍庙遗址碑

八仙过海古典素描版画

松江大吴桥（任建新绘）

春申君祠堂

宣纸，不会脱落、裂缝和褪色。砖雕，对每块砖头都必须敲击听音，细心审视。堆塑，则“下骨”（用铅丝或竹篾扎成骨架）和“生脚”（将骨架堆上纸筋，基本定型后与档子相连接）都不能马虎。

陆景甫的主要作品有《大禹治水》《孟母择邻》《精忠报国》《八仙过海》等。这些作品构思巧妙，形态逼真，令人赞叹。且这类作品的思想内涵极其深远，引人入胜。大禹治水的故事揭示的是伟大的工匠精神。在中国古代的神话传说中，大禹是黄帝的后代，帝尧时期，洪水泛滥，鲧、禹父子二人受命于尧、舜二帝，率领民众，与自然灾害中的洪水顽强斗争，最终获得了胜利。面对滔滔洪水，大禹从鲧治水的失败中吸取教训，改变了鲧“堵”的办法，对洪水进行疏导，体现出他具有战胜困难的聪明才智。大禹为了治理洪水，长年在外与民众一起奋战，置个人利益于度外，“三过家门而不入”，治水十三年，耗尽心血与体力，终于完成了治水的大业。

孟母择邻或孟母三迁的故事告诉人们，环境对人的影响与作用不可忽视。孟母为教育好幼小的孟子，曾为选择环境搬家三次，终于把孟子培养成为一代大儒。《三字经》里说："昔孟母，择邻处。"孟母三迁便出自此。有一次，他们住在墓地旁边。孟子就和邻居的小孩一起学着大人跪拜、号哭的样子，玩起办理丧事的游戏。孟子的母亲看到了，就皱起眉头："不行！我不能让我的孩子住在这里了！"孟子的母亲就带着孟子搬到市集旁边去住。到了市集，孟子又和邻居的小孩学起商人做生意的样子。一会儿鞠躬欢迎客人，一会儿招待客人，一会儿和客人讨价还价，表演得像极了！孟子的母亲知道了，又皱皱眉头："这个地方也不适合我的孩子居住！"于是，他们又搬家了。这一次，他们搬到了学校附近。孟子开始变得守秩序、懂礼貌、喜欢读书了。这个时候，孟母才满意地点着头说："这才是我儿子应该住的地方呀！"孟母煞费苦心，反复搬家的故事，也被用来指代父母用心良苦，竭尽全力培养孩子的传统美德。

孟母断机杼

岳母刺字"精忠报国"的故事脍炙人口，感动了一代代爱国志士。绍兴三年(1133)，金扶植的伪齐刘豫政权派军攻占襄阳(今属湖北)等郡。次年四月，岳飞自江州(今江西九江)挥师北上，大败刘豫军，收复六郡，因功授清远军节度使。绍兴五年夏，宋廷疑杨幺勾结伪齐图谋南宋，岳飞受命击破杨幺军，彻底消除内患。绍兴六年，任湖北京西路宣抚副使，举兵奇袭刘豫军，以部分兵力东向蔡州(今河南汝南)诱其来攻，主力自襄阳出击伊阳(今河南嵩县)，收复豫西、陕南大片失地。绍兴七年，岳飞乘金朝废除刘豫之机，提出举兵收复中原的主张，后多次上

连环画《岳母刺字》封面

松江东岳庙

书反对与金议和，均遭高宗和宰相秦桧拒绝。绍兴十年，完颜宗弼毁约南进，岳飞遣将联络北方义军，袭扰金军后方，自率主力北上，在郾城、颍昌诸战中大破金军精骑，击败金军主力。正当岳飞行将渡河时，高宗、秦桧却向金乞和，诏令各路宋军回师。岳家军孤军难支被迫撤退，恢复中原的计划功败垂成。次年，回临安，被解除兵权，改授枢密副使。十二月二十九日，被高宗、秦桧以“莫须有”的罪名杀害。其子岳云和部将张宪也惨遭杀害。宋孝宗继位后为岳飞平反昭雪。淳熙五年（1178），谥武穆。宋宁宗嘉泰四年（1204）追封鄂王。宋理宗宝庆元年（1225），改谥忠武。岳飞首先提出“武将不怕死，文官不爱钱”，堪称封建社会官吏的行为典范。而岳母刺字“精忠报国”的那种精神，是使岳飞成为民族英雄的一个不可缺少的因素。

陆景甫技艺名闻遐迩，被同行尊称为“房先生”。除了1932年在府城隍庙作大型壁画“墨龙”外，1935年，又主持松江孔庙大成殿、文昌阁、明伦堂和东岳庙的大修和彩绘工程，还为名医夏仲方后人新宅作“花脊堆塑”。次年，应聘赴嘉善韩姓主持仪门全部砖雕。

张惠龙

修塔建房砌灶　泥木匠艺高超

松江兴圣教寺塔，俗称方塔，于1974年5月开始第八次大修，历时三年多，当时被国家文物局列为中华人民共和国成立以来全国修缮质量最好的两大文物之一，另一文物为山西省芮城永乐宫。1996年11月，松江兴圣教寺塔被公布为全国重点文物保护单位。修缮方塔首推苏州木工名帮世家出身的徐文达，其次为名声享誉松江的塔汇张氏第四代泥木工匠传人张惠龙（又名张伟龙），两人均为松江方塔修缮领导小组成员，徐文达任木工指导师傅，张惠龙任泥水工指导师傅，两位名匠为修缮松江方塔巧立奇功。

张惠龙

松江兴圣教寺塔于北宋熙宁元祐年间（1068—1094）建在兴圣教寺内而名，塔九层，总高42.65米，方形，砖木结构。塔体每层墙上都有三道互相衔接的内外木箍，呈"井"字状镶嵌在塔的墙砖间，千年不朽之谜至今未解。方塔除七、八、九这三层为清代重建之外，下面几层壶门上的月梁、内外檐斗拱、罗汉枋、橑枋等构件，大部分是宋代原物。还有塔上古代斗拱保留177朵，宋代原物111朵，占60%以上，方塔现存北宋木结构之多极为罕见。《江苏之塔》文中载："外檐、斗拱用砖木混合结构的塔以松江兴圣教寺塔为代表。在现存的这些类型塔中，沿袭

方塔大修（任建新绘）

方塔壁画

兴圣教寺塔

唐代大小雁塔方形的旧法，这种塔是唐宋塔嬗递中的一个特例。同时也是这类塔中，建塔最早的一例。”松江方塔外形、结构都具有代表性，反映了佛塔从唐式至宋式的演变。目前，国内所存建于唐代的塔，大多是砖塔，平面方形，而松江方塔则是砖木结构，楼阁式，仍保持方形。塔身外的木结构部分，包括底层的围廊、上面八层腰檐、平座和栏杆，体现了从印度传来的“窣堵坡”式宝塔演变成“下为重楼，上累金槃”的楼阁式塔，趋向中国化，是不可多得的建塔史上一个过渡性实例。松江方塔为中印合璧、唐宋演变的典范，是塔中奇珍，是国家珍贵文物中的上品，这是古代工匠的杰作，从而确定了它的重要文物地位，必须对松江方塔抓紧重点抢修。

张惠龙（1895—1978），松江人，家住石湖荡镇张庄村。他自幼随父学手艺，至20岁，已能独立作业，在屋上“捉漏”，瓦片不响、不碎，捉后不漏。其秘诀是：“赤脚骑瓦缝，双手并着走，翻瓦找漏缝，细心慢动手。”善砌“回龙灶”，秘诀是“灶膛大，下底圆，镬子低于一般灶，烟囱砌得大而高”。因此吸风力强，火苗从灶肚里回转上升，提高发热量。砌砖柴灶，俗称“砌灶头”“灶壁画”，是张惠龙的拿手工艺。约定吉日，砌灶一天完工，第二天白石灰粉灶微湿作画。大户人家“三眼灶”，普通人家“二眼灶”，灶台上并列两只铁锅，烧饭与炒菜，两锅之间前后分别嵌置汤罐和发镬，汤罐主要用于贮水，利用灶膛余热加温；发镬为小铁锅，大多用作贮水，如烧灶时间长也可

灶头灶花

热菜等。从灶台到屋顶处砌有烟柜，并立一垛墙用于遮障，俗称灶山。灶山旁内嵌灶君殿，“殿宫”飞檐翘角，富丽堂皇，工艺别致，灶宫十分气派，供奉灶君爷。相传，玉皇大帝钦命灶神巡察人间善恶疾苦，专录百姓言行于灶罐中。每逢腊月二十三日(又说腊月二十四)灶神要离开人间，遁升天界向玉帝禀明人间世情，来年正月初六再返人间。为了让灶神向玉帝多讲好话，祈禳祥瑞，合家安康，家家户户建灶殿，迎送灶神。人们还要在灶山上画各种寓意吉祥的“灶花”，以祭拜灶王爷，保佑全家安康和对美好生活的渴望。画面鲜艳绚丽，布局合理，构图饱满，造型夸张，装饰性强。绘画内容有荷花、石榴、牡丹、万年青等花卉植物，鲤鱼、喜鹊、仙鹤、龙凤等动物，八仙过海、千年聚宝盆等神话，赵云救阿斗、古城会等历史故事，还有福、喜、年年有余、吉祥如意、人寿年丰等吉祥语的花边装饰。绘制灶花的原始颜料叫“镬锈”(即“锅底黑灰”)，和以陈酿米酒调浓，待黏性十足时，再加水稀释，成为绘制灶花的底料。为了雅致美观，还用各色颜料使灶花流光溢彩，斑斓夺目。灶花的绘制方法十分独特，采用湿壁画法，即在灶壁四周粉刷的白石灰尚未干结时，即兴挥笔绘画，伴随灶火烘烤和自然挥发，灶画面渐干，所绘灶花方可久存。画灶花是一锤定音不能涂改的，其难度之高可想而知，但同时可以看出张惠龙画灶花技艺之高。

农灶(钱炳荣绘)

张惠龙精于营造设计，所建规模非常大，结构十分复杂，造型美观的厅堂、楼房等竟没有一张设计图纸，全用口诀现场指挥，并亲自参与建造。曾在东门外张埸桥俞家造前后大厅，该厅造型别致，结构严密，为松江大厅堂之一。可惜设计口诀现已失传。建房造园、塑石假山(水泥假山)是张惠龙的另一项技艺。主要工艺有定位放样；预埋件埋置；以骨架制作出大致形状；用钢丝网片塑造出凸凹起伏的自然外形；再挂水泥砂浆做成石脉与皱纹，水泥浆中加纤维性材料，增强表面拉力以减少裂缝，用水泥砂浆二次抹灰；然后对塑石假山塑出石脉和条纹，细致地刻画石的质感、色泽、纹理与表面特征，如缝、孔、洞、裂、断层、位移等作细部处理；最后上色前，先用凿刀加工，再涂颜料，尽量采用相同石色材，方可达到以假乱真的效果，松江第一座塑石假山建成后，好评如潮。

方塔风铃

张惠龙技艺高超，声名鹊起，年已八十仍被请担任修缮方塔泥水工指导师傅。据说修塔初有人想找宝贝，在轻轻凿开塔第三层西壁外檐下，两朵斗拱之间的“拱眼”处粉墙时发现彩色线条，张惠龙上去察看，立即意识到这是重要壁画，要加以保护，但是要去掉历年粉墙，复见壁画并非易事，需有耐心和技术，稍不留神就会毁画。他亲自动手，使用许多巧妙方法剥除覆盖的历代石灰层，竟然出现了彩色罗汉像，身穿红袈裟，袒右胸臂，趺坐，颈部较短，但面部较模糊，这是宋代画像风格，十分珍贵。在方塔维修过程中发现第五、第七、第九层的塔体腐蚀较严重，砖料变酥不能使用，必须先剔除这部分坏砖，然后才能全面加固。但是，这几个部位木结构等都已腐蚀，有的腐蚀已深达 70 厘米，不剔除已非常危险，但在剔除坏砖过程中，如处理不当就会引起倒塌的严重后果。徐文达与张惠龙商量对策，徐文达提出先在五层的椽间，清除出上为 20 平方厘米，下为 70 平方厘米的三个锥形点。张惠龙接受了这项风险度很高的施工方案，他用七百号高强水泥筑起三个锥形块，支撑住腐蚀面的悬空部位，加固腐蚀面，再进行坏砖剔除和加固，最终解决了连一些专家都难以解决的极为棘手的问题，这是修塔工作中极其宝贵的经验。张惠龙还采用传统工艺和独创方法，运用于方塔上檐角风铃维修，塔檐筒瓦的加灰，塔体外墙的石灰粉墙、红粉处理等，效果显著。又如塔身腐蚀部分的加固修缮，新砌斗拱的抬高位置等，解决了现代建筑工程方面无法解决的问题。经过徐文达、张惠龙师傅的匠心巧手，松江方塔修葺一新，焕发出新的光彩，巍然屹立于峰泖大地，成为松江的一张亮丽名片。

徐文达

修方塔一流工程　修斜塔斜而不倒

松江有两座宋代佛塔声名远播，一座是 1996 年 11 月，公布为全国重点文物保护单位、俗称“方塔”的兴圣教寺塔，另一座是 1983 年 3 月，公布为上海市文物保护单位、俗称“斜塔”的护珠塔，又称宝光塔。两座古塔历经千年风雨，一座在松江方塔园中亭亭玉立，一座在天马山上“斜而不倒”。解析其中的文化密码，后世精心修缮，是重要原因之一。鸦片战争之后、中华人民共和国成立之前的一百多年里，方塔残破，无力修葺，直至 1973 年方塔第八次大修摆上了议事日程，1975 年开工修缮，1977 年 5 月竣工验收。国家文物局专家曾赞誉松江方塔是中华人民共和国成立以来文物修缮中的一件精品。主修方塔的木工师傅徐文达，是成功修缮方塔的有功之人。

徐文达

徐文达（1907−1989），苏州吴县香山蒋墩村人。他生于苏州木工名帮“香山帮”世家，自幼跟父亲学习木工。徐文达出生不久，其父便受聘主修苏州觅渡桥堍的花神庙。在其成长过程中，父亲言传身教，徐文达学成了一手木工好手艺。1949 年后，徐文达就职于松江县建筑社，也就是后来的松江县建筑公司。1973 年 4 月，上海市文物

方塔（兴圣教寺塔）

修复前的方塔

管理委员会（以下简称“市文管会”）在全面勘查方塔现状的基础上拟订了《松江兴圣教寺塔修缮方案》，并由市文管会与松江县有关部门组成了领导小组，下设办公室。聘请同济大学教授陈从周为顾问，市民用建筑设计院乔舒其负责图纸设计，市文管会胡建中协助工作。在施工现场设工地修缮办公室，并下设技术、施工、后勤三个组。当时的修缮队伍，从全县各建筑部门的能工巧匠中挑选。时年66岁的徐文达，虽已退休，但技术全面、经验丰富、身体尚好，被单位推荐参与方塔修缮。从小就对文物古迹修缮情有独钟的徐文达非常珍惜这次难得的机会，有关方面的领导和专家也相当期盼这位八级木工师傅的加入，并委以他重任，和张惠龙一起被聘为方塔主修师傅。

对于一座百年失修的北宋佛塔来说，真正恢复旧貌谈何容易。上海民用建筑设计院出的第一稿修缮图纸上，方塔底层的楼梯放在塔体内。然而，徐文达带领工人对方塔底层内部清理时却未发现扶梯痕迹，而在塔体底层西墙体塔檐下发现了被堵死的扶梯口。所以，据实对图纸做出修改。又如设计院工程师曾建议把杭州钱塘江边的石塔亦即“白塔”，作为修缮方塔的原型依据。图纸出来之前，徐文达跟随修缮组的专家一起前往杭州，实地察看后觉得不妥。因为“白塔”以石雕出檐，石质较脆，无法雕成大出檐，而方塔现存残檐的出檐比大大高于“白塔”。他代表修建工地提出合理化建议，日本古都奈良的唐代“五重塔”，建成于公元763年，是我国唐代名僧鉴真和尚东渡日本，在他亲自指挥下修建的，出檐比非常大，接近1:1。因此，徐文达认为方塔的出檐比，最少不能低于现存的九层出檐比。他的观点，得到市文管会领导和专家的认可，决定停止使用已画好的图纸，同意徐文达提出的“大出檐”意见。

修复前护珠塔

为了使方塔更接近原貌，彰显“大出檐、瘦塔身”的风格，徐文达与专家一起在“修旧如旧”上动足脑筋。例如，修建各层平座勾栏，省力的做法是按现存资料上的“万”字栏、“品”字栏、“曲尺”栏等照本宣科、照葫芦画瓢，但会留下遗憾。因为这些式样大多晚于方塔始建年代，是以后才有的。深思熟虑后，方塔平座勾栏的修缮以北宋《清明上河图》“阙楼阁”的“牛栏式”栏杆作为样本。徐文达觉得，在方塔修长的身材上添几条横线，可以让秀美的方塔增添庄重之感。文物修缮极为重视原物资料比对印证。在徐文达绘制施工图纸的过程中，有幸见到了美国友人赠给上海博物馆的一张摄于1890年的方塔照片，证明依据方塔现存残檐所作出的“大出檐、瘦塔身”的论断是正确的。曾任松江方塔修缮领导小组顾问的同济大学陈从周教授说：“松江方塔如今就像一个身材窈窕的少女，身穿长裙，美妙无比。”

从历代粉刷的石灰共七层和历史史料记载中看出，方塔从北宋熙宁、元祐年间（1068—1094）始建至清代，经历过七次修缮。清道光二十四年（1844）第七次大修时，以腰檐檐角起翘大为美。而方塔“起翘”之美，也是晚清之后的一种称颂。但徐文达认为，“修旧如旧”，恢复原貌，应去“美”而就实。他与专家们对国内外建塔时间相近的古殿、古塔进行了广泛的考证，如中国山西的佛光寺大殿、南禅寺大殿、日本奈良五重塔等，结果发现唐代砖木结构塔的檐角起翘都较小。所以，承袭唐代遗风的松江方塔檐角起翘应去大从小。

虽然有些好的想法既有历史依据，又闪烁着匠心求实的精神光辉，但具体操作起来，需要传统技法支撑。例如，方塔修缮中使用“千斤销”的做法至关重要。木工指导师傅也是主修方塔的徐文达，得益于祖上几代木工相传，方塔修缮中使用的“千斤销”技术，就是在他指导下做成的。“千斤销”是塔檐内部贯穿老嫩戗的加固木销。使用“千斤销”后，老戗与嫩戗之间的抗力在“千斤销”作用下，变为两戗之间木结构的机械拉力，能够使檐角转角处均衡受力。

修缮过程中，难题一个接着一个。方塔第五、第七、第九层的塔体腐蚀较

方塔斗拱等木结构

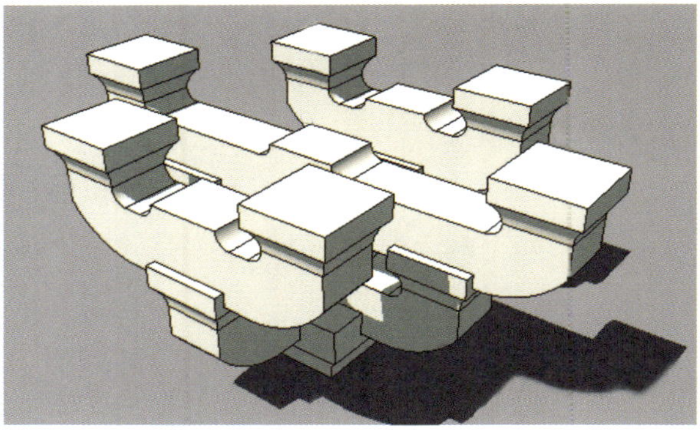

方塔斗拱模型

方塔踢脚线（踢脚线西宽东窄，仍保留着方塔倾斜的状态，修塔时用借转法后，方塔看起来是正的）

兴圣教寺遗础

为严重，不少砖料变酥不能使用，有些腐蚀深度已达七十厘米，需要做剔除更换处理。看似简单，实则不易。因为处理不好，松动后会有塔倒人亡的危险。当时请了许多专家商讨处理办法，因受工程造价限制和无实际经验，要么束手无策，要么难下决心。对于这个颇为棘手的问题，徐文达最后想出了可行的科学解决方案。为了确保腐蚀面的临界倒塌系数不受影响，他先在第五层腐蚀面的椽间，清除出上为20平方厘米、下为70平方厘米的三个锥形点，然后用700号高强水泥筑起三个锥形块，支撑住腐蚀面的悬空部位，待腐蚀面加固后，再进行坏砖剔除和加固处理。这一成功做法，成为修塔更换旧物、确保安全施工的宝贵经验。

方塔园内景

护珠塔（宝光塔）

在我国宋代存世的佛塔之中，松江方塔的底层楼梯与众不同。难以想象，一座本身有数百斤重，同时又可在其上站立十五个人的一层登塔大型扶梯，上不与梁架接触，只与塔身一面联结，下与地面仅有一处石梯相连。这一奇观，引得前来参观的中外人士对外露的方塔扶梯建筑技巧之高，啧啧称赞。复原方塔一层扶梯，除了塔体底层西面塔檐下发现有扶梯口，塔身上有横木洞眼外，得到的具体信息十分有限。徐文达不想随意为之。他和专家一起赶赴老家苏州等地参观学习，并亲笔画出了既有安全保障系数又美观独特的设计图纸，即除了已知的楼梯与外物联结外，塔身扶梯口下安置不易变形的“T”字铁两根，托住外梯平台底部，利用平台重量外拉的力向，斜“T”字铁正好兜住平台，然后封住平台底部，把转角立柱悬空处理成“花篮柱头”（雕成花篮，以作装饰），建成了这座别具特色的悬空扶梯。

徐文达爱说一句话：“修塔看卷刹。”塔修得好不好，一看各层呈抛物线状的檐角卷刹便知道。然而，修塔中使用的“借转”技法，比修卷刹更为复杂，更难

护珠塔墙体结构

护珠塔内部结构

掌握。行话有云："十塔九斜。"方塔也不例外，塔身向正西北倾斜53厘米。如果西北和东南腰檐等长，视觉上就会感到方塔向西北倾斜。所以，工匠师傅在处理塔檐长度时，有意让塔檐东南各层的戗角比西北角长10厘米至15厘米。如此，人们观赏方塔时，就有了方方正正的平稳感觉。此外，在塔刹的塔心木处理和底层回廊地坪基础处理上也使用了"借转"技术。

20世纪70年代修缮方塔的经费只有28万8千元，而当时购置一台大型吊装设备机械需要30万元左右。为了解决吊装重1750斤的塔心木等施工难题，徐文达指导木工运用"立木千斤"的传统技艺，制作吊装工具"巴杆"。巴杆用四根木料连接做成，总高度为53米，并有大支架、横支架和铁箍，以及四组钢丝绳索、总钢索、大滑轮、盘车与塔体顶撑等部件组成。起吊大件时，为防止拉坏巴杆，不用卷扬机，而是用人力在盘车柄上推动盘车旋转，将物体起吊至高处。皇天不负有心人，试吊塔心木一举成功，在场的工人松了一口气，徐文达的脸上也露出了欣慰的笑容。

因在方塔修缮中业绩优秀，徐文达被市文管会聘请为文物修缮顾问。1982年，市文管会组织建筑专家十余人，成立"护珠塔修缮研究小组"，制订"按现状加固，保持斜而不倒"的修缮方案，再次聘请经验丰富的徐文达为主修师傅。这年，徐文达已逾七十六岁。修塔是个慢活，常常一修好几年，徐文达估摸着自己八十岁时，有望斜塔修缮工程竣工。事实确如他所料，1984年4月动工修缮的天马山斜塔，1987年12月竣工，徐文达正好八十周岁。起初，大家都为年事已高的徐师傅捏了一把汗，但小车不倒只管推，人不倒下就要站着向前走。1983年，徐文达毫不犹豫地接下了这一任务，并在追梦路上画出了一个人生终点的圆满句号。

方塔塔顶铁索

松江天马山为当地九峰之冠，护珠塔立于天马山中峰，砖木结构，七层八面，残存 18.81 米。虽然仅存光秃秃的塔身，但历史悠久，传奇甚多。护珠塔建于宋代，该塔始建的说法有两个版本：一为“北宋建塔”说，即宋元丰二年（1079），横云里人许大全建；另一为“南宋建塔”说，即宋绍兴丁丑（1157）御前银甲将军两浙秀州路招抚使周文达，为恭藏高宗所赐五色佛舍利，复建塔七层，时显宝光。综合以上说法，《上海通史》载：“护珠塔又称护珠宝光塔。在松江天马山圆智教寺后。北宋元丰二年（1079）横云里人许大全建。南宋绍兴二十七年（1157），宋高宗赐五色舍利藏于塔内，因此也有南宋时建塔的说法。”

方塔塔顶相轮

存世的天马山护珠塔，“斜而不倒”，是其显著特征。测定数据显示，残高 18.81 米的塔身，轴心线向东南偏出 2.27 米，倾斜度达 6° 52′ 52″ 。这一斜度在古塔中罕见，堪称世界上斜度可观的古塔之一。因此，天马山斜塔，被誉为上海地区的一大奇观。有着残缺之美的斜塔，通体伤痕累累。清乾隆五十三年（1788），圆智教寺祭神演戏，燃放爆竹，火星延及塔内，引发火灾。大火熄灭，仅烧剩砖砌塔身后又有人发现塔身砖缝中嵌有唐宋钱币。消息一出，挖砖取钱者纷纷前来觅宝，竟将塔身底层拆去四分之一，掏成了一个大窟窿。护珠塔最终虽未倒塌，但岌岌可危。

自从接下任务后，徐文达心急如焚，就像他自己不知道哪一天会走到生命终点一样为斜塔的安危担忧。他关注天气预报，生怕有大风暴雨雷电来袭。为了尽快拿出有科学根据的最佳施工方案，他干脆搬到天马山上，住在斜塔旁边。

方塔塔顶宝瓶

上山后，徐文达反复思考一个问题：护珠塔为什么会成为俗称的“斜塔”？思前想后，觉得只有探明基础，才能明白塔身倾斜的根本原因和危险所在。他先在塔边开挖探沟，探明塔体坐落于两种基础之上，即一半在山体基岩上，另一半在石碴土上，导致塔身逐渐向东南倾斜。随之，徐文达大胆设计出“蟹爪式轮番加固塔基”的施工方案。

何为“蟹爪式”？徐文达风趣地解释说，如同一只螃蟹有八只脚，缺少一只并不影响它的行动，如果把它的脚弄掉一半，那它就不能走了。从生活中汲取智慧的徐文达，采取传统与创新的建筑工艺，先用竹木架支撑，扶住塔体；再在每层腰檐筑铁箍；然后用八根钢筋，从塔顶贯穿而下，到达塔基后，似“蟹爪”向四面八方横向伸出，直接连接地下岩石，以拉撑塔身，保护塔斜而不倒的奇姿。经测定，经过修缮后的护珠塔，可抗 6 级以下地震和 10 级以下风力。

1987 年 12 月 7 日，护珠塔修缮工程通过了竣工验收，验收仪式被列入纪念上海历史文化名城一周年主要活动。然而，竣工验收这天，人们却未见到徐文达的身影。这位当年 80 岁的老人，在护珠塔工程即将拆去 4000 支毛竹搭成的施工脚手架前夕，积劳成疾，病倒在山上；经再三劝说，他才同意下山，回到了他的老家——苏州。两年后，圆梦松江方塔和天马山护珠塔的徐文达安静地离开了人间。

叁

杂项行家篇

蒋向海

酿造雪香黄酒 华亭美酒进京

黄酒也称米酒、陈酒，是中国最古老的酒种，是中国特产，是酒中之祖。黄酒酿造技术堪称天下一绝，是祖国宝贵的科学文化遗产。黄酒也是世界上最古老的酒类之一，源于中国，唯中国有之，黄酒与啤酒、葡萄酒并称世界三大酿造酒。明《叶谢（榭）志》载：南宋初，蒋向海酿雪香酒，进临安城。《江南通志》记载，明朝时，“雪香酒味香冽而色白，松酒之最佳者。俗以九月初制新酒，名‘开清’，其品短水为上，九峰酒次之”。明顾清《傍秋亭杂记》说：“凡士大夫遇酒之佳者，必曰松江也。”清初，雪香酒声名更盛，几乎称霸松江全府，《松江府志》推为松江酒品之最。

蒋向海（右）敬华亭美酒（张新华绘）

蒋向海，生于北宋元祐二年（1087），叶榭人，居黄浦江南畔横浜村。横浜东西向通竖浜入黄浦江，浦江边有古渡口名漯水渡，相传三国时已设渡，为叶榭及亭林、庄行、邬桥等地民众去华亭城的主要渡口之一。古为兵家必争之地，五代十国时，吴越国与杨吴曾在此大战，后吴越军驻守此地，至宋代仍有军队驻扎。蒋向海年少时读过几年私塾，父亲为渡口船工，家有近十亩土地，母亲种田织布，父亲农忙时在田间忙收抢种，向海就替父当渡船工，天天迎送着南来北往赴华亭城出售农产品，又从城里购买生活、生产用品的渡船客。他喜欢喝酒，因此十分关注渡船客手里提的著名绍兴加饭酒。一天傍晚，一位年老渡船客匆忙上船，在渡口凉亭台阶上绊了一跤，酒坛开裂，老者将半坛加饭酒留在凉亭里，客离酒香犹存，蒋向海捧起酒，凝视片刻，芳香扑鼻，色泽金黄，酒汁澄清，他大口喝完剩酒，爽口清醇，他打算将家中剩余糯稻米也酿一款名酒，因此到处打听酿酒名师，上门请教酿酒经。

《乾隆江南通志》

酒最本质的成分为酒精，即乙醇。谷物为酿酒的重要原料，谷物的主要成分是淀粉，因此必须先经过能产生出淀粉的酒曲的糖化作用，使淀粉分解为简单的糖以后，再经过酵母作用才能产生酒精。蒋向海严格遵从四时法则，一冬一酿，酿造时间一般都选择在每年腊月前后进行，腊月里气温低，糯米浸在水中不易变质，低温也可保证糯米黄酒慢发酵，防变酸。腊月天气无蚊虫，以避蚊虫侵害变质。相传蒋向海酿黄酒前夕，天下鹅毛大雪，洁白如银，他用自种的优质白壳糯米，称米洗净，放入缸中，再将洁净的黄浦江水中加入刚下的白雪，一起放进缸中，把糯米淹没，在室内根据气候将米浸透。为防止浸泡时间太长或米离水变酥，米浸泡后冲洗，捞起放在竹筐中沥干水分，糯米晶亮白净。好米、好水还要有好曲才能为酿造好酒打下基础。蒋向海酿酒之前，提前半年做好酒曲，一般做酒曲选择在天气炎热的伏天制作。糯米浸透后放在木蒸笼里用火蒸，蒸时米粒要爽而软，米不能有夹心，以防发酵时变酸。同时

手摇渡船

黄浦江

酿酒 拌倍成功

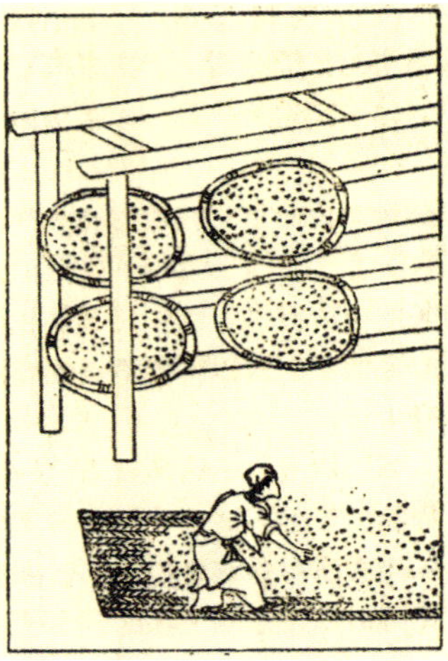

酿酒 凉风吹变

将酒曲切碎，大小适中，切曲时蒋向海很谨慎，绝不让食盐、水分、油脂等沾染，避免制酒发酵过程中变质。糯米煮好后取出摊平，以利于散热，待米饭凉时，就把糯米饭和切碎的酒曲混在一起，均匀搅拌，再一层层入缸，表面细细地抚平，再放上一些酒曲封面，还在糯米中间留一个潭，称作酒窝，便于发酵，让酿出来的酒液都渗到酒窝里。缸上盖上木板盖，再用被头稻草紧紧包裹，让米饭在酒曲作用下在被窝中温暖发酵。掌握温度十分重要，太冷不出酒，太热酒会变酸，蒋向海经常凭经验用手测温，特别注意控制好发酵温度，一两天后，从木盖缝里透出一阵阵浓郁的酒香，不久香甜的黄酒便大功告成。掀开被窝，打开木盖，腊月酒色泽纯净，“生酒清于雪”，满屋醇香柔和，又因糯米由黄浦江清水加洁白如银的雪水浸泡，蒋向海定名“雪香酒”，也有人因该酒由蒋向海酿造而呼为“雪香海酒”。

南宋建都临安（今杭州），官员、军队及民众需要大量精神与物质产品。华亭离京城较近，经济文化发达，叶榭灯舞已于南宋初进临安宫廷献艺，开创先河。蒋向海抓住机遇，扩大生产雪香酒，将酒运往京城。装运雪香酒用陶坛，为避免碰撞震动，用稻草及绳捆扎，黄浦江里的船运必须加棚遮盖，以防风吹日晒雨淋造成损坏；搬运过程中严格遵守轻搬轻放原则，以免包装破裂、酒坛碰碎。蒋向海特别关注坛口泥头是否干裂、脱落，经常检查，及时修补，确保完好安全后才将雪香美酒运抵京城临安。

明代华亭人宋诩等著《竹屿山房杂部》记有雪香酒制作方法并有注：“雪香酒（自注：杨识斋曰“生酒清于雪”）九月中，尤造其曲。每白糯米粉五升，细白小麦曲六斤，清水匀和，不易过润。计一升布苴压实为一饼，置于稻秆中，上下铺，覆热已七日。又暴又露皆七日，收至腊时。凡白糯米一石，以曲一剂，贮潘澜一百二十斤，少则汲清水，足之，照浮酵制醞，成味甚香烈，色清如水，曲多味尤重也。”

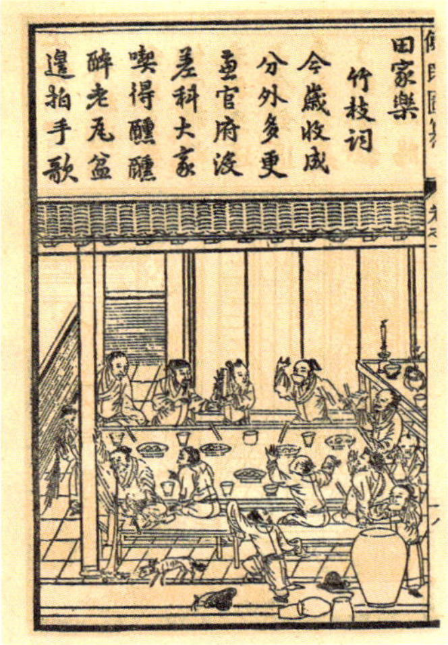

田家乐（《便民图纂》）

明代，松江衣被天下，全国各地布商云集，酒肆林立，松江酒更加呈现出繁盛景象。各色美酒中，雪香酒名列前茅，可与苏杭佳酿媲美，故有“松江酒千家”之美誉。明范濂《云间据目抄》记载：“华亭熟酒，甲于他郡。”熟酒是松江人对“老酒”的别称。实际上，华亭熟酒就是一种传统的甜型黄酒。松江米好水佳，历来产名酒，清黄霆《松江竹枝词》中赞道：

红市开樽白雪香，
沁人心肺带余凉。
谁将风味推三白，
独让刘郎占醉香。

《酒香图》（谢培华绘）

诗下原注：“雪香，松郡名酒。泖滨刘氏，汲泖水，仿三白法酿酒，号刘酒。”流行于江南的三白酒，在明朝时从苏州传入松江地区，给松江酒带来了新品位。雪香酒香气浓郁，口味甘顺，鲜爽绵长，一口喝进喉咙里就会滑下去，回味无穷。

顾士宁　姚德成

松江《急就章》碑刻　两人完成数辈传

雕刻和塑造总称雕塑。故石刻从属于造型艺术门类。词典释石刻为刻有文字、图画的碑碣等石制品和石壁，也指上面刻的文字、图画。中国章草第一碑——松江《急就章》碑，明代正统四年（1439）刻成至今，历经变迁与劫难，现仍完好地保存在松江博物馆。完成此碑刻的工匠是顾士宁、姚德成。1962 年，公布为上海市文物保护单位。

顾士宁　姚德成（周洪声绘）

施蛰存《云间语小录》说："松江石刻，见著录者，《赤乌碑》为最古，然不可信。可信者，晋泰宁三年《征北将军陆祎碑》，宋时犹存，今亡矣。唐碑存者，仅二经幢。宋元以下碑存者虽多，无著名者。独明刻《急就章》，足以傲睨宇内，盖皇象书迹，《阁帖》外仅传此刻，而《急就章》石本，下唯此一通尔。"近代学者王国维认为，松江《急就章》碑所录皇象本，是传世《急就章》足本中的最古本。

西汉史游编撰的《急就篇》也名《急就章》，是国内现存最早而又完整的蒙学课本。今本 2144 字，据前人考证最后 124 字为东汉人所加。《急就章》篇首云："急就奇觚与众异，罗列诸物名姓字，分别部居不杂厕，用日约少诚快意，勉力务之必有

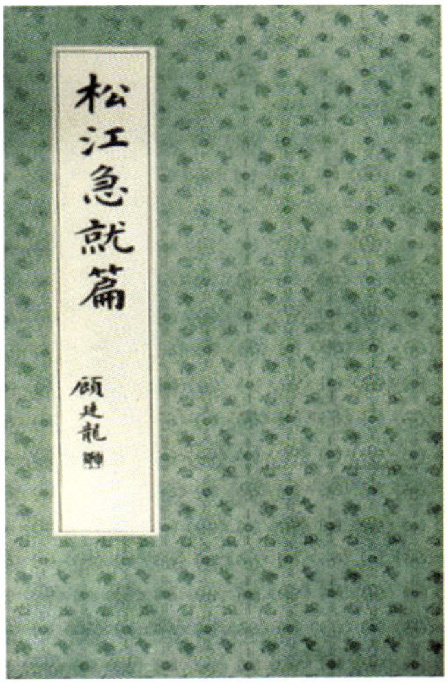

《松江急就篇》

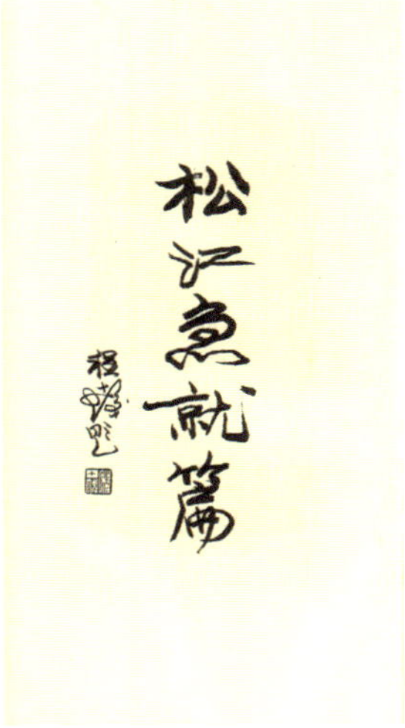

《松江急就篇》(程十发题)

喜。”可见“分别部居”“泛施日用”，这本书的最大特点，是它把当时的常用字，按姓氏、衣着、农艺、饮食、器用、音乐、生理、兵器、飞禽、走兽、医药、人事等分类，编撰成三言、四言、七言韵语，既便于记诵，又切合实用的《急就篇》益人助学速成，故为“急就”是也。

史传，松江《急就章》碑的刻成过程，历经坎坷。宋宣和年间(1119—1125)，有皇象所书章草《急就章》的唐代摹本行世。皇象，三国时期吴国江都人，字休明，官至青州刺史。其最善章草，时称“草圣”。唐代张怀瓘十分推崇皇象的章草，列其作为神品。皇象章草《急就章》后世多有摹刻。宋代叶梦得曾将唐代刻本重新摹刻，他在重刻皇象《急就章》后跋云：“右章草《急就》二千二十三字，相传为皇象所书，摹邓公家本。”“此书规模简古，气象深远……决非近世所能伪为者。”由于叶氏重刻皇书并附以考证文辞，故使明初杨政能有机会获得拓本，并对叶氏之考证深信不疑，从而促成碑刻。

叶梦得

松江《急就章》碑亭——“始草风范”亭

皇象

明代初叶，江西吉水人杨政，家传有三国时皇象章草《急就章》的宋人摹刻本。然而，仅是一件残本，失落数百字。杨氏出于对章草书法的酷爱，早在入仕前就立下“他日仕游，博采善本完之，俾古帖复显于时，名教中美事也”的志愿。入仕后，他曾宦游南北二京与河南、浙江、福建、广西、湖南、云南等地，足迹半天下而未能觅得善本。明正统初，杨政出任松江府推官，在松城杨廷端处始见宋克所书章草《急就章》真迹，但因公务拖累而未及时临摹。数月后，杨政再向杨廷端借摹宋克写本时，墨迹已被好事者窃匿。正统四年（1439）冬，松江书家任勉之将所摹宋克《急就章》本出示，杨政遂得以将任摹宋克本中的部分章节，补于皇本之后，并于是年腊月镌刻上石，终于实现了使章草《急就章》完璧的夙愿。因碑刻于松江，故世称“松江《急就章》碑”。此碑高 185 厘米，宽 63 厘米，厚 22.5 厘米，以青石制成。碑面与碑阴各分六栏，以便捶拓裁裱成帖。碑面六栏与碑阴一二栏，为皇象章草《急就章》，每栏 33 行，每行 11 字，章草与正书释文隔行相间，章草计 1040 字。碑阴第三栏首，为宋宣和二年（1120）叶梦得小楷题识。叶氏题识后及第四、第五栏为宋克章草《急就章》章节，每行 12 字至 17 字不等，计章草 618 字。第六栏是杨政行书题跋，栏末有“顾士宁、姚德成刊”7 字楷书，系刻碑匠师名款。

成功刻录松江《急就章》碑，不仅要有娴熟的石刻技艺，而且需要对章草书体进行精心揣摩。章草是从秦代的草隶中演化而来，章草书法的特点大致有七：

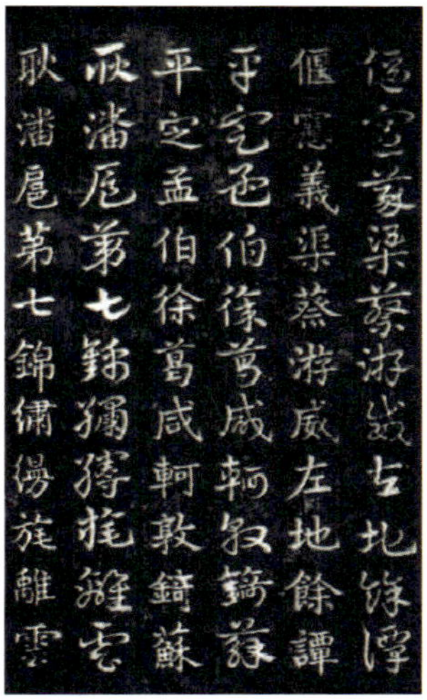

吴皇象《急就章》(局部)

一、第一笔起笔和最后一笔收笔的横画，常带有隶书“蚕头燕尾”的笔调，向右捺斜挑，但不是都有，就是有则不重二。二、最后收笔的右斜捺，凝重而长，带动整个字形既险峻又灵活。三、重笔多在字的末笔，收笔都比较沉稳。四、字的部件之间连写比较普遍，尤其是笔画之间联系频繁，大量使用牵丝，且笔画多为圆弧形，俯仰卧盼，相互呼应；分写的点，连势也十分强烈。五、左右结构能不连一般不连，字与字之间断而不连。六、章草的一些字和行书差不多，有些和草书差不多，极少数和楷书差不多。七、走之平捺，像“乙”字那样，向右旋绕，弯向上勾。

宋代叶梦得题《急就章》跋

顾士宁、姚德成所刻松江《急就章》碑，不仅充分展示了章草的书法特色，且在运用石刻艺术功力，充分表现用笔、结体、章法以及形式上有新的突破，故，得益于匠心打造的松江《急就章》碑，形成了独特的艺术风格，被誉为“天下第一碑”。

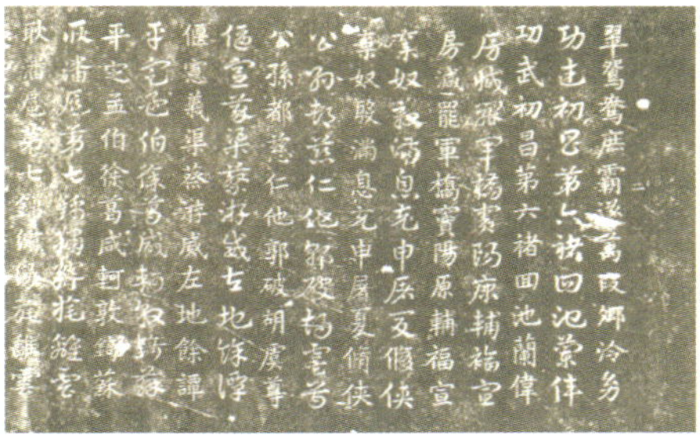

松江《急就章》碑文字(局部)

松江《急就章》碑刻成后，最初立于华亭县学。今松江南门粮库附近。清嘉庆《松江府志·学校志》云：“府学，在集仙门西(松江府城南门西)，旧华亭县学也。”据传，清代末年，此碑移至华亭县治所在地(在今松江宾馆附近)。民国初，华亭县治倾圮，碑石湮没在遗址之中。20 世纪 50 年代，文物工作人员发

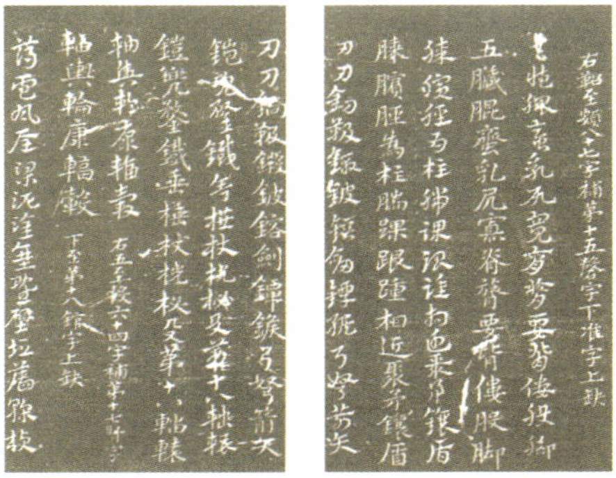

明代杨政摹补《急就章》碑文

现此碑后，将其迁往旧县第一中学宿舍区（原为新松江社址），并筑碑亭加以保护。1966 年初秋，杭州西湖风景区文物碑刻被当作“四旧”而捣毁。消息传至松江，博物馆筹备处人员担忧《急就章》碑亦遭厄运，当即将碑石移至醉白池（当时博物馆筹备处址），并巧妙地隐藏于宝成楼后的夹墙内，松江《急就章》碑就此躲过一劫。

1978 年，松江《急就章》碑重见天日后，作为松江文物重要展品，被陈列于醉白池轿厅西壁。当时的醉白池展厅，为县博物馆文物展厅。1984 年，该碑又随博物馆迁至今馆址（松江中山东路 233 号）。1989 年，上海市文管会为保护此碑，拨专款营建碑亭，建于博物馆院内西北部位置上，与一墙之隔的方塔园形成了古塔名碑交相辉映的风景线。

松江《急就章》碑正面

松江《急就章》碑背面

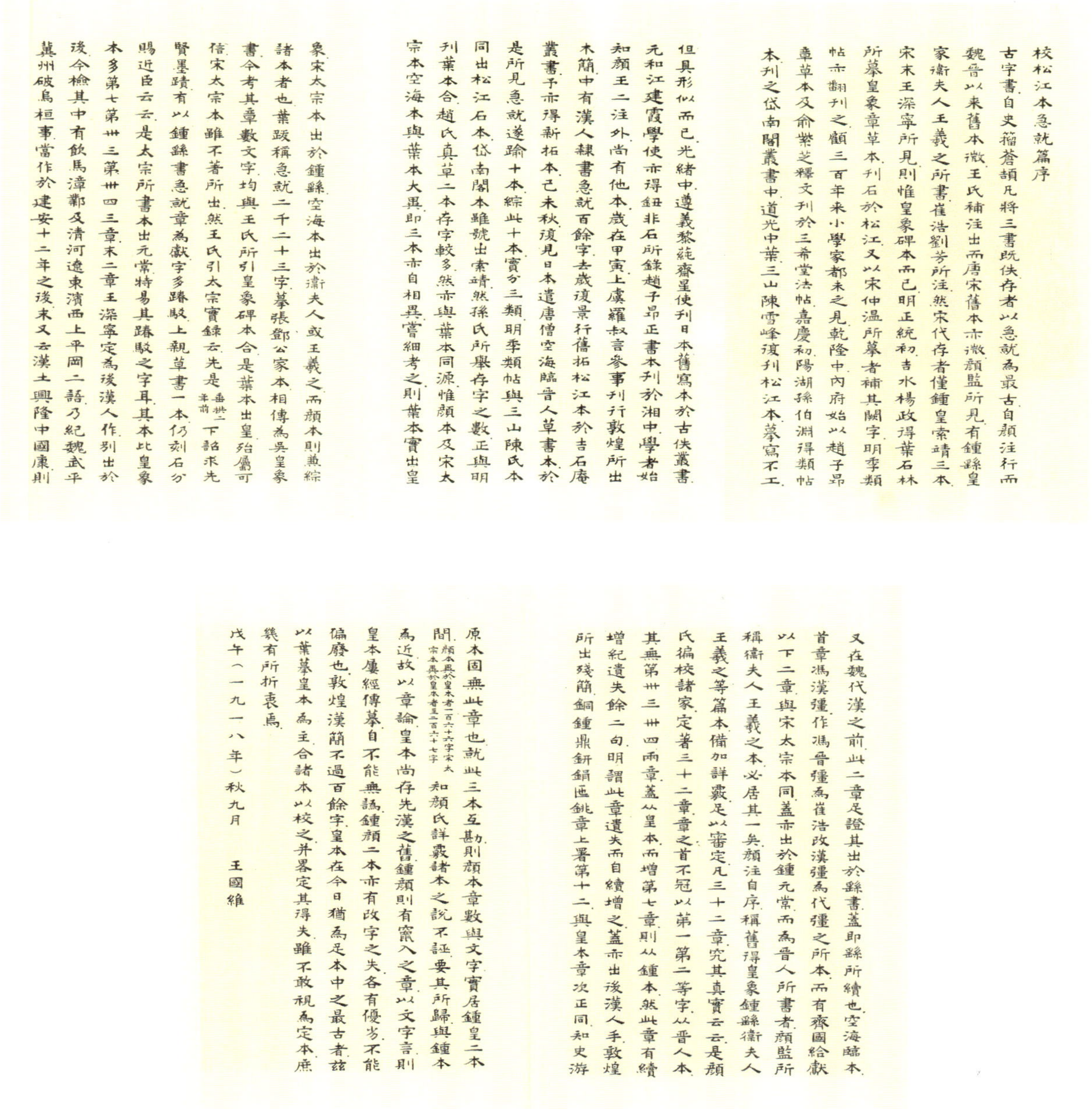

校松江本急就篇序
古字書自史籀蒼頡凡將三書既佚存者以急就為最古自顔注行而
魏晉以来舊本微王氏補注出而唐宋舊本亦微顔監所見有鍾繇皇
家衛夫人王羲之所書崔浩劉芳所注然宋代存者僅鍾皇索靖三本
宋末王深寧所見則惟皇象碑本而已明正統初吉水楊政得葉石林
所摹皇象章草本刊石於松江又以宋仲温所摹者補其闕字明季類
帖亦翻刊之顧三百年来小學家都未之見乾隆中内府始以趙子昂
章草本及俞紫芝釋文刊於三希堂法帖嘉慶初陽湖孫伯淵得類帖
本刊之岱南閣叢書中道光中葉三山陳雪峰復刊松江本摹寫不工
但具形似而已光緒中遵義黎蒓齋星使刊日本舊寫本於古佚叢書
元和江建霞學使亦得鈕非石所錄趙子昂正書本刊於湘中學者始
知顔王二注外尚有他本歲在甲寅上虞羅叔言參事刊行敦煌所出
木簡中有漢人隸書急就百餘字去歲復景行舊拓松江本於吉石庵
叢書予亦得新拓本己未秋復見日本遺唐僧空海臨晉人草書本於
是所見急就遂踰十本綜此十本實分三類明季類帖與三山陳氏本
同出松江石本岱南閣本雖號出索靖然孫氏所舉存字之數正與明
刊葉本合趙氏真草二本存字較多然亦與葉本同源惟顔本及宋太
宗本空海本與葉本大異即三本亦自相異嘗細考之則葉本實出皇
象宋太宗本出於鍾繇空海本出於衛夫人或王羲之而顔本則兼綜
諸本者也葉跋稱急就二千二十三字摹張鄧公家本相傳為吳皇象
書今考其章數文字均與王氏所引皇象碑本合是葉本出皇殆屬可
信宋太宗本雖不著所出然王氏引太宗實錄云先是（垂拱二年前）下詔求先
賢墨蹟有以鍾繇書急就章為獻字多踳駮上親草書一本仍刻石分
賜近臣云云是太宗所書本出元常特易其踳駮之字耳其本比皇象
本多第七第卅三第卅四三章末二章王深寧定為後漢人作別出於
後今檢其中有飲馬漳鄴及清河遼東濱西上平岡二語乃紀魏武平
冀州破烏桓事當作於建安十二年之後末又云漢土興隆中國康則
又在魏代漢之前此二章足證其出於繇書蓋即繇所續也空海臨本
首章馮漢彊作馮晉彊為崔浩改漢彊為代彊之所本而有齊國給獻
以下二章與宋太宗本同蓋亦出於鍾元常而為晉人所書者顔監所
稱衛夫人王羲之本必居其一矣顔注自序稱舊得皇象鍾繇衛夫人
王羲之等篇本備加詳覈足以審定凡三十二章究其真實云云是顔
氏偏校諸家定著三十二章章之首不冠以第一第二等字从晉人本
其無第卅三卅四兩章蓋从皇本而增第七章則从鍾本然此章有續
增紀遺失餘二句明謂此章遺失而自續增之蓋亦出後漢人手敦煌
所出殘簡銅鍾鼎鈃鋗匜銚章上署第十二與皇本章次正同知史游
原本固無此章也就此三本互勘則顔本章數與文字實居鍾皇二本
間（顔本異於皇本者一百六十六字宋太宗本異於皇本者至二百六十七字）知顔氏詳覈諸本之說不誣要其所歸與鍾本
為近故以章論皇本尚存先漢之舊鍾顔則有竄入之章以文字言則
皇本屢經傳摹自不能無譌鍾顔二本亦有改字之失各有優劣不能
偏廢也敦煌漢簡不過百餘字皇本在今日猶為是本中之最古者兹
以葉摹皇本為主合諸本以校之并畧定其得失雖不敢視為定本庶
幾有所折衷焉
戊午（一九一八年）秋九月　王國維

校松江《急就篇》序（王国维书）

张　氏

特制松江墨　名传大江南

人们对墨中名品“徽墨”（安徽出产）耳熟能详，却对一种叫“松江墨”的名墨知之甚少。松江墨的产生有其特殊的历史背景，与松江鼎盛时期的书画文化有密切关系。

张氏（周洪声绘）

寻根溯源，松江书派、松江画派源远流长。大书画家董其昌认为，晋代陆机、陆云兄弟是开创松江书派的先驱者，贡献很大。他在《画禅室随笔》中说：“吾松自陆机、陆云，创于右军之前，以后遂不复断响。”元代赵孟頫、杨维桢及元末明初的陶宗仪、宋克等大书法家、书法史论家，或盘桓，或寓寄松江。他们设馆授徒，交流书艺，也带来了各地文房四宝，促进了松江书派的形成。明初沈度的楷书被明成祖朱棣夸为“我朝王羲之”，他的楷书成为科举取士的书写体，在全国书坛影响极大，成为松江书派的创始代表人。明末松江书派再度兴起，南京礼部尚书董其昌成为当之无愧的松江书派又一位领军人物。松江地处江浙两省的交通要冲，为当时全国工商业比较发达的城市，常有各地的文人学士过往，文化艺术因此而兴盛。“华亭派”“云间派”“苏松派”三个画派先后创立，松江画派为晚明上述三个山水画派的总称。而在众多的书画家中，董其昌乃执牛耳者。松江一度成为中国书画中心，在文化如此兴盛的发达地区，文房四宝中墨的需求必然面广量大，品质要求高，这就促发了“松江墨”的创制完善与墨品提高，对松江墨的形成起到了很大的促进作用。根据史料记载，始创“松江墨”的工匠为明代松江人张氏。

董其昌

我国古代，制墨的技艺是很高的，不但能用于书写，还成为文人案头的欣赏之物，故文人有“墨客”之称。到了元代，已有人为墨著书，谓之《墨史》。元代的制墨家，在陶宗仪的《南村辍耕录》中记载了十一人，散处各地，其中有松江的卫学古。从明代开始，制墨的中心就集中到皖南的徽州一带。墨的制作非常讲究，选料纯正，加工精细，上等的墨极为细腻、香醇，而细腻的程度主要取决于加工时捣杵的次数，捣杵次数愈多愈细腻，据说，一臼捣杵有上十万次的。人工墨品始于汉代，这种墨原料取自松烟，“松烟”也叫“松炱”“烟煤”，化工学名“碳黑”，即烟气凝积而成的黑灰，主要是碳氢化合物不完全燃烧的粉末状物质，含碳 90% 至 99%。最初是用手捏合而成，后来用模制，墨质坚实。从制成烟料到最后完成出品，其中还要经

制墨图（张新华绘）

棉花图诗墨

过入胶、和剂、蒸、杵等多道工序，并有一个用模具压成条块形的过程。墨模的雕刻也是一项重要工序，一个创造过程。墨之造型大致有方、长方、圆、椭圆、不规则形等。

状元及第绿石双池砚

"画符一般用松江墨"，早期一篇涉及道教做法事的文章中，提到"太上老君急急如律令"之类的画符书写时有这样一句话；"今拓碑只用云间（松江）墨"，这是明代著名科学家徐光启著作里的话。拓碑是南朝时出现的一种技术。拓碑是将纸覆在石碑上，然后刷墨揭下，就在纸上显现与石碑上同样的字形。而墨好，拓片质量也好。20世纪50年代发现的徐光启《农书草稿》是传世的徐氏唯一手稿，已辑入《徐光启著译集》。徐氏在这部手稿中，其《论墨》一段内首先肯定了最著名的是徽墨，并从制墨技艺谈起，提到"徽墨始于南唐李廷珪父子，每料用珍珠三两，捣一万杵"等等。然后提到"松江墨"，说曾经"吾松制墨与徽墨齐名"，而且比徽墨更佳。松墨胜徽墨有三：淡不渗，浓不滞，宿不积。并特意指出，制墨户之佼佼者为"张氏"。虽未将张氏制墨的技艺描述详尽，但点明了一种新制法："从刷书工人处得一法，以烟煤置磁缸中，用火炭一枚投入，盖定半日，其煤炼过，然后舂杵，煤则细润加倍于前。"用此法制作出来的墨当然比之前更胜一筹。据李时珍《本草纲目》记载，好的古墨，在炮制时加入猪胆、麝香、珍珠粉等数十种药料，也可治疗"胆腺炎""白秃天疮""妇人逆产""风癣"等病症，从药物学上看，也确是一宝。

曾一度与徽墨齐名的松江墨，名传大江南北，但由于种种原因，制墨工艺未能全部传承下来。但卫学古和张氏等制墨翘楚的名字与墨香同在，浸润于松江书派和松江画派的作品之中，一并彰显久久为功、匠心不已的恒久魅力。

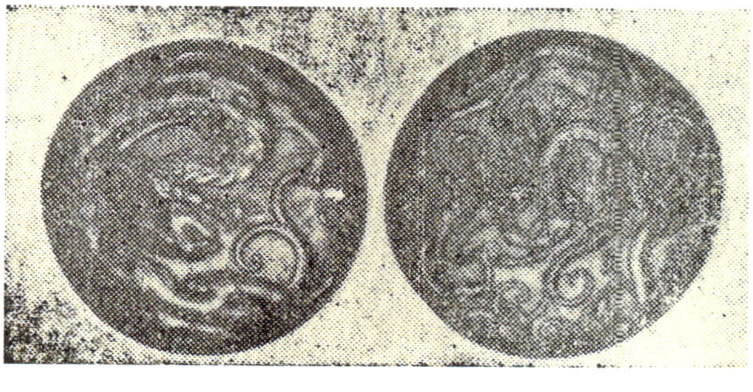

明程君房蟠螭纹圆墨

胡文明

铸铜工艺名匠　云间胡炉进贡

北京故宫博物院藏有錾花鎏金铜炉一件，上錾金龙纹极精美，纹饰工整，款印作“云间胡文明制”六字，概为贡品。明屠隆称：“匙筯（香炉，烧香用的工具）以云间胡文明制者佳。”可惜技艺不传他人。《云间杂志》载：“郡西有胡文明者，按古式制彝、鼎、尊、卣之类，极精，价亦甚高，誓不传他姓。时礼帖称‘胡炉’，后亦珍之。”明嘉靖《松江府志·物产》载：“明万历中，胡文明作鎏金鼎炉瓶盒等物，极精雅，人效之多不及。”

胡文明（叶菁绘）

胡文明，松江人，家居郡城西，著名工艺家，主要生活在明隆庆万历间，以制作铜鎏金文房用器、酒具等见长，按古式制彝、鼎、尊、卣之属极精，与正统宣德炉之崇尚线条，不重纹饰之风格迥异，尤因其善于炉面镂出精致的山水、法器、吉兽、祥花等图案，深受藏家喜爱，享誉天下。

焚香习俗在我国有悠久的历史，通常人们为了礼仪将衣服熏香，更多的是古代文人雅士喜欢在读书、写字的书房内，焚上一炷香，营造“红袖添香夜读书”的意

“云间胡文明制”款

点清香

佳士得拍卖行

松江城垣

境。宗教信徒烧香敬神，虔诚地诉说着自己的心愿，旨在以香达信，通过香火如通神明，祈求国泰民安，风调雨顺，五谷丰登，康福吉利。因此，人们就用陶、瓷、铜、铁等材料制成香炉。元明之际随着铜器铸造业的迅速发展，铜香炉因造型美观，图案吉祥，牢固耐用，而被广泛使用。明代宣德炉的铸造成功，开了后世铜炉的先河，在很长一段历史中，宣德炉成为铜香炉的通称。铜炉按其不同用途，可分为薰炉，烧香料用，又名香薰；温酒炉，炉体多作长圆形，上可置耳杯以温酒；温手炉，取暖用，炉体侧壁和上部有镂孔，以散出热气，有柄可持。胡文明制作的铜炉为明代工艺品中的珍品，“胡炉”除被北京故宫博物院收藏外，还有中国历史博物馆、上海博物馆、上海松江博物馆等单位收藏。另有美国大都会博物馆收藏的胡文明缠枝牡丹图簋式炉等。

故宫博物院

中国国家博物馆

松江博物馆

焚香听琴

云间胡文明制铜炉也是拍卖公司的重要拍品之一，1997 年，胡文明制铜鎏金应龙海兽图簋式炉，起拍价 25 万元，实际成交价 30.8 万元。2005 年香港佳士得秋季艺术品拍卖会上，成交了一只明代“云间胡文明制”刻款鎏金人物纹手炉，炉盖上的亭台人物栩栩如生，器物式样高古，精美撩人，估价 80 万至 100 万港元，成交价达到 303.2 万港元，为当时拍卖市场成交价最贵的手炉。2012 年 12 月，北京远方国际拍卖有限公司举办古董珍玩专场，拍卖的铜鎏金“云间胡文明制”款簋式炉，宽 17.5 厘米，高 8 厘米，成交价为 172.5 万元。该炉呈簋形，铜胎，薄体，金属錾刻工艺，鎏金组装而成。阔口，微唇，微束颈，身以小盆，腹微鼓，颈腹间两侧各铆接以龙耳，腹下圈足系连同器身乃一体捶打錾刻而成，圈足底内中央錾刻“云间胡文明制”六字阴刻篆书长方形印，印面施以鎏金。铜炉装饰纹样均系錾刻而成，纹饰也施以鎏金，其中颈腹间饰以三道弦纹，颈部二弦纹间饰缠枝莲纹。腹部弦纹间以簋耳为界分两组各饰以海兽三只，海兽形象似龙似鹿，如牛如马，均作奔跑状，下衬海水纹。双耳如龙，颌下长须内卷，下设小珥。圈足墙外壁錾饰折枝花卉一周。通体纹饰錾刻浮凸有致，工整细致，形象生动鲜活，鎏金密实，使整个纹饰在枣红的基色上显得金光雀跃，华丽异常。造型规整有加，敦实沉稳，炉体鎏金光彩依旧，周身堂皇华丽，神韵风采卓然，彰显出胡文明制器至精的名家制炉典范。

修复前的铜炉

上海松江博物馆收藏的胡氏铜炉高 7.1 厘米，口径 11.4 厘米，样式取自商周时期的青铜簋，侈口、束腰、鼓腹、圈足，炉体图案采用錾花鎏金铸造。炉身表面包浆油润悦目，黑紫透亮。器身纹饰布局合理，构图严谨，工艺精湛。颈部纹饰为剔地夔凤戏蝶图案，腹部较宽，为高浮雕缠枝菊花纹图案，图案布局疏朗大方，花朵肥硕饱满，枝蔓伸展坚强有力，点点菊花点缀其间，虽为缠枝花，却舒卷随意，具有较强的装饰和艺术效果。腹两侧有炉耳，为浮雕鎏金龙首，下有垂耳，分制镶接。圈足以传统回纹做装饰，这些纹饰系手工凿雕，看似不太规正，却显得生动开朗，活泼无滞感，可谓这一时期的经典之作。

胡文明铜炉设计精巧，画面生动，錾刻工艺十分娴熟。錾刻又称刻铜，是使用一整套具有各种基本图形的錾子，通过锤击錾子，使金属表面呈现凹凸不一，深浅有致，或光或毛的线条和纹样，富有艺术感染力的金属变形工艺。该工艺需要有深厚的绘画功底，非常精细准确的刀法，花费大量工时，使坚硬的铜器有灵动流畅的线条。松江博物馆收藏的簋式炉采用了高难度的高浮雕手法制造，展现了胡文明高超的錾刻工艺水平。其难度在于要把握好铜器内外壁的厚薄过渡，要保持

修复后的铜炉

铜器外形完好，需准确把握锤击力度等一系列问题，在当时科技和所采用的传统技术情况下，克难制器。“胡炉”制作采用手工錾刻工艺，材质大多选择是红铜，该铜质均匀细腻，伸缩性好，易为錾刻。

明万历鎏金兽面纹铜觚

胡文明还能按照古式制造彝、觚、鼎、尊、卣之类铜器，所做器物式样高古，精美撩人，在当时就有很高的价值和口碑。如明万历间所制觚的酒器，口呈喇叭状，束腹，两层台式高圈足外撇。整器从口沿至圈足分三部分。上部刻有叶纹，内填变形兽面纹；中、下部出戟，浮雕形态不一的兽面纹，铜质呈深红棕色，兽面纹、颈腹、圈足连接处及足底处皆鎏金。器身硕长挺秀，为仿商代铜觚形制。纹饰精细，鎏金明丽，华贵端雅，工艺复杂精细，器底“胡文明制”四字篆书款，为明代同类器物中的佳作。

失蜡法铸铜

“胡炉”用失蜡法先铸炉身，失蜡法也称“熔模法”，是一种青铜等金属器物的精密铸造方法。做法是用蜂蜡做成铸件的模型，再用别的耐火材料填充泥芯和敷成外范。加热烘烤后，蜡模全部熔化流失，使整个铸件模型变成空壳。再往内浇灌溶液，便铸成器物，失蜡法铸造的炉身玲珑剔透。炉底是敲打而成后再接炉身，炉耳分铸后再铆接，其中耳饰与炉底是捶打嵌铆，不用镶嵌焊接，整个工艺流程较为复杂。铜炉錾刻工艺完成后，在图案上鎏金，鎏金时用牙刷柄形的铜棒先蘸盐、矾等混合体，然后轻抹金泥涂器上，用无烟炭火温烤，使水银蒸发，金泥即固于器上，这是后世的火镀金，使铜炉金光闪耀。“胡炉”充分体现了胡文明丰富的想象力、创造力和高超的技艺，集古代工艺美术之精华，以其特有的神韵而独树一帜。

谈仲和

传宫廷秘法　制江南名笺

造纸术是中国四大发明之一，是人类文明史上一项杰出的发明创造，也是中华民族对人类文化的重大贡献之一。纸使人类的各种知识得到更好的保存，更久远的传播。创新造纸能促进人类文化科学事业迅速向前发展，可以说，纸是人类文明的标志之一。谈笺为松江特有笺纸，由谈伦发明，其后裔谈仲和将其发扬光大。《大清一统志》载："谈笺（又叫潭笺），出府城内。相传明侍郎谈伦得捣染法于内府，子孙以是为业。笺凡数种，有名玉版、玉兰、镜面、宫笺等为最。"其制法，根据明屠隆《考槃余事・纸笺》记载，松江谈笺不用粉造，用荆川连纸裱原砑光，并用蜡打上各色花鸟，其坚韧、平滑可与宋纸相比。《南吴旧话录》载：谈伦裔孙"谈仲和性尚精雅，尝别造笺纸，题咏其上，人竞购之，至今吾郡犹遵其制，四方号曰谈笺"。

谈仲和（周洪声绘）

《娄县志》载："谈仲和笺捣染有秘法，今邑中多业此艺，西门外列肆而售，有玉版、银光、螺纹、朱砂、玉青等笺，大而联榜，小而尺牍，色样不一，或金花描成山水、人物、鸟兽之形，或染花草，俱极精美。"明代书画家陈继儒夸谈

造纸

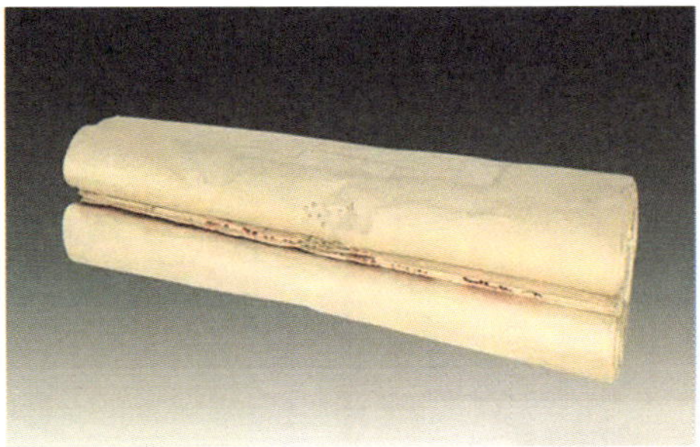

玉版纸

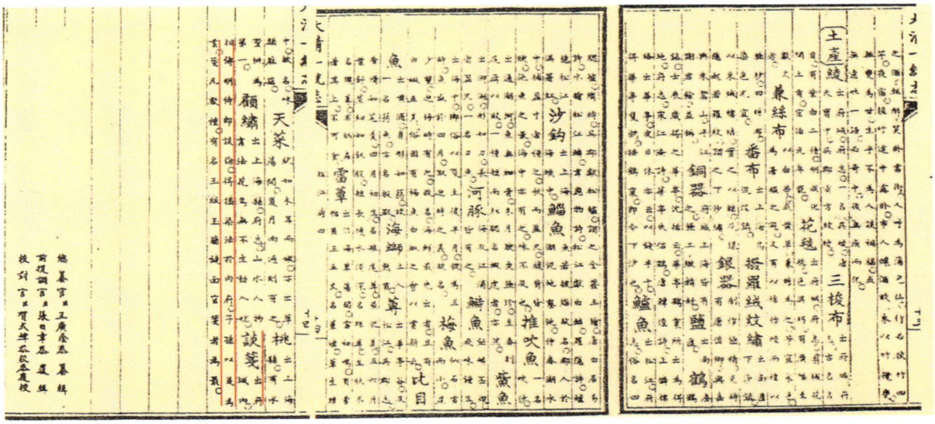

《大清一统志》

笺“妍妙精洁”，在古人所造密香、水翼两笺之上。董其昌晚年时爱用谈笺作画写字，称谈笺“润而绵密，下笔莹而不滑，能如人意之所致”。他甚至手头没有谈笺，便不妄下笔。秦光荣《上海县竹枝词》称：“谈家秘制冠江东，笺法偷传内府中。超古密香冰翼上，玉兰镜面最称工。”黄霆《松江竹枝词》称颂：“吴绫杼柚最精研，张氏争传画绢便。唯有仲和藏秘法，至今犹是忆谈笺。”杨光辅《淞南乐府》颂曰：“淞南好，文物盛流传。锋尉墨池勾董笔，时候诗社战谈笺，风雅百余年。”顾翰《松江竹枝词》也称：“吟成诗句题红叶，剩有谈笺一纸无。”丁宜福《申江棹歌》有“郎寄家书别无嘱，阿侬只要买谈笺”。更有乾隆年间编纂《续资治通鉴》的大学问家毕沅写下经典楹联：“论家世如阁帖古窑可谓旧矣，问文章似谈笺顾绣换得钱无？”

明　橙红鱼子金笺

《尚友图》(明　项圣谟、张琦绘)
图中上左一为董其昌
上中为陈继儒

谈伦(1429—1504)，字本彝，号野翁，谥号恭简。据《谈伦墓志》记载，南宋时谈氏自河南开封祥符迁徙至吴兴(今浙江省湖州市)，又迁至上海浦东鹤里坡一带。谈氏家族借助沿海盐业开发逐渐发迹。谈伦的曾祖父谈季芳(字谷祥)，祖父谈节(字文四)，父亲谈恭(字景瞻，号晚香)，生三男一女，女儿嫁给上海小南门乔家。谈伦是上海县学生员，明景泰四年(1453)中举人，天顺元年(1457)中进士。据史料记载，谈伦是以灶籍(出生盐户)科考，当时的吏部尚书王翱轻视南方人，眼见谈伦"长身丰颐，莹然玉立"，不由发问："东南何易得此人？"随即任命他为吏部验封主事。不久，又将谈伦提拔为员外郎、郎中。王翱入内廷朝见英宗时，常带谈伦随同，称自己年老"恐忘'圣训'，此郎能代臣志，且其人可信"。谈伦服母丧期满，即补为虞衡司郎中，又擢升应天府府丞。那年安徽凤阳发大水，当地官员力图掩盖，不上报朝廷。谈伦得知后，自署上奏，使凤阳百姓免缴秋后粮税白银数万两。后来，他升应天府府尹，又改任顺天府府尹，官至工部右侍郎。他与被罢官的吏部尚书尹旻(字同仁)交好。尹旻回故里时，谈伦设宴饯行，招致当时宰相李孜省的不满，于是谈伦也遭罢官归里。

成化元年(1465)，李孜省伏诛，不少人因此复出。而谈伦却称病居家不出，从此远离官场，自署野翁，常与知己旧友饮酒赋诗，笃喜栽种，植树成林。长寿寺惠瑛筹划修寺时，谈伦等即捐资相助，重建了法堂三楹和大雄宝殿一座。因其父亲谈恭曾出资修南积善寺，清人秦荣光《上海县竹枝词》赞曰："两代谈家结佛缘，象贤父子梓乡传。翁修积善儿长寺，世泽长宜数百年。"谈伦娶王氏为妻，有一女名谈玉，嫁乔谷凡，无子。又娶张氏，生子夭折，四十岁后嗣胞兄之子谈田、胞弟之子谈寿为继子。弘治十七年(1504)正月十八日，谈伦无疾而终，享年 75 岁，礼部右侍郎王鏊为其撰写墓志铭。

宣德笺系明代名纸，与宣德炉、宣德瓷齐名。宣德是明宣宗朱瞻基的年号。该帝王平生喜爱艺术，擅长琴棋书画，常召名匠师进京创制新颖华丽精美的用品供宫廷使用，名贵纸张（宣纸）制作技艺当时秘不外传。监制宫笺主管官员正是松江人谈伦。宣宗死后，宫笺生产不受重视，日趋衰落，谈伦罢官退居松江故里，自设纸坊，仿造宣德宫笺，初时小量生产，馈赠亲友和自用。迨消息传开，各地纷来争求，遂增加产量，广为销售，自是“松江谈笺”之名大著。谈伦死前，将其技艺传授给儿子谈田、谈寿，以及后代谈梧亭。

王鏊（谈伦墓志铭撰写者）

谈仲和为谈伦裔孙，名尚都，以字行。他少年时曾落拓江湖，聚少年从事孙吴兵略。明崇祯七年（1634）以战功官至游击将军，因其短小精悍，胆力超群，在军中有“谈短”的诨号。后弃官返乡，从谈梧亭处得制笺秘法，并不断研究，终于创制出独特的谈笺，又称谈仲和笺。谈笺制作方法非同一般，而且品种丰富，质量一流，一下子风靡松郡，轰动江南。于是苏州、嘉兴等地的纸商群起仿造，但质量不佳，文人墨客纷纷至松郡购买谈笺，盛极一时，压倒苏州纸笺。谈仲和制作的最优纸笺之一玉版，其笺色泽洁白、光古，纸极精平、薄坚，其笺书画时墨韵多变，能体现作品的质感、量感、空间感，灵气充溢，墨分五色，意境深远，意达万变而散其韵之功用，与玉一般具有作为载体的承载能力，而享有“千年寿纸”“宝纸”的美誉。据传，制造玉版笺方法共有十八道工序，要以水火相济之功，借日月光华之力，经日晒、雨淋、露炼等长时千锤

谈伦墓志铭（拓片）

明　大片贴金宝蓝蜡笺

明　雪金蜡笺

松江西城门（谷阳门）

明萝轩变古笺

百炼，方得玉版善纸。

谈仲和雇佣二十多个家童日夜赶制，仍供不应求。生意一店独好，影响松郡西门外其他纸店生意。谈仲和坚持独家经营，对外绝不透露制作秘法。有人出于嫉妒，去官府密告，说谈仲和偷取皇宫秘法，有意与朝廷作对。谈仲和被流言蜚语所恼，他行伍出身，脾气暴躁，怒吼："大丈夫岂暇与浣花女子同涉人齿牙！"一气之下，竟然命家童立即停工，并且将工坊余料全部焚毁。正宗的谈笺由此失传。《上海研究资料》中写道："至于后来纸店中出售的谈笺来源多出自松江，系用他种纸张涂刷五色膏粉而成，历时稍久，只可视为一种伪造品罢了。"但正宗谈仲和笺声名已深深地印入松江人的脑海中，谈笺、顾绣成为松江特优产品的代名词。

金琼阶

松江琴派佼佼者　精通琴技号金痴

古琴为“琴棋书画”之首，已有三千年左右的历史。1977 年 8 月 20 日，美国国家宇航局向太空发射了“旅行者 2 号”宇宙飞船，所携带的《地球之音》镀金唱片中，录用的唯一一首中国音乐就是古琴名曲《流水》。2003 年 11 月，古琴被联合国教科文组织列为“人类口头与非物质文化遗产”。明代松江不仅有云间书派、松江画派，还有松江琴派。明初，松江琴派以刘鸿、张用轸为代表人物，曾与全国最有名的“浙派”相抗衡，并一度在全国琴坛居于领先地位。明末清初又涌现出松江府华亭县人金琼阶（生卒不详），字德宏，他是一位承前启后、既擅长古琴演奏又精于古琴制作的琴家。《莼乡赘笔》一书非常强调他当时在琴坛的突出地位：“松江府以艺著者……琴师则有金德宏，后起纷纷，俱不足道也。”

金琼阶（周洪声绘）

金琼阶的琴艺得于异人传授，琴声孤愤凄怨，很受下层民众的欢迎，常有人求他弹琴，总是弹了一曲又一曲，没有厌烦的表现，并且常为乡村邻居们弹奏，弹给种田的、放牛的、穿着蓑衣光着脚的人听。“乡农不解古调，则为之鼓渔歌及牧童诗，无倦色”。曲终时，大家鼓掌欢迎，他也为此高兴。至

《琴士图》(明　唐寅)

南朝荣启期抚琴砖刻

古琴演奏

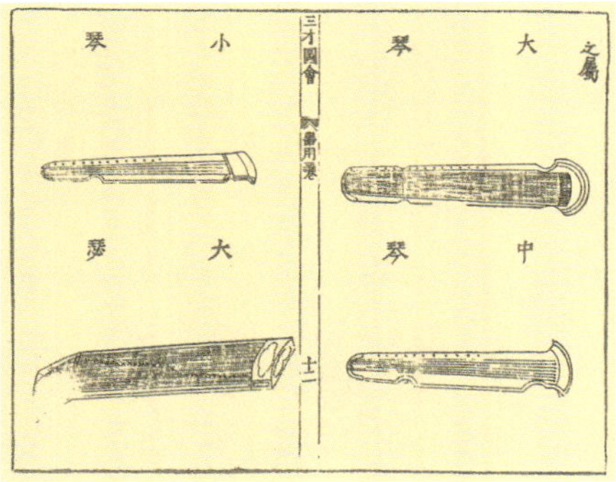

大琴、中琴、小琴(《三才图会》)

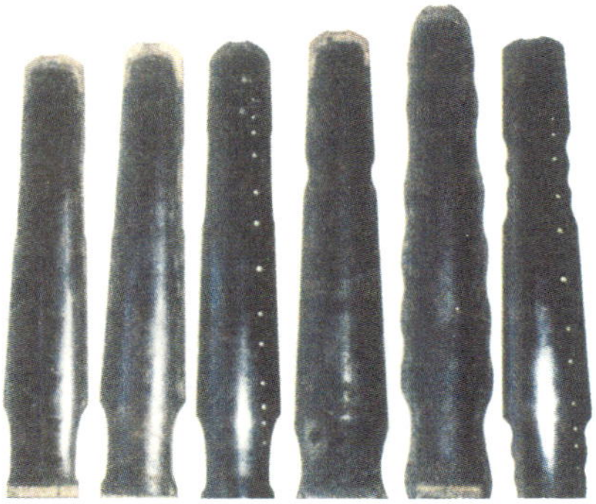

古琴的各种式样(《苏州手艺》)

于富豪显贵求他弹琴，金琼阶往往会严词拒绝。有时金琼阶穷得无米下锅，却仍将富户施舍拒之门外，“士大夫馈之粟帛，辄骂不纳”。因此，松江府一带，无论与他是否熟识，都称其为“金痴”，对此，他也毫不介意。

金琼阶的琴艺不肯轻易传授于人，只教了袁子彝、沈维存、王汝德三个学生。他在教琴的过程中，不仅传授技艺，对于学生的为人处世，健康状况，也是非常了解和关心。他对三个弟子曾有过这样的分析：“袁曰市，沈曰夭，王曰隐。”后来，这三个学生不出其所料，袁子彝以琴游于公卿间，沈维存夭折而亡，只有王汝德继承老师的琴技，并将其传给他的儿子王端。王端去世后，金琼阶的琴学就无人相传了。在配合教学中，金琼阶还编有若干琴谱，自己也做了数张琴散传于民间。

金琼阶擅长制琴，制琴选材了如指掌。斫

琴，上取桐木（阳），下取梓木（阴），以桐之柔配梓之刚，以材之阴阳相合得音之刚柔相济。金琼阶认为，制琴选材不一定拘泥于上桐下梓，好的杉木就胜过一般的桐木，好的硬杂木同样胜过梓木。选材有六究：一究质地，二究尺寸，三究生材龄长，四究熟材龄长，五究木纹，六究品质。辨材之阴阳，原材辨天地较易，细头为阳，粗头为阴。制琴先要选好琴型，接着要因材取舍，定阴阳之大法，合琴、晾琴，面底以天然胶合成，以绳夹缚之，入暗室七日，取出置无强光直射处，月余解缚，晾一年后，髹生漆。

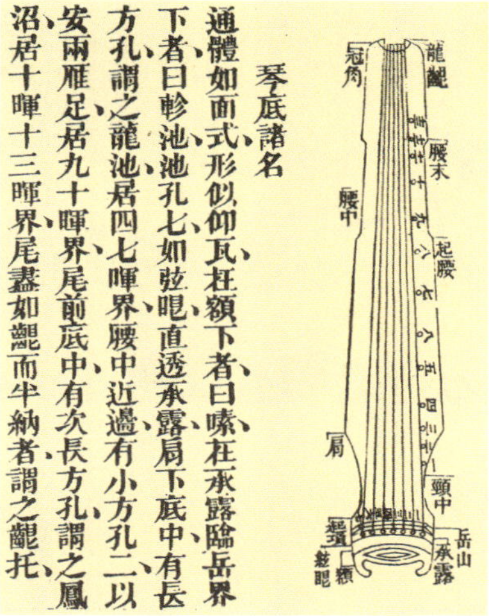
琴底諸名
通體如面式、形似仰瓦、在額下者、曰嗉、在承露臨岳界
下者、曰軫池、池孔七、如菽、睍直透承露、局下底中有長
方孔、謂之龍池、居四七暉界腰中、近邊有小方孔二、以
安兩雁足、居九十暉界尾前、底中有次長方孔、謂之鳳
沼、居十暉十三暉界、尾盡如鼉而半納者、謂之龈托、

古琴构造图（《苏州手艺》）

话说开去，明代，松江擅长琴艺的佼佼者层出不穷，徐霖、何良俊、董其昌、陈继儒、施绍莘等皆有深厚的古琴功底，而林有麟的《青莲舫琴雅》，更让世人对松江琴派刮目相看。“人事有代谢，往来成古今。”时下，素园又复古琴绝响。2014 年，随着上海古琴研究会松江分会和素园琴馆在钱以同宅揭牌，一座空关多年的古宅大院又焕发出新的生机活力。素园琴馆

制琴工具 刨子

泡桐木、老杉木木坯

董其昌款琴

古琴毛坯

梧桐木（青桐木）木坯

生漆裹夏布的老杉木琴身

“来凰”琴（面）

“来凰”琴（底）

制琴工具铲刀

中，不仅有松江古琴史料展，并培养了一批学生“小琴手”，两次赴北京录制春晚少儿古琴演奏节目，同时还有古琴“非遗传承人”，实地制作古琴。此外，2019年7月，松江区文化和旅游局等单位，还在区文化馆举办了“云间古韵·余佳鹏古琴艺术展”，展出了琴名为“佘山竹吟”“白龙潭”“华亭鹤鸣”等数十件精心制作的松江古琴。

萧　诗

松江棺材好和头　工匠诗人是缘由

松江有句俚语，叫作“松江棺材好和头”。这句话是什么意思，又是怎么来的呢？原来它与松江古代的一位木匠有关。这木匠专门制作棺材，被称作“棺匠”。更奇妙的是，这位匠人居然是位诗人，写了大量的诗歌作品（约五百首）。可谓物质产品与精神财富的双重创造者。这位木工诗人名萧诗，字中素，号芷崖。

萧诗（张新华绘）

明末清初在华亭亭林（1966 年 10 月该地划归金山县），出了一位奇人，那就是木匠中的诗人（或曰诗人中的木匠）萧诗。他生于明万历三十五年（1607），卒于清康熙二十八年（1689）。他工诗文，善书画，精音律，隐于匠。萧诗曾经说：“吾匠氏也，衣食足以自给，诗酒足以自娱，丝竹丹青足以悦耳目。”有诗集《释柯集》《释柯余集》《南村诗稿》行于世。诗坛盟主王士祯《香祖笔记》和钮玉樵《觚剩》中都对他大加称赞，在著作中多次提及，并称赏其佳句“辽海吞边月，长城锁乱山”及“山寺落梅伤别易，天涯芳草寄愁难”等。曾为萧氏诗集作序的王九龄说萧氏之

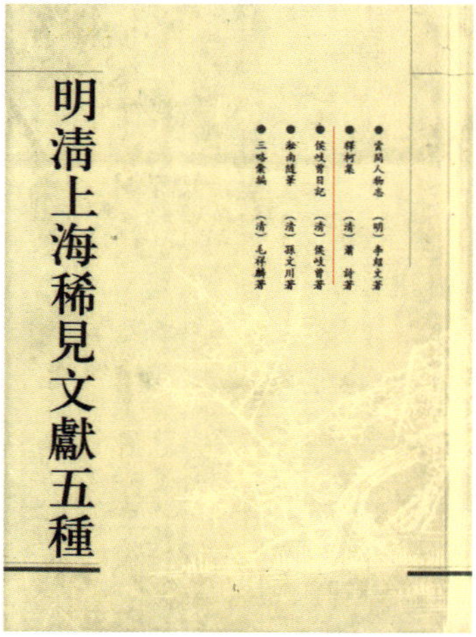

《明清上海稀见文献五种》内收萧诗《释柯集》

诗“不宗一家，不事雕斫，亦不沾沾于古人之绳墨。意之所致，触口而吟，对景生情，托物见志。牢骚蕴愤之词寡，温厚和平之意多……”甚至“一篇方成，即脍炙人口，为名流才士所矜式”。也有人认为，其诗韵得之于陈子龙的云间派为多。

晚明的松江地区，实学思潮涌动，为学讲究实际、实在、实用，反对空谈，倡导经世致用。徐光启、孙元化等讲求农学、兵学、西学，陈继儒讲求有益地方经济、有助社会进步的实际之学。陈子龙、夏允彝等人组织的几社，就是以“经世致用”相号召。松江士人的实学思想无疑影响了萧诗的人生轨迹，以致其终身不恋功名，而坚守“世代木匠”之祖业。在从事实业之余，萧诗仍手不释卷，人称其“于书无所不读，独不肯事举子业”，即不愿参加科举考试以获取功名。可以说，他平生最不想做的事就是做官，除了不知道做官，他几乎什么都知道。他年轻时曾“北走中原，南游浙水，又以遗民自居，锄剪蒿莱之志，老而不舍”，也曾和趣味相投的朋友们相聚，高谈阔论，把酒言欢，各抒己见，议论天下，畅快淋漓。上至天文地理，下至民间万事，几乎无所不及。而成为工匠诗人，这在中国古代却是极为罕见的，因而施蛰存先生在《云间语小录》中指出：“近人以萧为工人阶级出身，颇有推崇者。然余观其诗，纯乎士大夫语，未见有工人意识……但以其为木匠能诗而殊异之。擅文学而不求闻达，洁身独善，佣力自给，自非乡里莫得而知之也。”

陈子龙（《邦彦画像》）

萧芷崖晚年还收了一名徒弟，不是木工徒弟，而是写诗的徒弟。但这徒弟是个打铁的匠人，名胡仁，字玉如。芷崖有《柬胡玉如诗》云：“十年招隐士，杖

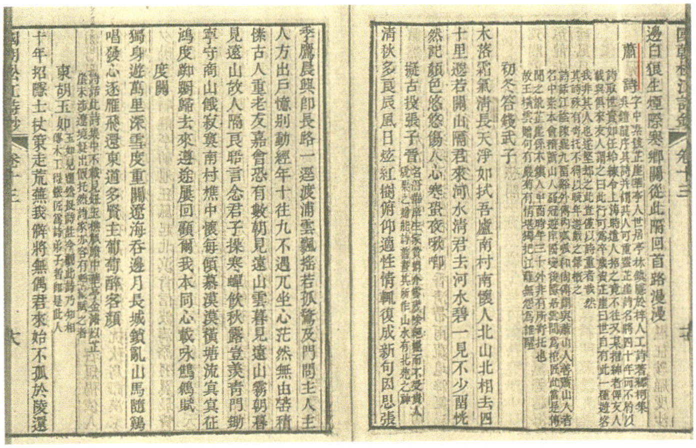

萧诗介绍（《国朝松江诗钞》）

《云间语小录》封面

策走荒芜。我僻将无偶，君来始不孤。于陵还织履，南郭耻吹竽。莫为浮名误，低眉向畏途。”可知胡仁也是个甘于隐遁者。然而，其诗未见传世，唯存有一联云：“阶前蟋蟀鸣秋雨，窗外梧桐落晚风。”当时以木匠得铁匠为徒，传为艺林佳话。“吁！明清之间，吾松异人多哉！”（施蛰存语）

生与死是人生的两大主题，而死后“入土为安”也是件大事。中国古代各地大多风行棺葬，故棺木也是民间很看重的一样器物。许多人家早早就为老年人置办棺木放于家中，称之为寿材（当作吉祥物，有益长寿）。据施蛰存先生研究得知，诗人木工萧诗制作的棺材很有特点，极具工艺色彩，风行江浙一带。一是外形好。和头（棺木的前端）特别高，绘画和雕刻也好。二是漆水好。棺木外部的漆水经久不掉。三是材质好。采用坚硬的木材，不易腐烂。四是做工好。缝小，榫卯镶嵌好，精致细巧。

据史料记载，明清时期，江南名邑松江手工业十分发达，其中棺木寿器更以工艺精湛而名扬一方。不少做工上乘的棺材，正面棺材头即“和头”上刻的是碑厅鹤鹿，上空仙鹤展翅腾飞，两旁为青松、柏树，前面是草地，有的甚至还刻着金龙戏珠的图案。一时间，松江棺材声名鹊起，“松江棺材好和头”之说也传遍江南。

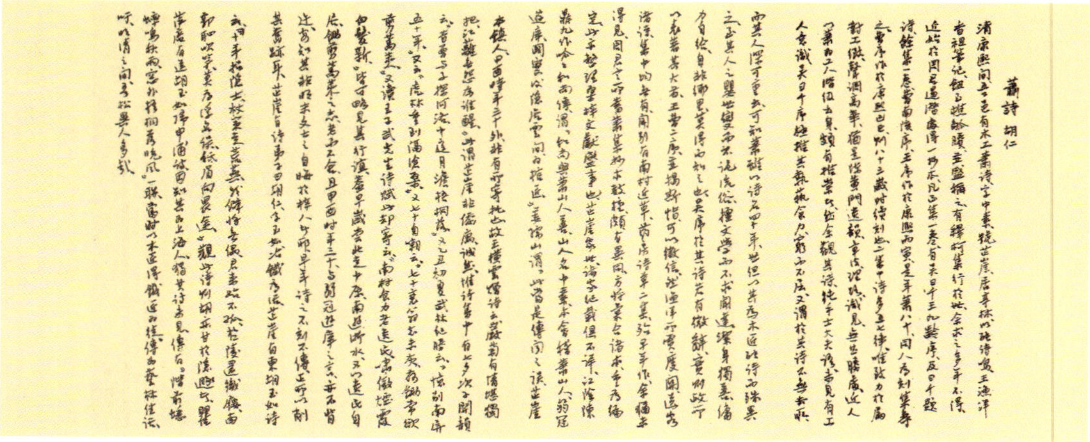
萧詩 胡仁

萧诗（《云间语小录》施蛰存著）

寿材

其实，棺材“和头”之“和”的古代写法是由一个“禾”字和一个“片”字组成，“禾”放左右皆可，读音亦为“和”；据《广韵》的解释，该字义为“棺头”。在江浙沪农村，男子之间倘若非常熟悉，说话则俗不拘礼，习惯用“棺材”来称呼对方，比如“‘棺材’，侬到啥地方去？”“侬迪只‘戆棺材’，做事体哪能一眼勿用脑子格啦？”又，松江话中，“和头”指的是人的秉性、脾性，某人脾气好则称之为“好和头”。这样，“松江棺材好和头”便成了对好脾性之松江人的赞美之词了。当然，一般人对于其出处，还有松江古代曾有过一个特别擅长做棺材的木匠诗人就可能不知道了。

徐朝俊

科技仪器制造专家　撰写最早钟表专著

《自鸣钟表图法》(又名《自鸣钟表图说》)是我国第一部制造与修理钟表的科技著作，也是中国古代唯一的一部钟表专著。此书的作者叫徐朝俊，字冠千，号恕堂，松江府娄县人。他是大科学家徐光启(1562—1633)的五世孙。成年后，长期在华亭书院任教，空闲时间就研究科学与钟表。他家住在松江郡城内邱家湾东亭桥堍，东边有他的祖姑母许甘第大出资，于明崇祯十年(1637)按哥特式十字形建筑，并融入中国传统工艺建造的松江最早的天主教堂，还安装了从西方引进的自鸣钟。每天，教堂的晨钟把他从睡梦中唤醒，钟声深深地吸引了青年徐朝俊，他一心想自制一台自鸣钟。相传有一次，家里的钟坏了，他试着修理，钟重新正常走动，家里人都夸他聪明能干，从此钟不离手，有次干脆将钟拆光，绘图仿制。功夫不负有心人，他自制的第一台自鸣钟终于走动了，并按时发出了悦耳的报时声。自鸣钟初为一刻一击，四刻四击，后来又改进为自动演奏小乐曲。

徐朝俊(周洪声绘)

徐朝俊编撰的《自鸣钟表图法》序中开宗明义地说：“自元、明以来，而钟表渐行中土，独惜缙绅士大夫之有是器者，恒以机滞易停为憾。”可见，

徐光启

钟表故障的频发，是促使他编撰此书的诱因。而他本身具有解决困惑的能力，“余自幼喜做自鸣钟表，举业余暇辄借此以自娱”。而且在那时，自鸣钟大多数从西洋进口，只有富贵、官宦人家才能使用，为家用贵重器物。徐朝俊希望有朝一日能在我国作坊生产自鸣钟，让成千上万的普通人家都能用上中国钟。于是，他下决心写一部有关自鸣钟制造及修理的专著，让更多有志之士懂得自鸣钟表的制作方法和修理技术。清嘉庆元年（1796）徐朝俊著作集《高厚蒙求》（包括《自鸣钟表图法》）成书，共分四册，该书刊刻于嘉庆十四年（1809）。《自鸣钟表图法》分钟表名目、钟表事件名目并图、轮齿（配轮齿法）、作法、停摆之病（修钟表停摆法）、打钟之病（修打钟不准法）、装拆钟表法、用钟表法、钟表琐略等十章。以下选取若干章节作一简述。

《钟表名目》中介绍了当时流行的钟表品种及其特点。从中可以了解到那时的挂钟都用重锤作动力源，为家居通用之器，简单易修，使用方便。而用“钢肠”（即发条）的钟摆，则可随处放置。闹钟古称“时辰醒钟”，当时只有能上朝参典的大臣才够格使用。另有“报到钟”，一刻二响，二刻四响，三刻六响，四

清代八音盒钟表

《自鸣钟表图法》封面

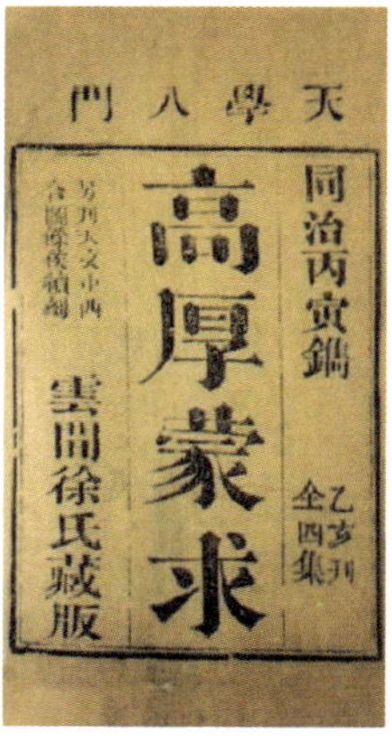

《高厚蒙求》书影

许甘第大（《上海宗教通览》）

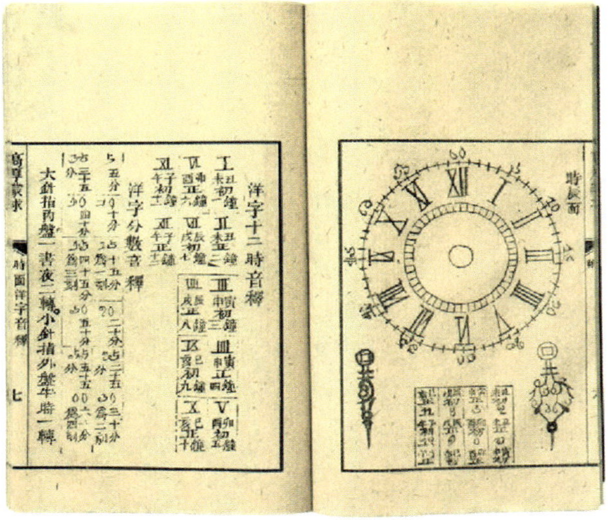

《自鸣钟表图法》时辰图

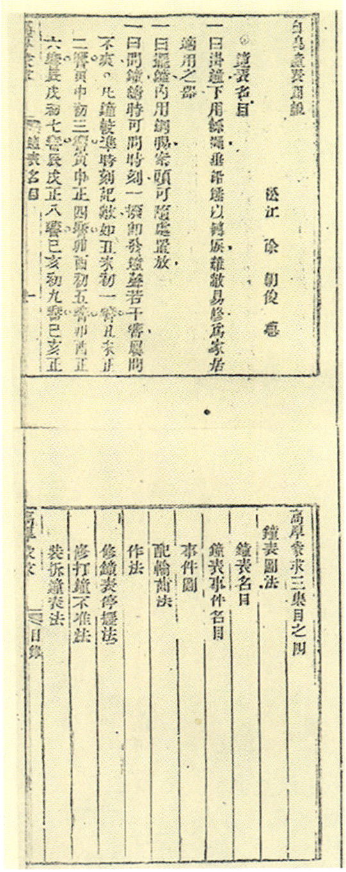

《自鸣钟表图法》书影

刻则单椎打出针指某时之数。“问钟”，可随时问时，一拨即发。每一时辰有“初”“正”之别。“初”，击一响；“正”，击二响。前者意味着“快到点了”，后者表示“已到某时”。其余打法为1—12点(响)。在无电灯照明的时代，要知夜半时刻，一拨即知，这在当时应该说是先进的技术。“乐钟”则更进一步，有半时、一时奏乐的，由五、七、九或十多只大小不等的铜铃敲击发声。乐声或有节奏，或无规律。

徐朝俊对“表”的记述为“机轴如钟，收大为小”。表有单针、二针、三针、四针之别。单针指时、指刻，二针并指分，三针并指秒，四针并指日。另外还有“打钟表”。这说明远在二百多年前，我国已能制造怀表，并且品种繁多，已出现日历机构、打闹机构、报时机构、问时机构等，机构复杂、紧凑、精巧，其手工制造机械的技术水平已达到令人叹为观止的地步。

《钟表事件名目并图》中作者以少量文字，大量插图介绍了古代钟表的零件、部件的结构和形状。他把零件划分为“调速、走时机构、打点机构、控制机构及盘、针指示机构”等项。其中，调速机构又介绍六种不同形状的“摆”，即挂摆、梳摆、圆摆、蟹螯摆、担摆、管摆等，并把它们称作“量天尺”。徐朝俊对每一种摆与哪种擒纵机构的匹配作了简要明晰、通俗易懂的文字说明。同时，还很注意对零件形状的描述，这在古代技术文献中，一般不太多见。这是《自鸣钟表图法》最有特色和价值的部分。它不仅帮助读者理解文字的述说，更重要的是，为进一步研究我国钟表发展提供了珍贵资料。

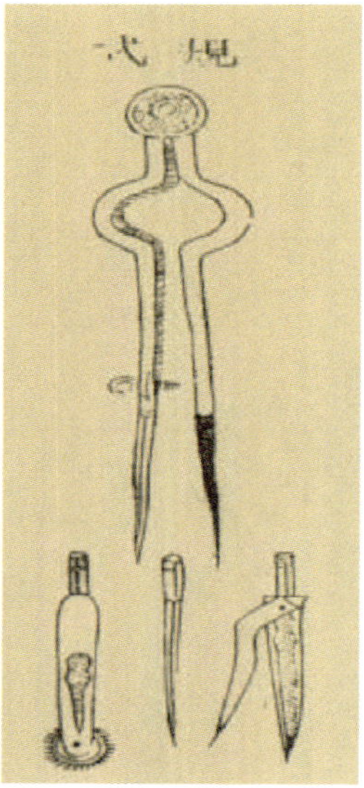

《高厚蒙求》中徐朝俊所绘图规器具“规式”

《轮齿与作法》这一部分，实际上是在讲述钟表齿轮选配的同时，介绍古钟轮系传动的设计及其要领。包括打点、闹时、奏乐等机构的轮系设计，怎样选择传动比，零件如何制造及工艺过程等。这在古代科技文献上，一般也是少见的。文中对游丝和发条的手工制作方法，有近百字的精辟阐述和解释，指出淬火时要注意观察其颜色的变化，以利于硬度合适，不使折断或失去弹性。他还列举了数十种不同零件的制造方法和步骤。这些都是古代工匠长期进行钟表制作的经验，表明了作者研究之深入和观察之细致。在《作法》中，徐朝俊列举了某些零件、齿轮、计数齿轮的制作方法和步骤，总计十一种。书中讲到做轮轴的要点是“分得匀”“打磨得光”“锉得准”。轮轴镶合法，则是“要推、要紧，轴头轴眼贵细不贵粗”。

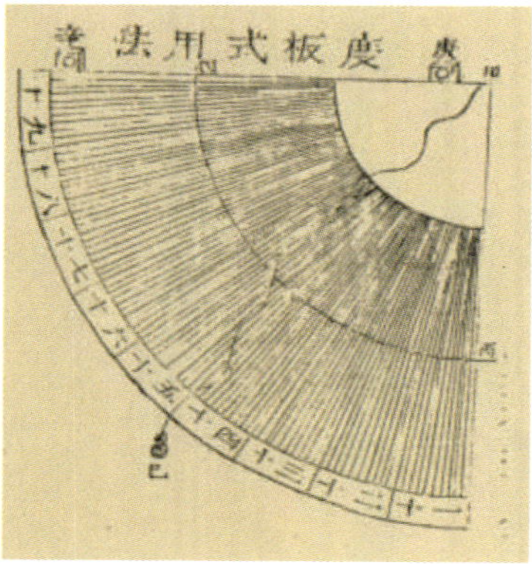

《高厚蒙求》中徐朝俊所绘图规器具“度板式用法”

《钟表琐略》表明徐朝俊不仅精通钟表原理，还有丰富的材料热处理与表面处理知识。对零件表面镀金、镀银以及剪裁玻璃，均有较深入的研究。他在《钟表琐略》一章中指出：“案黄铜熔铸一次，则其质量便高一层；铅锡亦然。但铜质太高，则敲击易裂，不可不知。”又说：“黄铜经矾水煮沸，则色成紫红，或用于夹板、底盖颇显雅致。对于钢质零件，用细锉锉光，另用铁板置火上通之，变成燕子青色，颇觉可观，并难锈蚀。”这些方法在目前小型企业中仍有应用。关于镀金，他指出“肥乌梅”是任何配方中的重要成分，因镀金银前，以铜为底，而铜性喜酸之故。如要包金，则先以银为底等。可见，徐朝俊在制造与修理方面，知识渊博，研究细微透彻，不愧为清代的钟表大师。

邱家湾耶稣圣心堂

徐朝俊性聪慧，精天文、算学等。徐朝俊对传统数学的整理、注释和探索，推动了松江等地的数学发展，并为西方近代数学的输入打下了基础。他还创制灌田功效很高的“龙尾水车”，清嘉庆十四年（1809）松江知府唐仲冕刊印其图说，颁布松属各县，照式仿制，加以推广，以利农田灌溉。他著有《天学入门》《海域大观》《高弧合表》和《定时仪器》（上、下集）。《定时仪器》上集中有“日晷测时图法”“星月晷测时图法”，下集中有“天地图仪”“拨日正方图表”“诸器中星表”“仪器图说”以及《自鸣钟表图法》。这些均收集于嘉庆十四年（1809）出版的《高厚蒙求》中。徐朝俊长期从事钟表实践，积累了丰富的制造、维修经验。因此，其著作中理论、方法兼备，不仅有对原材料的分析，还附有形象的零件线图五十余幅，此书总结了徐朝俊和其他中国钟表匠的技术、经验，体现了当时钟表的制造水准，为研究我国古代钟表提供了极为珍贵的资料。《自鸣钟表图法》在我国钟表发展史上，起着承前启后的重大作用，其知识与经验对钟表制造、修理、维护与使用有着深远的影响和参考价值，是一本有很高理论与使用价值的科技专著，也是一本优秀的科普读物。中国科技史权威、英国的李约瑟博士，把这部著作列为清代中晚期五大重要著作之一，作者徐朝俊在近代科技发展史上，是一位不可忽视的人物。

徐氏后人宅

孙珍三

九峰名毛笔　畅销海内外

民国初年，松江城有三家著名毛笔店——孙珍三、文林堂和汤云谷，都是郡城名店。孙珍三笔店开设在城内佛字桥堍，牌子最老，品种最多，质量最好，名气最大。孙珍三为正宗“湖派”毛笔制作工艺传人，拜师三年，学会择料、水盆、结头、装套、镶嵌、择笔、刻字等十余道大工序，能生产出“尖、齐、圆、健”四德齐备的成品湖笔，从极细的“描花笔”到双手抓的“大对笔”，百余品种，无不俱备。毫料分为羊毫、狼（黄鼠狼）毫、兔毫、獾毫、狸毫及用几种毫料合成的“五紫五羊”“鹿狼毫”“羊毫”等，其中羊毫笔最有特色。孙珍三还根据不同对象，生产各种不同品种，商店行号用以记账的“乌龙水笔”，为书画家特制的“鸡毫笔”，供应泥水匠用的“蟹爪笔”，提供设计用的“五梅花笔”等，深受江浙地区顾客的欢迎，孙珍三九峰（松江别称）笔曾远销日本、新加坡等地。

孙珍三（叶菁绘）

孙珍三（生卒年不详），女，华亭人。据传，远祖孙氏善书画，喜笔砚，与湖州善琏笔工关系甚密，于明隆庆年间（1567—1572）在郡城开设云间笔庄，主销湖州毛笔，兼售砚墨。此时，全国各地布商云集松江，经济发达，教育兴旺，参加科举考试的人数众多，以董其昌为首的松江书派名闻全国，书风蔚然成风，促进了文房四宝业的发展。后来明清政权更替，文化人迁移，新学始起，笔业发生很大变化。孙珍三 20 岁嫁到湖州善琏，成为笔乡媳妇，便允许正式拜师学习制笔技艺。

相传孙珍三拜师，先请保人出面联系，再择吉日举行拜师仪式。根据规矩拿猪蹄两只、酥糖两包、酒两瓶、炮仗、蜡烛等礼品，跟着保人到师父家，点蜡烛，放炮仗。师父端坐在正中椅子上，孙珍三跪在红毡毯上，对师父行叩拜之礼。拜师时还要立约，由红纸写成，师父、学徒、保人都要在立约书上签名，拜师仪式后，师父与保人各收一半礼物。三年满师，孙珍三办了满师酒，开始独立制笔。

湖笔由纯手工制作，工艺十分复杂，一支湖笔从原料到制笔完工，需十余道大工序，又可分出众多的小工序，其中以择料、水盆、结头、择笔四道大工序要求最高，最为讲究。择料即选择毛笔原料，品种繁多，有软毫、兼毫、硬毫三大类，近三百个小品种。以羊毫为例，选择杭嘉湖一带所产的山羊毛为佳，这一带山羊在冬季吃含高蛋白的桑叶或水花生，锋颖质净，笔工们还要分出“细光锋”“粗光锋”“黄尖锋”“白尖锋”“黄盖锋”等四十多个品种。每个品种中再分若干小类，其精细程度，不亚于绣花。湖笔选料严格，主要选用山羊颈毛和腋下毛，所取毫料须陈宿多晒，除去污垢，然后根据毫料扁圆、曲直、长短、有无锋颖（术

湖州善琏镇梦溪万安桥

善琏镇

毛笔（羊毫、狼毫）

笔墨纸砚

语叫“黑子”，只有山羊的颈、腋下不易与外部摩擦的部位才有此毛，大约一头健壮的山羊身上有四两笔料，这四两中带“黑子”的仅有一两六钱）。浸于水中进行分类组合，一般要经过浸、拔、并、梳等多道工序。

水盆是湖笔制作中最关键的一道工序之一。主要内容是选毫、齐毫和造型。这道工序一般都由女工操作。双手终日浸在水盆里，十分艰苦。笔工们一手拿着角梳，一手攥着脱脂过的毛料，在水盆中用角梳反复梳洗，逐根挑选，按色泽、锋颖、软硬等不同级别进行一根根分类、组合，做成刀片状的刀头毛，然后再放在水里缕析毫分，把断头的、无锋的、曲而不直的、扁而不圆的毛剔除，整个过程非常精细。

结头是把初步成型并晾干的笔头，在根部用丝线结扎，再以黏合剂胶合起来。笔头结扎要求紧固，不使有一根毛脱下，同时底部平整，笔锋尖锐，线箍深浅适当。结头在结扎时，把丝线一头咬在口中，熟练地操作。扎好笔头，就像一串长长的念珠，悬在脖子上。

择笔是分拣毫毛的一道工序，让制成的半成品毛笔头在干燥状态下散开，一手握住笔杆，一手拿着修理工具，迎着光线把没有锋颖的笔毛拣去。择笔和水盆两道工序对于坐姿有特殊的要求，宜侧身而坐，身朝南而面稍偏东，处于自然光线的照射下，因为毫毛的锋颖只有在自然光线下才能达到清晰的最佳可视效果。

装套是把笔头装进笔管和配好笔套。笔管和笔套事先要经过拣选，剔去那些干裂、虫蛀、粗细不匀或皮色苍老的笔管。湖笔的笔杆主要取自浙西天目山北麓灵峰山下的鸡毛竹，节稀杆直，竹内空隙较小，是制作笔杆的理想原料。按照颜色、粗细、长度，分成各种档次，这道拣选工序需坐在蒲墩上进行，所以业内称之为“蒲墩”。镶嵌毛笔工艺，如“京提笔”在装套前还要经过一道镶嵌角斗和顶盖的工序。刻字是在笔杆上刻上笔名及店名等，刻字的刀法有两种，“单刀法”和“双刀法”。前者使用月牙形刀口刻刀，以一角抵于笔杆，另一角像笔那样刻写。后者则用双刀刻成笔画，宜于表现出工楷轻重粗细点画的效果，一般施于精制的高档毛笔杆上，刻字后还要进行抹色。

羊毫毛笔

清同治五年（1866），孙珍三与丈夫两人到松江郡城，接替孙父“云间笔庄”，后改名“孙珍三笔店”，改销售湖笔为自产自销。丈夫外出采购毛笔优质原料，孙珍三在松负责精心制笔，店员又兼当笔工，提高工作效率。凡中高档笔每支都刻有“孙珍三”店号，以示信誉，以及对质量的自信。高档毛笔均由孙珍三亲自制作并刻店名，顾客作为礼物赠人，可根据要求，刻上赠者和被赠者行款，不取分文，立等可取。松江府郡城中设有一府、二县（华亭、娄县）衙门，旧时每逢科举考试（县考、府考），二县乃至七县一厅童生都来应试，那时孙珍三笔店生意最为兴隆。后来新学兴起，钢笔、铅笔逐渐流行，营业渐衰，孙珍三已年过六十，湖州制笔商人郑重达用近百石米代价，买下“孙珍三”笔店和招牌。郑善交际，又善制笔，生意大有起色，孙珍三笔远销日本、新加坡等地。抗战爆发，店屋被毁，抗战胜利后于松江泽润桥堍复业。1949年后，店主郑重达改业，孙珍三店终告闭歇。

狼毫斗笔

笔

李友生

木刻砖雕　蜚声海外

松江老城区里，岳庙这一带曾经是最热闹的街市，而最有韵味的要算“也是园茶馆”了。这里的“花厅”和“适楼”是最吸引上层名流前来酌茶品茗叙谈的。茶楼内之装潢别具一格，梁枋及门窗装饰均施有博古花卉和整套《三国演义》人物等精美的木刻浮雕，而这些作品均出自“雕刻世家”李友生之手。一处处精致的花纹，让人赏心悦目。

李友生

李友生（1884—1979），原籍川沙，出身于雕花手工业家庭。其父开雕花作坊，有四个儿子，长大后先后都跟着学此手艺，继承了父业，而李友生最有成就。但其实他并没得到过父亲的亲传指教，因为他 6 岁时父亲就病殁了。好在几位兄长中已有成年的，便由母亲带着全家来到松江这个繁华之地，在松江西门外富家弄口租了一间屋子，开设了“李三泰”雕花作坊。十来岁时，李友生就开始在作坊里学艺，14 岁已能独立操作，还会打样，并很快就在十字街张姓祠堂内承做了砖雕人物花鸟等活计。20 岁时，便独自在马路桥开设了“李三泰友记雕花刻佛店”，对外承接生意并收艺徒。

由于技艺高超，业务范围日益扩大，遍及上海、金山、青浦等县。许多嫁妆店的上等木器家具，凡需要雕花的，大多到他店里加工。技术要求一般的，交由徒弟们完成；难度高的，如红木大床两边床栏上雕出《松鼠采葡萄》《松鹤》、墙门上的《双鹰抢带》，以及红木桌、椅子全套雕花图案等就由他亲手雕刻。后来，逐渐走出店堂，被聘至几处寺庙雕刻神佛像。比如，超果寺的千手观音像、金山獭皮庵的观音像、净渡桥关帝庙的关圣像、新桥猛将庙的猛将像等。

川沙城墙一角

松江三十三观音堂观音砖雕

松江超果寺，历史悠久，曾经是松江一处重要佛家建筑。清初，康熙皇帝南巡，两次到松江，也曾进超果寺祭拜。康熙信佛，所到之处，地方官总会邀请本地名僧相伴。康熙在松江期间，为超果寺题写了“虹光胜迹”匾额，还为云峰寺、禅定寺、樵隐庵等题匾。李友生为超果寺制献了一帧大尺度的“千手观音像”，与超果寺原有的一块叫“泼水观音”的石碑，可互相媲美，并称“双绝”。据佛教典籍记载，千手观音菩萨的千手表示遍护众生，千眼则表示遍观世间。唐代以后，千手观音像在中国许多寺院中渐渐作为主像被供奉。超果寺内“泼水观音”石碑高约一米，宽约六十厘米。由上、下两块青石拼成，上端高约三十厘米，刻有明崇祯二年（1629）章台鼎（章台鼎，字青莲，华亭人，诸生。工诗文，与董其昌、陈继儒鼎立词坛）跋，崇祯三年（1630）九月立。而下端高约六十厘米，用水泼上石面后，碑面先淡后浓，渐渐显示出一幅图像，宛如菩萨，俗称“泼水观音”。“泼水观音”石碑的珍贵之处，在于呈现的图像并非人工雕造，而是由天然石纹形成的；神奇之处，在于平坦的石面

泼水观音石碑

平时不露痕迹，而一旦被水泼淋，观音则徐徐而现。1937年8月16日至11月9日，日机对松江进行了24次大规模轰炸，于11月2日中午在地方法院南首徐家桥弄以及超果寺附近，投弹24枚，超果寺被毁一部分。到1949年，超果寺已残破不堪。1958年“大炼钢铁”时，寺中所剩遗建筑、古树、佛像包括“千手观音像”均被毁。

“猛将庙”，江苏常州、吴江，上海崇明等地都曾有，松江新桥镇也有过。但各地纪念、供奉的神像主人不同，有说是“刘猛”，也有说是“刘湛”。松江的猛将庙神像，供奉的是清末刘湛。刘湛出生于青浦重固镇，被朝廷任命镇守潼关，功绩卓著，为官忠实。因朝中奸人作祟，谎奏刘将军在边关克扣军粮、私通关外反贼，故被拘押回京，遭斩首。后皇上得知真相，悔之晚矣，即下旨荫封刘湛为光绪朝中一员猛将，将其供奉于堂内。光绪三十四年（1908），后人陈昌财先生为纪念刘将军，在刘将军出生地原址春申塘北建造了猛将堂，堂内供有观音圣像和刘湛将军神像。此猛将像即出自李友生之手。1931年，参加全国雕刻比赛并获奖。

上海友谊商店

李友生的雕刻，技艺精湛，可谓闻名遐迩、蜚声海外。抗战前，有一位英国商人，慕名来到他店里，定制加工红木大床、美女榻及衣橱等全套雕花家具，雕工极精致，后保存在上海友谊商店内，天天吸引着人们的目光。

1956年，李友生加入了松江县城区新乐生产合作社，时已73岁，还完成了《乌龙戏珠》和《凤采牡丹》两块花板的雕刻，并在县总工会举办的展览会上展出。1973年，被聘为县工业局雕刻技术指导，是年，他已近九十高龄。

倪桐材

设计建造运矿大索道　重力选矿设备开拓者

倪桐材，字任贤，生于1900年，松江人，家住城内府前街。就读于江苏省立第三中学（今松江二中），爱好化学，擅体育，曾赴扬州、苏州参加联合运动会，连获拳术第一名。1924年毕业于天津北洋大学矿冶系，先后在开滦煤矿、宜洛煤矿、湖南恩口煤矿、广西平桂矿务局工作。1941年后任职于个旧云南锡业公司，曾任总工程师、个旧选矿厂厂长等职。1984年，我国当时最长的老屯索道设计者、现代重力选矿设备的开拓者倪桐材驾鹤西去。

倪桐材

1954年，由倪桐材主持设计建造，我国当时荷重最大、最长的云南个旧老屯双线运送锡矿石索道，正式投产使用。倪桐材于1943年研制成功自流给水的“均分槽”，提高工作效率，节省劳动力80%；1944年研制成功漆面摇床，取代了进口摇床，“云锡”牌漆面摇床于1984年出口巴西和英国；20世纪50年代末研制成功翻床、六层矿泥摇床等，回收细微粒锡石的许多新型重选设备，使云锡在细微粒锡石选矿回收技术方面达到当时国际先进水平。他提出的“重力选矿流膜”理论，

云锡大屯选矿厂

精美的锡工艺品

在选矿界有深远影响，成为中国有名望的选矿专家和中国现代重力选矿设备的开拓者。

1950 年，倪桐材被任命为云南锡业公司总工程师后，为满足新中国建设对锡金属的需要，开发资源丰富的老厂锡矿成了发展生产的关键。经论证，必须建架一条总长 16 千米的双线运矿索道，把老厂锡矿的矿石运到大屯选矿厂进行洗选。这样可以避免重复建厂，是投资最经济、效益最高的方案。为建造通往大屯选矿厂的索道，中央重工业部有色金属工业管理局向全国征求设计人才，当时无人请缨。倪桐材曾到美国、英国、加拿大等地考察，也没有见过这样荷重的大索道，但他为了云锡的发展，主动挑起了设计建设老屯索道的重任。

1951 年，倪桐材为设计索道，与李凤桐、李丕章等数次翻山越岭，实地勘测，选择最佳线路，研究最科学的设计方案，经反复研讨，老屯索道于年底设计完毕，1952年开始动工建设，1953年索道试车。在试车过程中，为解决掉斗问题，倪桐材卷起被褥搬到矿山整整住了一个多月。他让老伴天天给他送饭，自己则集中精力观察、测量、思索、计算，终于获得了必要的数据，与工人们一起加工解决掉斗的部件，攻克了掉斗问题。这条当时我国最长的索道，运行至20世纪90年代，为我国的索道建设积累了经验，培养了一批人才。同期，倪桐材还主持设计建成日处理1500吨的现代化大屯氧化矿选厂和部分改扩建工程，为恢复、发展云锡生产及培养技术力量做出了重要贡献。

20世纪50年代初云锡老厂及锡矿

云锡牌摇床

采矿

1941年，倪桐材不惧艰辛安危，从松江来到祖国边陲小镇，世界闻名的产锡重地个旧，为国家的锡业发展贡献了一生。个旧锡矿开采历史悠久，当时技术设备落后，选矿大多采用土办法，唯一的机械化选矿厂使用的摇床是从英国进口。当时，日本军队占领中国香港和越南海防后，个旧选矿厂面临进口的摇床不断损耗而无货源补充，眼看生产将无法进行的局面，倪桐材时任个旧选矿厂厂长，他决心自行研制。1943年下半年，试制成功水泥摇床面，试用于生产，效果理想，但所需水泥仍要从国外进口，水泥摇床也不能推广。他并不气馁，继续研制新的摇床。在研制中，倪桐材采纳技术工人的建议，利用生漆防水性能的特点，研制了生漆摇床面。经过反复试验与修改，漆面床于1944年研制成功。生漆摇床面硬度高，有摩擦力，且耐磨，不透湿，不锈损，分选细粒级矿石效果好，技术指标超过进口摇床。倪桐材写成生漆摇床论文，引起国际选矿界的重视。由此，漆面摇床取代了进口摇床，并在长期生产实践中不断得到改进完善，“云锡”牌漆面摇床于1984年出口英国、巴西等国。

个旧矿区的土法选矿，用人戽水，工人不分寒暑，站在水塘中操作，不仅工作辛苦，而且细粒锡石回收率低。倪桐材提出用自流给水的水帘法。刚试用时效果不佳，推倒重来。经过反复试验，于1943年研制成功自流给水的“匀分槽”，利用斜面水流的作用，达到富集选别的目的，较人工戽水砖槽法先进，提高了生产效率，节约劳动力80%。

1949年前落后混乱的社会环境，限制了倪桐材聪明才智的发挥。他同情、支持进步力量和中国共产党。1949年12月，当国民党军队溃退个旧时，倪桐材协同云南锡业股份有限公司协理吕冕南有效地抵制了国民党第八军、第二十六军对云南锡业股份有限公司的骚扰破坏，并配合中共地下党和人民解放军，完整保存了云南锡业股份有限公司，迎来了云南锡矿业的新生。

中华人民共和国成立后，倪桐材凭着自己坚实的理论知识和长期的实践经

云南个旧全景图

锡冶炼厂

验，冲破传统重选理论，对流膜选矿提出了新的见解，和其他工程技术人员、工人一起，在 20 世纪 50 年代末，研制成功了翻床、六层矿泥摇床等回收细微粒锡石的许多新型重选设备，使云锡在细微粒锡石选矿回收技术方面达到了当时国际先进水平。倪桐材设计、研制和改进的连续水析器、矿浆计量器，对加强重力选矿厂的生产技术管理起了很大作用。他提出的“重力选矿流膜”理论，在选矿界有深远影响，受到学术界的尊重，成为我国有名望的选矿专家。1956 年起，倪桐材着重搞科研和培育人才工作，他在云南锡业公司为新中国培养第一批重力选矿人才，形成一支技术队伍做出了重要贡献。

1973 年倪桐材退休，在他离开公司时，还提出四个生产方面的问题和解决办法，并经常与其学生通信联系，解决科研中所产生的问题，帮助他们解决难题并取得成果。1975 年，当得知我国贫铁矿中赤铁矿石的选矿问题尚未解决时，就向冶金部提出赤铁矿的振动选矿机试验方案。1976 年，个旧地区干旱，他连续九次给云南锡业公司写信，提出开发个旧地下水和大屯海围堤缩小蒸发量的建议。1980 年春，已八十高龄的倪桐材不顾患有高血压、冠心病，应邀从济南儿子家赶到个旧，参加全国锡业科技会议，并提出许多发展锡业的建议。

吴再郎

研究国外技术配方　创立名牌民生墨水

随着钢笔的使用，墨水也应运而生。五四运动后，为抵制洋货，掀起发展民族工业的浪潮。1925年，宁波镇海的郑尊法和张左甫、张鲁峰、梅钉苏等创办了上海民生工厂，生产出了中国第一滴以化学方法制造的墨水，取名“民生”牌墨水，昭示了创业者爱国和振兴民族工业的志气与信念。

吴再郎生于1919年8月，1947年毕业于上海沪江大学化学系，到上海民生墨水厂工作，从事墨水制造工作十二年。民生牌蓝黑墨水在当时属于名牌，但还存在保存性差、腐蚀笔尖等问题。他在简陋的实验室里，对美国、联邦德国、日本等国进口的名牌墨水进行质量性能测试和物化分析，取得大量数据后，重新设计配方，同时改进制造工艺。新配方经过试验即投入生产，缩短了生产周期，提高了产品质量，被上海市墨水行业定为蓝黑墨水的“统一配方”，在全市墨水生产厂全面推广。1956年，吴再郎被评为全国先进生产（工作）者。上海市松江区总工会、上海市松江区地方史志办公室编《劳模风采》载《统一蓝黑墨水配方的吴再郎》。

吴再郎

蓝黑墨水又称鞣酸铁墨水，是由变黑持久不褪成分、色素成分、稳定剂、抗蚀剂、润湿

吴再郎和同事在实验室

《墨水制造》（吴再郎著）

《劳模风采》封面

剂和防腐剂等组成。变黑持久不褪成分主要是鞣酸、没食子酸和硫酸亚铁等成分，它们彼此化合，生成鞣酸亚铁和没食子酸亚铁，氧化后都变成不溶性的高价铁，即鞣酸铁和没食子酸铁，前者增强耐水性，后者增强变黑性，这样使墨水耐水、变黑，色持久不褪。色素成分常用酸性墨水蓝和直接湖蓝染料，黑水蓝是墨水的主色，水溶液遇酸不变质，但遇碱则变为棕色。直接湖蓝在墨水中起助色作用，由于其中含杂质较多，不宜多用，掌握数量十分重要。稳定剂在墨水中主要是消除墨水的沉淀，以免书写时发生断水现象。常用的稳定剂有硫酸、草酸、甲醛溶液。这些稳定剂都具有一定的酸性，不宜多用，须严格掌握比例。抗蚀剂是为防止腐蚀，使它和铁质结成薄膜，降低硫酸

1939 年美国派克墨水

90% 的腐蚀作用。使墨水中的含铁量不会因腐蚀笔尖而增加，从而增加了墨水的稳定性。润湿剂是为防止墨水中的水分蒸发，造成书写不便，因此加入不易

挥发，且有吸水性的丙三醇，使笔尖保持湿润，以利书写。墨水原料中所含有机物等物质，在潮湿环境下容易腐烂、长霉，为防止腐烂，常加苯酚或五氯酚钠等药剂为防腐剂。经吴再郎研制的新“民生”牌墨水的主要特点有：稳定性好，日久不易产生沉淀，书写后字迹蓝黑美观，耐水性和耐光性好，书写流利，不断水，不封笔，不腐蚀笔尖。民生墨水从 1949 年的 252 万瓶年生产量，到 1953 年已达 2328 万瓶。

1957 年，吴再郎等试制成功民生牌高级蓝黑墨水，该墨水色泽深，耐水性更强，流利性更高，稳定性更好，腐蚀性更小，且有芬芳香味，当年投产便深受用户好评。为使高级蓝黑墨水质量赶上美国派克墨水，吴再郎与团队人员共同攻关，先后配制了 185 种配方，其中第 58 方和第 108 方于 1958 年通过鉴定，赶上当时国外最先进派克墨水的水平，民生墨水赶上派克，名声大震，年产量近 7000 万瓶。1966 年，原上海民生墨水厂改名为上海墨水厂。1976 年，民生高级蓝黑墨水统一使用“英雄牌”商标。

英雄牌蓝黑墨水

1981 年 8 月，吴再郎与有关感光影像界同仁一起努力，成立了中国感光学会，经大会选举，吴再郎任理事长。1983 年，中国感光学会与中国科学院理化技术研究所联合创办《感光科学与光化学》(后名《影像科学与光化学》)，为公开发行的双月刊。1989 年 3 月，中国感光学会又与全国轻工业感光材料信息中心联合主办了《影像技术》综合刊物。收集整理出版了论文集及其他有关科技文献资料。学会还开展感光影像科技继续教育和技术培训活动，举办讲习班、进修班，帮助在职科技工作者补充新知识，提高学术水平。他组织评选、推荐感光影像科技的优秀学术著作、论文、科技成果和科普作品。还加强与相关行业协会的联系与合作，促进感光影像科技发展。1990 年，吴再郎获准享受教授、

中国感光学会会标

研究员待遇。该年，上海墨水厂墨水生产品种已形成了有各类书写墨水、仪表墨水、绘图墨水、彩色墨水、记号墨水等较齐全的系列，总产量达 5095 万瓶，为全国之冠。1998 年，他为上海欣达成像技术有限公司主持研究“海得”牌彩色胶片冲洗套药，经过反复试验，克服重重困难，终见效益，其质量基本赶上美国进口“柯达”同类产品的水平，而价格则是进口产品的三分之一。

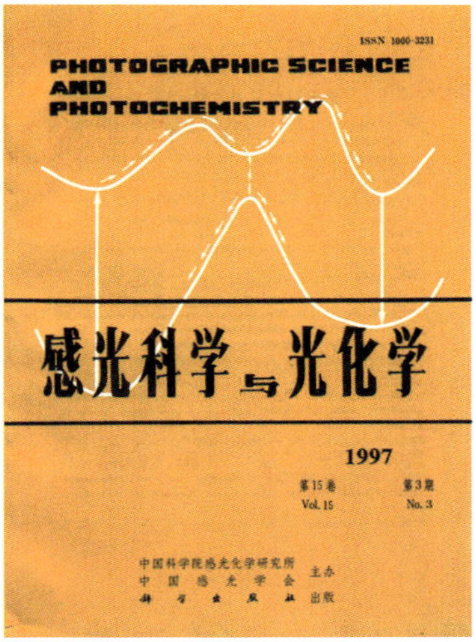

《感光科学与光化学》封面

2007 年第 2 期《影像技术》刊登《吴再郎同志因病逝世》的消息：“中国共产党党员、前中国感光学会理事长、上海感光胶片总厂副厂长、全国劳动模范（全国先进生产者）吴再郎同志因病医治无效，于 2007 年 1 月 30 日凌晨二时在上海与世长辞，享年 88 岁。吴再郎同志是中国感光学会的创始人之一，曾担任中国感光学会第一届、第二届理事会理事长。吴再郎同志在发展我国（感光）影像科学事业和感光工业中，贡献了毕生精力，并做出了突出的成绩和贡献。”

上海感光胶片总厂旧址

张　壹

创作立体皮革巨马　获吉尼斯世界纪录

1998 年 5 月，松江人张壹在上海浦东新区创作了一匹高 2.6 米，气势磅礴、举世无双的皮革巨型骏马，荣获吉尼斯世界之最的认证，并由中央电视台、北京电视台、上海电视台和吉尼斯总部等权威机构评为：立体皮革最佳艺术品，并荣获有关证书。该匹骏马曾在上海浦东世纪公园里展出，高大威武，英气逼人，栩栩如生，震慑观众，人人啧啧称奇。

张壹从事皮革造型艺术三十余年，他从传统的木刻、剪纸、陶艺、泥捏、纸扎、皮雕等技艺中汲取精髓，进而糅合皮革的韧、柔、弹、张等自然特性，以雕、塑、扎、捏、剪、钉、烘、粘等制作方法，结合雕塑艺术的三维特性，拓宽创作空间，使皮革工艺从平面走向立体，创造出特有的艺术风格，一匹皮革立体“神马”从天而降。

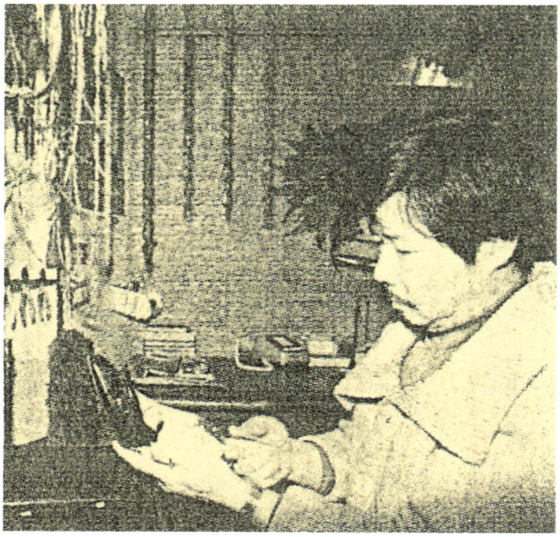

张壹

张壹生于 1930 年 3 月 19 日，在松江孤儿院里长大，16 岁那年得到一只金光闪闪的小喇叭，开始学习吹奏，两三年后被招募参军，带着小喇叭去了台湾，从事音乐方面的工作。他组织了一个音乐团体，曾获得过几次团体与个人冠军。之后，他在台北带领乐队参加多

张壹在台北

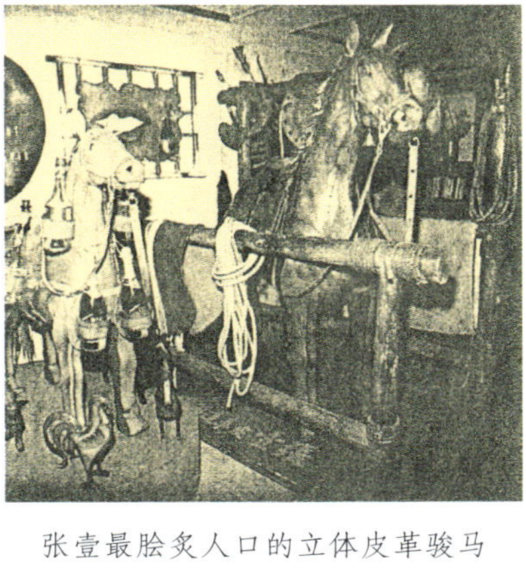

张壹最脍炙人口的立体皮革骏马

张壹在演讲

家酒店的现场表演。几年后，又到台中与黄莺莺等中国台湾地区的知名演艺工作者同台表演。张壹几乎将各类乐器都玩了个遍后，便毅然放弃了对他来说已走到高峰的音乐道路，而选择了一个全然陌生的领域：皮革立体造型艺术。

张壹热爱家乡松江，从小听说家乡有座天马山，传说是一匹天马的化身。天马因犯了天规，被玉帝罚降到人间，并要它在下界造福于人类。

他还记得山下流传着一个天马仙草救穷人的故事。在干山南面，住着一户人家，老夫妻俩生有一男一女。说也蹊跷，两个小孩生得很漂亮，可是，男孩子生下来一只手不能动，女孩子生下来一只脚不能动，老夫妻俩终日闷闷不乐。他们东求医、西赎药，以致家里一贫如洗，可两个孩子的毛病还是看不好。一年春天，家门口来了一个江西人，见了老汉双手一拱道："你家宅基风水好，今后可享荣华富贵。"老汉一听，气愤地说："我们为了医好两个孩子的病，现在吃了早顿，忧着夜顿，还有啥荣华富贵？"江西人答道："你家有件宝贝卖不卖？""什么宝贝？""就是屋角下的那棵草，我出一百两银子。"老汉一看，这是很平常的野草，便说：“你不要寻我开心了，你要这棵草，挖去好了，我一文钱也不要。”江西人说：“我挖草，一钱不值，只有你挖才值钱。”老汉被他纠缠得火气冲天，便进了屋关上门。江西人无可奈何，只是隔着门大声说：“老伯，这棵天马仙草，只要你亲手去挖，拿在手里，到山东凹处，有一扇山门，摇三摇，石门可以打开，天马自会跑出来救穷人。”老汉不信他的话，江西人也只好扫兴回去。两天后，家中无米下锅，老汉走投无路，他想起江西人的话，心想不妨去试一试。第二天早晨，天蒙蒙亮，老汉手拿铁铲，把仙草挖出来，小心地装在一只布袋里，走到山东凹处，取出仙草，捏在手里，摇了三摇，霎时间石门自动打开了，一道金光从山洞里喷射出来，顷刻听到马叫声，朦胧中看到一匹天马腾空飞奔而出，老汉吓得倒退几步，天马飞出，只见洞里金光四射，他进去随手仅拿两个金元宝，马上走出石门，只听“轰”的一声，石门又紧闭了。后来，老汉用一个元宝换钱医好了两个孩子的病，还置了田产，一家人幸福地生活在山脚下。另一个元宝换钱后，送给穷苦人。天马仙草救一家命的故事便一传十,十传百，在方圆几十里传开了。人们边议论边远望山势陡峭，山形如一匹天马展翅欲飞的小山，就把干山呼为“天马山”。

幼小的张壹一心想目睹“天马”，骑上“天马”让穷人走出苦难世界。他没有看到“天马”，梦想亲手创造出一匹“天马”。他实现了音乐梦后，立志有朝一

天马山

日实现自己制作“天马”的梦想，他用智慧和执着探索出一条崭新的立体皮革艺术的道路。张壹创作的“中世纪骑士”，头戴面罩，身披盔甲，比真人还高，骑士挺拔威武，站在一匹高大勇猛的骏马旁，人强马壮，相得益彰。尤其是“盔甲武士骑马”巨型皮革艺术精品，让人深受震撼。

张壹说：“这种立体造型技法，与一般的传统皮雕及皮塑都不一样。”传统的皮雕皮塑大多以描绘、模仿及应用模具来复制作品，张壹却舍弃这种做法，另开一种宽阔、独特的创作领域。专家评论说：“张壹的皮革艺术脱胎于皮雕、皮塑之外，自创一格。”张壹说：“我只要凭一张画，借一份剪报、相片或动物形象，不须按图描绘，即可重新组合出新的立体作品。”因此他的创意，同样表现在平凡的生活中，处处有神奇。他用皮鞋创作各具个性的人头和造型奇特的十二生肖脸谱，将其定名为“顶天立地”，取意“鞋踏于地，头顶于天”。

张壹还说：“地球在运转，我也必须要创作。”他尝试立体皮革艺术外的作品。如将乐器融合进创作，让乐器本身所独具的内涵，来赋予作品深远的意义。他用麻绳在木板上勾画的人体造型线条流畅，简洁而现代；小提琴、吉他等乐

松江东外街

张壹设计的旧提琴

浦东（胡卫国摄）

器则给予这个造型灵魂和思想，一组用木板、麻绳和乐器的作品诞生了。张壹在 20 世纪 70 年代就提倡将能够再次运用的废弃物变废为宝，制作出生活中珍贵的艺术品。他将丢弃的宝特瓶拿来做成美丽的盆栽，断弦的吉他成为精致的壁饰，穿坏的皮鞋设计成“贵妇”人头饰品，弃置的轮胎改造成茶几……艺术的探索之路，对张壹来说永无止境。

张壹立体皮革艺术作品被许多国家元首收藏，在亚欧多国艺术品市场深受欢迎。20 世纪 90 年代，他将目光投向祖国大陆，投向改革开放地上海，并在浦东新区设立“张壹艺术工作室”。2002 年 8 月 2 日，“张壹先生皮雕艺术展”在上海吉盛伟邦博览中心展馆开幕。他的立体皮革艺术作品深受上海市场的青睐，世界各地艺术品爱好者将张壹的艺术作品视为罕有而高贵的陈列欣赏珍品。

肆

菜点名师篇

张善六

知毒吃河豚　特技保安食

松江饮食文化中，松江鲈鱼是一道绝佳美味，世称“江南第一菜”。松江还有一道河豚（又名“鲀”）名菜，民间谚语有“不吃河豚，怎知鱼味？吃了河豚，百鲜无味”，“河豚本非席中菜，明知有毒心中爱”，从中道出了河豚不亚于松江鲈鱼。元代叶榭有位烧河豚大厨张善六，知毒而上，名震四乡，行走浦南，烧河豚宴，技术一流，万无一失，人称“张河豚”。由于河豚有剧毒，于 20 世纪 50 年代国家食品卫生法明文规定，河豚不许卖不许吃。渔民们捕到河豚大多放生，因此，河豚离开了餐桌。每年从立春到清明的两个月时间里，河豚是最鲜、最毒、最迷人、最神秘的水产品，有人会偷偷地吃，边品边说：“拼死吃河豚。”

张善六（左二）尝河豚（张新华绘）

元末陶宗仪《南村辍耕录》卷九载：“水之咸淡相交处产河豚。河豚，鱼类也，无鳞颊，常怒气满腹，形殊弗雅，然味极佳。煮治不精，则能杀人，所以东坡先生在资善堂与人谈河豚之美，云‘据其味，真是消得一死’。”苏东坡还在神宗元丰八年（1085），为一幅《春江晚景》画题写了有关河豚鱼的诗：

竹外桃花三两枝，
春江水暖鸭先知。
蒌蒿满地芦芽短，
正是河豚欲上时。

清炖河豚

元朝时期，叶榭地区把河豚奉为食界至尊。明代著名药学家李时珍在《本草纲目》中记载："河豚有大毒，而云无毒，何也？味虽珍美，修治失法，食之杀人。"该鱼肉鲜美无毒，但卵巢、内脏、皮、血、眼珠，因含有生物碱的剧毒物质，厨师处理不当，食后即会中毒死亡。一般误食河豚毒以后，快则几分钟，至迟 3 小时就会出现中毒症状，先是恶心、呕吐、腹痛、头痛、口渴；不久，嘴唇、舌头、手脚发麻；继之手脚发软不能行动，呼吸急促；接着四肢渐冷、脉搏微弱，逐渐昏迷而死。明范濂《云间据目抄》载："河豚有毒而味美，昔人所以有'值得一死'之说，上海最尚此品，而郡中用者绝少。故淡水河豚，渔人得之皆弃去。万历以来，河豚称海味第一，而竞食海河豚，即淡水河豚亦食，郡中遂有煮河豚店。"

民间历来认为，河豚鲜美无比，远在一般河鲜、海鲜之上。秦荣光在《上海竹枝词》有曰：

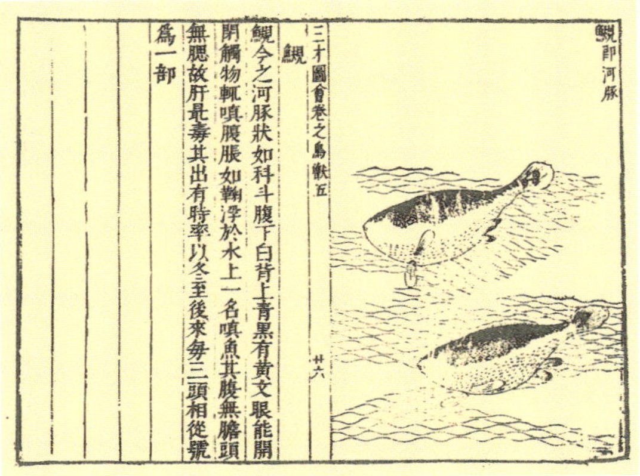

河豚（《三才图会》）

一部肥拚一裤新，
河豚出水候初春。
腹腴直比西施乳，
肉剥鸡头觉味珍。

词下有注："河豚，一名鯸鮧。背花青白，有黄缕，腹白而粗，无鳞无鳃，口甚小，触物即怒，腹胀如瓠。郭《府志》：'目能开合作声，毒杀人，槐花末、龙脑

水中河豚

黄浦江（《华亭风景》）

香、至宝丹、甘草水、橄榄汁皆可解。三头为一部。谚云：'得一部，典一裤。'谚云：'芦青长一尺，莫与河豚做主客。时毒尤甚也。'乾李《志》：'一名吹头鱼，言其气胀也。'陶九成云：'水之咸淡相交处者佳，故上海特珍。'《两雨航杂录》：'腹无胆，头无鳃，肝最毒，独眼者尤甚。贵雄贱雌。雌有子，易伤人。'"正由于河豚味道鲜美，引得不少尝鲜者为此丧命，即便如此，河豚还是松江人仅次于四腮鲈鱼的最喜爱水产品。

明李绍文《云间杂识》卷二有一则《松郡江豚》故事："松郡设客，春初最尚河鲀（豚）。价稍贱，市上有烹之以规利者。万历甲戌春三月，东门内食肆中四人议买河鲀共食，一人曰：'闻此物有毒，余宁食团鱼也。'不移时，食河鲀者无恙，而食鳖者死矣。"文中关于团鱼（鳖）有毒，实属罕见，但反映了当时松郡东门食肆中有河豚菜供应，"拼命三郎"确实不少，吃河豚之风极盛。

叶榭与上海县，仅一江（黄浦江）之隔，南北相望。元代民众特别喜食河豚鱼，民间尚有"不食河豚枉此生"之说。叶榭张善六生于元至元九年（1272），排行第六，家住叶榭塘边网船浜。祖辈以捕鱼及行厨为生，定宴捕鱼，擅长做鱼宴，闻名四方。善六 16 岁时，跟父亲当帮厨，学得一手好厨艺，拿手好菜为红烧河豚鱼。一般正宴忌用河豚菜，但叶榭人最爱河豚鱼，每当春暖花开时节，河豚鱼便成群结队逆水而上，至长江口产卵孵化，生儿育女，不久，小河豚游到各条江河中，烟花三月河豚肥壮，为上市时节，四邻乡亲都争请张善六掌厨，在正宴外加食河豚鱼。各家网船共同协作捕捞，大量活蹦乱跳的鲜鱼运进厨房。张善六拒食死河豚，鱼死不但很难处理毒性，肉质也被污染，鲜味已变。为了防止中毒，在烧煮河豚鱼以前，必须去净卵巢、内脏、剥掉鱼皮，去掉鱼筋，洗净血液、血污，光剩净肉，还要严格历经一选、二浸、三漂洗，将血水彻底去净为止，再将烧锅上火烧热，入油、葱结、姜片煸香，入河豚、五花肉、鲜笋片煸透后，烹酒加糖和酱油，大火煮沸在120℃高温下烧三个小时左右，高温杀毒后，小火焖透，收稠汤汁。当掀开锅盖那一刻，河豚鱼独特浓郁的香气立刻溢满每一处角落，在空气中弥散开来。那河豚鱼底下衬着的绿色秧草，两边放着红色的肉块和白色的笋片，装盘后，光鲜的色彩好看极了，使人口水欲滴。

张善六自定规矩，河豚鱼必须亲自端上桌，脸带微笑向食客作揖，表示欢迎，然后介绍河豚鱼食用方法，接着举起竹筷自尝，并将一双银筷递向食客，伸向鱼中试毒，大家目不转睛地观察着，银筷不变色，张大厨食后无反应，全桌起立鼓掌，张善六右手示意请各位放心食用，八人一桌，每人一条鱼。入口味鲜美，肉肥嫩，汁浓醇，人人竖起大拇指称好，齐声高喊："奇鱼，好菜，好手艺。"

烤河豚

河豚属于鱼纲鲀形目鲀科，是海产的洄游类鱼，松江过去最常见的有"东方河豚"等，一般只有15厘米—20厘米，吻短而圆钝，身体前半段特别盘圆，下侧部橘黄色，腹部白里带粉红。河豚的"膨胀术"是从小练就的一套"硬功夫"，它能在14秒钟时间内喝水约35口，体积随之增大，胃可以扩展为正常体积的100倍，好比特别的"水气球"，整个身体变得滚圆，坚硬扎手，连捕食它的天敌也奈何它不得。根据测定河豚体内毒素的毒力相当于剧毒氰化钠的1250倍，一尾紫色东方鲀的毒素含量，可使33人致死。对于河豚，人们总是带有恐惧和向往的双重心理。想要吃肉鲜无比的河豚，要有不怕死的精神，绝不夸张。

撒网捕鱼

倪　瓒

华亭传画艺　烧制云林鹅

松江醉白池南部回廊壁上嵌有石刻摹本《邦彦画像》，其中就有倪瓒的画像。倪瓒（1301—1347），字元镇，号云林，又署云林子，或云林散人，出生在江苏无锡的富豪之家。家中亭堂馆阁应有尽有。馆阁四周，幽篁如云，乔木成林，其号云林由此而来。明崇祯《松江府志》载："家故饶，一日弃田去，曰：'天下多事矣，吾将遨游以玩世。'自是往来五湖，寓居松之泖上，望之若古仙异人。"

倪瓒（《邦彦画像》）

元末松江，文坛领袖杨维桢寓居于此。宋濂叹曰："声光殷殷，摩戛霄汉，吴越诸生多归之，殆犹山之宗岱，河之走海，如是者四十余年。"浙江黄岩人陶宗仪入赘松江都漕运粮万户费雄家，与妻费元珍初寓小蒸，于元至正十五年（1355）徙居松江，后于泗泾筑南村草堂，躬耕田亩，开馆授课，明永乐年间卒于松江。倪瓒与杨维桢、黄公望、王蒙等文人

九峰雪霁图（黄公望绘）

高士和画坛俊秀都有密切交往，与撰著三十卷《南村辍耕录》的陶宗仪深结情谊。

南村草堂之地，富有江南优美风光。倪瓒《南村草堂》曰："云溶溶兮履渚，波刻刻兮侵扉。观鱼泳而自乐，狎欧驯以不飞。"（见《清閟阁全集》卷三）倪瓒的山水画以风格简洁、空灵著称，而他的诗文又以清秀自然闻名。从倪瓒描写陶宗仪居住环境富有闲适诗意中便能感知。倪瓒曾绘有《南村隐居图》,《式古堂书画汇考》卷五十《云林子南村隐居图并题》云："陶公卜宅南邦里……甲辰正月十二日云林瓒。"众所周知，倪瓒的山水画，能将淡墨运用得出神入化，他笔下的树木和山石虽非奇树奇石，然而他却能在普通平常的景物中透出飘逸的仙气，创造出一种明净、疏朗、空灵的意境。这便是后人仰慕倪瓒，难得仙气，故而感叹"倪迂难学"的缘故。《明史卷》载倪瓒"为人有洁癖，盥濯不离手"。关于倪瓒有洁癖的传说很多，观其作品，看似平常不过的枯木秃石或远山渔舟，却隐匿着孤傲的性情。以品性孤高脱俗论，元代画家中无人可与倪瓒匹敌。董其昌从倪瓒画风中得到很多启示，如其生怕打破山水宁静，故极少绘画人物，就与倪瓒的艺术审美境界相近。

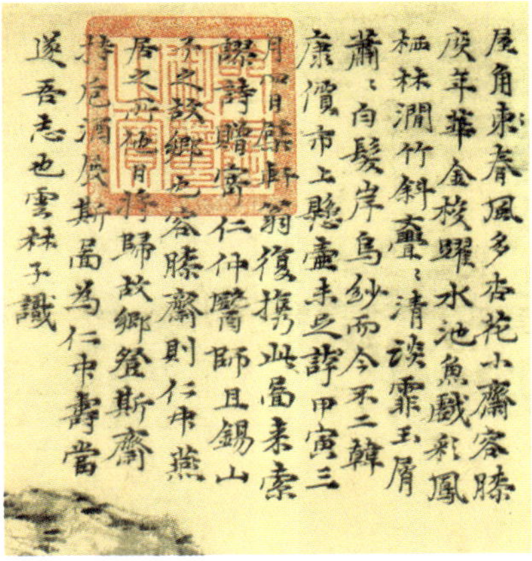

倪瓒墨迹

浪迹江湖、游历峰泖的倪瓒，同时又是一个亲近山水、热爱生活且崇尚纯洁无瑕的人。他喜欢峰泖相拥的泗泾南村。这里泗水会波，水天一色，空中野鸭等水鸟自由飞翔。松江不仅有天鹅栖息，而且养鹅的历史也非常悠久，如浦北之横山古有王端"放鹅庄"，一旁甘露庙里还有"听鹅堂"；而流行于浦南的"放鹅灯"，则是当地百姓喜鹅的风俗。再说"红烧鹅"这道菜肴，古为江南水乡的一道

云林鹅盆菜

元代倪瓒《渔庄秋霁图》邮票

"土菜"。虽然泗泾风味小吃历史悠久，当地美食烹饪也多有讲究，但与倪瓒烧制的"云林鹅"相比则有所不及。

追寻"云林鹅"的松江记忆，尚要从元末明初的文人雅集说起。由陶宗仪《南村辍耕录》卷二十记"真率会"得知，元至正年间（1341—1368），其曾避兵于云间，在地有林泉之胜而无兵火战乱的泗水之滨，广邀隐逸文人高士，游历峰泖，傍花随柳，"集永和之少长，觞咏依然"。这场享山水之乐，纵情放歌，居游饮酒，且有风味美食助兴的文人交游雅集，史称"真率会"。以陶宗仪为核心的"真率会"，堪比"西园""兰亭"之风流，因而再传佳话。据说书圣王羲之爱鹅，甚至从鹅走路的样子中感悟书法的美妙灵动。而元末文人和书画名家在松江交游，倪瓒是积极参与者之一。此外，筑"小蓬台"于松上的杨维桢，曾组织过一次以西湖为中心的创作活动，留下了继《兰亭集序》之后一部有影响的诗集《西湖竹枝集》，收录了123位作家的245首诗作，黄公望、张雨、柯九思、郑元祐、贝琼、贡师泰、倪瓒、王立中、钱惟善、曹睿等寓居松江或本土文人参与其中。当时的文人交游活动，颇有百岁光阴，四时行乐，我辈亦风月主人的潇洒意趣。杨维桢遨游九峰三泖，对客横吹铁笛，而倪瓒除精于诗画外，尚能烹饪一手好菜，其中令人叫绝的就是袁枚《随园食单》中所记的"云林鹅"。想来，这道佳肴为当时文人雅集活动增色不少。就像宋代大诗人苏东坡留下了家喻户晓的美食"东坡肉"，但其所创制的"东坡鲈羹"鲜为人知相仿，倪瓒制作的烧鹅，虽为松江美传佳话，但妙在何处，只能从袁枚大加赞赏的"云林鹅"

食谱中去寻找答案了。

“云林鹅”的制法是这样的：将鹅清洗剔净，用盐、花椒、葱、酒多次“擦”鹅“腹内”，让调料之味渗透到鹅肚子里去，鹅的外皮则涂上蜜酒。接着将鹅腹朝上，用“竹棒”架在锅中，锅中放入“水一盏，酒一盏”。将锅盖盖上，缝隙用湿纸条封好，纸如干了，即以水润湿。然后用一个“大草把”烧锅，不要拨动草把。等到草把的余烬熄灭了，再烧一个大草把。接着停火约焖一顿饭的光景，以手摸锅盖，如果锅盖已经凉了，便开盖将鹅翻一个身，盖上，仍用湿纸封缝。最后再烧一个大草把，等锅盖变冷，鹅也就熟了。

“云林鹅”采用的不是通常所谓“烧”的方法，而是靠水汽“蒸”以及热锅产生的高温“烘”熟的。由于鹅是用木棒架在锅中，所以不必担心被烤焦。用这种方法烹制出来的鹅，保存了原汁原味，风味非常独特。

诚然，烧鹅的方法后来又有发展，但倪瓒的“云林鹅”自成一格，有其独特价值，同时也与袁枚的饮食观相吻合，因而为袁枚所推重。《随园食单》中说：“一物有一物之味，不可混而同之……今见俗厨动以鸡、鸭、猪、鹅一汤同滚，遂令千手雷同，味同嚼蜡……善治菜者，须多设锅、灶、盂、钵之类，使一物各献一性，一碗各成一味。嗜者舌本应接不暇，自觉心花顿开。”

倪瓒的云林鹅（《中华遗产》）

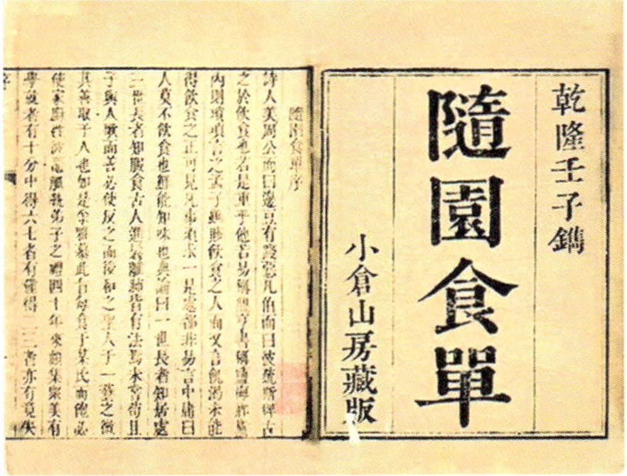
乾隆壬子鐫
隨園食單
小倉山房藏版

《随园食单》

三泖图（嘉庆《松江府志》）

俞启新

兰花酱小茄　慈禧爱品尝

清光绪《重修华亭县志》载："荷祥浜之落苏，即茄。则书以志其特。"现代大学者施蛰存在《云间语小录》中写道："茄谓之落苏,《容斋随笔》引唐末人作《贻子录》云：'谓茄曰酪（落）酥亦甚新。'可知此名起于晚唐。松人至今犹称落苏，不曰茄子也。或谓大而圆者为茄，细长者为落苏，未知果否。"元至正年间（1341—1368）松江荷祥浜俞启新自产自销的兰花小茄，个小如指，籽少皮薄，青嫩甜脆，兰香爽口，加工成兰花酱小茄，备受人们喜爱，曾是历代朝廷选用的地方特色贡品。据传，慈禧太后十分喜爱食用松江兰花酱小茄。

俞启新（叶菁绘）

俞启新生于元至正年间，家住郡城外西北荷祥浜。他从小读了几年私塾，父亲早亡，母子俩仅靠几亩旱地，以种菜、卖菜为生，所种茄子深受顾客欢迎。但种售新鲜蔬菜，收入微薄，每天上菜市卖菜，看到浙江人将雪里蕻菜加工成咸菜出售，生意红火，他思索着要创出一条种菜、加工、出售的新路，提高经济收入，以报答母亲养育之恩。

俞启新对茄子情有独钟，他读到北宋文学家、书法家黄庭坚诗《谢杨履道送银茄四首》之一：

> 藜藿盘中生精神，珍蔬长蒂色胜银。
> 朝来盐醯饱滋味，已觉瓜瓠漫轮囷。

又读到南宋文学家、爱国诗人陆游《素饭》诗：

> 放翁年来不肉食，盘箸未免犹豪奢。
> 松桂软炊玉粒饭，醯酱自调银色茄。
> 时招林下二三子，气压城中千百家。
> 缓步横摩五经笋，风炉更试茶山茶。

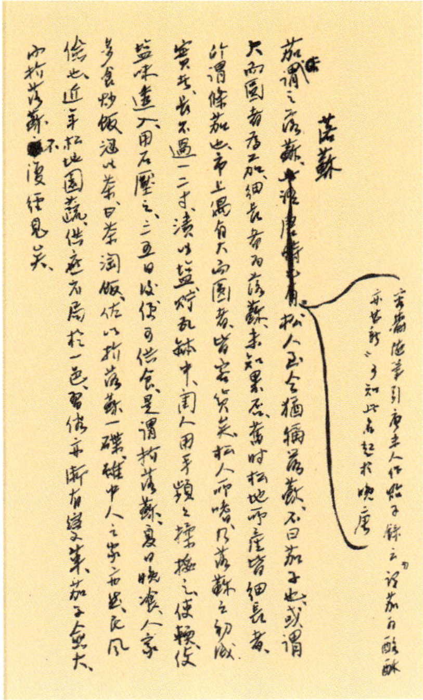

落苏（《云间小录》施蛰存著）

两诗中均提到“盐醯”和“醯酱”，分别用盐、酱、醋等调料加工茄子，使茄子入味，变成炒茄、蒸茄、煎茄等吃法外的凉菜，又使茄子长时间保存，成为一道优良的特色菜。他深受启发，尝试创新。

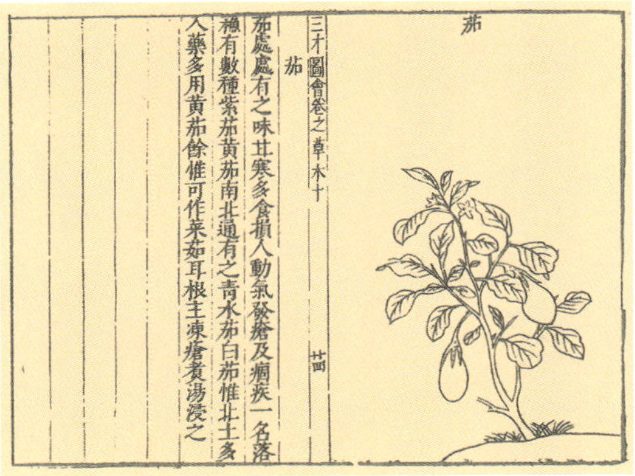

三才圖會卷之草木十

茄

茄處處有之味甘寒多食損人動氣發瘡及痼疾一名落蘇有數種紫茄黃茄南北通有之青水茄白茄惟北土多入藥多用黃茄餘惟可作菜茹耳根主凍瘡煮湯浸之

茄（《三才图会》）

小茄

选育良种是关键。俞启新从华亭各处菜地收集开花节位低、耐低温、生长速度快的小茄种苗，采用选育法，去杂去劣，从中选取若干优良单株上单果留种。翌年，以株系圃种植，再进行单株单果选育，经过几年努力，育出了新一代小茄。据传，俞启新喜爱兰花，种出的小茄也有兰花香味，被民众呼为荷祥兰花小茄。

兰花小茄还流传着一个动人的传说：

宋朝时期，松江荷祥浜畔有一片荒地，父女俩住在两间草屋里，以种蔬菜为生，夏天以种小茄为主菜。女儿勤劳又漂亮，温和又善良。有袁姓恶霸，意图侵吞良田，霸占姑娘，甚至雇人打死其父。姑娘悲愤交加，宁死不从，天天伏坟大哭："亲爹啊，这是什么世道？落苏专拣软的捏，人专拣好的欺啊！"泪水落在坟旁小茄子上，传说第二年生出的茄子带有兰花香味。而姑娘由于日夜悲痛，忧忧郁郁，病入膏肓，不久离开了人世。荷祥浜村民将坟边兰香小茄留作良种，广为种植，成为地方特产。"落苏拣软的捏"也就成了松江人指责那些专门欺侮好人的行为举止的俗语。

茄子吃嫩不吃老，是自古流传的常见食用法，也是体现兰花小茄清香的吃法之一。将刚摘下的鲜嫩小茄洗净，用适量的盐，少量明矾腌制，用手充分搓揉，待小茄变软，并挤出多余水分后，用石块等重物压在其上，腌渍四五小时后，即可食用。其时，小茄绿中带青，色彩鲜艳，入口味美清脆且

兰花

茄花

带有淡淡的兰花香味，回味无穷。使人想起著名画家齐白石赞《兰》诗：

一春谷口雨如麻，水洗风吹叶倒斜。
移入室中须坐久，自闻香气胜群花。

小茄中独特的兰香清幽，给人以淡远感、深悠感、沁心感，令人感到意味深长；香气似有若无，似远忽近，回味无穷。

兰花酱小茄还有另一种制作方法。此法采用由俞启新母亲在盛夏三伏天做的甜酱，再加入几味中药秘方，以使酱小茄数月内不变酸、不变腐、不变色。所制酱可用勺子舀起来拉成细丝，盛到罐内浮而不流，缸内甜酱表面像漂浮着一层黑色的油绸，色泽金黄，醇香鲜美，含有蔗糖的甜味，香油的香味，富含氨基酸等营养物质，营养丰富；然后将腌制好的小茄入酱，加适量糖，放在阳光下晒一星期左右即成。酱小茄紫中带青，油光发亮，甜酸适中，软而不酥，茄肉爽口，仍微带兰香，小茄中心如咸蛋黄，有油渗出。将兰花酱小茄放入罐中，久藏不会变质。俞启新母子俩精心加工的双髻兰花酱小茄，并品尝试出售，被“一抢而光”。两人初尝甜头，信心十足，第二年发动荷祥浜村民一起种兰花小茄，由母子俩收购后，统一加工出售，十分火爆，荷祥浜兰花酱小茄名传四方。

兰花小茄（蒲丽红制作）

兰花酱小茄曾为进献宫廷的贡品。20世纪70年代末，兰花小茄出口日本，颇受日本消费者欢迎。如今，松江兰花酱小茄与闵行三林塘酱瓜、崇明酱包瓜被称为上海酱菜中的三绝，闻名全国。

朱碧云

传播烹调技艺　口授其儿著书

朱碧云，又称朱氏，生于明代弘治年间，她心灵手巧，善京菜调制，口授数万言，让其子代为写下内容广博、品目繁复、制作方法丰富翔实的饮食书谱《宋氏养生部》（六卷），厥功甚伟；而撰写者宋诩，也由此成了千古留名的大学者。朱碧云娘家是杭州朱家，嫁华亭宋氏人家，随夫姓称宋朱氏。她自小曾随父迁居北京，父是京官，官拜御史，由于特殊的地位，饭局颇多，有机会接触大量的宫廷大内莱肴和各地方美味；后来又随夫去外地一些省会生活，阅历广博，见识超群，作为家庭主妇，能制作以京菜为主的南北方多种菜肴。她怕自己的经验与技艺年久失传，十分着急。可喜的是，其子宋诩居然也有志于烹饪之艺，这位有名的秀才，欣然操觚。一听儿子愿意接手写菜谱，母亲高兴万分。自此开始，每天一有空闲，特别在夜深人静之时，母子俩便细细切磋，一边母亲心忆口传，滔滔不绝，另一边儿子端坐执笔，绵绵不断。日月如梭，物换星移，也不知经历了多少个酷暑寒冬，母子精

朱氏（碧云）口授烹调技艺（叶菁绘）

序	(1)	苍耳酒	(19)
卷一	(5)	天门冬酒	(20)
茶制	(5)	地黄酒	(20)
煎茶	(5)	五加皮酒	(20)
汲水	(6)	片脑酒	(20)
茶香	(7)	木香酒	(21)
茶果	(7)	白豆蔻仁酒	(21)
茶枣	(8)	缩砂仁酒	(21)
饮茶	(10)	苏合香丸酒	(21)
酒制	(10)	桂花酒	(22)
[illegible]	(10)	松针酒	(22)
[illegible]	(12)	松节酒	(22)
无酵酒	(13)	万年酒	(22)
雪香酒	(13)	长春酒	(23)
[illegible]	(13)	胡桃烧酒	(23)
金盘露	(14)	杏仁烧酒	(24)
[illegible]	(15)	长生酒	(24)
清酒	(15)	[illegible]	(24)
[illegible]	(16)	[illegible]	(25)
分春酒	(16)	酱制	(25)
生酒	(16)	小麦生酱	(25)
煮酒	(18)	小麦酱油	(26)
腊酒	(18)	小麦生熟酱	(26)
烧酒	(18)	麦饼熟酱	(26)
菖蒲酒	(19)	二麦熟酱	(27)
[illegible]	(19)	豆麦熟酱	(27)

1

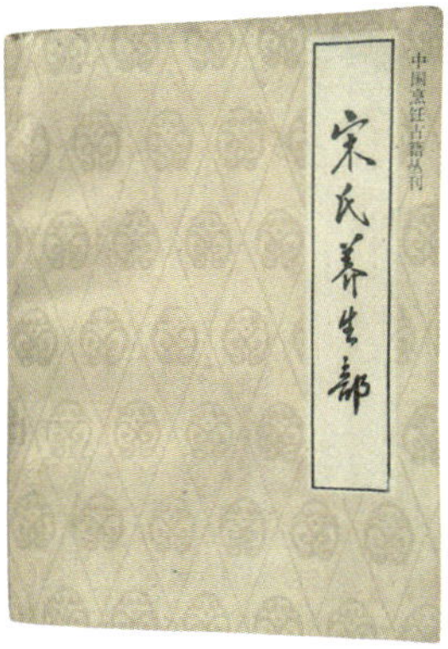

《宋氏养生部》(中国商业出版社)

诚合作，终于写成了类似崔浩《食经》的六大卷饮食名著《宋氏养生部》。

宋诩，字久夫，松江府华亭(今上海松江)人。有《宋氏养生部》及《宋氏文房谱》等书行世。据《宋氏养生部》自序称："余家世居松江，偏于海隅，习知松江之味。"其母善烹饪，又曾随父宦"久居京师"，精通北京菜肴的技艺。后来，诩父又在江南数地任职，其母随居，因此"遍识四方五味之宜"。宋诩借由其母"口传心授"，撰成此书，并以"宋氏"冠名。宋诩的《宋氏养生部》记载了一千多种菜点的制作方法，强调养生，注重实用，品类齐全，风味多样。还有酿造、食品加工、储藏等方面的技术，对了解北京及江南地区的烹饪状况极有参考价值。

明代杭州《北关夜市图》

于明弘治十七年(1504)完成的《宋氏养生部》六卷分为：茶制、酒制、酱制、醋制、面食制、粉食制、蓼花制、白糖制、蜜煎制、糖剂制、汤水制、兽属制、禽属制、鳞属制、虫属制、菜果制、羹臛制、杂造制、食药制、收藏制、宜禁制。每一类下又分若干细目，记载各种食品的制法。今天人们常吃的猪肉松之制法即来自《宋氏养生部》。根据此法做出的肉松香味浓郁，干软酥松，口感筋道，适合当成小点或是佐餐食用，且具有滋肝阴、润肌肤的功效。

松江府衙门(云间第一楼)

明代创造了灿烂辉煌的文化，其中一个突出

的特点就是市民经济和市民文化的繁荣，这种文化注重享乐，表现在美食上就是宫廷菜（官宦菜）和江湖菜的双峰并峙。明代中期以后，随着华亭经济的繁荣、烹饪技术的提高和原料的增多，菜式更加丰富，味道也在以淮扬风味为主的基础上加以本地化。在烹饪技术上，明代与两宋相比也有了很大的进步，而且更加规范，有烧、蒸、煮、煎、烤、卤、摊、炸、爆、炒、炙等多种做法。查阅明代的史料，我们可以发现，至少有 28 道菜都是用独立的烹饪方法做成的，比如，火燎羊头、水晶鹅、酿螃蟹、蒸龙肝、烧芦花猪、糟鹅掌、烩通印子鱼、煎鸡、熬鸡、酥鸡、卤烤鸭、摊鸡蛋、火熏肉、腌螃蟹、黄瓜拌金虾、肉鲊炖雏鸡、腊鹅、羊灌肠、馄饨鸡、油炸烧骨、鸡煎汤、蒸羊肉、榛松糖粥、鸾羹等。

明代宫廷讲究饮食美味，膳食品种繁多，制作十分精美，为确保皇室独享其味，宫廷奇珍异味秘不外传，虽然有些菜肴名称在宫中档案里保留下来，却未见制法，明宫无数美味佳肴就这样名存实亡了。

如《宋氏养生部》介绍了“日月肠”“胜鲟鱼”“隽永脔”“水陆珍”“酥果膏”等九种汤菜。“一捻珍”为其中之一，其制法是：“用猪肥精肉杂鳜鱼、鳢（黑）鱼，俱皴皮为牒，机上报斫细为醢，以生栗子、风茭丝、藕丝、麻菇丝、胡桃仁（切细）、胡椒、花椒、酱调和，手捻为一指形，蒸之，入羹。”这种制法就是用肥、瘦猪肉两种，鳜鱼肉、黑鱼肉去骨取肉，薄切成片。“斫”，从斤，石声，切也；“醢”为用肉、鱼等制成的酱。把鱼肉剁碎搅拌成茸，把生栗子、风茭、鲜藕、蘑菇分别切丝，将胡椒仁切碎，鱼肉茸加胡椒、花椒、酱调和口味，用手捻成一指形长的面鱼形状，再粘上各种丝，上笼蒸熟后，放入汤羹内。

卤烤鸭

酿螃蟹

银鱼干

茄子干

《宋氏养生部》还记载了不少“生物相生藏法”。如：“银鱼干晒，茭叶蕰藻苴之，不黄。”“干对虾，尾皆杂蒜囊，用蒲蒌苴之，置通风处。”“（甲鱼）有以蒲蒌水湿苴之，压实，常以水湿润，则可久留。”“蟹畏火明、畏雾浓，冬月以蒲蒌苴之，置糠稳只，可久留。”“蚶、蛤、蚬类畏雷声，苴以蒲蒌，压以重物则生。”“茄，取新瓮于六月中晒三五日，又取茭叶截寸许，晒十分干。安茄之日，瓮与茭白叶晴日早晒，至亭午，摘茄叶带蒂无伤者，先铺茭叶在瓮，铺茄叶一层层叠之，幂以箬叶，涂以泥，置空板上。至春如新。或瘗于水淋淡晒干灰中。”“柿子经霜后日深，摘下不损者，取柿叶藉入新瓮中，上令通气，可留之春。”“甘蔗、藕以草荐藉地卧之，又覆以荐，常用水湿。”“大豆肥满时，连科本晒至叶干，积于稻秆中。至春时欲用，先以水浸煮，如新摘。”这些经验，至今仍值得参考。

《四库全书》

《四库全书》收入宋诩、宋公望、宋懋澄合著的《竹屿山房杂部》，其中就有宋诩代笔的《宋氏养生部》，堪称我国食品加工史上继《齐民要术》后最为重要的著作之一，宋诩母亲朱碧云也因此被收入上海巾帼英烈名录和《松江县志》中。

宋诩

菰菜莼羹鲈鱼脍　竹屿山房有记载

"菰菜、莼羹、鲈鱼脍"在明代松江宋氏家人合著的《竹屿山房杂部》巨著（或曰《饮食大全》）中都有记载。宋诩，字久夫，明代弘治、正德年间华亭（今上海松江）人，农学家，美食研究家。《竹屿山房杂部》一书由宋诩、宋诩之子宋公望、宋公望之子宋懋澄三代人合著。共三十二卷，包括养生部六卷、燕闲部二卷、树畜部四卷，为宋诩撰；种植部十卷、尊生部十卷，为宋公望撰。宋懋澄合而编之。此书被《四库全书》收录。宋诩在其母亲朱氏指导下撰写的《宋氏养生部》记载了一千多种菜点的制作方法，强调养生，注重实用，品类齐全，风味多样。还有酿造、食品加工、储藏等方面的技术，对了解北京及江南地区的烹饪状况有极高参考价值。书中记载了六十多种酒的近百种酿造方法，其中五加皮、桂花酒等至今仍在生产、饮用。书中记载蔬菜菜谱四百三十余种，粉面制品近百种。

宋诩（叶菁绘）

莼菜，又名"水葵"，睡莲的一种，多年生水生草本植物，生长于长江以南地区。

《竹屿山房杂部》

松江古代“三泖”中的大泖地区盛产莼菜。莼菜叶片呈椭圆形，深绿色，依细长的叶柄上升而浮于水面。茎和叶背有胶状透明物质。做成汤，吃起来味道特别肥美。大学者施蛰存写道：“吾松之莼，秉气略迟，虽曰春莼，初夏始见上市。春莼以细嫩见珍，倘从市上买一斤归，精加拣汰，可用者不过二两耳。秋莼即使无虫，亦叶大有脉络，不中食。”《宋氏养生部》中介绍的莼菜吃法似乎别具一格，曰：“灰浥去涎，根最美，故曰莼□，可和米为饭。谢宗可诗曰：冰縠冷缠青缕滑，翠钿清缀玉丝香。”据说，莼菜“水深则茎肥而叶少，水浅则茎瘦而叶多”。三四月嫩茎未叶，细如钗股，黄赤色，名“稚莼”，体软味甜。五月叶稍舒长者名“丝莼”。九月萌在泥中，渐粗硬，名“瑰莼”。十月十一月名“猪莼”，谓可喂猪也。味苦体涩不堪食。但是取汁作羹，犹胜他菜。味甘，寒，无毒，可治“渴热痹”，厚肠胃，解百药毒及蛊气。或许宋诩书中这一段讲的就是秋天的老莼菜，可用根榨汁煮羹汤吃，故谓之“根最美”。那个空着的字，应该就是“羹”吧。

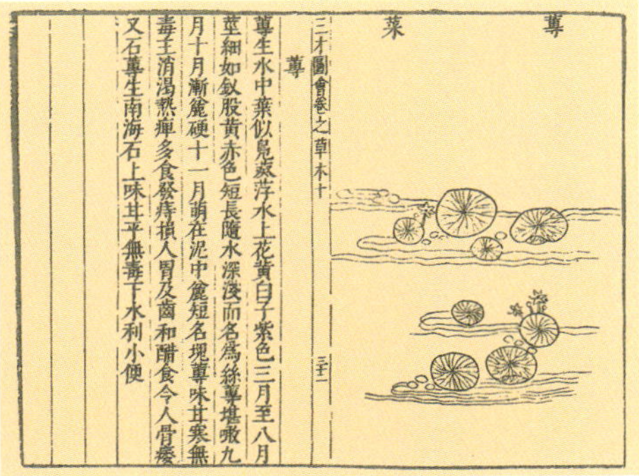
蓴菜

三才圖會卷之草木十

蓴

蓴生水中葉似鳬葵浮水上花黃白子紫色三月至八月莖細如釵股黃赤色短長隨水深淺而名爲絲蓴堪啖九月十月漸麄硬十一月萌在泥中麄短名瑰蓴味甘寒無毒主消渴熱痺多食發痔損人胃及齒和醋食令人骨痿又石蓴生南海石上味甘平無毒下水利小便

莼菜（《三才图会》）

感谢先人把江南鲈鱼之美的千古吟咏流传至今。西晋张翰《思吴江歌》堪称绝唱：“秋风起兮佳景时，吴江水兮鲈鱼肥。三千里兮家未归，恨难得兮仰天悲。”宋人范仲淹赞美鲈鱼：“江上往来人，但爱鲈鱼美。君看一叶舟，出没风波里。”鲈鱼又名花鲈、鲈板、真鲈等，俗称鲈鲛，喜栖息于河口咸淡水交汇处和淡水中。宋人范成大《吴郡志》记：“鲈鱼，生松江……江与太湖相接，湖中亦有

三丝莼菜汤（郭凯明制作）

古时松江四腮鲈鱼主要产地——秀野桥下水环境

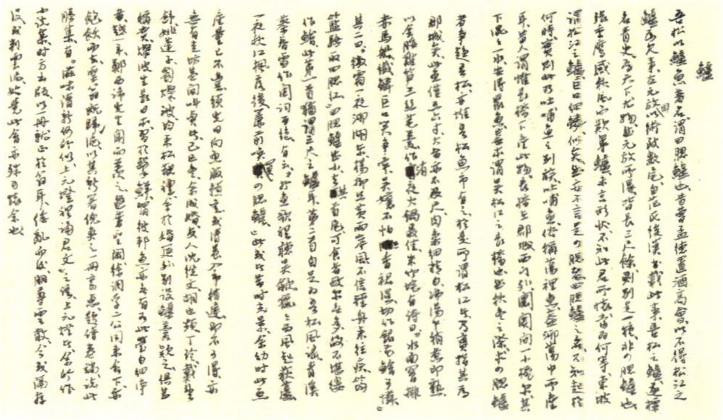

鲈（《云间语小录》施蛰存著）

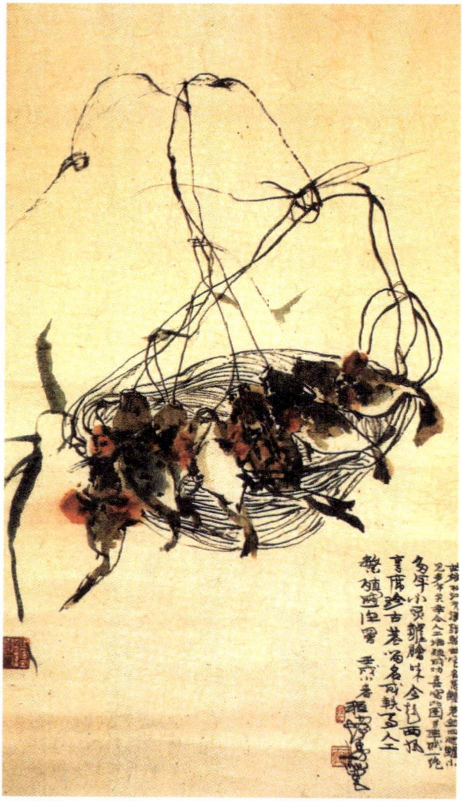

四鳃鲈（程十发绘）

鲈。”按：隋代吴江改称松江（吴淞江），吴人曾献淞江鲈脍于隋炀帝，帝曰：“金齑玉脍，东南佳味也。”苏东坡《后赤壁赋》曰：“巨口细鳞，状如松江之鲈。”南宋杨万里云：“鲈出鲈乡芦叶前，垂虹亭下不论钱……白质黑章三四点，细鳞巨口一双鲜。”

松江鲈鱼位列中国四大名鱼之首。“四鳃鲈”，是松江乡俗的昵称。它是指一种小型鲈鱼，一般不足五寸长，体重40克—100克；头和体前部平扁，向后侧扁而渐细；头大、口大，上颌较长，两颌有绒毛状细齿；其实四鳃鲈与普通的鱼一样，只有两腮，但由于其两边鳃膜上各有两条橙黄色的斜条纹，呈鳃状的凹陷，与鳃孔的开关相似，故乍看起来，似有四鳃。四鳃鲈肉质洁白似雪，少刺无腥，肥嫩可口。它是洄游鱼类，海水里产卵，河水里生长，海鲜、河鲜美味兼而有之。据明代正德年间的《松江府志》载：“乡俗以鲈鱼为盛馔，每遇上客，新婚宴集，必设此。庖丁凌晨群立鱼肆，视所买多寡而入，钉盘裁红缕白，铺成花草鸾凤，或诗句辞章，极其精巧，造齑亦甚得法。”其时的秀野桥畔，酒铺饭庄均以烹饪四鳃鲈鱼为招牌菜，食客云集，高朋满座，亦有人从他乡专程赶来尝鲜。文人雅士更是食鱼吟诗，挥洒丹青。诗人范成大写有“西风吹上四鳃鲈，雪松酥腻千丝缕”的名句。清乾隆皇帝下江南，品尝了烹制的松江鲈鱼后，赞叹松江鲈为“江南第一名菜”。1917年，有“江南曲圣”之称的俞粟庐携子俞振飞回乡探访，在品尝了家乡的鲈鱼后，满足地唱起了“良辰美景奈何天，赏心乐事谁家院”。

四鳃鲈鱼

清炖四鳃鲈鱼

《松江竹枝词》中有这样一首词：“闻脱蓑衣挂钓丝，芦花庵外日迟迟。高情不为鲈鱼脍，独对秋风动客思。”清初诗人朱彝尊也写道：“微霜一夜泖湖东，杨柳丝黄两岸风。不信轻舟来往疾，筠篮验取四鳃红。”清代松江诗人高不骞在诗中还谈到烹调鲈鱼脍要“深椀配香菰（茭白）”，不仅味佳，而且色美。

北宋李昉在《太平广记·吴馔》中对四鳃鲈的烹制作如下记述：“农历八九月霜下时，收鲈，劈作脍，浸洗，布包沥水令尽，散置盘内，取香草叶相间，细切金橙子丝，和脍拌匀，鲈肉白如雪，且不作腥。”取其金黄之色，古称“金齑玉脍”。此外，明代刘伯温著《多能鄙事》中记有“四鳃鲈脍”及民间流传有“清烩四鳃鲈”“红烩四鳃鲈”“莼菜鲈鱼汤”“汆四鳃鲈鱼汤”“四鳃鲈八生火锅”等烹制方法。《宋氏养生部》则归类为“四宜”：“宜日曝、宜火、宜糟、宜生。”即一，可以将鲈鱼清理好后放太阳光下晒干，以便需要时烹煮而食；二，可以即刻烹

《鲈乡秋色》（李泉明绘）

四鳃鲈园

制或以火锅形式食用；三，可以把烧熟的鲈鱼浸入糟卤，一二天后即可食用；四，也可以生食，犹如食用三文鱼那样，切成薄鱼片，蘸着佐料吃。这些方法各具其美，能让人从各种途径体验鲈鱼的独特鲜味，精巧至哉。

松江鲈鱼名扬天下已久，上至朝堂，下至僻乡，无人不晓。1955 年 6 月，时任全国人大常委会副委员长宋庆龄来松江视察，看望全国水稻丰产模范陈永康等，住在松江小红楼，名厨金杏荪特制菜点中就有“四鳃鲈八珍火锅”。宋庆龄吃了陈永康培育的“老来青”大米饭，又尝了松江鲈鱼汤，微笑赞道“好饭好菜好点心，松江美味”。随同人员之一的邹韬奋夫人沈粹缜又兴致勃勃地问：“怎会烹整条鲈鱼上来？”金杏荪介绍说：“松江四鳃鲈不用铁刀剖腹，只用竹筷子从鱼口插入鱼腹，将内脏取出洗净后仍放还腹中，还可加入肉末。用刀会损害鱼的鲜味。”

松江鲈鱼还是多位外国政要喜爱的佳肴，1972 年，时任美国总统尼克松访华，在周总理招待他的国宴上就有四鳃鲈鱼；1986 年，英国女王伊丽莎白二世来华时点名要吃四鳃鲈，由于当时四鳃鲈鱼临近濒危，未能如愿。2006 年以来，松江水产单位与有关高校联合攻克了松江鲈鱼人工繁殖的技术难关，实现了松江四鳃鲈鱼工厂化养殖。这道享誉中外的美味佳肴又重新回到了人们的餐桌上。

陆贵五

浦江清鲜蟹　奉为蟹中王

金秋十月，菊花盛开，桂花飘香，正是螃蟹膏满黄肥的时节。俗谚说："九雌十雄，为金秋佳品。"说的是阴历九月，雌蟹饱满，到十月，雄蟹有膏，故阴历九、十两月是食蟹最好的季节。元代杨维桢的《蟹》诗写道：

飒飒西风秋渐老，
郭索肥时香晚稻。
两螯盛贮白璚瑶，
半壳微含红玛瑙。

陆贵五（叶菁绘）

黄浦江大蟹，壳上有凹型工字特征，蟹体形椭圆，背甲青绿，腹甲银白，毛黄浓密，俗称"青背、白肚、金爪、黄毛"，肉质纯厚，肥膏满壳，鲜而甜美，蟹中上品。叶榭陆贵五是黄浦江上捕蟹能手，烹调蟹宴大厨，名传浙北苏南。

河蟹属甲壳纲十足目，学名叫"中华绒螯蟹"，在中国有四个种群，其中以长江水系种群为最好，长江

蟹图（《说蟹》）

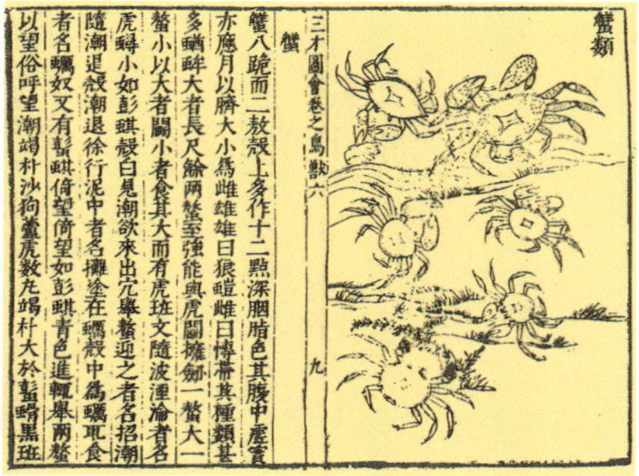

三才圖會卷之鳥獸六 九

蟹

蟹八跪而二敖殼上多作十二點深胭脂色其腹中虛實
亦應月以臍大小爲雌雄雄曰狼蝗雌曰博帶其種類甚
多蟛蜞大者長尺餘兩螯至強能與虎鬬擁劒一螯大一
螯小以大者鬬小者食其大而有虎斑文隨波淪者名
虎蟳小如彭蜞殼白見潮欲來出穴舉螯迎之者名招潮
隨潮退殼潮退徐行泥中者名擁塗在蠣殼中爲蠣耶食
者名蠣奴又有蟛蜞倚望倚望如彭蜞青色進輒舉兩螯
以望俗呼望潮竭朴沙狗蠶虎數尨竭朴大於彭蜞黑斑

蟹類

蟹类（《三才图会》）

水系种群中又以黄浦江大蟹为上品，该蟹对水质要求非常高，水质监测专家认为，黄浦江有蟹是水质优良的标志之一。黄浦江上游水清，蟹食丰足，环境良好，蟹品优质。黄浦江为活水大江，每天潮起潮落，蟹在急流中生存，西风劲吹，蟹脚坚硬。挑选蟹要看一看壳背，以外形色泽鲜明为上，要捏一捏蟹脚，越硬越好，脚毛丛生，蟹足弹翻，活力十足鲜活。脚软的俗称“软脚蟹”，松江人常用来形容没有胆识的人。蟹饱满肉肥、鲜甜美味。蟹的头胸合为一体，就是蟹斗，蟹的腹部已退化成扁平形，叫作“蟹脐”。黄浦大蟹饱满度可以从蟹背近脐部的缝看出，缝至脐有条纹，称作“开几扇门”，门开得多，开得大，肚脐突出，能够见到蟹黄，便是极品。

捕蟹图

陆贵五，明万历间松江叶榭镇人，烹饪世家传人，并被称为捕蟹能人。蟹是洄游动物，在淡水中育肥后，从黄浦江游到长江口，下海去产卵繁殖。陆贵五乘机将蟹半路拦截，将它们落入拖网中。他还谙熟潮汛，潮来潮落，一昼夜两巡，如“初一月半子午潮”等，还有“涨三落六”的规律，即涨潮快，只有三个小时，退潮慢，须得六个小时，接着是三个小时平静水。蟹跟着潮汛，

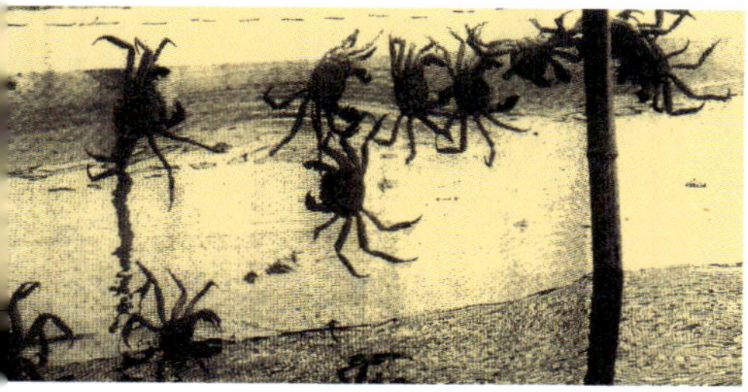

围网捉蟹（《说蟹》）

在黄浦江里跋涉，准备过冬产卵，故有俗语“九月九，蟹逃走”，成群结队的蟹在江里奔爬，正是捕捞最佳时节，此时蟹最肥大，味道最美。陆贵五趁潮捕蟹，满载而归，新鲜浦江蟹成为宴席上品菜。

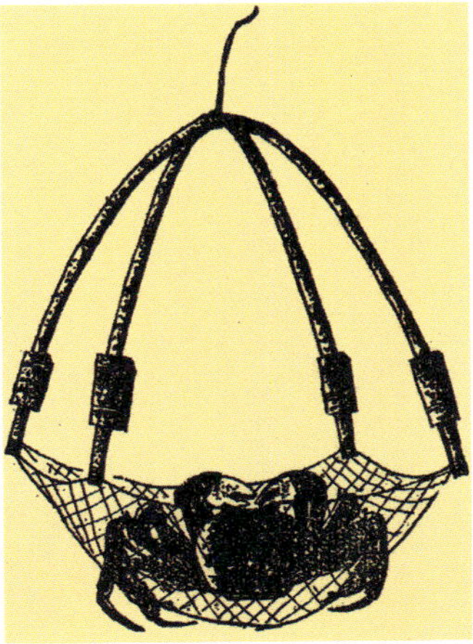

蟹罾（《说蟹》）

元代著名画家、烹调专家倪云林（倪瓒），明末清初著名文学家、戏剧家李笠翁（李渔），清代著名文学家袁子才（袁枚）等人认为蟹以单独煮食为宜。袁子才说：“蟹宜独食，不宜搭配它物。最好淡盐汤煮熟，自剥自食为妙。蒸者味虽全，而失之太淡。”（《随园食单》）陆贵五认为这种看法有一定的道理，但盐水煮蟹腥味太重，会影响口味。他的秘煮法为：雄蟹半斤以上，雌蟹四两以上，清水冲洗蟹螯绒毛去杂质，再用刷子洗刷蟹背、蟹肚、蟹脚，洗净后用稻草按十字法将蟹脚扎牢。蒸锅中放水、姜片、葱花、橘皮、大蒜等，用水蒸蟹 5 分钟左右祛腥，将蟹取出，重新在锅中倒入清水，再加姜末、蒜片、盐、酒、醋等，以及放紫苏解寒气（蟹为寒性食物），水烧开后，将蟹入锅，再用中火煮 10 分钟—15 分钟，蟹壳呈鲜红色，蟹肉熟，捞起去绳装盆。用先蒸后煮法，使浦江清水大蟹腥味更淡，肉质更鲜嫩，口味更好。吃蟹前还应去蟹鳃、蟹肠、蟹胃、蟹心，然后蘸姜末、蒜末、酱油、糖醋汁食之。

陆贵五会做大蟹菜，也擅长烹制独特风味的小蟹菜，小蟹也叫虱蟹，每年

中华绒螯蟹

清煮浦江大闸蟹（王家胜制作）

《稻蟹图》(明 项圣谟绘) 《蟹画》(朱屺瞻绘)

西风起，黄浦江落潮，浦江滩涂上就出现一群群手指甲般大小的虱蟹，该蟹其貌不扬，但在浦南地区名气不小，经陆大厨加工后，居然能成为一道美味特色佳肴——蟹糊皮。他将捕来的虱蟹洗净后打烂，用纱布包裹后挤压出蟹肉的浆液，去尽蟹壳碎粒，然后打入鸡蛋，再加以姜汁、葱花、料酒、精盐等调料一起捣成糊状，而后起热油锅，摊成一张张蛋皮状蟹糊皮，摊制过程要控制火候，不能出现焦斑，然后切成丝状或片状，可以入盆配成冷菜，蟹味醇香，鲜嫩软糯，咸鲜适中，是佐酒佳肴。蟹糊皮也可与鸡片、火腿片、鲜蘑菇、香菇、开洋等烹制成汤，再滴上少许麻油，撒上一点胡椒粉等，一盆鲜美可口的蟹糊皮汤，加上黄澄澄、香喷喷的蟹糊皮，吃在嘴里鲜味十足，齿颊留香，故叶榭有民谣说：

潮来虱蟹拥浦滩，捣烂膏和鸡子摊。
此味果然夸隽逸，春天早韭传辛盘。

歌谣惟妙惟肖地把这道称得上民间美食的蟹糊皮刻画得淋漓尽致。品尝者乐道是“天下奇鲜”。

陆贵五主厨蟹宴，一蟹多吃，吃出独特味道。蟹宴八菜一羹：大蟹菜：清煮浦江大蟹，小蟹菜：蟹糊皮，中蟹菜：雪香醉蟹，蟹肉菜：炸蟹斗，蟹黄菜：炒蟹粉，蟹花菜：菊花蟹，蟹糕菜：蟹炒年糕，传统特色菜：玛瑙蟹：还有一道蟹糊羹。不论大小，蟹尽其用，吃出新味。玛瑙蟹是明代著名华亭女厨师朱氏的一道名菜。《宋氏养生部》中记载：“用蟹烹，解脱其黄、肉，水调绿豆粉少

《把酒持螯》(任伯年绘)

许，烦揉以鲜乳饼，同蒸熟块，界之以原汁，姜汁、酒、醋、甘草、花椒、葱调和浇用。”这道菜中加入“鲜乳饼”，即新鲜干酪，自成一格。而陆贵五稍做改良，将鲜干酪，改用鲜牛奶，其味更独特。陆贵五有一道风味菜醉蟹，选择二两半左右新鲜雌蟹，大小一致，肉足黄多，醉制后容易入味，比较均匀。制作方法为：先将黄浦江活蟹，放在清水中养两小时，让蟹吐出体内污物，再用刷子去体外泥污，洗净，装入蒲包内，上压重物，水沥干，每十斤蟹，用雪香黄酒十斤。烧锅内放入精盐约一斤二两，冰糖半斤，橘皮一钱，花椒一钱，姜块二两，葱二两等配制后，用布包下锅，烧后离火，将配料布包捞出，撇去浮沫，汤汁冷却后，先在放蟹的坛内加酒，再倒入汤汁，将蟹全部浸没，用干荷叶封口，外敷黄泥，三天以后便可食用，醉后三天至十天口味最好，十天后蟹黄开始起沙，蟹肉也慢慢收缩，鲜美的味道逐渐变咸变涩，蟹黄还会变黑结块，说明醉过了头。特别注意，死蟹不能做醉蟹。地道的雪香醉蟹切开装盘食用，酒味香醇，蟹黄甘鲜，其质似胶。

每年菊黄蟹肥之时，是陆贵五最忙的季节，江浙酒楼，大户人家，请他去主厨蟹宴。蟹是下酒的妙物，蟹宴上自然要配美酒，浙江杭州、嘉兴食客饮绍兴加饭酒，江苏苏州等食客喝华亭雪香酒，上等黄酒配鲜蟹，有解腥、驱寒、祛膻、增香、添味的效能。文人聚蟹宴，有说有笑品蟹宴菜，喝美酒，唱蟹酒令，并赏菊、赋诗、猜谜、画蟹，成为金秋文会的风雅时尚，为色香味美的蟹馔平添几分韵味，也为名厨陆贵五制作的蟹宴增加色彩。

《对菊持螯》(吴友如绘)

秦耀宗

制作岳庙翻烧　草庐继承热销

八月中秋，丹桂香飘。中秋之夜，皓月当空。佳节良辰，全家围坐，赏月品饼，共享团圆之乐。圆圆月饼，合家分享，象征着团圆和睦。月饼与各地饮食习俗与历史文化相融合，发展出京式、苏式、潮式、广式、滇式等月饼，还有一种由松江人秦耀宗制作的松江月饼叫翻烧。由字面释义，“翻”为翻动，“烧”为烧烤。其特点为最大之饼如盘，从大渐小，九层翻烧，叠搭如塔，初为松江东岳庙拜月、祭神（月下老人）的供品，由松江东岳行宫（俗称岳庙）内四如春点心店定制，后统一翻烧大小，不限时令，对外出售，风味独特，深受松江人喜爱，一年四季热销，岳庙翻烧成为松江特产。

秦耀宗（叶菁绘）

秦耀宗，明天启六年（1626）生于松江府城，祖上在城内经营一家点心店，父亲是制作糕点的名师，秦耀宗从小随父学艺。清顺治二年（1645）农历八月初三日，清兵用计袭取西门，城破，军民奋力抵抗清军，秦父参与抗清阵亡，秦耀宗携母及弟妹逃离府城。回城后在松江东岳庙内开了一家四如春点心店。战乱妻离子散，松人迫切回乡团圆，每年八月初三是忌日，八月十五日拜月团圆。秦耀宗特制九层塔形拜月神月饼。松江东岳行宫请进月下老人神像，九层塔形月饼成为供品。

桂花

月下老人是中国古代民间传说中掌管婚姻之神，俗传只要月下老人暗里用一根红线把一对男女的脚绊住，无论两人离得多远，地位相差多么大，最终都会结成夫妻。为此，旧时向往爱情的人们总是对月下老人尊崇备至，希望婚姻美满，生活幸福。松江东岳庙里祭拜月下老人的人越来越多，四如春点心店的九层塔形月饼不但作为八月半拜月的祭品出售，很多的人买了作为供奉月下老人的供品。秦耀宗为满足广大食客要求，让月饼不受时令所限，他将月饼统一大小，再扩大月饼品种，有鲜肉、蛋黄、五仁、冬蓉、豆沙、芝麻等，适合不同口味人群，而且还将平时出售的大小一致的月饼叫作翻烧，让月饼平时也热销。因该月饼在岳庙四如春点心店制作，群众呼为“岳庙翻烧”。热翻烧有的人堂吃，有的人提着竹篮买回家吃；外地顾客要求买冷翻烧，装入竹制扁形礼篮，上面盖一张印有“岳庙翻烧”的方形红纸，再用红绳扎后，馈赠亲朋好友。

鲜肉翻烧（张惠芳制作）

松江东岳行宫始建于北宋初年，为江南千年名观。相传谢道人初建道房三楹，名“东岳别庙”，供奉始祖老子和东岳大帝。该庙又称“东岳行祠”“东岳庙”等，清嘉庆《松江府志》名“东岳行宫”，沿用至今。北宋徽宗大观年间右丞朱谔扩建，“大而新之”，元、明、清、民国数次大修和扩建，规模壮观，建筑宏伟。

松江东岳庙主供东岳大帝，该庙杨侯殿里供奉杨老爷，生前为本邑典狱官，牢狱失火，他为救欠漕粮入狱的民众而身亡。为此塑像脸黑似包公，殿内还悬挂一只大算盘，上面写着：“任尔千算万算，不如我这里一算。”也因此由人而变

民国“月下老人”花钱

为掌管冥间尊神的杨老爷，人称“神算杨”。松江东岳庙中的东岳大帝影响日益扩大，杨侯信仰深入人心，杨侯神威传遍江南，香汛期间，信众自发从四面八方涌入庙堂，春节年初一香客达二万多人。松江东岳庙成为松江的重要地标，城镇内中山中路段被民众称为岳庙街，该地区成为宗教中心、文化中心、商业中心，民国时期曾将庙名命名为镇名——岳庙镇。2002 年 5 月 22 日经上海市民族宗教事务委员会批准重建松江东岳行宫，2005 年 5 月正式对外开放。

松江本地食客最爱吃鲜肉翻烧，其特点为色泽金黄，面皮酥松，口感鲜香。鲜肉翻烧吃的就是一个“鲜”字，吃到新鲜出炉的鲜肉翻烧，那薄薄酥皮内十分鲜美的肉馅，咬下去，酥皮纷落。翻烧皮子最外层薄薄的焦黄脆壳，中层细腻的起酥，里层酥皮被肉汁浸得滋润，肉馅紧实喷香，即使烫了舌头也不肯停口，那种感觉其他月饼是无法与之媲美的。鲜肉翻烧具体制法是先将枫泾猪夹心肉洗净，手工将肉切碎，吃时才更有咬劲，并能锁住鲜肉汁。然后拌入盐、糖、酱油、料酒、姜末和适量水，搅拌成鲜肉馅待用。面粉加熟猪油搅匀，揉搓成油酥面；面粉加沸水，搅拌搓散成雪花状，摊开冷却，甩上冷水，加植物油，拌揉至柔软光滑，制成水油面。按 6：4 比例将水油面、油酥面摘成剂子，搁置片刻。取水油面剂子一个，擀成扁圆形，放入油酥面剂子一个，包拢后擀扁成长片，从一头卷拢，又擀成长片，再卷拢后即成有酥层的圆条，摘成每只重 50 克左右的剂子，按扁擀成圆皮，包入 30 克鲜肉馅，收口、搓圆、擀扁成圆形的翻烧生坯。将生坯放入烧烤容器内，用 220 度的温度烘烤，表面呈金黄色后，再翻身烘烤，翻烧肉馅湿而不干即成。烘烤过时则易烘焦变味，把控烤温与时间十分重要。

中秋节清晨，松江东岳行宫四如春点心店门前，总会排起长队购买岳庙翻烧，因现做翻烧要一锅一锅做，常常要

松江东岳庙旧貌

中秋拜月

草庐酒家

岳庙门匾

排很长时间的队。也有人顺便购买桂花赤豆糕、玫瑰绿豆糕、薄荷如意糕、卷沙鹅头颈、猪油糖年糕、鲜肉粢毛团等名特点心。1947 年岳庙四如春点心店翻烧生意仍十分火爆，八月中秋节，秦耀宗后代看着顾客排着长队焦急地等待着购买，就与开在马路桥的草庐酒家老板金杏荪商量，代加工岳庙翻烧事宜。草庐酒家在松江饮食行业中颇有名气，店面又翻建一新，店牌“草庐酒家”由海派著名画家白蕉题写，该店烹调技术力量雄厚，业主金杏荪被著名漫画大师丰子恺誉为“和羹专家”，当时名噪松江的十大名厨中曾有五名在该店当炉掌勺，声誉日益提高，慕名前来的食客接踵而至，草庐酒家是合适的合作伙伴。四如春点心店派专人到草庐酒家指导制作岳庙翻烧，质量一流，秦耀宗后代制作的岳庙翻烧与金杏荪创制的合子酥成为松江名点。中华人民共和国成立前夕，四如春点心店早已关门息业，草庐酒家于 2003 年 9 月也改为民营企业，但仍信守“货优价实、童叟无欺”的经营原则，食客盈门，尤其岳庙鲜肉翻烧与草庐点心，在点心、食品十分丰富的今天，每天早上仍需排队购买。每年八月中秋节，购买岳庙鲜肉翻烧的顾客自动排队，人多队长限量供应，保证排队顾客人人尝鲜，成为松江一大奇观。

赵祥和

酒楼内名师荟萃　熏腿筒传扬茸城

江南传统菜谱中必备猪肉，因此在松江流行着“无猪肉不成席”之说。而且在酒席上不仅有猪肉大菜，还有猪肉冷盆。“茸城（松江别称）三绝”冷盆菜为卤鸡、小莲生（也叫小连生）猪头肉、熏腿筒，其中两道冷盆是猪肉，由此可见猪肉在松江人心中的地位。松江人土语将“冷盘”说成“冷盆”，为保持地方韵味，特作说明。相传熏腿筒为松江祥和酒店（店为楼房，群众呼为祥和酒楼）赵祥和老板始创。熏腿筒特点是皮色红亮，烟熏特香，肉味鲜嫩，肥肉不腻，咸淡适口。

赵祥和（韩雯绘）

茸城“冷盆三绝”名称来历，还要从 1929 年元旦前江苏省立松江女子中学的一次聚会说起。江苏省立松江女子中学被当时教育部认为是全国最优良的女校，在江苏享有“模范女子中学”的美誉，该校校长江学珠是一位杰出的女教育家，她有现代教育的理念，从严治校的措施和精心挑选堪称一流的正副课教师队伍。教师中有诗书画“三绝”的陆维钊，后到浙江大学文学院等校任教，晚年任浙江美术学院（现中国美术学院）书法篆刻科主任；著名诗人、古典文学专家和世界语学者徐震堮，后任华东师范大学古籍研究所所长；优秀教师虞明礼，为 20 世纪 30 年代初高中代数课本编著者。还有两位是 1929 年 8 月聘请的副课特殊教师，一位是著名摄影家郎静山，中国最早的摄影记者，教授摄影课，该课后立为正式课程，开创中国女子摄影教育的先河；另一位是作家、文艺理论家、漫画大师丰子恺，他在该校任美术、音乐教师，每星期还要给全校师生上一次美术讲座……被江学珠邀请的十位名师荟萃于松江西门外祥和酒店二楼，该店规模较大，设施齐全，东近日晖桥船码头，北靠中山路，南依市河，窗边设有美人靠，环境优美，交通方便。老板赵祥和待人和善，经营公道，服务周到，又能烧一手好菜，江学珠特在此设宴答谢各位名师。

江学珠

松江酒店上菜有个习惯，先上冷盆，后上热菜。店小二端上三道特色冷盘菜，香气扑鼻，菜型别致，郎静山拿起照相机拍摄，边拍边问："这三道菜是否本店制作，有什么特色？"江学珠校长答道："三道名菜分别为，卤鸡，由胡永坤创始于清道光十二年（1832），店设在仓桥下；白切猪头肉，由孙莲生（也叫孙连生）始创于 1927 年，店设在中山路妙严寺弄内，该菜每年供应时间一般从端午节至十月朝（农历十月初一），供应时节已过今名师聚会一月余，但漫画大师丰子恺对白切猪头肉情有独钟，要求再尝尝该菜，我登门专访孙莲生，请他帮

徐震堮

郎静山

陆维钊

丰子恺

西门日晖桥（徐震时绘）

松江熏腿筒（韩秀山制作）

忙特制。再有一道熏腿筒，是本店赵祥和老板制作的特色菜，请各位名师品尝。”陆维钊大师尝遍三道名菜，手拿筷子高兴地讲：“感谢江校长设宴款待，能品尝到如此美味。”丰子恺大师站起来边吃边说：“三道名菜，可谓茸城‘冷盆三绝’。”

赵祥和知道江苏省立松江女子中学江学珠校长带领名师光顾，感到十分荣幸，兴冲冲地出来敬酒，欢迎嘉宾。丰子恺见赵老板出来敬酒，手里夹着一块熏腿筒笑嘻嘻地问：“熏腿筒很好吃，眼看就有食欲，请赵老板介绍一下这道冷盆菜。”赵祥和放下酒杯，一本正经地介绍：“熏腿筒的原料选自细皮小猪身前腿肉，3 至 4 斤左右，将胛骨剔去，在腿内侧戳几个洞，然后用食盐揉擦腌透，洒上花椒，入缸用石块压紧。缸内腌放天数视季节而定，冬则 2 至 3 天，夏为 1 天，取出后洗净晾干，将腿卷成筒形，用稻草每隔一寸扎紧，煮八成熟，取出沥干汤汁，再放食糖、食油，将猪腿筒放在铁锅内木架上，盖上锅盖熏制，听到锅内有爆裂响声时熄火，焖一会取出，在腿肉上抹麻油，冷却后切片装盆。还有一些秘制的小窍门，大师有意，可私下交流。感谢大家的品尝与厚爱。”名师们纷纷对三道冷盆菜称赞不绝，尤其是丰子恺大师的评价，成为茸城“冷盆三绝”的由来。

抗日战争爆发，松江城被日机炸成一片废墟，祥和酒店也同遭厄运，熏腿筒随之停产。1949 年后随着松江城改造，日晖桥地区的祥和酒店等已经拆掉，但最近由韩秀山恢复制作的“松江熏腿筒”载入《云间美食》经典菜中。现原文摘录，以供读者参考：

《云间美食》

松江熏腿筒特点：皮色红亮，肉质醇厚，鲜香独特，咸淡适口。原料：猪前蹄髈1只(1300克左右)。盐、料酒、红糖、卤汁少许。制法：猪前蹄髈拆骨，洗净沥干，用熟粗盐擦遍蹄髈，放入陶质钵头中腌制，每天早晚翻动，使盐咸味均匀入味。腌制4天后，将经腌压成扁形的蹄髈修正，用整理过的稻草捆扎，先两头扎紧，再扎中间，5—7道，成圆筒状。将扎好的腿筒放入水锅中煮120分钟，出锅后备用。另起锅放少许食用油、红糖于锅底，上放铁质熏格，将煮熟的腿筒置于铁格上，盖上锅盖，锅盖间缝隙用湿布巾垫塞密封，灶膛点燃柴火，稍刻，锅热变烫，食油、红糖受热在锅中喷发，闻三声炸响，立即停火，油、糖烟气熏遍腿筒，等片刻出锅，刷上少许麻油，即可改刀装盆。最后还有一段提示，猪前蹄髈捆扎的稻草最好是新稻草，草香可入味，用沙绳或线捆扎则影响肉香。掌握好熏制火候，过火超时，腿筒有烟焦味，影响口味，也不符合健康要求。

松江熏腿筒（韩秀山制作）

熏腿筒名扬茸城，成为松江著名冷盆菜之一。挖掘茸城冷盆三绝，宣传松江名菜名点，传承和弘扬松江烹饪历史文化，为松江餐饮业、旅游业乃至整个经济发展服务，功在当代，利在千秋。

胡永坤

秘制松江卤鸡　孙文品尝称赞

松江鲈鱼、松江卤鸡并称“仓城美味”；卤鸡又与小莲生猪头肉、熏腿筒统称为“茸城三绝冷盆菜”，卤鸡能与名闻天下的松江鲈鱼美味在松江仓城并称，可见菜品了得。辛亥革命推翻帝制，建立中华民国，孙中山于 1912 年 12 月莅临松江视察，品松江鲈鱼、松江卤鸡，赞不绝口。松江卤鸡声名鹊起，食客闻风而至，胡永坤开设的“胡永森（胡永坤之父）卤鸡店”顾客盈门，生意火爆，卤鸡供不应求。

胡永坤（韩雯绘）

胡永坤生于嘉庆七年（1802），清道光十二年（1832）在松江大仓桥北堍横街开设一爿“胡永森卤鸡店”，到 1949 年松江解放，已超百年，故称百年老店。该鸡以秘制老汤卤制而成，每年农历冬至起至次年清明供应于市。胡永坤将卤鸡技术传给了二儿子胡晋昌（清末武秀才），晋昌无后，传于嗣子胡少云（系胡庆祥长子）偕同弟少琴、少麟接店经营，后来由胡少琴（字福生）独资经营，那时出售的卤鸡包装上面盖着“胡福生卤鸡”的红纸。卤鸡加工技术不断改进，使卤鸡鲜嫩清香、色鲜形美、软

大仓桥边

而不烂、醇厚肥美，不但鸡肉有卤味，而且鸡皮之下有层三四分厚呈水晶状透明卤冻。卖卤鸡有一个特色，卖鸡时要加卤，顾客多要不给，因老卤汁少而珍贵。烧鸡时不能去沫前加卤汁，否则去沫时会浪费清澈明亮的老卤汁。鸡卤同吃，其味之美，令人称奇。

卤鸡关键在鸡，好鸡、好卤、好技才能卤出美味鸡。首先要挑选农民家散养的正宗草鸡；二是要雄性三黄鸡，该鸡由优良地方品种经杂交培育而成的优质肉鸡品种，外观以黄毛、黄肤、黄脚为特征。三黄鸡肉质细嫩、皮薄、肌间脂肪适量，肉味鲜美，是制作卤鸡的首选鸡种，切忌用老母鸡。三是每只一年生鸡三斤半左右，鸡的大小、老嫩基本一致，才能使烧煮时间相仿可控，三黄鸡皮柔韧不会破裂，保证汤汁入皮肉及皮肉之间。制法有诀窍，阉鸡小口去血，去毛不破皮，取内脏仅用二指从鸡的肛门中取出，用清水冲掉腹中杂物。扳关节，即把鸡翅膀、大腿弯关节扳松，把脚塞进鸡腹内，头颈弯在鸡背上，这样汤水就容易进入皮内，然后用新稻草扎紧，让鸡内吸纳新稻草清香。每锅一般放四只鸡左右，用清水将鸡淹没，先用大火烧开，再将鸡转身翻身，同时撇出泡沫，略烧片刻，把每只鸡陆续取出，

松江卤鸡（闵金荣制作）

三黄鸡

卤鸡

麻雀

小竹园

取一只浇一勺冷水，放在铺湿毛巾的桌上晾干，烧热的鸡经冷水浑身一浇，鸡皮鸡肉就会收缩分离，汤水进入鸡皮内就比较多，紧接着将秘制的老鸡汁汤倒入锅内，放盐、姜、葱、酒等佐料，将鸡放开所扎稻草后同时放入锅内，汤烧开后，将火苗压住不上蹿，用文火焖，促使鸡皮鼓胀，让汤汁进鸡皮内，如火过大，鸡皮就会胀破。过去老式灶头烧稻柴团，焖鸡时就在稻柴团上压一些冷柴灰，防止火舌蹿上来，火太大会破鸡皮，灶膛里要始终保持一定的湿度。还要注意锅盖四周加湿布，不能漏气，使之恒温，这主要靠实践经验，掌握火候，观察煮熟程度，确保独特风味。

胡永森卤鸡店以卤鸡为招牌菜，但该菜为时令名菜，因当时无电冰箱等冷冻设备，仅在冬季几个月中制作销售，一年中还要供应自制板鸭、猪头肉等家常菜。该店还曾供应一道特色菜——五香酱麻雀。麻雀与人为邻，即使穷乡僻壤，只要三五农舍、小片竹林，就有麻雀栖居。松江五库一带，农民每到冬闲时节，三五一伙摇船外出“摇麻雀”，先在黄昏时分侦察好雀情，哪个竹园里栖雀最多，看好地形。当鸟宿人静，最理想是没有月亮的夜晚，几个人在竹林一边撑起大网，网后挂上防风马灯，一二人从竹林另一头边摇竹子边吆喝，哄起雀群。那些刚入梦乡的麻雀，突然惊醒，睡眼惺忪，纷纷向有光亮处乱窜，一只只撞入网中，全被捻死，去毛后成了一只只肉疙瘩，变成松江地区有名的野味。餐馆购进麻雀作主料，葱、姜、黄酒、精盐、桂皮、冰糖、菜油、芝麻油、五香粉，还有自制酱料等为辅料。制法为将拔掉毛的麻雀去内脏洗净，用水擦干，加入黄酒、精盐、桂皮、葱姜等腌半小时左右取出。烧热锅，放入菜油烧至六成熟，放入麻雀炸上色后捞出，沥去油。倒出热油后，在原锅中倒入腌麻雀的汁水，再加入清水，放入腌制麻雀，自制酱料，烧透后转大火收卤汁，淋上芝麻油，颠翻几下，取出装盘即成。五香酱麻雀特点为色呈深红色，酱香、酥脆，咸中带甜，为下酒美味。

仓桥横街

1937 年抗日战争全面爆发后，仓桥横街房屋被烧，卤鸡店移到直对大仓桥的中山西路上，和一家肉店合用一个门面。肉店清晨做半天生意，中午起就卖卤鸡或板鸭、猪头肉、五香酱麻雀等家常菜，后又搬到仓桥弄口。1949 年后，卤鸡店经营延续到 20 世纪 50 年代，直到公私合营后停办。

20 世纪 80 年代编纂的《松江县志》，其中记载的名菜名点，松江卤鸡名菜列入其中，编委会曾与胡永森卤鸡店创始人胡永坤的后代胡玉雄联系。卤鸡店于 20 世纪 50 年代停办，已过三十余年，又因当时家规卤鸡烹饪技术不外传，胡玉雄找表弟胡稼商议。胡稼 14 岁跟祖父学习烧制卤鸡，三年当下手，同时实践过卤制全过程，但由于时间已久不操作，在有些细节上又与小叔胡志文商议，经过三人努力，反复回忆探究，除老汤秘方外，比较完整地展现了卤鸡制作全过程，为挖掘松江特色风味、烹饪文化做出了贡献。

陈锦堂

扬泗泾美名　创下塘“黑菜”

千年古镇泗泾，因四水会波得名。位于古镇中市桥北堍的下塘，见有一条东起张泾河西岸、西讫西市桥、沿泗泾塘北岸而筑的宽约 2 米至 3 米、长为 616 米的下塘街。这座江南小镇，乡民临水而居，枕流而眠，水乡风貌古朴灵动，下塘“黑菜”，即为泗泾人创制的一道美名远传江浙的“乌龟肉”。据《泗泾镇志》记，陈锦记饭店的乌龟肉烧毛豆，又名“黑菜”。开设于清光绪三十年（1904）的陈锦记饭店，在泗泾镇中市桥北堍下塘街上，店主名叫陈锦堂，后由子孙陈品达等继承，以独家经营的特色菜乌龟肉闻名当时。

陈锦堂（叶菁绘）

清末民初的泗泾古镇，酿造、木行、米行等为当地经济支柱，以水兴市的发展优势日趋明显，南来北往的商客日益增多。头脑灵活的陈锦堂，曾站立在横跨泗泾塘的中市桥（福连桥）上，看三孔石桥倒影水中，联想到体色黑褐的半水栖动物乌龟可以制成美食。陈锦堂喜欢养龟，爱听说书先生绘声绘色讲述“龟千岁”的故事。他知道乌龟浑身都是宝。龟甲可入药，是制作许多延年益寿中成药的主要原料，龟肉是高级滋补食品。他的家乡和附近地区具有乌龟生长的良好自然环境，如底质为泥沙的泖田、池塘、水田等。时至清末，泗泾镇上已

泗泾水乡

乌龟

有船栈站点，与上海、绍兴、松江、青浦等地相通。所以，一旦生意红火起来，食材货源来路不成问题。况且，乌龟好养，存活时间久。善于把握商机的陈锦堂，决定开店经营乌龟肉。但新的问题又来了。松江风俗既有崇尚“神龟”的传统，又有借乌龟咒人的说法，如“只臭乌龟”，而泗泾歇后语中也有“乌龟不咬人——吃相难看”一说。追溯久远，元末隐于泗泾南村的陶宗仪所著《南村辍耕录》中，就载有当时骂人的词语，谓之“缩头龟”。也许，因为上述缘故，陈锦堂在名副其实和名正言顺两者之间权衡利弊，想出了一个富有饮食文化魅力的新奇菜名，美其名曰“黑菜”。

泗泾黑菜

“黑菜”颇具诱人魅力。陈锦记饭店开张后，尝鲜的食客，冲着这个既形象又耐人寻味的菜名前往泗泾古镇，来到下塘街中市桥北堍的陈锦记饭店品尝正宗乌龟肉，“黑菜”因而打出了品牌名气，成为百年老店的一道名菜。据陈锦堂和其子孙传人介绍，“黑菜”的原料，以雌乌龟为主，佐料有黄豆、五香粉、猪油、上等特晒酱油、白糖、味精等。烹饪时，先用文火烧煮，豆汁渗入肉内，再加入特制酱油，使龟肉呈红褐色光亮，入口味鲜带有黏性，肉香而酥软，广受食客欢迎。陈锦记饭店，为让乡民能吃得起陈家“黑菜”，始终奉行价廉物美、口碑为上的经营宗旨。当时的一斤猪肉价即可买龟肉两斤，所以，每天下午供应三四十斤乌龟肉，往往不到两小时就销售一空。

泗泾黑菜（邢一民制作）

吴寿生

自制天马山麻饼　开创九峰旅游品

清朝末年，来天马山游玩的人，十之八九会在山下小镇的食品店里买几只麻饼回去品尝。麻饼成了本地特产，不少人慕名而来。天马山也叫“干山”，所以天马山麻饼也叫干山麻饼，其始创者是本地人吴寿生。

清宣统三年（1911）春，吴寿生在青浦县“林太和茶食店”习业学成后，在天马山镇北市开设“北泰丰糖果茶食店”，经销茶食糖果等副食品，其中就有吴寿生自创制作的美食天马山麻饼。麻饼品牌一炮打响后，几十年盛而不衰，成了当地闻名遐迩的土特产。吴寿生做的鸡蛋麻饼系用上等绵白糖、精白面粉、黑白芝麻以及多种果肉，如核桃肉、瓜子肉、枣肉、金橘、肉松等加上猪油豆沙等原料精心制作而成。制作时，用鸡蛋收粉，重糖重油，融香、松、酥于一体。麻饼主要品种有白果、枣泥、猪油夹沙、瓜肉果脯等，分大、中、小三档，供顾客挑选。

吴寿生（韩雯绘）

天马山麻饼中含有地道的松江味道，制作麻饼的面粉、鸡蛋、芝麻和多种果肉，许多是就地取材。正德《松江府志》记载，土产五谷之属中的麦类有大麦、小麦、赤麦、白麦、紫秆麦、荞麦等10种，果实之属中又有桃、梅、杏、李、橘、枣等22种。松江城乡古来养鸡，至今佘山桃园鸡仍有些名气；至于既可榨成油料，又可撒在饼上烤熟后散发香味的芝麻，松江地区也有较早的种植历史。所以，畅销一时的天马山麻饼，为当地百姓获得农副产品收入带来了福音。

砖佘公路新建东佘市场（《佘山小志·干山志》）

制好麻饼，要有好原料，首选精白面粉，芝麻须用当年新芝麻，过期芝麻不仅不香，且有霉味，口感差。但是陈芝麻与新芝麻看起来一样，难以区分。于是如何辨别新旧、挑选购入当年新鲜芝麻、保证麻饼的香味，吴寿生有独特的慧眼与经验。不仅如此，他还善于设点做买卖。

西佘山上巍然屹立着一座壮观的天主教堂，人们从远处便一目了然。这座赭红色的哥特式建筑也称远东圣母大殿，始建于1871年，自1925年至1935

天马山老镇

麻饼

年重新翻造扩建，落成后更加吸引教徒与游客，为佘山脚下增添了几多热闹。于是，吴寿生很快在人们上山的路旁设立了售卖麻饼的小摊点，生意特别红火。而干山，即天马山，俗称“烧香山”，许多年里香火不断，香客接踵，故在山脚下设摊卖麻饼生意也不错。

麻饼制法简述如下：先将一定量的面粉、老酵母与温水拌匀糅合成面团，设法保温至蓬松，然后将其压成扁圆形，擀成长片，分摘成每只重约 40 克的剂子，擀成厚薄均匀的圆形饼生坯，加上馅（或核桃肉或瓜子肉、枣肉、肉松等），包捏收口，复擀成厚薄均匀的圆形饼生坯，刷上糖浆，撒上芝麻（或白或黑），最后烘烤而熟。

到了如今，麻饼制作条件不同，有了新工艺：先将糖浆倒入搅拌机中，再加入植物油，搅拌 5 分钟左右，再倒入三分之一左右小麦粉搅拌 2 分钟左右，当搅成面糊、油糖充分与小麦粉混合后，加入余下的小麦粉搅拌约 1 分钟，搅

天马山景区

佘山天主教堂

拌均匀即可出罐。将馅料如芝麻屑、熟粉、白砂糖、糖玫瑰、冬瓜粒、橘粒加入搅拌机内混合均匀；再依次加入植物油、水，搅拌均匀，静置 30 分钟，待用；经成型，饼面沾上芝麻，烘烤而成。

1940 年，吴寿生之子吴福南随父学艺，父子共同制作鸡蛋麻饼。据《佘山镇志》载，吴福南用心钻研并有所创新，使得鸡蛋麻饼的味道更为可口。每年岁逢春游，设摊于佘山脚下，边做边卖，供不应求。天马山麻饼的名气，借助游客口碑远传，成为松江旅游特色产品。

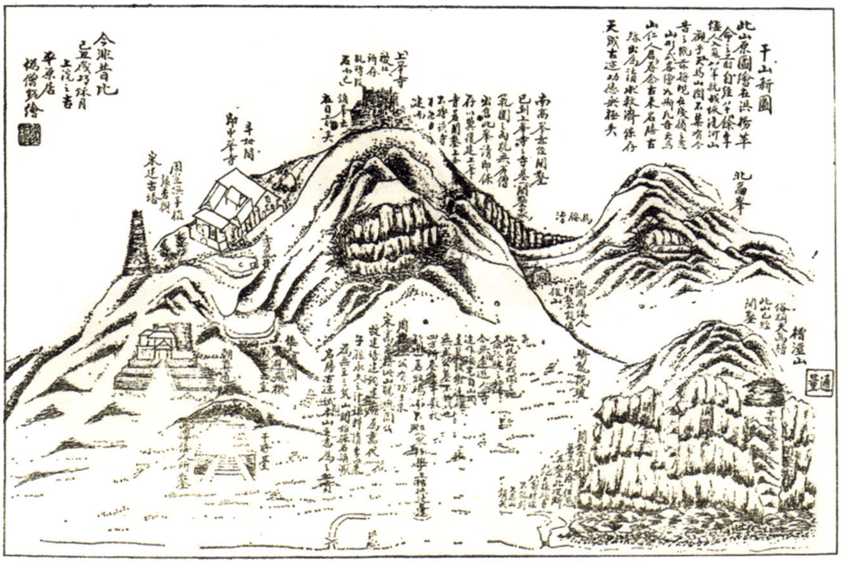

民国时期天马山旅游图（《佘山镇志》）

王根泉

沈三记爆鳝　创沪上名菜

明代，泗泾镇开始繁荣起来，三里长街上设有三十多家菜馆、小饭店、面馆、点心店、粥店和小酒店，营业时间每天分早、中、夜三段。各店都有自己的拿手品种，且服务周全，做夜市的不管任何季节，即使寒冬腊月，都要营业到夜深人静。到清末，中市下塘街开了一家名“沈三记”的菜馆，请来了一位叫王根泉的主厨，还请了一位叫蒋纪生的当助手。王根泉渐渐成了名厨，之所以出名，主要在于能烧一道名菜——爆鳝。

王根泉（韩雯绘）

王根泉（1900—1976）出生于上海县梅陇乡一户世代务农的贫农家庭。从小家境贫困，随父母放牛割草，没读什么书。1914年，经人介绍到泗泾镇中市下塘街长兴馆当学徒学烹饪。师父陈新园，烹饪技艺高超，名噪全镇。王根泉为人忠厚老实，刻苦钻研烹饪技艺，深得师父钟爱，故尽力传艺于他。几年后，陈新园因年老体衰而歇业。王根泉只得转入本镇聚香菜馆帮厨。不久，被龙兴馆聘为主厨。该店后来改名为沈三记菜馆。接着，刀工蒋纪生进入沈三记后，蒋掌刀，王掌勺，两人配合默契，沈三记爆鳝始成为一方名菜。1956 年 1 月，王根泉参加饮食合作商店，积极传授烹饪技术，培训艺徒，延续爆鳝等菜肴的供应。1960 年春，曹荻秋市长来泗泾视察工作，镇政府特邀王根泉掌勺，将泗泾名菜爆鳝列上菜单。由此，小店的声誉不胫而走。

20 世纪 80 年代梅陇镇老街

黄鳝的烹饪方法当然不只“爆鳝”一种，常有清炒鳝丝、清蒸鳝背、五香鳝汤、燠鳝等。爆鳝一菜，精华如下：一是菜肴特点色泽光亮，油而不腻，软而不烂，鲜美醇厚。二是选用原料大黄鳝 2 条（400 克左右），佐料有食用油、盐、黄酒、姜末、葱花、蒜泥、味精、胡椒粉、生粉、蛋清（适量）。三是具体制法是在黄鳝颔下剪一小口，剖腹取出内脏，用剪刀尖从头至尾沿脊骨两侧厚处各划一长刀，用刀剔去脊骨，斩掉头、尾，将鳝肉洗净，平放在砧板上（背朝下），用刀将鳝肉批成蝴蝶片后，盛入碗内，加盐拌匀，加黄酒、味精、蛋清、生粉和少许水上浆。锅中放油烧至六成热，快速将鳝背爆熟出锅沥油。锅中留底油爆香葱花、姜末、蒜泥，加少许高汤、盐、味精、蛋清、胡椒粉调准口味，将爆熟的鳝片下锅，翻炒并勾芡，淋油出锅装盆即可。四是最好选用野生大黄鳝，去骨；爆制速度要快，否则会影响口感。

泗泾下塘街

沈三记饭馆还有另一招牌菜“清炒鳝丝”。据“人文泗泾丛书”《“四水会波”说泗泾》一书记载，其烹饪方法是先将黄鳝加工成一寸长的鳝丝待用。为了保持活黄鳝的肉质鲜嫩，大多是活杀后划成鳝丝。将炒锅烧热后，用油滑锅，再加入猪油在旺火中烧至冒青烟时，将洗净待用的鳝丝推入锅中，随即用手勺煸炒，时而还沿锅边淋入少许油，直煸至鳝丝成黄色时，加入黄酒、白糖、味精、姜末，炒至上色入味，倒入用黄鳝骨熬成的高汤浇滚，转小火加盖略焖，再加适量的油拌和，端锅连翻；出锅装盆时，用勺背在鳝丝中推一个小潭，撒上葱末，倒上麻油，在小潭的四周放上熟火腿肉末、大蒜末。然后在烧锅中将猪油烧热，待端上桌时，将热猪油浇至潭中，并撒上胡椒粉。此时这道菜红、黄、绿、白相间，色彩艳而抢眼，并且口感滑爽鲜嫩，入口不腻，葱、姜、蒜、椒，香气扑鼻。端上桌时还啪啪作响，令人口舌生津。这就是“清炒鳝丝”。

黄鳝片加工

清炒鳝丝（唐宗银制作）

松江人在端午有吃“五黄”的习俗，“五黄”指的是：黄鳝、黄鱼、黄瓜、咸蛋黄和黄酒。古代有喝雄黄酒之说，但雄黄有毒性，故以后人们都喝黄酒代替雄黄酒，旧俗有用雄黄酒在小孩额头上写一个“王”字，以示辟邪。农历五月松江人称五黄月，因有五种带“黄”音的食物上市而得名。端午吃“五黄”中黄鳝排在首位，民间有“小暑黄鳝赛人参”“暑吃黄鳝赛补品”的说法，说的是这一时节的黄鳝最肥，肉嫩鲜美，营养丰富。端午节近小暑，是始吃黄鳝之时，鳝肉所含营养多，蛋白质、脂肪、磷、钙、铁等含量很丰富，而且吃黄鳝还能适当补充维生素，补虚损，祛风湿，黄鳝菜成为松江人的一道美味。

端午节吃五黄

孙莲生

小莲生猪头肉　限产量创品牌

中国是第一养猪大国，猪肉是主要肉食品来源。松江有句俗语“无猪肉不成席，猪肉提供口福”，表明了猪肉在食品中的重要性；“猪是农家宝，种田不可少”，又说明了猪在农业生产中的重要地位。猪全身是宝，但猪头骨多、肉少、比较油腻，猪毛去除难，被视为穷人的下酒菜。1925 年由孙莲生（顾客俗称小莲生）自创的白切猪头肉，一下子提高了猪头肉的身价，需要预订才能成为富人重要酒席、婚宴上的冷盆菜，并成为每天下午 3 时排队购买的热门特色佳肴。松江东岳庙名震江南，北至南京，南至福建，西达安徽，香客到东岳庙敬香，同时又慕名品尝小莲生猪头肉，使该肉名传四方。

孙莲生（韩雯绘）

孙莲生，松江人，在松江中山路妙严寺弄内开设茂顺饭菜馆。妙严寺弄在黑鱼弄西，江南名观松江东岳庙东侧，弄长约 150 米，宋代咸淳间原建有三乘庵，后改为妙严寺，故得名。孙莲生原为永兴馆职工，后独自开店，以“小莲生猪头肉”为招牌菜。每年供应时间为端午节起至十月朝（十月初一，又称“祭祖节”），为创品牌、确保优质猪头肉，每天只限量供应两三只猪头。孙莲生每天亲自采购肥大肉多的枫泾猪猪头，该猪是制作华东地区名产枫泾丁蹄的上乘本土肉猪。购猪头时，孙莲生常会拔一根或数根猪毛，仔细观其毛根，如果毛根发红，或猪头上有大小不等的出血点、出血性斑块，即为病猪，则决不能制作猪头肉。枫泾猪体型中等，但头大额宽，头型有滑尖、翁头和寿字头三种，以寿字头猪最适合。1959 年松江开始引进外国“苏白”和“约克夏”良种公猪，同枫泾猪杂交，猪变大变白，肉质仍尚可，但必须选用当天宰杀的热气猪头。拔净猪毛也是重要环节，该店立规，猪头肉上如顾客发现一根猪毛即不收钱。因此店里有专门职工负责拔猪头毛，老板孙莲生亲自检查，并兼查鼻、耳内表皮之污物是否去净。然后割下耳朵，将猪头一劈为二，用清水浸泡两三小时，漂去血水等残液，捞起沥干。铁锅大火将水煮沸，放入猪头焯水后，出锅再冲洗。铁锅洗净后猪头下锅，劈面露骨的朝下，上面放猪耳朵，加清水淹没，如露出水面的部分猪头表皮会呈土灰色。再加盐、料酒、姜等，用陶盆覆盖，上用盛满清水的陶钵压住，盖上高锅盖，沿锅用布巾塞住锅盖间缝隙，大火煮沸，改用中、小火焖烧，适时起盖，将陶钵内热清水倒入锅中，至猪头浸没，用硬柴燃料烧到七成熟后，再小火焖焐。两小时后起锅，拆去头骨，入盘冷却。切薄块装盘，撒上食盐即可。小莲生猪头肉其特色是皮松而韧，肉酥而嫩，汤汁如胶，肥而不腻，入口即化，极为可口。茂顺菜馆当年外卖的猪头肉，

猪头肉

枫泾猪

用荷叶包裹，荷叶清香，有诗道：

泮塘荷叶尽荷塘，
姊妹朝来采摘忙。
不摘荷花摘荷叶，
饭包荷叶比花香。

荷叶

这首诗赞美了荷叶饭的清香赛过了妩媚的荷花，同时也表达了荷叶包猪头肉，其扑鼻清香使人食欲大增，极言之味美。适量食用猪头肉，还能提供胶原蛋白质和必需的脂肪酸，以及血红素（有机铁）和促进铁吸收的半胱氨酸，有改善缺铁性贫血的功效。

小莲生白焐猪头肉（王慰明制作）

孙莲生是个虔诚的道教徒，松江东岳庙主供东岳大帝，猪头为主要供品。年初一烧头香，祈求生意兴隆，合家平安幸福。虽然东岳庙与孙莲生的店相邻，但很难首进奉高殿（岱岳殿）烧头香，许多烧头香客半夜早已在庙门口等候。孙莲生与两个伙计商议，除夕守岁，备好上等猪头一个，定做红木托盘一只，配齐香烛高升。三人身穿盛装，孙莲生亲自托起放猪头的木盘，大步走到庙门口，一个伙计连放三枚高升，另一个伙计高呼："向东岳大帝送供品来了！"庙内道士闻声开门，三人捧着猪头阔步走进大殿，将大猪首奉献在东岳大帝供台上，然后点燃三支香插在香炉中，再磕头祭拜，新年首拜，盼喜福双临，

猪头供奉东岳大帝

松江东岳庙

店业发达。香客看到东岳大帝供台上的大猪头，以猪头为吉祥物，大家都争着去买小莲生猪头肉。因此有人说，小莲生做了一张大广告。

1953 年春，由私人合股租用松江东岳庙水仙祠作观众厅，约五百座位，祠后搭建约 50 平方米舞台，定名松江剧场，大门开在妙严寺内，给孙莲生茂顺菜馆带来商机。松江剧场下午演出结束，正为销售猪头肉时间，老吃客们主动排队购买，因每天仅出售两三只猪头，量少购买者多，供不应求，孙莲生总是微笑着出来打招呼："谢谢大家光顾，明日请早！"有的老顾客只得预定，以饱口福。1961 年孙莲生去世，茂顺菜馆随即停业，飘香了三十六年的松江特色名菜"小莲生猪头肉"不见踪影。

金杏荪

草庐合子酥　宋庆龄称赞

草庐酒家制作的“合子酥”让人吃后念念不忘，其创始人金杏荪，既是老板，又是掌勺的大师傅，厨艺精湛，特别是制作点心的高手，创制了“合子酥”等美味小吃。20世纪50年代，时任全国人民代表大会常务委员会副委员长的宋庆龄到松江视察，品尝了由金杏荪师傅制作的合子酥后，大加赞赏。此后，合子酥名扬沪上，成为松江乃至上海的一道名点。

金杏荪（1906—1989），人称“杏荪哥”，现在提起这个名字已少有人知，可当年在松江城里还是有点知名度的——其创建的草庐，规模不大名气不小。金杏荪出生于松江仓桥下一户平民家庭，父母早逝，13岁就到岳庙口长顺菜馆学生意。六年学徒，他的聪慧机灵、勤快好学深得老板喜爱，满师后便被长顺菜馆留用。23岁时，被推荐给江苏省立松江女子中学校长江学珠，江校长正为学校食堂管理薄弱、伙食不佳而烦恼，金杏荪应聘负责学校伙食，俗称“包饭”。在此期间，他还兼职为该校学生上烹饪课。在省女中包厨八年后遇抗战全面爆发，经营多年的学校食堂毁于一旦。随即学校内迁，金杏荪跟随江校长辗转到达重庆，仍负责学校

金杏荪

江学珠

食堂工作。其间还与人合开了一个小饭馆，取名为“松江”，寄托思乡之情。三年多后，因思亲心切而辞职返乡。一度在客轮上做茶役，后又与人合开了“聚丰园”菜馆。1945 年初，随着厨艺日趋纯熟，经验也逐渐丰富，金杏荪遂萌生了独自创业之念，正巧中山路马路桥口一家名为“新兴馆”的小饭馆面临倒闭，便盘下这个三间屋子的小店，开始了自己的创业之路。因小饭馆屋顶是稻草盖的，又面向平民百姓，具有草根性，故称之为“草棚”。

抗战胜利后，市场渐显繁荣，小饭馆在金杏荪的悉心经营下生意逐渐红火。因其厨艺高超又吃苦耐劳，天没亮就跑菜场选购原料，在烹制上既秉承传统又不断改进，做出的菜肴点心让人吃了还想吃，用当地人的口头禅说就是“打巴掌不肯放”。渐渐的“草棚”二字口口相传，小有名气。宾至如归的服务，使得店铺一时声誉鹊起，食客盈门，也吸引了松江城内一些文人墨客、雅士名流常来小聚。据前辈回忆，当时的书画家白蕉、朱孔阳、陆维钊、程十发，工商界的项志新、江林生、姚锦清及医学界的张绍修父子、韩君铸、黄祖良等都是店里的常客。1947 年夏，店堂改造成了砖瓦房。店里常客中的文化人建议改店名为“草庐”，还纷纷热情题写店名，有朱孔阳的行草“草庐”、白蕉的行书“草庐酒家”、韩君铸的楷书、陆维钊的条幅等等，“草庐”之名就此诞生。“草庐”一词，语出诸葛亮《出师表》“三顾臣于草庐之中”。将此作店名，既保留“草”字以纪念由“草棚”起家，又便于食客寻访；改“棚”为“庐”，则化俗为雅，面目一新。从此，“草庐”这一雅俗共赏的店名便叫响于市，直到如今。

合子酥（张惠芳制作）

做合子酥时，把面粉加菜油糅合的油酥面做成蚌壳状，“蚌壳”内放入香甜的豆沙，“蚌壳”边沿捏出一圈精巧的花纹，入油锅炸成黄灿灿的

岗亭旁草庐酒家旧址

“金蚌壳”，好看又好吃。草庐合子酥制作工艺主要有以下三个方面：一是制作色泽金黄，酥层清晰，松脆甜香，油而不腻的酥饼主要依靠四个重要原料：精制面粉、赤豆、熟猪油、白糖。二是制法上先将赤豆浸泡后入水锅煮熟、碾烂，用“水洗法”捏去豆壳，滤水后成细沙；另起锅放入猪油、白糖，将细沙翻炒成豆沙馅待用。面粉用熟猪油、水搅拌搓撒成雪花片状，再拌揉至柔软光滑，制成水油面团；面粉用熟猪油搅匀，揉搓成油酥面团。水油面团、油酥面团分别摘成剂子，搁置片刻。取水油面剂子一个，揿成扁圆形，放入油酥面剂子一个，包拢后揿扁，擀成长片，从一头卷拢，再擀扁成长片，从头卷拢，顺势搓成粗细均匀的长条，再擀成细长片，卷成夹 27 层油酥的圆状卷筒，用刀拦腰切成较

金杏荪做合子酥

金杏荪与他的徒弟

金杏荪夫妇结婚60周年（1988年11月）

薄卷筒片20片，每片重约18克，将豆沙15克放在薄卷筒片上，再合上另一薄卷筒片，按扁边缘，捏花边成扁形生坯。锅坐火入油至三成油温，将生坯逐只投入浸饧，浮起后即加温至六成油温汆至金黄色即可。三是需要注意水油面团、油酥面团量比为3∶2，起酥包捏、擀制要保持用力均匀，最后一道工序卷拢时一定要卷紧。控制好油温，一次汆制不宜过多，最好使用平底锅汆制。

1956年公私合营后，金杏荪仍留在草庐，只是身份已不再是老板而是私方主任。这丝毫不影响他对草庐的热爱与付出，依然每天起早摸黑忙得不亦乐乎，且不断钻研烹饪技艺。他制作的合子酥等点心，独树一帜，成为草庐名点。

1986年，金杏荪（前排左四）参加松江县工商业联合会第四届会员代表大会

王仲明

本帮著名厨师　十大名厨之首

我国饮食文化历史悠久，内容宏富，技术精湛，堪称世界典范。随着社会经济的发展，人们对饮食需求和技艺的不断提高，烹饪逐步形成菜系和帮别，松江本帮菜是其中之一。本帮菜用一句话概括为“浓油赤酱，原汁原味”。酱是人们日常生活中必备的调味品，所谓开门七件事，柴米油盐酱醋茶，说明了酱在松江人生活中的位置，也说明松江菜油水重，喜用大酱，喜用酱料调味，制作时善用食材原汁，重火候，重入味，保持汁浓色艳。大厨王仲明为松江本帮菜传承人之一，被列为松江十大名厨之首。

王仲明，又名福生，小名黄狗（苟）。祖籍南京，生于松江，家住松江东新桥。初在西门外吊桥堍连顺菜馆当学徒，记忆力过人，手勤好学，练就一手烹调技术。后在松江城防司令家及韩三房家当厨师多年，又在岳庙口长顺馆、马路桥草庐酒家任掌勺厨师。

王仲明（韩雯绘）

王仲明善用酱作为佐餐食品和美味调料。他从史游《急就章》颜注中得知“酱者，百味

酱鸭

之将帅，领百味而行”。《急就章》中又写：“酱，以豆合面而为之也。”其制作方法，大约就是将麦面米豆，“罨黄加盐，曝之成酱”。他深刻了解酱的制法和酱在人们饮食生活与饮食观念中的地位，好酱料、好食材、好技艺才能制出特色好菜。福生香脆酱鸭是一道特色菜。酱鸭主料为三斤左右娄门鸭，调料有秘制稀黄酱、菜油、黄酒、冰糖、食盐、茴香、老姜、花椒、桂皮等。制作方法为：将鸭空腹宰杀、去毛，将光鸭剖腹除掉内脏、气管、食管，斩去鸭脚，割去鸭膻，放入开水锅中烧煮，撇去浮沫，起锅待用。冷却后放入花椒、食盐、姜、黄酒抹擦腌制一小时，随后用清洁布将鸭身擦干。锅烧热后放入菜油烧热，放入葱、姜、花椒熬过捞出。再将鸭两面煎过，煎时必须采用文火，待鸭皮都煎得发黄发脆为止。随后加入汤汁、黄酒、茴香、花椒、老姜片、冰糖等，用旺火烧开，中火焖煮，烹制时间要看鸭的老嫩程度，灵活掌握，等到鸭烧酥，透出香味，将汤用旺火收汁，一面用手勺舀汁，不断地浇在鸭身上，一面兜锅使鸭子转动，汤汁收干后，将鸭子捞出盛入盘内，切块装盘。酱鸭制作工艺关键，用秘制稀黄酱；鸭腹内壁用盐擦匀，使其入味；鸭入锅后要改小火，不能大开，使鸭子熟透，又不能破皮，保持鸭皮完整；煮鸭时，汤要淹没鸭子，不满可加水，并经常翻动鸭身，熟透入味；煮鸭时间长，加糖必须分两次，避免鸭焦糊；鸭子捞出后，需冷却后再切，保持鸭形完整。酱鸭风味独特，色泽红亮，肉酥肥嫩，皮脆可口，满嘴香甜，是松江本帮特色名菜。王仲明年老后，不再亲制酱料，便用好酱油代替，改制烤鸭，但他能掌握适当火候，鸭皮松脆，鸭肉鲜嫩。

王仲明接办筵席不分贫富，按价及食材烹制，无不精妙，诸如鱼翅、海参、干贝等，都能因材而施，烹煮得宜。更擅长做各式咸、甜点心：咸点如鸡肉水饺、三鲜春卷、两面黄炒面等，用料讲究，味道鲜美。甜点如猪油山芋，抽尽细筋，入口即化；油酥饺，甜而不腻；夏季的扁豆糕、薄荷饼，更是色泽鲜明，清甜可口。中华人民共和国成立前松江中等以下人家办酒席通常由冷盘、热炒、点心、大菜、汤五个部分组成。通行四冷盘、六热炒、六个大菜、一碗汤、两道点心。如农村办酒席，青壮年胃口大，为保证宾客吃好吃饱，大菜一般由全鸡、全鸭、全鱼、蹄髈、红烧肉与羊肉等组成。为用足用好食材，充分用鸡、鸭、猪等动物内脏和素菜烹制，六炒价廉物美。汤采用粉丝肚肺汤、什锦汤、砂锅什锦等，量足味美。使宾客吃得开心，顾主满意。邀请“黄狗师傅”操办酒席者接连不断，生意兴隆。

清炖四鳃鲈鱼

1949 年后，王仲明在饮食商店任主厨。不但能挖掘继承松江名菜，不使失传，如松江四鳃鲈，用火腿、鸡丝汤烹煮；其他如炒鳝糊、炒团菜（甲鱼）、八宝鸭、松子虾球等，都有独特风味。王仲明还将松子虾球与由他创制的地栗（荸荠）球、蟹粉八宝球合称为“松江三球”。松子虾球制作原料有虾仁、肉膘、鸡蛋、松子仁等，制作方法是将虾仁、肉膘剁成蓉，松子仁剁成末。再将鸡蛋叩入虾蓉内，放入盐、黄酒、葱末、松子仁和生粉搅拌均匀上劲。油温至四成熟，用手挤做丸子，投入油锅炸熟，捞起待油温回升时，再复炸一次捞出，淋上麻油装盘入席。操作时虾仁切粗粒为宜，鱼肉剁成蓉。油氽时，要掌握火候和油温。其特点为：色泽金黄，外脆里嫩，味鲜可口，还有松子的幽幽香味。

松子虾球（姜培林制作）

王仲明借鉴松子虾球创意，再创地栗球。该球用大荸荠、糯米粉、重糖豆沙、糖猪油等食材。制作时先将荸荠削皮洗净，放在砧板上拍碎，再拍剁成粗末，挤去汁（勿过干），放在大碗中，拌入糯米

地栗球（沈引娣制作）

蟹粉八宝球（吴端玉制作）

松江小红楼

粉左右搅和。把豆沙和糖猪油拌匀做成丸子作馅心。然后用拌好的荸荠末包裹，轻轻捏紧，放入干糯米粉内滚匀，做成地栗球。然后将清油倒入锅中，烧至六成熟时，把生地栗球逐个投入油锅内，炸至外壳熟，内心烫热时捞起，待油温八成热时，复炸一次，外壳结硬捞起，撒上绵白糖，装盘入桌。其特点为外壳松脆，有荸荠香脆口感，为冬令甜菜佳品。用以上相同制法，将生梨代替荸荠做成生梨球，可代替荸荠，又增加新品，其菜不同之处具有梨的果香和清甜味。地栗球或生梨球制作时都要掌握大小适中均匀，氽制过程一定要把握火候和油温，轻轻翻动不使圆球变形，防止外焦内不熟透。

蟹粉八宝球制作时除外壳选均匀圆正、形体略大于乒乓球大小的油面筋外，还需八样主料：虾仁、干贝、腰子、鸡肝、蟹粉、香菇、竹笋、肉末。并将干贝蒸透撕碎，香菇水发去柄洗净，腰子、鸡肝和竹笋，切成细末。要把葱、姜末、黄酒、盐、味精、酱油、胡椒粉、麻油与肉末均匀拌和待用。然后油面筋开口，将拌好的八宝馅料逐个填入油面筋内，用蛋清糊封口。油锅六成熟时，即投油锅，边用手勺推动，待全部放入，用小火持续传热至内部成熟。把八宝球捞起，油锅改用旺火，油温至七成热时，复炸一下，浇上麻油即成，叠装盘中。其特点是外壳松脆，内馅鲜嫩，食材多样，营养丰富，回味无穷。1949 年后，“松江三球”享誉江南。1955 年 6 月时任全国人大常委会副委员长宋庆龄到松江视察，住在松江小红楼，王仲明老板、松江名厨金杏荪前往特制菜点，除四鳃鲈鱼八珍火锅外，还有特色名点合子酥和名菜“松江三球”，即地栗球、松子虾球、蟹粉八宝球等，宋庆龄边吃，边微笑赞道：“好饭好菜好点心，松江美味。”

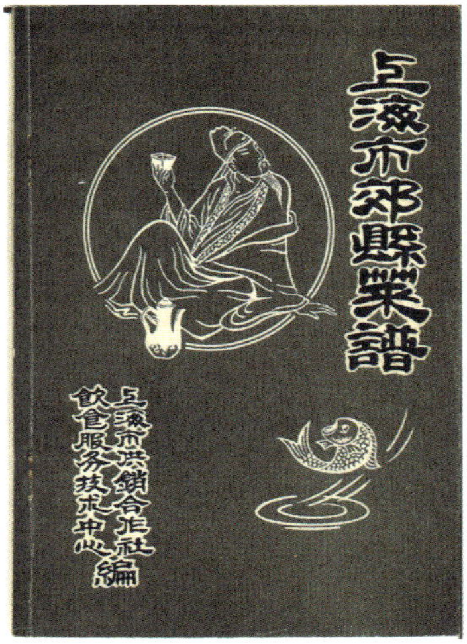

《上海市郊县菜谱》

王仲明还能吸收各帮之长，融会贯通，如芙蓉三丝、酒焖肉、野鸡爪丁、馄饨鸭等，都有独特风味。在日常堂吃供应中，一鸡可以三吃（一冷盘、一热炒、一大菜）至六吃（一冷盘、二热炒、二大菜、一汤），深受食客欢迎。他在退休之前，将自己拿手名菜及点心制作方法，共 124 道，予以口授，由县饮食服务公司加以整理，其中部分被编入该公司《食谱》中，作为饮食业技术交流学习班的教材。数道名菜被收入《上海市郊县菜谱》。

四鳃鲈鱼八珍火锅

周顺兴

精制特色豆腐干　畅销城乡大饭馆

中国是大豆的故乡，栽培大豆已有五千年的历史，中国也是最早研发生产豆制品的国家。豆腐干是豆腐的再加工制品，白豆腐干的制法与豆腐的制法基本相似，不同之处是制豆腐干的豆腐要老一些，水分压得干一些，制成后切成小块。豆腐干营养丰富，含有大量蛋白质、脂肪、碳水化合物，还含有钙、磷、铁等多种人体所需的矿物质。松江马弄口豆腐干是经特殊秘制的豆制品中的珍品，其发源地在松江城东门外的马弄口，故而得名。创始人周顺兴，开了一爿夫妻豆腐店，其豆腐干方块形，有韧性，绵软嫩，甜津津，香喷喷，味鲜美，久吃不厌，被誉为“素火腿”。

周顺兴（韩雯绘）

周顺兴用古法制豆腐，他遍访民间，寻找古籍，明代李时珍在《本草纲目》关于造豆腐的方法中说：“凡黄豆、黑豆、白豆、绿豆、泥豆及豌豆之类，皆可为之。造法水浸硙碎，滤去渣滓，煎成；以盐卤汁，或矾汁，或酸浆醋淀，就釜收之。又有入缸内以石膏末收者。大抵咸苦辛之物，皆可收敛尔。”周顺兴从中得益匪浅。

李时珍

马弄口豆腐干选用大黄豆为原料，佐料有精盐、白糖、味精、茴香、姜丁等。先将大黄豆去杂质洗干净，用清水浸泡一昼夜，捞起黄豆磨成浆，滤渣后备用。将磨好的生豆浆上锅蒸好后，再添加 20%—25% 水，以降低豆浆浓度、减慢凝固速度，使蛋白质凝固物网络的形成变慢，减少水分和可溶物的包裹，使压榨时水分排出畅通。豆浆降温后，可用卤水点浆，点浆时应注意均匀一致，要勤搅。当豆浆出现芝麻大小颗粒时停点，上盖降温，豆浆慢慢凝结。上包前先将包布铺在按豆腐干尺寸定制的格板上，再将豆腐脑加在包布上，这样一层豆腐脑一层布地加，豆腐脑要铺匀，可稍高于格子几毫米，数量根据豆腐干的厚薄确定。然后将包布包扎紧，加压成型。拆下包布用刀将豆腐干按格子印割开，放在清水中浸后取出，沥干水分。大铁锅内放入清水，加上秘制配方和豆腐干，再经过烧、焖，次日回锅，文火熬煮，停火后，原汤与豆腐干盛入钵头内冷却，浸透 4 至 8 小时，汤汁入豆腐干内，然后晾干。经过反复多次试验，终于试制成功一种色、香、味、型俱佳的豆腐干。

马弄口豆腐干

周顺兴以优惠价将豆腐干批发给小商贩走街串巷兜售，由于豆腐干价廉物美，城乡群众纷纷购买。周顺兴还将该豆腐干推荐给饭店作冷盘。也将该豆腐干制作成花色冷盘“兰花马弄口豆腐干”，操作方法为在马弄口豆腐干两边夹放削薄的竹片，刀握直横刀切，深至三分之一，翻过来在反面从侧角起横削斜刀，即呈兰花形。再用筷一双，将马弄口豆腐干拉成长网格形，放在热油中烫炸，定型不收缩，将竹筷抽掉，炸成外表脆硬时取出。炒锅内加入毛汤、料酒、酱油、糖、桂皮、八角、葱、姜块、兰花豆腐干焖烧半小时左右，汤浓汁厚时，

清代豆腐作坊（《点石斋画报》）

松江府城东门水关

即移下火来，放在一边晾冷，取兰花马弄口豆腐干改刀装盘，淋上麻油，豆腐干香脆，形美味浓，口感独特。他还制作特色菜“马弄口豆腐干烧肉”。该菜特点为五花肉色红，酥而不烂，肥而不腻，马弄口豆腐干柔韧松软，咸甜清香，汤汁浓郁。制法为马弄口豆腐干放在肉汤内浸泡待用。五花肉切成小方块洗净，放入锅内煸炒出油，加入葱、姜、黄酒再煸出香味后，加入清水，再加入酱油、冰糖等，大火煮沸转小火焖焐，将肉汤内浸泡的马弄口豆腐干一起焖煮，最后用少量味精大火收汁，即可出锅装盘。马弄口豆腐干烧肉，一素一荤，可谓家常菜中的绝配，也是酒席上的一道特色菜。为了扩大销售，据传周顺兴还加工了马弄口蜜制豆腐干，大小如麻将牌，可作为休闲美食，可与苏州豆腐干媲美，深受老人、小孩欢迎。周顺兴还与竹匠商议，制作扁形竹礼盒，上面盖上一张红纸，纸上印有“马弄口蜜制豆腐干”字样，成为豆腐干礼品，销往浦江两岸。1957年以后，豆制品原料黄豆被纳入统购统销之列，周顺兴豆腐店被迫停业。

1984年初，松江豆制品加工场为了恢复传统豆制品生产，派专人走访寻找周家后裔和东门地区做豆腐老手，讨教制作马弄口豆腐干的独特工艺。经过一段时间的反复试制，仿制出具有马弄口豆腐干特色的产品。1984年3月在上海展览馆举办的市郊食品展销会上，博得了参观者的一致好评，与市区十三家商店和宾馆建立常年经销关系，畅销不衰，供不应求。后因企业体制改革，人员变动、经营不善等问题，马弄口豆腐干停止生产，成为松江人对著名特产的一种美好记忆。

伍

非遗传承篇

韩东冬

创原生态草龙舞　国家级非遗项目

松江叶榭原生态独特的民间祭龙舞龙祈盼丰收仪式，源于唐贞元六年（790），夏天大旱。水是生命之源，水稻离不开水，民以食为天，水稻是叶榭民众赖以生存的主粮，而古代生产力水平低下，靠天吃饭，人们经常求天降雨。相传，韩湘子生于叶榭敬花园（今属埝泾村），为八仙之一，途经家乡，从云中俯视看见乡亲父老焚香点烛，面向东海跪地叩拜求雨情景，为解救家乡父老脱离苦难，韩仙立马吹起神箫，召东海神龙降雨，久旱禾苗终于喜获甘霖。秋后丰收，乡亲们捐款重修“敬花园”，后改名为“敬花院”。村民韩东冬扎七节草龙，村长主持仪式，拜韩仙，感谢“吹箫召龙”的恩德；祭神龙，祈盼风调雨顺；舞草龙，庆祝五谷丰登。龙是中华民族的图腾，草龙舞极具特色，是富有创造力的艺术样式，隆重的祭龙仪式历来被视为研究龙文化和江南民间宗教文化的活化石。2008 年 6 月，叶榭舞草龙被列入国家级非物质文化遗产名录。

韩东冬（张光欣绘）

唐贞元六年（790）秋，敬花院内

立高大的龙王牌位，每年春节前夕庙场上都要搭祭台，举行隆重的祭祀仪式。司仪高呼：“开祭！”六只大渔鼓（后改为渔鼓、龙鼓各三只）各敲六响；六门长铳各放一响，共六响，在民间取六六大顺之意。“请神”时，清音班奏《请神曲》，一位扮仙人韩湘子的村民从大殿里取出“神箫”，另两位村民从龙位上捧出龙王牌位。司仪接着呼喊“请龙王”，由“韩湘子”吹箫引龙，龙王牌位出场，民众向“韩湘子”“龙王”三叩首，随后紧跟大龙旗和黄、白、青、乌四海龙王小旗队列，护送龙王牌位，后为韩东冬用丰收了的稻草扎成的九节草龙。龙王牌位安放就位后，“韩湘子”、草龙分列祭台两侧。一阵节奏明快的清音班乐曲和渔鼓声中，村长手拿毛笔、长老手捧“祭册”（册上书有祭文），肃然上场，后面有双手捧着丰收了的稻、麦、豆及猪、兔、羊、鸡、鸭、鹅、果品、蔬菜、美酒的壮士，还有手捧龙头糕、印花糕（又名时令花糕）、百花素、豆黄糕、八宝饭、元宝饺等花色自制糕点和手拿香炉、天香、蜡台、红烛、祭板的村姑列队走向祭台，献贡品、敬天香、点红烛。长老行叩拜礼后，上前点天香，然后宣读祭文；由村长点龙睛。全体村民向“韩湘子”行三拜礼，接着向“龙王”行大礼。礼毕，由村姑边敲打祭板、渔鼓，边唱颂歌，颂扬韩湘子与龙王恩德，祈盼年丰安康。

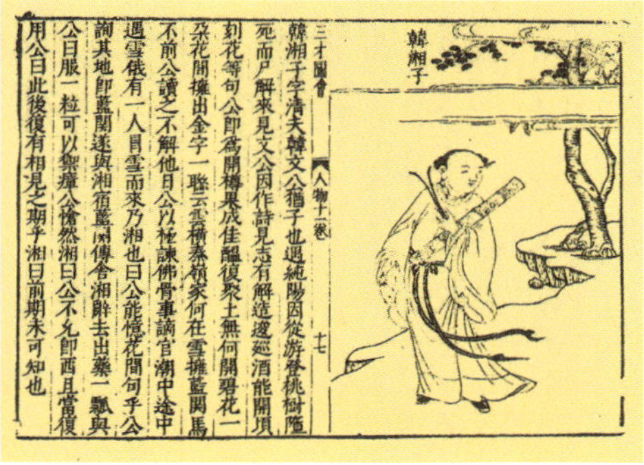
韓湘子

三才圖會　人物十一卷　七

韓湘子字清夫韓文公猶子也遇純陽因從游登桃樹墮死而尸解來見文公因作詩見志有解造逡巡酒能開頃刻花等句公即爲開樽果成佳醖復聚土無何開碧花一朵花間擁出金字一聯云雲橫秦嶺家何在雪擁藍關馬不前公讀之不解他日公以極諫佛骨事謫官潮中途中遇雪俄有一人冒雪而來乃湘也曰公能憶花間句乎公詢其地即藍關遂與湘宿藍關傳舍湘辭去出藥一瓢與公曰服一粒可以禦瘴公惙然湘曰公不久即西且當復用公曰此後復有相見之期乎湘曰前期未可知也

韩湘子（《三才图会》）

草龙龙头（《舞草龙》）

草龙

祭祀礼毕，六只大渔鼓再次敲响，清音班奏乐，壮士边吹动物口技，边模仿鸡的尖跳步、鸭的掌踏步、鹅的矮摇步、猪的傲行步、羊的直奔步、狗的旋

草龙求雨仪式 祭祀

草龙求雨仪式中的敬香（《舞草龙》）

草龙求雨仪式中的点睛（《舞草龙》）

转步、兔的后蹬步等，跳起生动雄壮的“祭天舞”，村姑手拿水桶和泼水竹洒，边敲木桶，边泼清水，边跳“求雨舞”。一声悦耳的箫声中，身穿古袍的“韩湘子”，挥动长箫上的彩须球引龙上场，舞龙人上身穿对襟短衫，下身穿灯笼裤，腰束黄带，头戴雨笠，肩披蓑衣，脚穿草鞋，挥龙起舞。以祭祀为主的草龙舞，分为“祷告”“行云”“求雨”“翻尾”“取水”“降雨”“滚龙”“戏箫”“欢舞”“盘旋”“告辞”“返宫”等段式进行表演；几名伴舞壮士，将藏在蓑衣里的竹制水枪，从龙头下一齐将水枪管里的清水射向天空，称“龙取水”。数名村姑手提木桶，边跳欢快的丰收舞，边将木桶中的水不断泼向村民，意为“泼龙水”，被泼到“龙水”者为吉利，在小渔鼓（后用滚灯）等轻快伴舞中，村民纷纷争着让村姑泼水，将草龙舞推向高潮。舞毕献竹匾，一献“韩湘仙圣”匾，二献“蛟龙得水风调雨顺”匾，由韩东冬等制匾人将匾高高地挂在敬花园里。

叶榭彩灯于西汉从扬州传入，唐代每年正月十五已有展灯观灯的风俗。街衢广场扎彩牌楼，挂马灯、花灯、鸟灯等百灯，地上插地灯，商店点天香，敬天地，预祝丰收、财旺、吉祥。明万历《叶谢（榭）志》载：唐贞元八年（792）敬花园村草龙舞参加叶榭举办的新春元宵活动，众人注目，灯会活跃。唐大中十三年（859）叶榭草龙舞参加松江城内唐经幢落成典礼，草龙拜经幢上祥龙后，绕经幢三圈，以表敬意。

龙的传说由来已久，中国人都把自己看作是炎黄的后代，龙的传人。松江叶榭民众也不例外，把自己作为龙的传人，并且对龙有特殊的信仰和崇拜。相传唐代敬花园民众在祭天求雨时，听见隆隆雷声，抬头仰望天空，狂风劲吹，乌云滚滚，似云龙飞驰，他们以丰富的想象力将龙描绘成能够呼风唤雨，上天入海，法力无边的吉祥庆瑞神兽。

韩东冬生于唐乾元二年(759)，叶榭敬花园人，第五代竹制品巧匠，除善制生活、生产竹器外，还能制作蚂蚱、蜻蜓、青蛙、兔、鹿、鹰、羊、蝉、公鸡、金鱼、蛇等动物玩具，生动活泼，栩栩如生。当他在祭龙求雨时，抬头看到乌云中似云龙飞奔，好像一条头似牛、角似鹿、眼似兔、齿似马、须似羊、身似蛇、鳞似鲤、爪似鹰、尾似鸡的腾飞大龙。他用刀、钳、锯、锤、针、线等工具，采用编、插、穿、削、锁、扎、套、嵌、缠、绕、挂、剔、镶、透、镂等十多种复杂的工艺技术编扎草龙。龙外部以稻草为主，制作龙衣；龙内部以山竹(粗壮土竹

昔日求雨图（朱荫能绘）

求雨舞（《上海民间舞蹈》）

舞龙人动作行云（唐西林绘）

舞龙人动作求雨（唐西林绘）

舞龙人动作翻龙尾（唐西林绘）

舞龙人动作取水（唐西林绘）

舞龙人动作滚龙（唐西林绘）

叶榭舞草龙

《龙戏图》(汉代画像石)

竹编草龙龙头
(《舞草龙》)

《百子图龙灯胜会》(年画)
藏上海图书馆

名)为骨架，支撑龙的活动。竹林边大树上的树杈用作龙角，宽竹片增白后做成锯齿形龙牙，小竹编球包绸布作龙眼，用优质苎麻线连接圆形竹环变龙身，韧性很强的篾竹作为舞杆柄。草龙口旁有须髯，颌下有响铃，喉下有鳞片。龙头似牛，这是叶榭村民对牛的特殊情感，“牛是农家宝，种田不可少”，牛吃的是草，干的是农家顶梁柱农活，任劳任怨，默默地无私奉献，叶榭人感恩牛，于是把立春之日定为“春牛节”。鸡是远古先民最早驯养的家禽，也是十二生肖中唯一的禽类。古代叶榭人每天鸡鸣而起，日落而归，鸡是亲密的朋友，因“鸡”与“吉”谐音，自古以来鸡被视为吉祥象征，深受人们喜爱。叶榭房屋脊上装饰物叫“哺鸡头”，就是金鸡报晓的形象。草龙最初用牛头、鸡尾的原因可想而知，同时也体现了叶榭草龙的原创特色。

随着历史的变迁，草龙尾被扎成孔雀尾，也有人将龙尾说成虚幻的凤尾，甚至还在草龙中加了“虎掌”，扎成十像十不像的神兽。叶榭人还将龙貌诠释成牛勤劳、鹿长寿、羊善良、马勇猛、兔聪明、蛇灵活、鲤吉祥、虎威严、鹰果敢、鸡健美等大集合吉祥物。叶榭草龙由韩东冬创制，为原汁原味，极具本土特征，经历代继承

草龙制作工艺（《叶榭镇非遗》）

和发展成为弥足珍贵的民间智慧结晶。民以食为天，万物谷当首，草龙被推为群龙之首，叶榭人称为老龙。草龙具有民族文化、宗教文化价值，草龙还有民间手工艺、民间美术、民间鼓乐、民间杂技、民间舞蹈等多项中国民间艺术，又具有很高的手工艺术和文化艺术价值。草龙舞充满了吉利及祥和，增添了喜庆和欢乐，是叶榭民众娱乐的重要组成部分。千百年来，龙在炎黄子孙心目中有着至高尊贵的地位，传承弘扬龙文化，具有很大的历史和现实意义，对提高民族凝聚力，激发人们爱国热情有着不可估量的影响和作用。

唐　音

东江丝竹乐器　竹子原声音乐

丝竹是中国传统民族弦乐器和竹制管乐器的统称。丝指弦乐器，竹指管乐器。华亭叶店（叶榭别称）丝竹音乐，最早叫清音乐，唐代建中年间（780—783）由叶榭东村唐音制作丝竹乐器，谱奏《清音》曲逐步形成。唐音陆续研制的管乐器有笛、箫、笙、竹排、竹板、响竹，弦乐器有二胡、打琴、三弦等，并自发组织乐队，调丝弄竹，饭后茶余、农闲相聚，或为婚娶寿庆、庙会、节日吹奏弹拉助兴。这种乐班称“清音”班，影响松江浦南地区。当地俗称“东江丝竹”。东江丝竹后归类江南丝竹，2011年4月，江南丝竹被列入松江区非物质文化遗产名录。

唐音（周洪声绘）

唐音是远近闻名的竹匠，除加工生活生产用具外，还为叶榭盐廒生产芦苇盐包。夜晚盐廒内灯火辉煌，他偶尔看见歌舞表演，听到美妙的音乐，尤其被那些新奇的乐器深深地吸引。他也用竹片做成竹响，像口哨似的吹奏。唐音前往叶榭镇途中经过一条小河，河边有一片三里长的大竹园，园内种植大依竹、燕笋竹、篾竹、哺鸡竹、山竹、苦竹、乌斑竹、佛肚竹、楠竹、紫竹等竹子，小河水面上飘落了许多竹叶，清水绿叶，长达数里，因而小河得名竹叶浜，河旁村落呼为竹叶埭。大竹园旁住着一户姓叶的人家，

20世纪90年代叶榭杨典村竹叶埭

生有二儿一女，女儿叫叶清，生得秀美，是个刺绣好手。叶榭每年农历正月十五元宵节举行盛大灯会和庙会，并进行物资交流。唐音挑着精美竹器，前村叶清提着特色绣品去叶榭集市交流物品，两人相遇，经人介绍相识，郎才女貌，彼此十分欣赏。时到夏天，两人约在大竹园里会面，以避乡人，常在园中更换约会地点，园大傍晚两人难找，林清用唐音送给她的吹打竹乐器竹排为密号，唐音吹竹响为密音，竹响声音细腻柔和，如少女私语，吹得婉转时，很能表达初恋少女的复杂微妙之情。但风吹竹叶沙沙声，鸟儿归巢鸣叫声，常使两人听不见密音，迷失寻找方向，浪费了许多约会时间。唐音想到叶榭盐廒里的美妙器乐，用竹子做了一支竹笛，笛声响亮，清脆悦耳，别具特色，并自编一首曲子叫《清音》，该曲简练、流畅、抒情、轻松、欢快，深深吸引了叶清。

唐音、叶清竹笛牵线，竹林密会，经德高望重的长辈提亲，双方父母同意，择日完婚。两人期盼举办一个隆重而别致的婚礼，待春暖花开，雨后春笋茁壮生长时，举办了竹笋宴，抬着披有大红绸缎的青竹轿，奏响竹器迎亲乐，两人结为夫妻。古人将竹子说成是："根植大地，渴饮甘霖，未出土时便有节。枝横云梦，叶拍苍天，及凌云处尚虚心。"为此竹子扣动了唐音的心弦，他仍以竹编为业，闲时专注制作竹乐器，谱曲给叶清听，并组织清音班演奏，两人生活过得像竹子那样节节高。

《江南丝竹》（徐震时绘）

笛子是松江叶榭古老的横吹乐器，也是乐器中最具代表性和民族性特色的吹奏乐器，笛子与二胡又同为主奏乐器。唐音制笛作为爱情信物，情感交流物之一，用心制作。他首先选好竹材，选用老而坚实的竹子，其次竹节要小而长，表面圆而平整，两头粗细相差不大，再按笛子长度锯成节。然后打通内节，削平竹节内外，并

《丝竹响春》(钱炳荣绘)

竹园

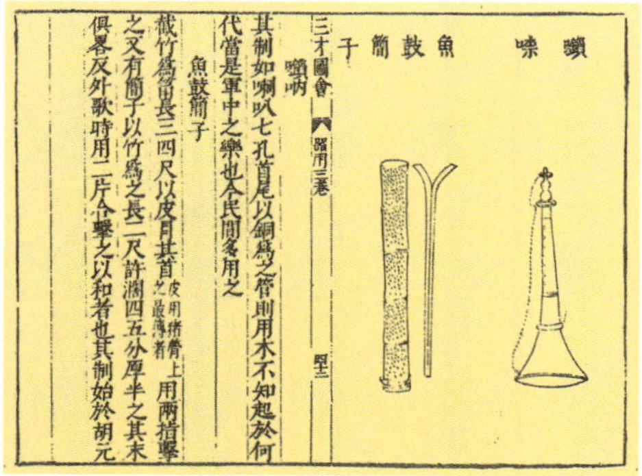

鱼(渔)鼓简子(《三才图会》)

要尽量使表面光滑，竹皮粗糙的要刮去一层薄皮，更使外形美观。笛孔尺寸决定调子，竹子长短粗细同样决定笛子的声调。挖孔是做笛子过程中最重要也是最困难的工作，吹孔不能挖得太大，挖了两个音孔后吹一吹，听一听，看看筒内音是否正确。唐音经几十次试音，感到竹质、粗细、音孔大小、距离对音质有很大影响，他反复选竹，挖孔定孔距，昼夜试制，用了几十根竹子，逐步定音，然后又反复细心校对与检查，最后上漆(油)成笛。

唐音爱音乐，知晓二胡在演奏中的重要作用，因此制作工艺十分讲究，用锯、锉、刮刀、铁钻等简易工具，把内径10厘米的山竹作为琴筒，用优质长桑蚕丝做琴弦(不能用柞蚕丝做琴弦)。用马尾和细竹竿做琴弓。琴杆又称立竹，多用生长年限较长，竹节较多的乌斑竹制作，较粗的竹根部位作为琴头，琴杆上端随竹节自然向后弯曲，呈锥形倒向插入琴筒中。琴筒板正中置琴马，按两条较粗的丝弦，琴筒上蒙有蛇皮。琴筒与琴弦是二胡的重要发声体，其质量的优劣，直接影响到发音效果。唐音经反复试制调音演奏，在长时期使用中慢慢磨合定琴。

唐音制竹乐器，谱写欢乐曲，又与小伙伴组织竹器小乐队，奏“清音”曲，将乐队呼为“东江清音班”，因东村近黄浦江，叶榭人将黄浦江自然江段视为古代东江，又以“清音”作为特色乐班曲，故名。清音班里还用了一件特殊的竹管乐器——渔鼓。相传渔鼓为吕洞宾送给韩湘子的一件竹制乐器，韩湘子生于叶榭敬花园村韩东家中，夫妇俩喜得贵子，万分高兴，孩子满月摆酒席，全村道贺。但是孩儿日夜啼哭，韩夫人抱着孩儿边走边唱："天汪汪，地汪汪，我家有个小儿郎，一夜困到大天光……"孩儿哭得更厉害，夫妇俩手足无措。一天，只听得村口有人拍着渔鼓，唱着一阕《桂枝香》道情，经过家门口，那孩儿听得渔鼓声，就不再哭了。渔鼓声渐渐远去，又哭了起来。韩夫人急忙追上这位道人，请师父到家中，敲一番渔鼓，唱一曲道情，并与孩子见面，孩儿啼哭变笑，使韩东夫妇十分感激，便问道人尊姓大名，道人曰："人人唤两口先生，便是我的姓名了。"接着夫妇俩请两口先生为孩子取名，两口先生应允道："我从湘江走来，那烟水滔滔，万年不断，最为长久，令郎取名韩湘，小名叫韩湘子，盼他似湘流不断，长命康宁。"离别，两口先生将刻有"纯阳子"三字的渔鼓送给韩湘子，"纯阳子"即八仙之一吕洞宾。这就是渔鼓与叶榭的缘分。明王圻、王思义编集《三才图会》中载："鱼(渔)鼓简子，截竹为筒，长三四尺，以皮冒其首，皮用猪背上之最薄者，用两指击之，又有简子，以竹为之，长二尺许，阔四五分，厚半之，其末俱略反外。歌时用二片合击之以和者也。"唐音制作渔鼓，并吟唱叶榭《渔鼓歌词》：

竹笛

渔鼓

叶榭江南丝竹乐队

渔鼓一根竹，砍来做成鼓。
家在敬花园，抱鼓游九州。

叶榭清音班乐器中加入渔鼓，在竹器音乐中增加了清越、高亢、风趣的说唱，使乐班更活泼、更有生气，这种人们喜闻乐见的原生态表演形式，深深地扎根在民众之中，风靡一时。

陆　清

巧创迎亲水生舞　大型灯舞献禹帝

松江叶榭是典型的江南水乡，北靠黄浦江，域内河浜密布，水资源十分丰富，孕育了体现水文化特色的大型灯舞——水生舞（又名水族舞），2007 年 6 月，水族舞被列入松江区非物质文化遗产名录。唐宝历元年（825），水生舞由陆清创制，因模拟鱼、虾、蟹、螺、蚌、龟、鳗、水花、水草、水鸟、水虫、水兽等水生动植物而得名。陆清从小跟着祖父学习竹艺，但他更爱水乡的水生动植物，常抽闲跟着渔船漂荡在家乡水网中，享受着渔业丰收的喜悦，品尝到河鲜的快乐，陶醉在水中动植物的美景中，便产生了一个竹制水生动植物道具的梦想。叶榭流传着一个陆清用水生舞参与迎亲的故事。

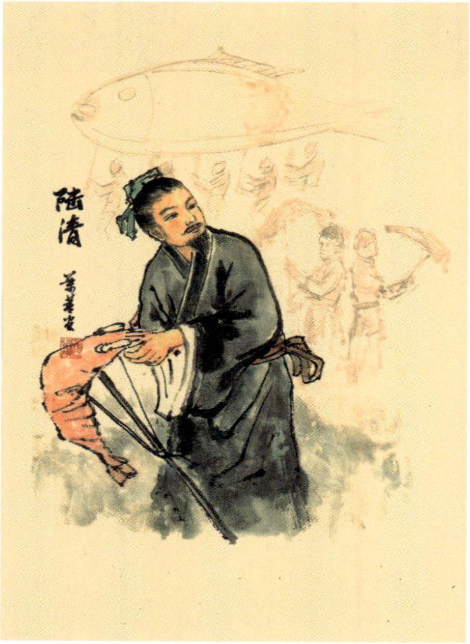

陆清（叶菁绘）

陆清家住黄浦江畔，叶榭漯水渡旁陆家埭，竹匠世家，学得一手好竹艺。22 岁那年，他从华亭县城卖竹制品回家，顺便买了一些生活用品，自漯水渡乘船刚上南岸，从渡口凉亭前三官堂庙门外传来水产品叫卖声，越亭前往，被放在地上鱼篮中跳跃的虾、横行的蟹、摆尾的鱼、探头的螺、吐水泡的蚌等水产品吸引，他目不转睛地察看着鲜活水产品的各种动态。卖鱼女好奇地看着少男问："新鲜水产要哇？"轻声细语的问话使陆清抬起头，看着美貌少女答道："篮内水产全要，能帮助送回家吗？""你家远吗？"少女拎起鱼篮问。陆清用手指着烟囱里正在冒烟的屋说："我家就是那幢正在烧饭的房屋。"两人走到门口，陆清的父母看见儿子带着一个美少女回家，高兴地迎少女进屋。陆清付钱买水产品，其父母方知少女是个渔家女，三人邀请渔家少女吃饭，她转身要走，说父母等她买米下锅。陆清马上将家里的一袋大米送到渔船上，可谓救了燃眉之急，少女父母见陆清送米到家十分感动。两人几次来往，陆清方知少女21岁未婚。年轻男女双方一见钟情，两家父母也非常满意，不久，就定下了这门婚事。迎亲那天，男方家带领迎亲队去女方家，迎亲队伍中除了花轿、乐队等外，还有一支特殊的迎亲队，那就是由陆清亲手制作的彩灯队，有螺灯、蚌灯、蟹灯、鱼灯等组成，他们边走边唱边跳，十分热闹；该队行进中还有荷莲绽放、水草漂流、蜻蜓滑水、鸬鹚（松江人叫摸鱼公公）捕鱼等新颖独特的行街表演，吸引了沿途民众。水生舞队参与娶亲尚属首次，轰动四邻八乡。

黄浦江边扳罾网

《水族舞》（李泉明绘）

虾灯舞（唐西林摄）

水生舞道具用竹子扎成水生动植物形状，外贴白布，沿口用针线缝上，布涂动植物相应的颜色，形态逼真好看，表演时或顶在头上，或背在背上，或握在手里，用拟人化手法，戏剧性展示。陆清为使水生动植物道具具有更强的韧性、牢固、轻盈，表演时更生动活泼，选用最好的篾竹为主料，动植物外形采用竹子最外边一层青皮薄片，劈下后叫篾青，韧、薄、轻，质量最佳。劈篾是工匠

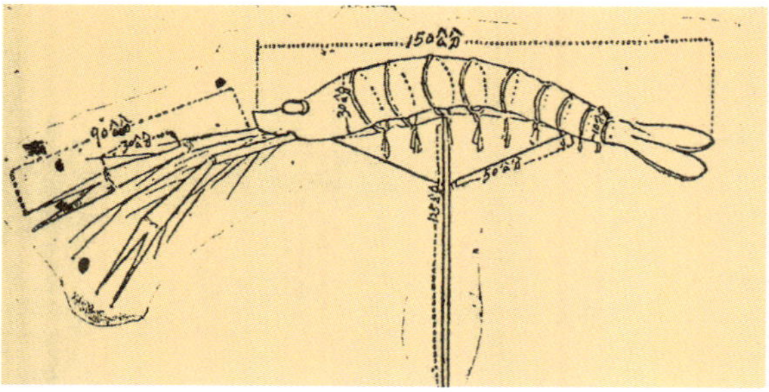

虾（唐西林绘）

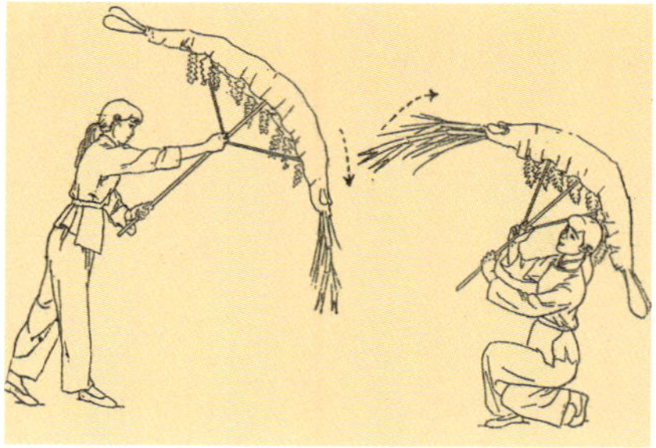

双人虾灯（唐西林绘）

展虾（唐西林绘）

的基本功，需劈出细长均匀而平滑的篾条。破篾时竹料搭在左腿上，左手握篾条（竹条），大拇指抵紧向上推，右手握刀对准篾皮下压；遇有竹节时，左手大拇指按住竹节，右手刀口向内劈剜一下顺势通过。劈出的篾片、篾条，还要用铜刀和刮刀加工后备用。要使灯彩动物活起来，先要了解该动物。如虾胸部有十足，第一、二对变成了细长的螯肢，尤其是第二对更长，后三对步足，用以爬行，虾腹部特别发达，腹部还长了不少扁短的腹足，以便游泳等；尾部成扇状，能击水以避敌追逐。根据虾的特点，用竹篾片扎成虾架子，用布按形包缝，布上画成虾壳形。虾头、虾尾各装一根细竹，连接在竹竿的活动钮上，在虾头上用粗细不同、长短不一的细篾竹装虾须。活动钮即用一段山竹比虾杆大一圈，套在外面，做成凹形，两边打两个洞，用线缠在虾的横杆上，上下拉动外套的山竹段，头、尾、脚、须均能摆动，使虾活起来。

蟹胸部有五对胸肢，第一对成大螯，还有四对步足，螯足都有绒毛；且足关节只能下弯，不能前移后退，只能对侧前进，横行爬动。制蟹灯先用竹篾扎成架子，用布包上缝好成蟹形。蟹脚分成四段扎成，然后用麻绳扎住连在一起，每只蟹脚第二节上扎一根线，线的另一端扎在竹板上，上面穿四个洞，线从洞内穿过扎牢，让蟹灯套在表演者头上拉动蟹脚线，让蟹八只脚全部动起来。

田螺中有瘦高个子、矮胖个子等，陆清按田螺形状，做成若干只大小不同的圆形竹箍，先用几道绳子将竹箍连起来做成长田螺，外面包白布，画一道螺圈，竹螺圈内两侧上中部装两根可控制螺圈的竹片，让下部螺圈自由舞动，并

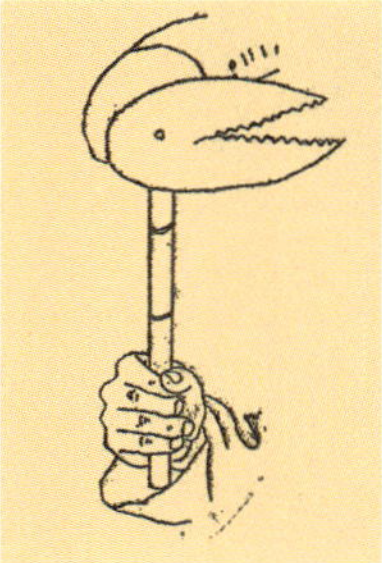

蟹螯（唐西林绘）

蟹走横步（唐西林绘）

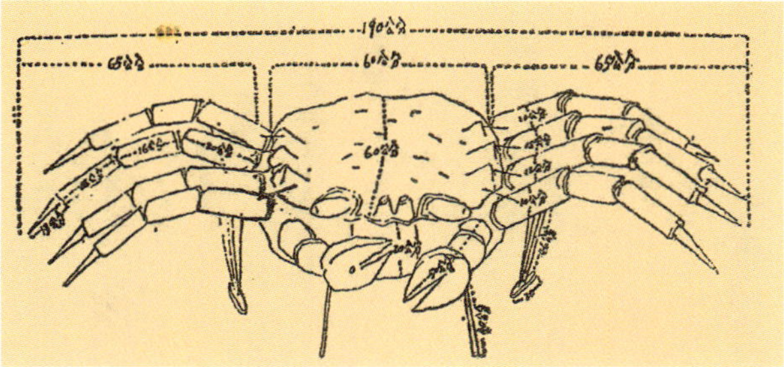

蟹（唐西林绘）

在螺底圈竹箍两侧系两根绳，女表演者在螺内可用左右手控制，向上拉时，可变成胖田螺。螺姑娘头戴螺盖，演出者可将头伸出螺外，也可藏头变化多端，舞动优美。

河蚌壳有三层，外面角质层容易磨损，中间那层叫棱柱层，十分坚硬，内层闪光发亮是珍珠层。蚌灯主要道具是蚌壳，用竹编成长圆形两爿，外贴白布，布涂灰青色或褐色，壳上画蚌纹，蚌口外沿缝上绿色荷叶边壳须衣，壳内贴银白色布，并装上两只马铃。演出前，蚌姑娘把蚌壳背在双肩，人入蚌内，闭合开关，并吸收武术中基本技巧，刚柔兼用地表现。

鳗分六节，状似舞龙。四腮鲈鱼分三段编扎，布面涂色，中段一杆托身，头尾两段用竹片连接，表演者一手执杆，一手抽动两根竹片，鲈鱼头尾就会摆动。

叶榭民众在漯水渡畔建三官堂。三官信仰源于古代对天地水的自然崇拜，传说天官赐福，地官赦罪，水官解厄，民间将尧舜禹奉为三官。《尚书·禹贡》中记载："三江既入，震泽底定。"三江为松江（吴淞江）、娄江（浏河）、东江（有专家认为是古黄浦江自然段），"震泽"指太湖。大禹将三江水导入东海，使太湖水位稳定，得免泛滥成灾，使该地区民众生活安定，农业丰收，水生动植物丰富。大禹是治水英雄，禹受舜禅让继帝位，成为中国第一个王朝——夏的开国之君。叶榭民众感恩禹帝，在古黄浦江即东江边漯水渡口建三官堂举行祭祈典礼。农历十月十五是水官禹帝圣诞之日，叶榭民众自动聚集在三官堂前，参加隆重的水祭仪式拜谢禹帝，四乡民众怀着敬畏之心，虔诚地顶礼膜拜，祈盼三官赐福，

田螺灯舞（《叶榭志》）

蚌灯舞（《叶榭志》）

田螺表演
（唐西林绘）

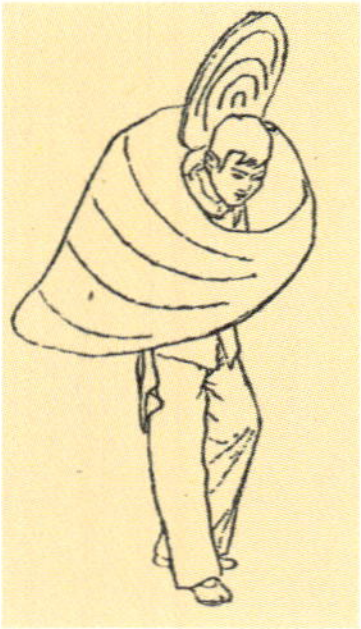

男舞螺人
（唐西林绘）

感谢禹帝治水，平安吉祥。

祭祀仪式结束后，陆清带领水生舞队表演，首篇为“大禹治东江”。接着一条八节大鲤鱼领先，八条鲈鱼、八只虾、八只蟹、八只龟，一条八节鳗出场，均取“逢八必发”之意。基本段式有“鱼勇士跃龙门”“蟹大王比武”“虾童子戏水”“螺姑娘招亲”“蚌仙人比美”“龟爷爷做寿”“鲈宝贝追浪”“鳗巨人赛游”。其间穿插表演有“荷莲绽放”“水草漂流”“蜻蜓滑水”“鸬鹚捕鱼”“鹤滩争鸣”“江豚窜浪”等，通过有分有合的不同舞蹈画面，展现丰富的生物、优美的环境、欢乐的人群。水生舞音乐采用打击乐，渲染气氛。陆清用水生舞反映美好的生活，同时感谢禹帝治水的功德。

水族舞

陈　山

竹编世家绝艺　创竹编球滚灯

竹编是我国传统的民间手工艺术，它以竹子为原料，精心编成各种造型的实用品、工艺品，其独特的匠思，精美的造型，精湛的工艺，堪称一流。唐代松江叶榭陈山利用竹子就地取材的自然条件和开裂性强、富有弹韧性、能编能织等特性，用简单的竹丝、竹篾编织出各式各样的生产生活用品和传统工艺品、体育用品，并且创制了足球、排球的雏形竹编球，后演变成彩灯、滚灯，传向华亭地区。2007 年 6 月，滚灯被列入松江区非物质文化遗产名录。

陈山（张新华绘）

唐乾宁间（894—898）浦江南岸叶榭北陈埭有一户竹编世家，其中有一人姓陈名山，因排行第三，故又称陈三。陈山竹编技艺超群，产品耐用，造型美观，价格公道，名望甚重。陈山有三子二女和三个媳妇，均以竹业为生。家似竹编作坊，生产家庭日常用具有菜篮、竹凳、竹椅、竹筛、饭篮、竹席、竹筷，生产工具有簸箕、梿枷、笠帽、鱼篓、鸡笼、竹筐，竹工艺品有花篮、竹盆、灯笼、竹编动物、笔筒等。全家从早到晚，整日辛劳。由于年久累坐少动，血瘀成疾。陈山用上好篾竹编制了一只圆形竹球，教子女玩耍，手抛头顶，借以活血，子女久玩病愈。于是当地竹匠纷纷效仿，均获舒经活血之益。小孩见奇，借球脚踢，乐而忘返。后用捕鱼提网放置一端，众孩于另一端各踢数球，以进网多者为胜，人多时分成两队，两端各置一网，踢进对方网中多的一队为胜。村民观者也奇，试玩甚乐，多玩成癖。后又增加玩法，竹编球用手抛，落而复抛，落地为输。后又改为双人对面接抛。人多时分两队对抛，中间架一绳，绳上过球有效，绳下过球叫“触绳”，球落地、不过绳和触绳队为输。因球为竹子编成，故称“竹编球”。

陈山竹业兴盛，名传四方。陈氏业大家大，养子添孙，人丁兴旺，大孙子学着用竹编球踢、抛、扔，小孙子哭着要陈山做大竹编球滚着玩，为了使小孙子玩得开心，陈山在大竹球中做了一个小竹球，而且还包了一块红绢布，在小竹球内放了一个铜铃，滚大球转小红球，还发出好听的铃声。大孙子见后上前抢着玩，举起大竹球，耍动小红球，十分好看。小孙子哭着向陈山告状，大孙子只好将大竹球还给弟弟玩。但要求陈山给他做一只更大的竹球，球内还有两只小竹球。陈山看着孙子们那样喜欢玩竹编球，连夜赶制了一只1.6米直径的大竹球，里面放了一红一绿两只小竹球和两只铜铃。大孙子清晨见到一只十分漂亮的大竹球，高兴极了，到处串门，向小伙伴们展示，耍弄特大竹球，铃声叮当引来许多小伙伴，一会

竹器编织

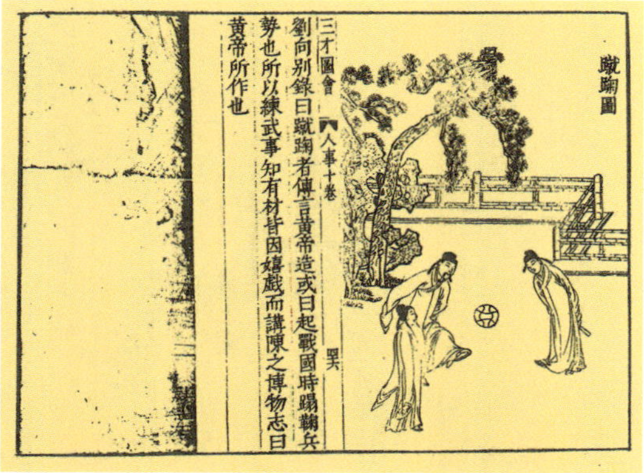

蹴踘圖

三才圖會 人事十卷 四六

劉向别錄曰蹴踘者傳言黄帝造或曰起戰國時蹋鞠兵勢也所以練武事知有材皆因嬉戲而講陳之博物志曰黄帝所作也

《蹴鞠图》(《三才图会》)

儿用双手耍，一会儿用手在地上推。这时有一个顽皮男孩，未经主人同意就爬上特大竹球，表演金鸡独立，大家拍手称好。大孙子见状，用双手轻轻向前推动，男孩在球上移动几步，便摔了下来，大家哄堂大笑。秋去冬来春节到，合家团圆吃年夜饭，为庆祝一年竹业丰收，预祝明年竹业更兴旺。陈山为每个孙儿、孙女、外孙各做了一只配有烛光的竹编球，球上扎一根红丝带，十分喜庆，在场地上舞动，接着一只围着红色绢布，底下点着蜡烛的特大竹编球，由两个儿子抬出，似一只大红灯笼，喜气洋洋，两个女儿拿着一副对联：

20世纪90年代叶榭陈家埭

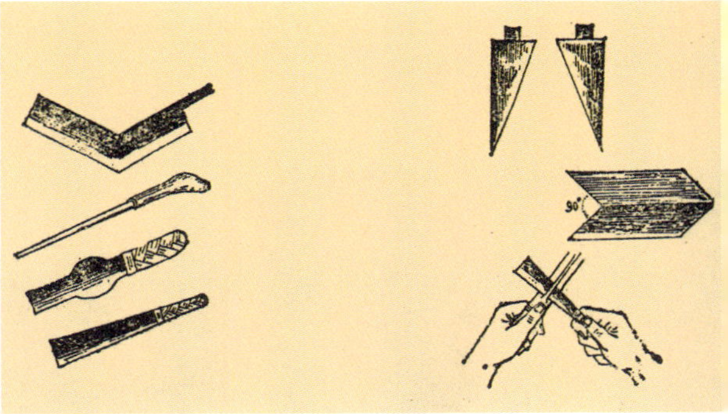

劈竹篾条主要工具

满堂和顺庆平安

合家欢乐迎百福

由大儿子先在大门上方贴“新春大吉”横批，然后将对联工整地贴在大门两侧。陈山高兴地说：“家和万事顺，陈家百年兴。”全家舞动竹编球，高高兴兴过大年。这就是滚灯舞的最初形式。

滚灯逐步演变为一种集舞蹈、杂技、体育于一体的活动项目。叶榭竹滚灯有大小三种规格，大滚灯直径1.6米，最大的2米；中滚灯直径0.6米或0.9米；小滚灯直径为0.26米、0.36米、0.46米不等，均用十二根竹片条扎成，外形以六角形、三角形图案均衡排列组成，各种规格滚灯均有外球和内球，大球内小球外包红绢称文灯，包黑绢称武灯，晚上球内点燃蜡烛，竹制大小球均能滚动，故称“竹滚球”，表演时配以各种舞蹈动作，遂成“滚灯舞”。该舞可由一球多人表演，也可以大小多球集体表演。大竹球表演者一般为男子，小

竹编制作场景

叶榭竹编部分产品

竹球表演者一般为女子，表演基本动作有跳、滚、爬、窜、举、推、提、晃、转、叠、旋、舞、跃、腾、甩等多种肢体语言，表演名目有：五梅花、翻塌饼、跳鞍马、双脱轨、日落西山、金猴嬉球、鹁鸪冲天、鲤鱼卷水、蜘蛛吐丝、白鹤生蛋、倒立滚球、叠垒高转等。滚灯舞表演精巧惊险，男女合演动作优美，体现了历代叶榭民众期盼风调雨顺、人畜兴旺的意愿，展示了先祖纯朴的民族精神。

陈山用一双巧手，使用篾刀、刮刀、匀刀、小锯子、夹子、锤子和竹尺等竹编工具，在以经纬编织法为主的制作同时，又使用穿插疏编、插、穿、削、锁、钉、扎、套等技法，具体工艺流程大致分为：采竹，是竹编的基础，大件竹器选用粗壮年岁长的竹子，编织精细的竹制品选用细嫩的竹子等。备料，先要破竹、锯竹、剖竹，将篾条按规格大小均匀束成一捆。加工，浸泡或蒸煮、火烤、烟熏、染色篾片，使篾片增强柔韧性、坚韧度并提

陆品琳

升色彩。编织，分为起底、编型、锁边等，起底是编织的关键，编型要求做到眼到、手到、心到，编器要求不露丝头、不起绞线，保持经纬匀称。编织法有密编、细编、疏编等方法。锁边，用细小柔软如发丝的竹丝穿插、捆扎、拉扯、紧勒、打结，将竹制品的边沿部位固定好，是竹器美观大方的重要收尾工序。陈氏竹编世家绝艺代代相传，不断发展，创造了破经编、换经编、浸泡编、浮雕编、漏花、别花、贴花等方法，在五代十国时期，陈氏生产的竹编工艺品为吴越国贡品，蜚声遐迩。2013 年 5 月竹编也被列入松江区非物质文化遗产名录。尤其竹编球逐渐发展成为叶榭独特的民间体育活动项目。宋元竹编球活动大兴，明清时期更盛，玩球者众多，村妇也参与其中。农闲时各村好手赛球，有“顶球”“转球”“抛球”“踢球”等形式的单人赛和团体赛，观者云集，壮观热闹。清末皮制球类问世，竹编球渐衰，但足球运动不衰，民国时叶榭足球运动更加兴旺，出现了中国足球球王陆品琳。他生于 1890 年，叶榭镇人，少时喜爱竹编球，常与小伙伴踢球。1904 年得南洋公学网球锦标赛冠军。他擅长足球，踢左前锋、中锋，控球力极强，盘球之间，仿佛

滚灯舞（《叶榭志》）

脚有磁性，射球颇准，进攻能掌握全面，指挥若定，驰骋球场，为全队之统帅。他带领南洋足球队曾多次与英国驻沪海军足球队比赛，各有输赢。南洋球队又远征镇江、南京、安庆、九江、武汉等地，所向披靡，闻名全国。《足球一百零八将》载：“陆君为民国初年之大将，有上海足球大王之称。”因其球艺高超，当时被公认为全国球坛“一百零八将”之首。《球王本记》云：“膺球王之尊号者，乃初属陆品琳，亦我国之第一任球王也。”民国初年，叶榭镇青年见叶榭盐廒稽核所英国人职员经常踢足球，他们也组织了一支足球队，常在关帝庙前广场与田间习球，球艺有所长进。然与稽核所英人队比赛之皆输，众不服，偷闲苦练。适逢荣称我国第一代球王的陆品琳回叶榭，经陆球王亲教示范，叶榭青年球艺大进，与英国人队比赛胜多输少，士气大振，民众雀呼。一时叶榭又掀起一股踢足球热潮。20 世纪 30 年代初期，叶榭建有六支足球队，节日或农闲时球赛不断。后因日军侵华战事打响而停止。叶榭滚灯历代传承，不断发展演变，并赴奉贤等地表演传授，成为名震四方的非物质文化遗产项目。

滚灯表演

朱　鹤

自华亭迁嘉定　三代竹刻开派

清嘉庆《松江府志》载："朱鹤，字松邻，从华亭徙居嘉定。高雅有才名，为陆祭酒深坐客，精雕镂，图绘之技。"（明代徐永禄《思勉斋集》）清代毛祥麟撰《墨余禄》卷十五载："练川朱氏，其先本新安人，宋始迁松郡。有名鹤者，始分居于疁（注：练川、疁均为嘉定别称），鹤字松邻。"《嘉定县志》记载："明正德嘉靖年间，以雕镂为业的朱鹤（字子鸣，号松邻），由华亭（今松江）迁居嘉定。朱氏以刀代笔，以竹当纸，融雕镂玉石之技和书画之法为一体于刻竹，始创以深刻为特点的嘉定竹刻。其子朱缨（字清父，号小松），书画全能，刻竹师承家法，有出蓝之誉。所刻古仙佛像，可与吴道子的画媲美……朱鹤之孙朱稚征（号三松），善画远山淡石，丛竹枯木，尤长画驴，刻竹更胜父祖一辈。"朱松邻、朱小松、朱三松祖孙三代的竹刻，以深刻法作高浮雕、透雕的朱氏竹刻法著名于世，并奠定了嘉定竹刻艺术的基本品格，其竹刻成为百世艺术珍品。2006 年 5 月，嘉定竹刻被列入国家级非物质文化遗产名录。

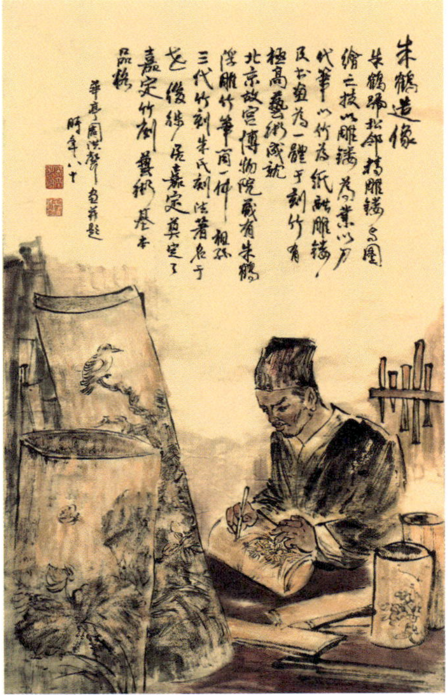

朱鹤（周洪声绘）

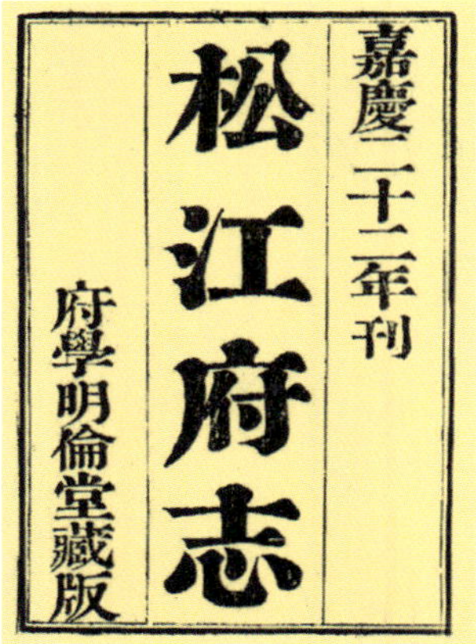

嘉庆《松江府志》

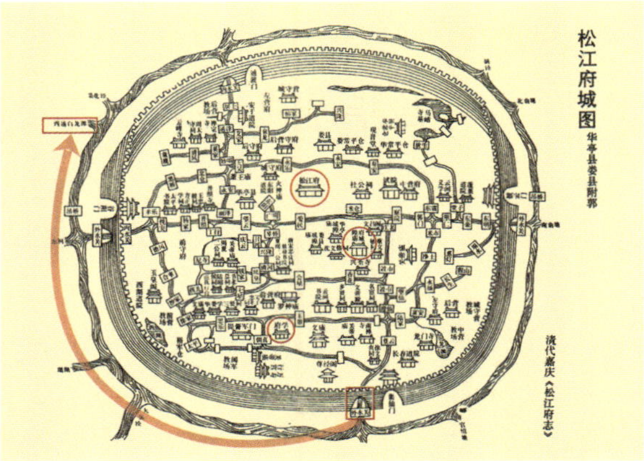

《松江府城图》

嘉定古镇

竹刻基本分两种，茎雕与根雕。茎雕一般作笔筒、香薰、臂搁等，工艺较复杂，取毛雕、浅刻、深刻、留青、浮雕、透雕等。明代竹刻从艺术风格上分为两大流派，一派是以朱氏“三松”（朱松邻、朱小松、朱三松），即祖孙三代创造的以刀代笔、以画法刻的朱氏深刻法；另一派是以金陵（南京）李文甫、濮仲谦为代表的浅刻法。根雕通常作立体的圆雕，题材多为人物、神兽等，还经常巧用根部的瘤节、卷须式的小根等。朱氏三松竹刻是我国工艺品百花园中的一枝奇葩。竹，质地坚韧，枝干挺拔，亭亭玉立，四季青翠，凌霜傲雪，备受朱鹤喜爱。竹集坚贞、刚毅、挺直、清幽于一身，寓意吉祥富贵、节节高升、平安永恒、虚心高雅，被文人们称为高尚品德的象征，也深受朱氏三松等人赞颂，他们爱竹、画竹，能以笔法运刀法，用画法来刻竹，勇于创新，技术精湛，制作雅致。

朱鹤，明正德、嘉靖年间人，字子鸣，号松邻。朱氏祖籍新安（今安徽歙

明朱松邻《五子戏弥勒》竹刻

明朱松邻松鹤笔筒

明朱松邻松鹤笔筒

明朱三松寒山拾得像

县），南宋建炎年间迁居华亭，从朱鹤始迁嘉定。少年时随松江广富林人曹时中习《六书》，得古篆不传之秘。曹时中初名曹节，字时中，号定庵，生于明宣德七年（1432），卒于明正德十六年（1521），明成化五年（1469）进士。曾授刑部主事，历刑部郎中，云南佥事，迁浙江按察副使，浙江海道副使等职。朱鹤工诗赋，精绘画，通古篆，能刻印，精雕镂。他能在方寸之间刻山水、人物、楼阁、鸟兽等，无不因势象形，出人意外，为一时良工所不及。他所刻笔筒、香筒、杯、罂诸器皆精致，尤以簪、钗等饰物被人视为珍品，争相求索，一时声名骤起，竟直呼其所制簪、钗为“朱松邻”。王鸣盛《练川杂咏》有“玉人之鬓堆鸦处，斜插朱松邻一枝”之句。清代宋荔裳作《竹罂草堂歌》谓“练川朱生称绝能，昆刀善刻琅玕青。仙翁对弈辨毫发，美人徙倚何娉婷。石壁巉岩入烟雾，涧水松风似可听”。清乾隆帝题其所作《西园雅集图》笔筒，有“高技必应托高士，传形莫若善传神”句，倍加赞赏。北京故宫博物院藏有朱鹤浮雕“海棠花”竹笔筒一件。南京博物院藏有竹刻“松鹤”笔筒一件，是利用竹筒表现一枝劲松，上面盘旋曲折生出几节小枝，枝间伫立一对仙鹤，相互呼应，画面十分幽静，松干的表皮斑纹和节疤，刻得细腻逼真，特别是松针纤细如毫，虽重重叠叠，却层次分明，枝干剔透，疏密匀称，整个布局处理得十分妥帖，加上纯熟的刀法，充分体现了竹刻艺术的杰出成就。他还著有《松邻印谱》等。

朱鹤子朱缨，字清父，一字小松。擅长绘画，书法善小篆、行书、草书。他从小随父学习竹刻，深得家法。尤其善于竹根雕刻，依形成型，取法自然，别出心裁。擅用香木、象牙、竹节、树根雕成仙佛像，见者惊为神工，有人称赞他得吴道子绘画之精灵。他仿古画叠盆景，假山迂曲盘折，技艺高超。朱缨为人好酒使气，蔑视权贵，意气奔放。他常光顾酒家，常人往往能轻易得到他的竹刻制品。而当时嘉定县令慕名请他去衙门竹刻时，却遭到他的拒绝，县令发怒说："我将使你破家亡财。"朱缨诙谐地回答："我无家产，何惧破家。"河南徵王也派人带着银子，想聘他到王府制作竹刻，缨婉言谢绝说："我在寒舍门前锄草尚可应付，奔丧侯门则没有这个能耐。"朱缨主要传世之作有《归去来辞图笔筒》《竹林七贤笔筒》《刘阮入天台香筒》等，其中《刘阮入天台香筒》在竹刻的技法上不但继承了其父朱松邻的深刻法（即透刻），还创造了深浮雕法。全图画意刻画生动，人物形态逼真、栩栩如生，刀法变化多端，采用皮雕、透雕、平雕和镶嵌雕法，刻工精细、刀法浑厚，深浅多变，别具匠心。朱缨善诗，著有《竹月楼稿》诗集。

明朱三松《窥筒图笔筒》

朱鹤之孙朱稚征，号三松。他继承了祖、父的雕刻风格，而且更加精湛娴熟，冠绝当代。三松精通书画，擅长画远山、淡石、丛竹、枯木，尤其善画驴子。其创作竹刻，题材广泛，品种繁多，如人物、秘阁、蟹、蟾蜍之类，当时已极为世人珍视，传至后世，更为珍玩。许多有钱人不惜重金购买，名重京城，在清朝皇宫中也无不用其笔筒。清代嘉庆帝对三松的作品有"传神只作萧疏笔，经久由来以朴存"的题句。"仕女图竹雕笔筒"为朱三松的代表作，笔筒刻

明朱三松款明《仕女笔筒》

朱小松刻《归去来辞图》竹笔筒及拓片（《上海6000年》）

朱小松《刘阮入天台》竹刻香薰及拓片（《上海6000年》）

面雕镂四个娟秀女子，中间侧身伫立的妇女，仿佛是图中之主人，发挽云髻，上穿窄袖圆领襦衣，下着长裙曳地，腰束绦带飘逸，显得温文尔雅；柳眉细弯，有柔媚娟丽之容，秀眼炯正，有灵转精明之智，左手托灵芝如意，右手轻抚，俯首若有所思，似乎内心存有祝愿称心顺意之想。作者精心摹刻，画面更臻完美动人。朱三松性格孤傲高洁，对知音者，任意让他们携取所制的竹刻，但鄙视附庸风雅的权贵，虽遗千金也不屑一顾。他还精通造园和盆景艺术，相传亲手设计布局南翔古漪园中的竹林树石。他培植盆树数十年，用绳缚刀剪，树不满一尺，而枝干苍老，形体稀奇古怪，非一般俗手所仿制。

朱氏“三松”平素不累人，不求人，一心在技术上下功夫，形成了独特的风格，他们融诗、书、画、印章、篆刻于一炉，精妙而富有特色。题材有对联、人物、鸟兽、古仙佛、山水等数十种。雕刻分平面、立体两种，技法有阳刻、阴刻、皮雕、模雕、深浅浮雕和镂空雕等。在刀法上也有两大特色，一是在行刀的基础上，复以圆刀使它成为圆柱形，削一端为斜面，再圆其锋，使底不深而平，以达到笔触圆润和谐；二是皮雕留青，用外皮作花，竹肤作底，运用阳刻、阴刻等传统技法，使作品既能曲尽画理，又有国画书法的笔墨气韵。朱氏三代爱竹、赏竹、画竹、研竹、刻竹，使嘉定竹刻进入全盛时期，蜚声海内外，尤其他们像竹一般高风亮节的品格，历来深受人们的赞颂。

朱鹤祖孙三代竹刻被列为皇室贡品。钱大昕有《竹镇纸铭》云：“直以方，守吾常，静以镇，去吾吝。伊此君之德兮，吾将以为式兮。”正因为朱鹤祖孙三代所创朱氏竹刻法让竹刻成为嘉定的文化名片，让小小的竹片竹节承载了丰厚的历史文化内涵。

施茂隆

始创叶榭软糕　浦南名特食品

松江民间顺口溜曰：“浦南点心三件宝，亭林馒头张泽饺，叶榭软糕呱呱叫。”群众口碑认为叶榭软糕非常好吃，为浦南点心之宝。叶榭施茂隆始创时为素软糕，色泽鲜艳，松软香甜，细腻清糯，糯而不黏，口感清爽有弹性，吃后不会出现胃胀、胃反酸现象，夏天放置七天不会馊坏，为绿色健康食品。后又增加猪油豆沙软糕和茯苓夹心软糕。《张泽志稿》载：“章有谟客衡阳周翠岩家，寄呈盛、蒋二姑母诗云：

施茂隆（张新华绘）

宾鸿飞处白云垂，
倦向山村寄一枝。
叶榭软糕张泽饺，
临风怅触几番思。

时在康熙二十六年（1687）。”2011年叶榭软糕被评为松江十大名点之一，2011年7月，上海米糕制作技艺（叶榭软糕）被列入上海市非物质文化遗产名录，2014年入选“松江六十六个经典符号”。

叶榭软糕创始人施茂隆，生于明嘉靖年间（1522—1566），叶榭镇人，开了一爿茂隆点心店，经营面点和各式糕点等，维持一家生计。明万历元年（1573）农历八月的一天，施茂隆带着儿子到松江城购买全国各地商人来松买棉布时带来的所需名特产品，本想当天回家，哪知下午天气突变，狂风暴雨，客运班船不能航行，施茂隆父子无奈，只得在松江城里的亲戚家住下。谁知一连数天风雨不停，施茂隆想起家里的七石缸里浸着一缸上白粳米，原想碾粉做汤圆出售的，时间一长，恐怕就要变质。因此他心急如焚，带着儿子顶风冒雨步行回家。两人来到黄浦江得胜渡口时，只见黄浦江里白浪滔天，风雨中江猪（豚）跃水穿浪，渡船铁链锁岸，父子两人望江长叹，只得转身到得胜港小镇的客栈里住下。半夜里施茂隆发起高烧，昏迷中说着胡话，吓得儿子急请郎中诊治。幸亏第二天风雨转小，其子雇条快船直达叶榭。一回到家里，施茂隆顾不得煎汤吃药，拖着病体来到磨坊，揭开七石缸缸盖一看，只见一缸白米早已浸得滚胖，水面上浮着白泡，一股酸味扑鼻而来。施茂隆急得直跺脚，急呼儿子过来倒掉缸中酸水，放进清水冲洗，如此反复换了几次水，白泡不见了，酸味也去了大半，后将浸了八天的胖白米捞起晾干。施茂隆看着晾了一地的白米，心想这七石白米虽浸得发酸，但仍未变质，如果喂猪喂鸡，这个损失太大了，好在天气将逐渐转凉，倒不如制成年糕，自家慢慢食用，或送些街坊邻居，也好谢谢他们平日对小店的照应。主意打定，就叫儿子另浸了一石糯米，次日，将糯粳二米拌和了，全家用石臼舂米成粉，用细筛子筛过，加进白糖、枣肉。为了冲掉酸味，再加进桂花，

叶榭全貌图

蒸年糕（徐震时绘）

叶榭软糕制作原料

《叶榭软糕》(张彩华绘)

制糕时糕底垫上荷叶，取其清凉之味。第一批糕蒸熟，一尝满口香甜、酥软，口味独特。全家大喜，施茂隆精神一爽，病也好了大半。全家人做糕、蒸糕，忙得不亦乐乎。米糕全部做完之后，趁热分送邻居街坊品尝，大家奇之，众口赞好。此时，恰有盐廒的船民、盐商过来吃点心，见了问是什么糕?施茂隆随口答道:“叶榭软糕。”说完灵机一动，每人送上一块，说道:“这是本店新研制的点心品种，大家可以先尝后买。”船民、盐商一吃，果然满口清凉松软香甜，于是纷纷购买，施茂隆以成本价出售。此事惊动了盐廒和叶榭全镇，买糕顾客络绎不断，不到一天糕就售完。施茂隆见此情景，心机一转，从此专做软糕，生意兴隆。

施茂隆认为好糕必须有好食材，他与儿子到松江城采购白糖、赤豆、核桃、茯苓、薄荷等外地名优中药和食材，大米选本地产贡米中“八柱种”当令新米，煮饭松软香糯可口；糯米首选白壳糯，糯性足而不粘牙。好食材还要有好制法，施茂隆将粳米、糯米一般以95∶5的比例搭配，拌匀淘洗后入水缸中浸七天左右(冬夏浸泡时间略有不同)，每天换水、去酸，并使米中发酵成分充分挥发。泡好的米去水后，用石臼舂细成粉，用细筛筛过待用。然后洗净木格，垫上清洁湿布，荷花季节用荷叶衬垫，再将米粉用筛子层层筛入木格中，至粉层与木格持平，即素糕生坯。制作猪油豆沙软糕则待木格筛粉至八分满时，在中间嵌上猪油、豆沙、白糖，再用筛子筛粉将猪油、豆沙覆盖，与木格持平，即为猪油豆沙软糕生坯，加薄荷后上架以锅水蒸之。素软糕用横条形木格框，粉中加白糖，出锅后形成条形素软糕，有羽状刀痕，可随意分开，论斤出售，可口充饥，适应船工和农家之需。施茂隆为提高软糕品质和送礼之需，生产了茯苓夹心软糕。中医认为茯苓性甘味淡平，入心、肺、脾经，具有渗湿利水、健脾和胃、宁心安神的功效，适量服食可作为调养佳品。施茂隆在老中医指导下，反复研究合理使用茯苓入糕配方，生产出可口的健康型软糕。生产该软糕要将大木格分成若干长方形小格，垫上清洁湿布，稍加薄荷，中层用核桃、白糖、豆沙、芝麻、枣泥等；上层为猪油、糖桂花，出笼时香气扑鼻，装入扁圆形竹篮中，上盖“叶榭茯苓夹心软糕”字样的大红纸，为特色礼品。

叶榭软糕（顾富南、张新妹制作）

新春伊始，依照松江浦南的习俗，图一个步步高的吉祥好兆头，“糕”与“高”谐音，叶榭软糕成为村民春节前后最爱吃的一道糕点，软糕隔水蒸热吃更松软，味更佳。明正德元年（1506）武帝庙（俗称“关帝庙”）建成后，每年农历五月十三日与九月十三日（相传为关羽生、忌日），叶榭镇上各举行为期三日的盛大庙会，白天江浙百商云集，夜晚灯舞队首尾相接里余。叶榭软糕创始后，配合庙会通宵达旦加工，各地外商与香客争相购买关公烧饼与叶榭软糕到关帝庙祭财神，祈福步步高。

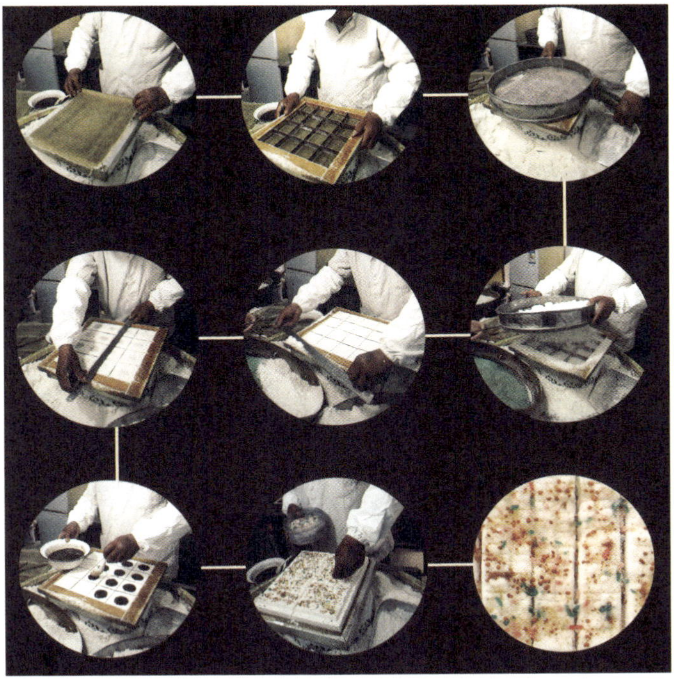

叶榭软糕制作流程

庄福来

新浜花篮马灯舞　骑马挑灯贺胜利

花篮马灯舞又叫“串马灯”，一般用于元宵节庆庙会中。主要盛行于松江区新浜镇，历史上曾称其为“山歌马灯之乡”。2009 年 6 月，被列入上海市非物质文化遗产名录。新浜全镇原有七十二村，几乎村村都有串马灯，每逢元宵佳节，以村为主组织灯队，一般第一夜先在庙场齐灯串舞，点灯的火种要从庙里迎请，然后进入本村逐家登门。村民们则家家煮菜备酒，邀集亲友前来观赏和品尝，并备好“红纸包”，馈赠灯队。第二夜起按邀发帖子为序，开始去别村相互串舞。每到夜晚，在敲打的锣鼓声中，马灯和花篮纷纷亮起灯火，村庄灯光闪烁，时隐时现，五光十色，气氛热烈，场面壮观，整个活动要持续到正月底才收灯结束。

庄福来在指导花篮马灯舞（周洪声绘）

串马灯在新浜流传的年代相当悠久，该舞与我国其他地域的马灯舞一样，它的起源也有传说故事，以表达民众对美好生活的愿景。据传明末闯王李自成率领民众起义，屡遭官兵追剿。一天深夜，李自成领导的义军在村子里集会，研讨战术，由于疏忽，被密探告发，遭到官兵围攻。闯王当机立断，带领男女将士骑上战马，挑起营灯，进行夜战。村民则敲锣鼓助威呐喊。瞬时擂鼓震地，壮大了义军的斗志，最后打败了官兵。后人为了纪念这次战斗，在元宵节时，庄福来用篾竹和花纸制成彩马和彩灯，敲起锣鼓，跳起舞蹈，再现当时情景，以庆贺胜利。后来发展为男骑马、女挑灯，象征男女将士浴血奋战，马灯舞因之而得名。

花篮马灯舞

花篮马灯舞初期只有四马四花篮。灯队身穿戏装，扮演《水浒》《白蛇传》《吕纯阳三戏白牡丹》等剧目中的角色。后经民间艺人不断充实，出现了六马六花篮、八马八花篮等，甚至有两支灯队混合会串的情景。为了便于队形变位有条不紊，又增添了黄绸大撑伞八顶，身穿彩衣的伞灯女八人及身穿彩衣、手提花篮的花灯女八人。灯队中的女角均由男性装扮。在表演形式上，开始仅衍用"牌九"点数变化各种队形，后又穿插了"被拍""碗架""双推磨""里路城""外路城""野猫洞""大定胜""六疙瘩""打回龙""嵌宝如意""断桥相会"等表演内容。当地的民间顺口溜将之形容为"嵌宝如意野猫洞，八角落线大定胜，碗架被拍打回空，断桥相会双推磨，天地银鹅至尊宝，梅花长三加板凳"。花篮马灯舞一般

马灯舞道具——花篮

李三娘（唐西林绘）

头马者（唐西林绘）

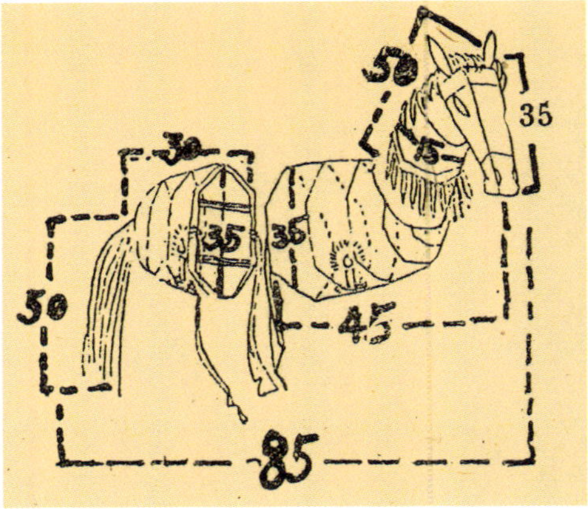

竹马灯（唐西林绘）

在晚间出灯，灯队手执花篮、彩马、水担、合钵、药箱、黄绸大伞等道具，点燃小红烛，在民间打击乐“七字锣”时急时缓的伴奏中，不断变幻队形节奏，高潮迭起。

据新浜民间艺人庄福来后代及老艺人回忆，清乾隆年间，新浜地区赌博盛行，当地人以反对赌博为题，利用“牌九”中的点数，创造了一种新灯舞，取名为“串马灯”。由村民集资组织灯队，每当节庆便在乡间活动，来告诫乡民不要赌博，使新浜的花篮马灯舞具有了教育和娱乐的双重功能。

“花篮马灯舞”是典型的民间艺术样式，该舞中马灯和花篮等道具制作技艺简要介绍如下：马灯系用竹篾扎制成架，用红、白、黑、黄四种色纸分别糊上，马身分前身、后身两节，前身长 45 厘米，后身长 30 厘米，身围直径 35 厘米。马颈至头长 50 厘米，颈围直径 15 厘米，马面长 35 厘米，马尾长 50 厘米，马身内装有蜡烛灯座。大花篮则用树枝作灯杆，总长 160 厘米，枝端留有多枝细丫，枝丫上粘贴多种形状的花卉。树枝下端扎上八角花篮，此篮用竹篾扎制，糊上蜡光纸。篮高 28 厘米，篮口直径 25 厘米，篮底直径 15 厘米（饰有红排须），篮口面上饰有多种花卉，篮中装蜡烛。树杆中端扎有两盏彩灯，形状比花篮小，有三角、圆形、扇形、长方、四方、鸡心等，四周用白色绵纸糊上。每只灯上画有花、兽、鸟等多种图案，灯内装有蜡烛。黄绸伞灯：用竹篾扎伞架，顶面缝上金黄色薄绸布，伞口一周垂有金黄色伞帘，帘高 40 厘米，帘边饰有红色排须，伞口直径 70 厘米，伞顶倾斜度为 10 厘米，伞柄选用 2 米长的硬竹竿，伞柄上端（与伞帘平）装置圆形蜡烛灯座，直径 30 厘米，座上四周插有多支蜡烛。

上海市级非遗“花篮马灯舞”参加 2017 中国（张家港）长江文化艺术节暨第七届（张家港）长江流域民族民间艺术节

新浜的花篮马灯舞一般在晚间出灯。演出时有花篮、彩马、水担、合钵、药箱、黄绸大伞等道具，均要点燃小红烛，既可照明，又添色彩。伴奏以民间打击乐为主，节奏虽然较为简单，但富有情趣，没有一般民间锣鼓的激烈和喧闹，常用“七字锣”。开始时节奏稍慢，中间部分稍快，舞到高潮时则根据队形加快。花篮马灯舞为民间文艺中的一朵奇葩。

新浜花篮马灯舞

张阿二

张泽青龙饺　名点传浦南

松江浦南点心有三宝，俗话说“亭林馒头张泽饺，叶榭软糕呱呱叫。”清康熙七年（1668）华亭诗人章有谟到湖南衡阳拜于王夫之门下时，因思念家乡的美食曾有诗：“叶榭软糕张泽饺，临风枨触几番思。”乾隆四十五年（1780）华亭举人雷琳也有诗曰：“不知叶榭兼张泽，尚有名流问饺糕。”青龙饺是清明祭祖的供品，用一个大盆子把青龙饺盘成龙状，祈祷祖宗保佑，春闱时能如青龙一样，直上云天，实现“朝为田舍郎，暮登天子堂”的夙愿。20 世纪七八十年代，随着政策开放，传统复苏，清明节前做青龙饺的人家又忙碌起来。如今，“青龙饺”已成张泽地区美食的代表，也是当地节令特产的文化符号，2017 年 7 月，青龙饺被列入松江区非物质文化遗产名录。

张阿二（叶菁绘）

青龙饺最早用艾叶捣绿汁，后用青龙草汁染成绿色饺皮而得名，故又叫“青绿饺”。青龙草全草多分枝，长 20 厘米至 40 厘米。根圆锥形；表面棕黄色，有纵皱纹和细支根。茎丛生，纤细，暗黄绿色；质脆，易折断，断面中空。叶互生，线状披针形，灰绿色。清明前，这种草长到三四寸长的时候，把它割下来，拣去枯叶等杂质，洗净、沥干，然后放在臼里捣，捣得烂成糊状，加入少量石灰水不断按顺时针方向搅拌，静默沉淀60分钟，再包在一个土布手巾里用力绞挤，挤出来的稠稠的碧绿色的汁水，放在糯米粉里，和成粉团，10分钟后，取适量兑汁青粉团，入沸水煮熟，成熟芡，和入生粉团中揉成软硬韧性适宜的青粉团待用。纯糯米洗净，浸水30分钟，沥干，米不沾手即可入石磨干磨成粉，用筛子筛去粗大颗粒再磨至均匀粉末状待用。赤豆用清水浸一夜，洗净沥干。起锅入赤豆煮熟、碾烂、水洗揉捏去壳，用纱布裹住过滤挤干，汁水留用。另起锅入猪油烧熟，入白糖翻炒熬成稠汁，入赤豆汁水、赤豆泥，反复翻炒见豆沙起韧盛起待用。

再取40克左右粉团搓圆，用右手大拇指顶住粉团，食指在外转动粉团捏成圆形空壳，挑入15克左右豆沙馅，开口沿边捏紧，双手捏住两边朝中间按压即成。蒸笼内铺青菜叶或箬叶，锅中加入沸水蒸10分钟即可。青龙饺制作时切记兑入青汁的石灰或石灰水要适量，少则无法留色而发黄，多则

张泽集市

张泽青龙饺

青龙草

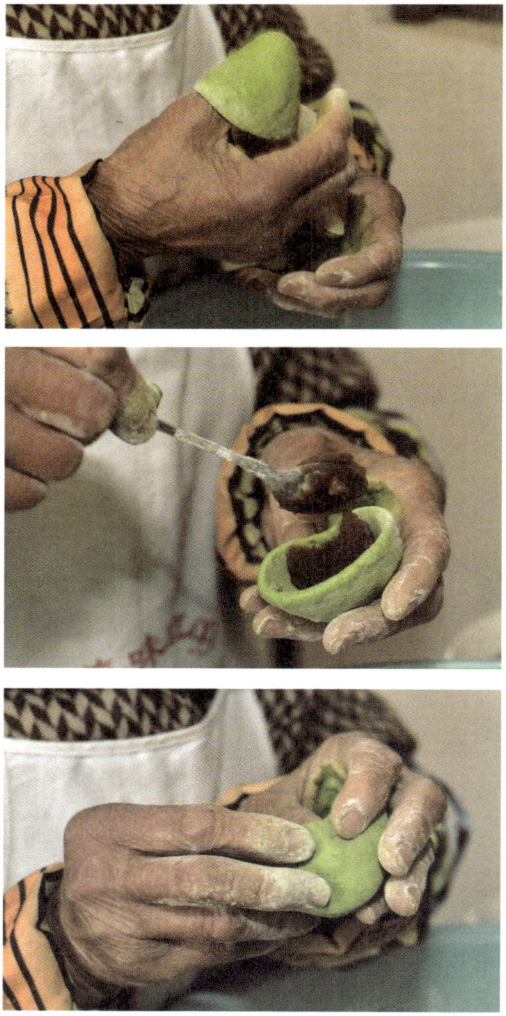

张泽青龙饺制作工艺（赵桂英制作）

发墨绿色，含碱味，不符合卫生要求。揉面团时加入熟粉团，则米粉更柔软，不易干裂。青龙草以惊蛰前后嫩叶为最佳，也可用小麦叶代替。青龙饺以猪油、白糖、枣子、赤豆沙为馅，称为“四全”。饺皮包馅后，捏成元宝状，置于青竹笼内蒸煮，底垫荷叶或竹箬叶，隔水蒸 15 分钟，颜色碧绿深青，鲜明而有光泽，入口香、甜、肥、滑，如加拌桂花，则香味扑鼻。

清代光绪年间，亭林张阿二到张泽开糕团店后，主营青龙饺，声名大震，便有张阿二青龙饺之说。张阿二将其精湛的手艺教授于龚阿京。龚阿京并未开店销售，而是将这种手艺保留在自己家中，传授于自己的儿子龚六官。龚六官与夫人周金宝在八字桥村镇南村口经营起一家糕点店，在清明节期间销售青龙饺，生意甚好。人们相继来他这里拜师学艺，“龚阿六”之名不胫而走。20 世纪 70 年代，“龚阿六”授徒朱品莲。朱品莲在张泽新街经营点心店至 20 世纪 80 年代末，又收了两位学徒何文莲、王玉英。1995 年至 2001 年期间，何文莲和王玉英在张泽辕门路经营“封记点心店”，逢年过节，做些青龙饺生意。

张泽青龙饺分甜咸两类，但多以甜为主。馅料大多用赤豆沙，每十斤青草汁需要大约五六十斤青龙草榨成，按比例，大约可以制作近 400 只青龙饺。张泽青龙饺为时令点心，清明节后一般就不制作了。20 世纪 60 年代店家为延长销

张泽青龙饺与青团

售季节，试制南瓜金黄饺、紫薯紫饺、白面水晶鲜肉饺等，引起食客们的关注。青龙饺制作从原料的种植、采摘到制作，村里老人以手艺传承，看不到丝毫机械的痕迹，每一道工序，皆以手工土法完成。

2015 年 4 月 4 日，网易新闻转载《新民晚报》刊文《松江张泽清明习俗：包青龙饺》；上海新闻综合频道、松江电视台等媒体也对张泽青龙饺有过报道。如今，张泽青龙饺的制作多是老一辈人在传承，新一代的年轻人会制作的已经不多。目前，张泽青龙饺最集中的制作区域是在松江区叶榭镇张泽社区，当地村民大多还保留了清明节前后包食青龙饺的习俗。

广利嫂

广利肉粽　香飘松沪

端午节吃粽子是中国人的习俗，而像泗泾广利粽这样久负盛名、为人津津乐道的并不多。“阿六汤圆广利粽，洪喜摊粉味不同。腐干出自三星斋，洪兴美酒酱同丰。”这便是赞美泗泾风味小吃的民谣。其中的“广利粽”即为清朝光绪十九年（1893）开设在泗泾镇中市道院弄口（现文化路南路口）的“延寿斋”店，因店主姓周名广利，后得名“广利点心店”，亦称“广利粽子店”。创于清光绪年间的延寿斋广利粽子，实际由周广利的妻子打理，人们亲切地叫她广利嫂。

广利嫂（周洪声绘）

功夫不负有心人，泗泾广利粽子闯出了品牌。20 世纪 20 年代初，广利粽子在上海徐家汇孝友里弄口以及南京路、浙江路口的著名土产公司里均设有代销处。沪上人士常常一买几只，想吃时，隔水炖热，将箬壳一剥，就能当早点或夜宵；加上便于携带，所以不少来客以此粽作为礼品带到北京等遥远的地方，尽管长途辗转，竟数天不变质，香糯依旧，一时间，被沪上媒体传得沸沸扬扬，泗泾广利粽子名声大振。2015 年 4 月，广利粽子被列入松江区非物质文化遗产名录。

广利粽子

广利粽子成名后，生意越做越红火。但因周广利夫妇只有一个独生女，女儿出嫁，他们年老后无人继承家业；抗日战争爆发前夕，店面关闭。此后泗泾镇上相继出现过多寿斋、益寿斋粽子店，但制作技术比延寿斋广利粽子略逊一筹，依附广利粽子名气维持到 1949 年左右。此后几年里，广利粽子默默无闻。直到 1956 年公私合营，当地饮食业由 54 户组成面饭、点心两个经济核算单位，下设 11 个门市部，其中就有周文辉开设的广利点心店。由于周文辉的师傅郦春林曾是周广利的好友，熟知广利粽子的制作方法，就在广利点心店重新恢复了泗泾广利粽子的生产。

改革开放后，泗泾政府重视本地名优土特产的挖掘，广利粽子作为泗泾镇饮食品牌而被继承下来。现今店主为王佩华，生于 1946 年，1960 年入泗泾饭店学艺，至 1996 年退休。在她做学徒时期，经常到泗泾饭店对面的广利点心店走动，并在同龄伙伴的鼓励下学包粽子。久而久之，她对广利粽子的工艺流程了然于心。王佩华退休后，泗泾镇政府希望她把泗泾广利粽子传承下来，而她也想趁着还有精力，为发扬光大家乡小吃尽些绵薄之力。在镇政府的扶持下，她于 1996 年 6 月开设了门店。开店之初，店主王佩华以经营粽子为主，附带其他小吃，经营一段时间之后，发现当地群众酷爱吃粽子，就将经营方向直接转为经销粽子，并将门店挂上“广利粽子店”招牌。

泗泾福连桥

广利肉粽

由于粽子质优价廉，颇有特色，泗泾镇政府旅游开发公司于2003年授予王佩华泗泾广利粽“百年老店，古镇特色”的匾牌，寄希望该店加强传承，进一步带动旅游业发展。在得到泗泾镇政府的授权和支持下，王佩华于2004年向国家申请注册“广利”商标，并于当年注册成功。在经营过程中，王佩华得到了王中清师傅的指导。王中清是她的同龄伙伴，现今是国家级高级烹饪技师和国家级中式面点师。在名师指导下传承老味道的广利粽子，生意越来越好，特别在2010年上海世博会召开期间，生意更加火爆。

20世纪50年代初的泗泾老街

泗泾广利粽选本地产上等香梗白糯米作原料，呈长方形的粽子用丝草结扎，煮出来的粽子具有松、鲜、酥，咸淡适口、香气浓郁的特点。王佩华在继承延寿斋广利粽子传统工艺的基础上，不断创新，特别是在选料用料上严格把关，包粽用的糯米选用安徽南陵泾县所产，猪肉用冷鲜肉，包粽子常用福建粽箬，扎粽子选用香梗稻草。在制作工艺上，淘洗干净的糯米加酱油、味精、糖拌和后，要醒料三小时再包扎成粽。粽箬要用清水煮过，包扎时，粽内配红白肥瘦两条猪肉，用老汁汤煮三小时后再焖上一小时，一锅200只，以确保粽子不生不烂。粽子有鲜肉、豆沙等多种，形式有三角小脚粽、四角枕头粽等。

广利肉粽（王佩华制作）

广利肉粽之粽子制作原材料

2006年4月23日，在市经委、旅游委、商委、烹饪协会联合举办的上海市名菜名点认定中，广利粽子获得“上海市名点”称号。介绍广利粽子的文章不断见诸《文汇报》《新民晚报》《解放日报》等媒体，还登上了上海电视台的综艺节目，引来众多美食家纷至沓来，特别是每年端午节，广利粽子常常是“一粽难求”。

余修初

余天成避瘟丹　治瘟疫救士兵

正式开张于乾隆四十七年（1782）的松江余天成堂，前身是乾隆年间开设在松江府城西门外的一家中药铺子，业主告老还乡之际，经常来松江做咸菜生意的余游园盘下该店，并从宁波请来余氏族人中从事中药营生的长者来堂相助，前后相传五代，经营余天成堂长达131年。余修初是余游园的嫡孙，也是余天成堂的第三代传人。同治十三年（1874），红顶商人胡雪岩在杭州创建胡庆余堂，特聘余修初为该堂“阿大先生”，执掌堂内业务。余修初将自己在松江余天成堂的知识积累贡献给了胡庆余堂，与药工一起研制成功多种丸散膏丹，为祖国的中医药发展做出了巨大贡献。2009年6月，余天成堂传统中药文化被列入上海市非物质文化遗产名录。

余修初（周洪声绘）

《上海医药志》载余天成堂自设制药工场，研制丸散膏丹、花露药酒。主要产品有全鹿丸、人参再造丹、行军散、脑砂膏、首乌延寿丹、避瘟丹、肥儿八珍糕、风湿药酒、驴皮胶以及金银花露、地骨皮露、荷叶露、补益杞圆酒等。上述产品的秘方，均为余修初当家时，在广搜民间良方的基础上结合历代医术已有的成方，后又不惜工

中华老字号余天成堂正门及金字招牌
（《余天成百年传承》）

早期胡庆余堂

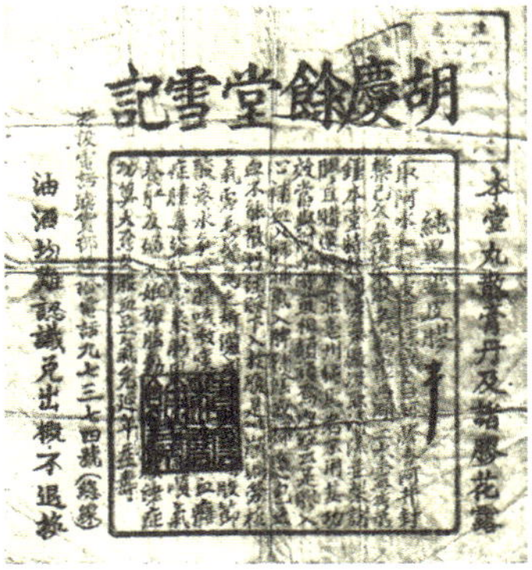

胡庆余堂药单

制作丸散工具

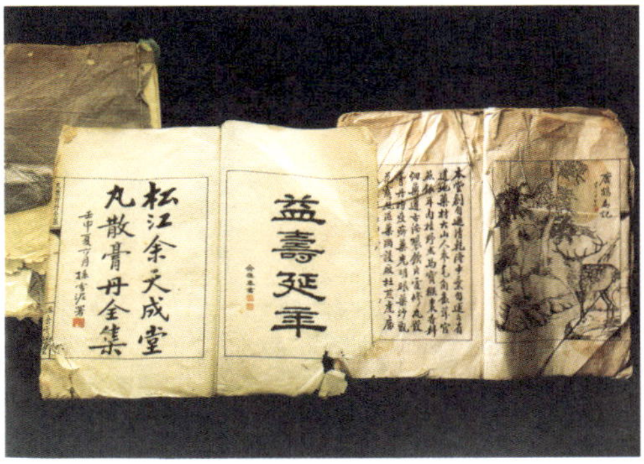

《丸散膏丹全集》由孙雪泥书写并配画
（《余天成百年传承》）

本，精心研究，而成独家秘方；至第四代传人余修初之子余五卿后大量生产，并以“鹿鹤”为商标供应于市。所以，今松江余天成堂的门店上方，塑有一组浮雕“鹿鹤”为店标。

余天成堂秘制的丸散膏丹中，有一药谓之“避瘟丹”。史载光绪元年（1875），光绪帝诏命左宗棠赴新疆督办军务，左宗棠得报多路清军在新疆讨伐入侵的阿古柏军队时，因水土不服，大批将士病倒，遂飞书求助于胡雪岩的胡庆余堂，希望能对症施药。余修初与胡庆余堂药工昼夜对症配方，熬制成行军散、避瘟

制作人参再造丸

余天成药店四开间店面，楼房结构依稀可辨（《余天成百年传承》）

丹、石斛夜光丸等火速送往新疆前线；药到病除，士气大振，左宗棠率领清军再度出兵便获大捷，收复大片国土。

松江余天成堂有一本珍藏的祖传宝书《丸散膏丹全集》，其中载有避瘟丹等药方。避瘟丹中含有75味中药材，如当门子、明雄黄、犀角尖、松丹砂、羚羊角、苏合油、广木香、西牛黄、丁香、金银花、玳瑁、琥珀、川连、蜈蚣、赤小豆、广陈皮、糯米粉、东白芍、白檀香等，名目繁多，目不暇接，可见中医中药博大精深。余修初的爱国情怀和择一事、终一生的匠心作为令人敬怀。如今，松江余天成堂秉承“道地药材、修志务精、货真价实、童叟无欺、名医坐堂、治病救人”的经营宗旨，不断发扬光大传统医药。这便是一个中华老字号所承载的创业者和掌门人悬壶济世、医药救民、创新强国、以德立店的精神风范。

张六初

创制阿六汤圆　海派十大点心

张六初，乳名阿六。清光绪三十一年（1905），店主张六初在泗泾镇开设张协兴点心店，销售汤圆，“阿六汤圆”由此得名。百余年后的2016年，张永泉家庭代表松江参加上海市民文化节“回家吃饭”烹饪大赛，泗泾阿六汤圆被评为“海派十大点心”之一。2019年7月，阿六汤圆制作技艺被列入松江区非物质文化遗产名录。

张六初（韩雯绘）

制作阿六汤圆的用料十分考究，须精选当地香粳白糯米，经过水磨挂粉等制作流程，肉馅选用纯精腿肉，斩成碎肉后拌以麻油、芝麻粉、肉皮冻和上等特晒酱油以及姜、葱、味精等调料，制成皮薄肉多，一包汤，吃时鲜、香、糯、嫩融于一体的汤圆。入锅煮汤圆时，特别讲究火候，出锅后，盛在碗里个个晶莹饱满。民国十七年（1928），张六初去世，其子张凤祥继承父业，后又有张六初孙子、孙女，即张凤祥之子张炳君、女张品华、徒儿张永泉等为阿六汤圆后继传人。

皮白软糯，馅足汁多，一包汤鲜香可

泗泾美食

口，是阿六汤圆的风味特色。一包汤鲜美的口感，与馅中加入肉皮冻有直接关系。所以，肉皮冻的制法非常重要。据阿六汤圆传承人张品华介绍：肉皮冻的制法为鲜肉皮500克，去毛清洗后将初步加工的原料放在开水锅中加热至半熟，捞出挑去肉皮上的肥膘。换清水1000克，放入姜片、葱段、肉皮，大火煮10分钟后转小火焖煮90分钟，捞出肉皮搅拌成糊，原汤去除杂质，放入肉皮糊，稍加热煮后，倒入平盘之中冷却即成皮冻。

泗泾老街风情

然而，在没有冰冻电器设备的年代，炎热夏天则难以制作成皮冻。据说，阿六汤圆冬天吃起来比夏天更入味。可见，张六初所传的阿六汤圆，在传承人手里确有改良和改进。例如原先用纯粹腿肉，后来改为夹心肉，肉馅肥三瘦七；即便如此，现在制作阿六汤圆配置肉馅原料，对夹心肉与肉皮冻的比例仍有一定要求，如夹心肉500克，需配搭鲜猪肉皮冻150克。如此，不仅汤圆肉馅肥瘦适中，嫩香柔软，而且从入口一包汤和肉馅滑爽生津皆有之。阿六汤圆的汤汁和肉馅里，既有熟芝麻的香味，还有白糖、精盐、生抽、黄油、味精、葱姜等调和的美味。据采访过张永泉的人说，阿六汤圆原本是只加葱不加味精的，肉馅也不全是纯精肉。

肉皮冻

张六初制作阿六汤圆有一整套规范且精益求精的工序，除备齐所需原料和精制肉皮冻外，拌肉馅、揉粉团、包汤

纯精腿肉

芝麻粉

香粳水稻

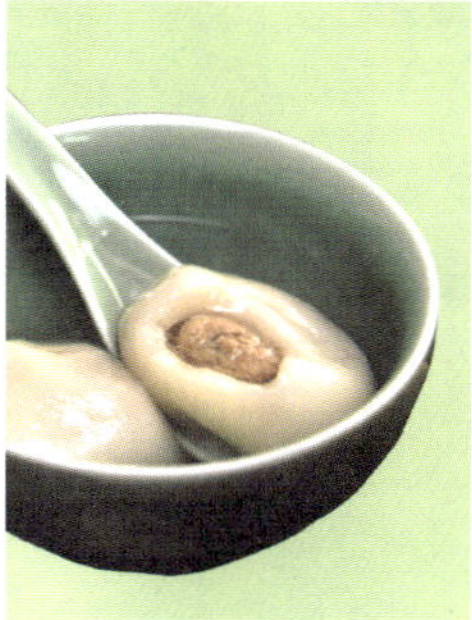

阿六汤圆（张品华制作）

圆、下汤圆以及起锅装碗等都有匠心打磨的精致步骤。如拌肉馅，不仅要做到顺时针搅拌均匀，还要在肉馅中分三次放入少量清水，边搅拌边让清水被肉馅吸收，然后再加入麻油和肉皮冻，拌制完成后放入冰箱冷藏，或放在阴凉处等待涨醒后使用。又如揉粉团，旧时的阿六汤圆所用的糯米粉，原料是本地慢熟香糯米，水浸后用石磨碾成细腻起绒的米浆，再用细布袋吊挂、压榨，制成块状挂粉，随后揉成黏糯有劲、柔软滑爽的粉团，以便包捏。现在多是机械制粉，但阿六汤圆揉粉团仍保留了一些传统的制法，如把熟芡揉入粉中，加适量冷水，经擦揉匀透后成软硬适中的汤圆粉团。

俗话说，织衣织裤贵在开头，编筐编篓巧在收口。现在阿六汤圆的包法，通常是取 25 克粉团搓圆，两手配合转动，把粉团捏成一个空壳，挑入 20 克肉馅，用右手虎口向上挑捏，右手指配合转动，收住口子后捏紧，成汤圆生坯，整齐地排放在干布案板上。清水下汤圆，用木勺子沿锅边推动锅水转动，均匀受热，锅水保持 90℃左右为宜。当汤圆大半只浮上水面，外皮软内馅硬，即可带汤水盛入蓝边汤盅或碗中食用。

徐阿大

研制羊肉制作工艺　形成地域品牌特色

张泽羊肉最集中的分布区域是在松江区叶榭镇张泽社区，有沿街小店，小型酒家，也有农家乐形式的羊肉庄；在张泽社区以外，松江新老城区也散落分布着十几家店面经营张泽羊肉；松江区以外的上海其他区县，甚至到苏州，都出现过经营张泽羊肉的店铺，名声传江南。2017 年 7 月，张泽羊肉被列入松江区非物质文化遗产名录。

徐阿大（叶菁绘）

据说，张泽羊肉传自元代，元兵入驻松江，在今松江浦南建山羊养殖场，供驻军食用羊肉。他们用大锅积口（木桶）烹煮羊肉酥烂后食用，为民间仿煮至今。经松江府衙官厨精心调制，最终成就了味道鲜美的张泽羊肉。张泽羊肉传至民国时期，有一个人功不可没，那就是张泽镇上大名鼎鼎的徐阿大。他在 1949 年前开了一家羊肉庄，屠宰分割羊肉技术一流，并将其独到的羊肉分割技术和烹饪制法传授给了儿子徐闲林。中华人民共和国成立前夕，徐阿大收杨金良为外姓徒弟。1970 年徐闲林继承了父业，经营三年后病故，1974 年至 1990

年，杨金良在张泽老街经营一家张泽羊肉庄。老人仙逝后，当地人发现羊肉口碑好，能打出品牌，一时间张泽羊肉店由少变多。最具代表性的要数“新民木桶羊肉”，此店是由杨金良的徒弟寿新民所开，店铺设在张泽农贸市场南端。

张泽浦南商街

据当地传承人介绍，张泽木桶羊肉选用的均是一岁左右、本地年轻力壮的小山羊作为主要食材，配合老汤和木桶，即采用传统木桶烧制，至少炖两个小时；炖羊肉的过程中调节火候，先旺火再小火，尽量不开盖，薪柴以木块树料为主。由于木桶不透气，烧煮羊肉的热气上到锅盖的顶端，气流遭到阻碍回下，如此上去下来，循环往复，羊肉在老汤中渐渐熟烂，浸进肉中的全是精华。

张泽羊

张泽羊肉，以烂焐羊肉、白切羊肉和羊杂汤为传统的“老三样”，最有名的是“烂焐羊肉”，其特点为余热久焐，酥而不烂、入口少膻、肉嫩清香。张泽烂焐羊肉，是对木桶羊肉的传承和提高，制作方法为用一至两年的本地小山羊，宰杀后去羊头、内脏，斩成四大块，清水浸泡 2 至 4 小时，去除血水和膻味，沥干放入大锅积口（木桶），水淹没，用木柴大火煮沸后，撇去浮沫，转中火煮 20 分钟左右，再转小火焖 90 分钟后熄火，余热焐 60 分钟取出，趁热出骨、分割、装盆。另用盐、酱油等调味品和秘制蘸料。熟热羊肉、蘸料一同上席食用。宴席台面，整只熟热羊腿上桌体面大方。制作烂焐羊肉（含腿）浸泡时间按气温高低不同而定，夏天 2 小时左右，冬天则需 4 小时。另外，扎羊肉、羊脚、羊头、羊肚等也很受欢迎。与羊肉同时上桌的是一小碟秘制酱油，食客常会点上一瓶烧酒，张泽有“羊肉配烧

老三样：烂焐羊肉、羊杂汤、羊肉面

少女牧羊（程十发绘）

酒”的传统吃法。如今新推出的菜式更多，比如红烧羊肉、扎羊肉等。

张泽羊肉对研究当地历史以及民俗多元化具有重要价值，其中还涉及穆斯林人口迁徙的背景。自古饮酒吃肉也是文人墨客创作的灵感来源，反映了江南地区的饮食文化与人文特质。同时，在食补越来越被重视的今天，张泽羊肉这种不添加工业调味品、最大程度保留食材本身味道和营养的传统技艺得到食客推崇。“张泽烂焐羊肉”声名鹊起，入选上海名菜和2014年“松江六十六个经典符号”。

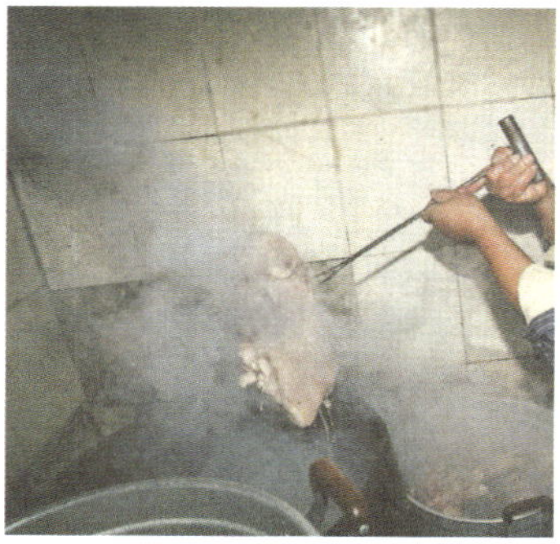

羊肉煮好后出锅

张泽烂焐羊肉（顾雪祥制作）

张泽羊肉制作工艺（《叶榭镇非遗》）

戴明教

顾绣当代传人　推动创新发展

2006 年 5 月，被列入中国非物质文化遗产名录的顾绣，是中华民族刺绣史上的明珠，东方的瑰宝。松江戴明教（1922—2018），则是顾绣重新问世、新中国第一代杰出的顾绣传人。2005 年 9 月，中国文学艺术联合会授予她“中国民间文化杰出传承人”称号。2007 年 6 月，她的名字又出现在第一批公布的国家非物质文化遗产项目传承人名录中。作为顾绣艺人，戴明教的一生，绣制顾绣精品四十余件；作为教育者，授徒 11 人；作为研究者，她是继清代松江丁佩撰著我国第一部《绣谱》之后，留下口述专著《顾绣针法初探》的当代优秀专家。

戴明教

追溯顾绣源流，清代松江状元戴有祺云：“上海顾绣始于缪氏。”缪氏是明代松江士绅顾名世长子顾汇海之妾。顾绣传至顾名世次孙顾寿潜之妻韩希孟时，推至古代刺绣艺术的最高境界。松江董其昌不仅是顾寿潜的绘画老师，而且对出自韩希孟之手的顾绣多有欣赏、题跋和推荐。《顾绣笔记》载：“康熙元年（1662），张族迁往松江郡城，张来妻（顾兰玉）随之定居秀野桥西（又称绣鞋

桥)，入籍娄县(后并入松江)。”顾名世曾孙女顾兰玉24岁寡居，身边还有一子，守节扶孤，出于生存之计，设帐授徒，传授顾绣技法，顾兰玉成为刺绣专业化和职业化教育的先行者。秘不外传的闺阁“画绣”从此外传，大江南北诸多绣庄纷纷打出“顾绣”招牌，“无绣不姓顾”，风靡一时。原本不为牟利而作的顾绣，开始有了商品属性。晚清以降，上海对外开埠后，顾绣等民间优秀工艺，许多因失去赖以生存的土壤，日趋凋零，濒临失传。

顾绣《竹石花鸟人物册》缪氏瑞云绣

所幸的是，作为“女子固有之美术”的刺绣艺术，在清末民初的松江府城再现曙光。据《松江教育志》载，清光绪三十一年(1905)秋，创办松筠女校；宣统元年(1909)，改为手工传习所；1947年，改为松筠女子职业学校，后添设刺绣专科，校址在佛字桥东全节堂内。1929年，戴明教入学读书，1935年高小毕业后进入女校初中部，系统地接受了刺绣技术和美术培训。她有幸拜沈寿的得意门生宋金苓

《宋元名迹册》之《洗马图》
（赵孟頫绘、韩希孟绣）

《顾兰玉传艺图》（徐震时绘）

为师，从此打牢了“画绣”是“半个画师”“半个绣娘”的艺术根基。

1949 年后，戴明教先是加入了松江街道办的刺绣社。时至 20 世纪 70 年代初，松江工艺品厂响应周恩来总理关于挖掘中国传统工艺美术品的指示精神，于 1972 年底着手筹备恢复顾绣艺术的研制和生产。1973 年，工艺品厂厂长徐泽圆到街道刺绣社物色借调刺绣能手，基本功扎实，身体健康、视力良好的戴明教被一眼相中。此后，她便在工艺品厂扎下根来，从事顾绣技艺传授，取得丰硕成果。

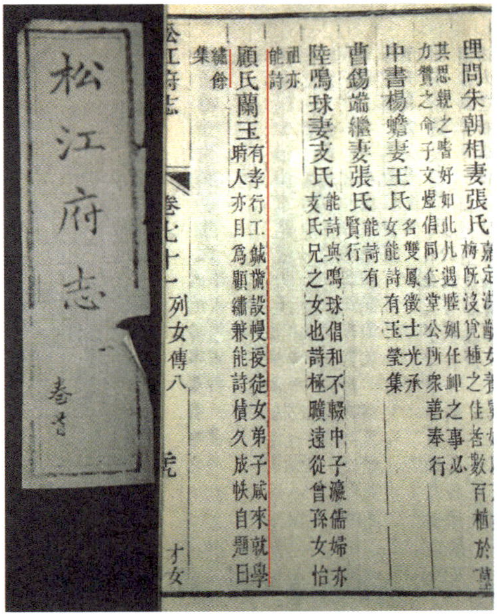
松江府志

理問朱朝相妻張氏
其思親之嗜好如此凡遇睦姻任卹之事必力贊之命子文蕴倡同仁堂公所衆善奉行
中書楊蟾妻王氏名雙鳳徵士光承女能詩有玉瑩集
曹錫端繼妻張氏能詩有賢行
陸鳴球妻支氏能詩與鳴球倡和不輟中子瀛儒婦亦支氏兄之女也詩極曠遠從曾孫女怡
祖亦能詩
顧氏蘭玉有孝行工鍼黹設幔授徒女弟子咸來就學晡人亦目爲顧繡兼能詩積久成帙自題曰繡餘集

松江府志　卷七十一　列女傳八　才女

嘉庆《松江府志》有关顾兰玉的记载

戴明教在创作顾绣

日本仕女图（戴明教绣）

群鱼戏藻图
（戴明教作双面顾绣）

顾绣作为一种“画绣”艺术，在戴明教以针代笔的艺术实践中，既有功力传承，又显自我艺术个性。戴明教绣出多幅顾绣新作，如1977年刺绣《红蓼水禽》，在全国工艺美术展览会上引起轰动。她也于1978年由借调人员转为工艺品厂正式职工，编入顾绣组。1985年7月，戴明教以宋代水墨名作《群鱼戏藻图》为蓝本，绣成双面顾绣《群鱼戏藻图》。宋代《群鱼戏藻图》为刘宷代表作之一，鱼身用没骨法墨染，质感光滑细腻，线条圆浑流畅，逼真而具立体感；鱼的游向各异，远近分明，荇藻轻灵富于动感，构图生动活泼，是宋人画鱼名作。传统顾绣均为单面绣，戴明教与画师梁学惠巧妙配合，大胆移植创新，多幅由戴明教等绣制的双面绣作品，丝线极细，针脚无痕，色彩自然，图案灵动，绣面平薄均匀，正反面完全一致，栩栩如生。戴明教的《秋塘情趣图》《墨梅图》《策杖携琴》《双雀图》等双面绣作品，在上海市民间工艺博览会上获得一等奖。

顾绣艺人，可以说是正宗的艺术工匠。工匠的杰出之处，就是倾其心血，孜孜以求，力求作品达到极致。戴明教的顾绣作品出彩，极富艺术感染力，体现了她对顾绣艺术研究和实践别有会心。1983年，由戴明教口授、其子记录整理

1987年，戴明教在松江工艺品厂
教女弟子们顾绣技艺

1987年5月，戴明教师徒合影

的《顾绣针法初探》，对顾绣艺术特色做出了24个字的提炼归结，即“风格典雅，色泽古朴；亦画亦绣，有如晕染；气韵生动，自然浑成”。她分三个层次来诠释顾绣理念，认为摹绣古代名人书画，演绎文人画风，是顾绣艺术的传承定位，崇尚用色典雅而非艳俗，明确“画绣”定义是书画的再现，是绣艺的表现；强调当下绘制“画绣”最要紧者，莫过于摹绣古代书画特有的“气韵”，此乃关乎弘扬光大顾绣的艺术个性。

从戴明教所绣和其所指导的顾绣艺术作品中可看出，顾绣传承注重艺术涵养，题材高雅，用材精细，画绣结合，针法创新。首先，以韩希孟为杰出代表的顾氏画绣，甄选蓝本的眼光极高。韩希孟“搜访宋元名迹，摹临八种”，一一绣成顾绣宋元名迹册，其中就有韩希孟追摹赵孟頫墨

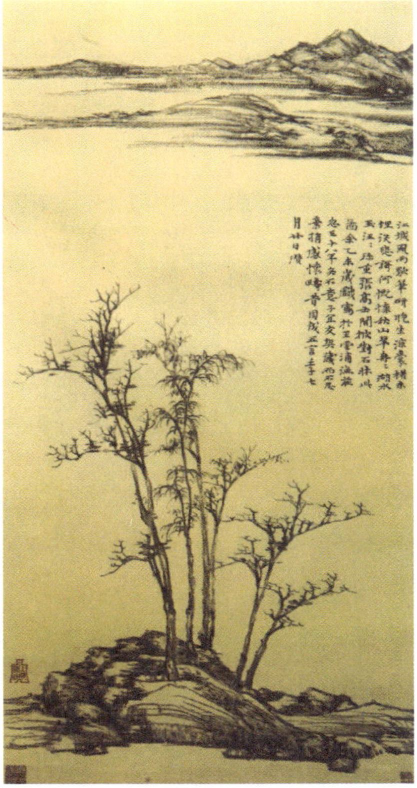

顾绣作品，仿倪瓒《渔庄秋霁图》

迹而绣《洗马图》。戴明教主张绣工要懂画，尤其要懂松江画派的画理。明代松江山水画师法元代黄公望、倪瓒等人的画风。戴明教在甄选绘本上，也体现出韩希孟追求绘画意境古雅的特色。其次，繁复、灵活、多变的针法，是顾绣的另一特点，正所谓"擘丝细过于发，而针如毫"。今松江博物馆藏有顾绣仿倪瓒水墨《渔庄秋霁图》，纵 63.5 厘米，横 29.5 厘米。这幅顾绣作品是在戴明教参与指导下，与钱月芳、张达华、富永萍、周佩龙、吴树新、刘松林等人一起花了 300 天时间合作完成的。因原作墨色干湿浓淡，变化丰富细微，枯笔飞白极多，给绣作的精度和难度带来很大困难。为了准确、生动地以针代笔，充分表现出江南太湖一带的湖光山色以及倪派山水枯笔飞白、折带皴石的独特笔法，戴明教和艺师工友们将传统顾绣一根丝线擘为最细的 36 丝，加擘到 48 丝使用，又灵活运用齐针、施针、竖戗、横戗、虚针等丰富针法，不露痕迹，细腻表现。再次，顾绣的绘与绣结合技法，有着水墨丹青无法比拟的丝质光泽和物象纹理的质感。在戴明教指导下绣出的仿倪瓒水墨《渔庄秋霁图》，近景疏村坡岸，远景秋峦遥岑，留白水色茫茫，气韵生动，彰显画与绣相互映衬、质感精美极致的独特魅力。

1984 年，戴明教被破格评为工艺美术师，1992 年以 70 高龄悬针退休，笑看桃李芳菲，收获云间春色，直至 2018 年以 96 高龄驾鹤西去。

1929 年松筠女校师生集体照（刊于 1934 年松筠女校年刊）

朱国明

皮影戏造像　传承再创新

电影是 19 世纪末由欧洲人发明的，可是电影的放映原理，在我国古代的皮影戏中早就运用了。我国皮影戏中利用光线进行投影表演的原理令不少外国戏剧史学者认识到，中国的皮影戏是近代电影艺术的前身。2009 年 6 月，松江皮影戏被列入上海市非物质文化遗产名录。

朱国明（周洪声绘）

皮影戏，是我国民间戏剧的一种，又名灯影戏、土影戏、影戏，亦称影子、照条儿等，肇始于唐，兴盛于宋，南宋时自中原传到江南，松江也称其为“皮囝头戏”。松江皮影戏的创始人，亦即上海皮影戏的鼻祖，是毛耕渔，而其众多传承人中的佼佼者是其嗣孙朱国明。

闵行区七宝镇是上海皮影戏的发祥地，而松江区九亭镇与皮影戏发祥与传承有不解之缘。因为追根溯源，这两个镇一脉同宗。元至元十四年（1277），华亭升府，府署驻地松江城，次年改称松江府，辖华亭一县。到至元二十九年（1292），分华亭县东北境五乡之域置上海县，松江府始辖华亭、上海两县。今闵行区，原为上海县长人乡。1949 年 5 月 13 日松江解放，17 日成立松江县人民政府并代管七宝镇。9 月 15 日，七宝镇重新划归龙华区管

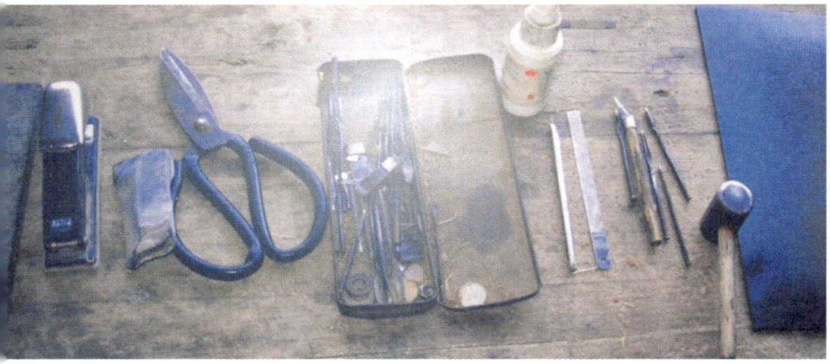
制作皮影戏工具

松江艺人皮影戏表演

辖。1992年9月，国务院决定撤销上海县和闵行区，建立新的闵行区。简言之，历史上，七宝最早属华亭县域，1949年后又曾属松江辖区，有着地缘近邻的亲情关系。所以，七宝与九亭皮影戏同源同宗。

松江皮影戏，现称上海皮影戏，以皮雕影人为道具，江南丝竹为乐器，演出时，演员手操皮人，借助灯光投影于一白布上，演员口中同时念词曲，融唱、念、白、做于一瞬，并分生、旦、净、丑等各种角色，绘声绘色，曲尽其妙；每有俚词俗句穿插于中，发噱逗人，而吹奏曲调多系江南丝竹弦乐，江南风味特浓。有研究者总结出松江皮影戏具有的民族文化价值，一是民间文学价值，包括韵文——民间化的诗词，例如古诗词的妙用，“回前诗（章回体小说每续一回书的前面有一首诗词）”的借用、歌谣的应用；叙事——影人的评话，即叙事语言相当生动，演来犹如优秀的说书先生在讲评话；对白——银幕上的相声，人物对白全在前场上下手的默契，许多地方的台词有浓郁的相声（或独角戏）味道，妙趣横生，效果极佳。二是民间音乐价值，包括田山歌式的起腔产生了很强的视听号召力，田山歌式的和声渲染情绪烘托气氛，田山歌式的迭口增强了叙事效果。三是民间美术价值，包括影像放大，分段连缀，构图夸张。比如在绘画手法上有灵活运用剪纸艺术，适度融入工笔画技，汲取版印年画之长等特色。

上海皮影戏创始人毛耕渔，1850年生于七宝毛家塘，自幼习文练武，且通音律，进学后赴考武举，三箭俱中。但因未打通主考处关节，竟被谬判为“步姿未合考规”，毛耕渔据理申辩，被乱棒逐出考场。他气病归家，绝意功名，言行放荡，人称“毛痴子”。后在金山观看浙东皮影戏表演时，乘中场休息，上台拜师成功，学习两年满师后收徒并招丝竹乐手合伙组建“鸿绪堂”毛氏皮影戏班，巡演于清末松江府七县一厅地区，声名大震。光绪三十三年(1907)秋，瘟疫流行，毛耕渔染疾；六月二十九日晚，在九亭庄家桥带病演出时，不幸逝于演台。从此结束了38年的皮影艺术生涯，享年58岁。毛去世时，留下了一笔丰厚的艺术遗产，包括《封神》《三国》等近三十出全套戏目的脚本及道具，还有皮影的主要书籍《赋札》(手抄本和图本两种)，同时已培养了一批接班人。毛耕渔殁世后，其嗣孙朱国明秉承祖业。

朱国明(1927—1993)，原名毛宝祥，因招女婿入赘九亭乡朱家，改名为朱国明。至20世纪80年代，在上海地区，尚能完美制作全套皮影，并著书立说，道明中国皮影戏来龙去脉的，恐非他莫属。在朱国明的《关于皮影戏》一书中，有介绍《史记》记载的东汉刘秀称帝(光武帝)伊始，原配李夫人卒，痛切不已，遂有让擅剪纸艺术的方士借像弄影，以解其思念之苦的故事，以及唐玄宗李隆基弄影为母后嬉戏解闷的传说，推定出皮影戏乃至电影艺术之雏形即“弄影之术”。还介绍说，南宋时期，开封和杭州等地有许多影戏棚，影戏艺人众多。元代时，我国皮影戏流传到了东南亚、中亚、西亚等地。清乾隆时，在中国传教

皮影道具

皮影戏头像

的法国神父，又把中国的皮影带到了法国，称“中国皮影”；后来又传到了英国和德国，在欧洲轰动一时。

皮影戏最早常用素纸雕刻成形，后来采用羊皮、驴皮或牛皮制作。据说，牛皮刚拿来时是一整张的。老艺人拿草灰、石灰等先烧一下，再拿工具一点一点刮干净，只留长毛的那层头层牛皮，将其刮到极薄，变成干净透明的样子，再钉在木板上拉紧晒干，然后将设计好的画稿拷贝在这些皮上。细一点的皮用于制作女性或儿童的皮影件，粗一点的用于制作武将或莽汉。为了让皮影动作灵活，一个完整皮影人物的形体，从头到脚通常有头颅、胸、腹、双腿、双肘、双手等十一个部件。后来采用羊皮或驴皮制作。皮影人高约一尺，身上有若干关节，用胡琴弦绞连，安装上三至五根钢质细杆，表演者在幕后操纵，通过灯光投影，看起来非常生动逼真。由于是在平面布幕上进行投影表演，人物只能左右动作，因此皮影人物大多为侧面造型。

皮影道具分“文靠”“武靠”。如，茶凉亭各一对，令旗台、笔架台、书写台、香案台、酒筵台各一，配置交椅六把。另配备凳子五张，前场上下手座位各一

皮影神怪人物

皮影女性人物

张，中场吹笛、拉二胡者各一张，还有一张作为后场敲拆板人的座位。此外，还须备龙虎豹等小物，上装天灯五盏。

皮影戏有“武场”和“文场”之分。皮影戏的书目有长篇、中篇和片段之别。《封神榜》《宝莲灯》等是长篇，《鹊桥相会》《张四姐闹东京》等是中篇，《过五关斩六将》《七擒孟获》等是片段。演出有十字总诀，谓之：引、诗、白、唱、哭、笑、噱、战、腔、调。皮影戏的声腔和曲牌源于地方传统丝竹音乐和传统戏曲及民间小调。松江皮影戏主要以西乡调为基础，逐渐形成独特的板腔体音乐；念白大多用松江方言土语，间杂京昆念白。

皮影戏是民间传统艺术，20 世纪 30 年代，在松江九亭、泗泾、洞泾一带最为盛行。演出时，搭简易演台一座，扯上透明度较好的布或大幅丝绸一方。皮影戏道具，人物身体用小牛皮，头部用小羊皮，彩绘身形，所用刀枪多用剪刀剪出轮廓形状。投影，先是用汽油灯，后来用电灯照射，把影子投到布幕上。20 世纪 40 年代末，松江皮影戏曾在上海大世界连演三个多月，场场爆满。

20 世纪 50 年代后由于种种原因，特别是在十年“文革”中皮影脚本、道具

皮影文官

皮影武官

松江皮影戏精彩一幕

等被付之一炬，皮影戏再也没有登台演出的机会。直到1980年，朱国明老人在毛耕渔第五代徒孙琚墨熙的协助下，重绘皮影画本，重做全套真牛皮影人、插架，重写《上海毛氏皮影赋札》。另外，陆留其、唐洪官和朱锦洪等几位老艺人也在一起根据传统曲目重新整理资料。同时，朱国明联络一批老艺人又重组皮影戏班。1992年1月，松江文化馆沈玉亮新编《孙悟空三打白骨精》神话皮影戏剧本，在松江县“社会主义在我心中”文艺大汇演中，由擅长表演武打和古代战争场面的“鸿绪堂皮影班”进行新的尝试性演出，获得了好评。

观看松江皮影戏

陆

特殊建造篇

大仓桥　跨塘桥

天启成化年间　府城重建双桥

松江大仓桥（西仓桥）

修复后的云间第一桥（跨塘桥）

松江大仓桥，原名永丰桥，又名西仓桥。桥身全长 54 米，宽 5 米，高 8 米，五拱不等跨，有石台阶 92 级，南北跨于老市河之上。明代董其昌撰《西仓桥记》曰："蓄风气，壮瞻视，莫此为伟。"大仓桥是今上海地区最大的古石桥之一，2014 年 4 月，公布为上海市文物保护单位。

大仓桥位于松江区永丰街道中山西路仓桥弄南。石桥中拱上方，可见桥额横批"重建永丰桥"五字。此桥便是存世至今的明代五孔（或称五拱、五洞）石桥，当地老百姓俗呼"大仓桥"或"仓桥"。它经历了先为木桥再到石桥的演变过程。《云间据目抄·卷五》称："西仓桥，旧以木为之。自万历癸酉（1573），同知岳维华放粮，饥民站在桥顶，

松江大仓桥

汤显受命重建大仓桥（韩雯绘）

大仓桥修缮碑记

堕水死者六十二人。故文贞公（徐阶）命家人汤显一力建造。”《西仓桥记》称：“自隆庆时，甃石易木，开广五环，延亘三十余丈”“未逾五十年而圮”。明天启年间（1621—1627），华亭知县章允儒重建，故桥额刻有横批“重建永丰桥”。

永丰桥重建后，董其昌记永丰桥为西仓桥，并作《西仓桥记》，与明宣德八年（1433），江南巡抚周忱在松江府城谷阳门外西五里古浦塘南端，建水次西仓储存漕粮有关。嘉靖后期（1555—1566），水次西仓与水次南仓合并为西仓，华亭、青浦等县的税粮归并与此。为确保粮仓安全，移用得胜港防倭旧堡材料，于水次西仓兴建仓城。万历四十七年（1619），华亭知县章允儒在仓城内建官署。至此，仓城内廨舍祠廒仓一应俱全，成为当时松江府城西部的一座子城。

松江市河

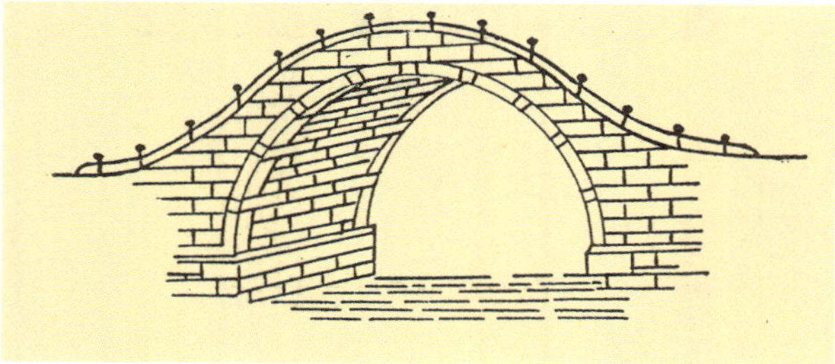

框式纵联砌置法（《上海建城700塔桥古今谈》）

镶边纵联砌置法（《上海建城700塔桥古今谈》）

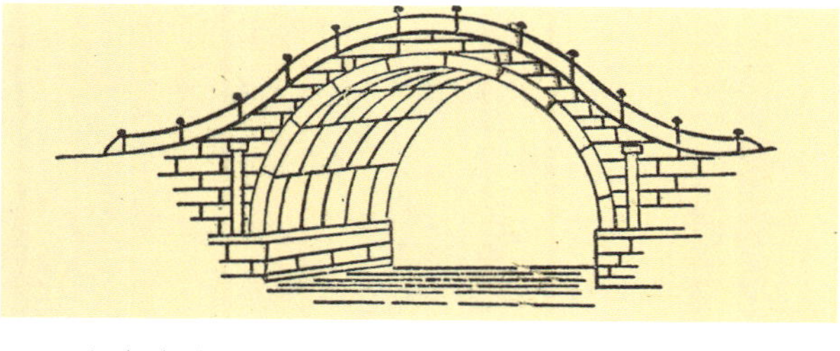

分节并列砌置法（《上海建城700塔桥古今谈》）

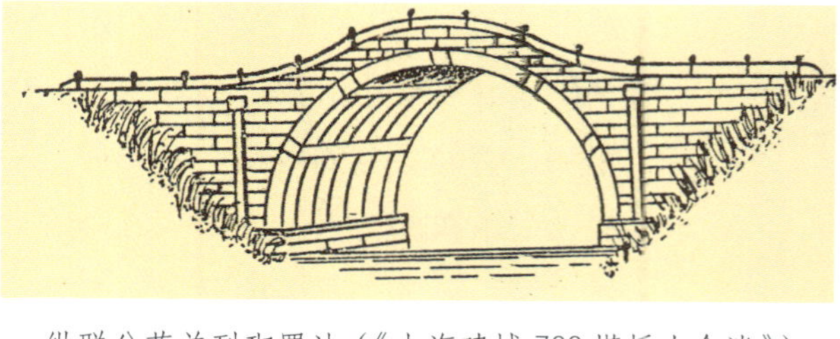

纵联分节并列砌置法（《上海建城700塔桥古今谈》）

大仓桥的地理位置十分重要，它是历史上松江府漕粮外运的起始点。汤显所建石桥倒塌后，建造一座坚固的大石桥，既为当务之急又乃百年大计，故列为当时华亭县的重大工程。要建造出一座经得起历史检验的大型石拱桥，实用性、稳固性、美观性，缺一不可。在章允儒的精心筹划下，新建的西仓桥，展现出“水门旋俱，石道亦平，高敞坚实，视昔有加”的卓然风姿。大仓桥桥孔维系阳数传统，五拱不等跨。可以推想，大仓桥下的河道宽度，比现存的河道要开阔，估计河宽在50米以上，适宜大规模的漕粮船队停靠作业。五拱不等跨，还有一个好处，即吃水深的大船居中行，吃水浅的小船两边走，皆方便从桥下通过。此外，大仓桥桥面宽度5米，几乎是当时小弄堂宽度的一倍；桥高8米，桥长54米，坡度较平，台阶缓冲，拾级而上，行走比较轻松。

大仓桥的桥身和护栏皆为青石建构。青石材质，比元代大量用于造桥的武康石要硬一些，而比清代建造石桥多用花岗岩石材又要软一些。其中反映出造桥石材的开采和加工，随着开凿、切割等工具的不断坚韧锋利，使得造桥选用的石料一代比一代坚固。明代大仓桥用材较为特殊的地方，是桥身、券拱、护栏均为青石，但92级台阶却采用了花岗岩石材，使得较易磨损的登踏台阶，更加经得起岁月打磨。

大仓桥下的石拱，2005年（张金贵摄）

云间第一桥石拱

花园浜口南云间第一桥（任建新绘）

修复前云间第一桥

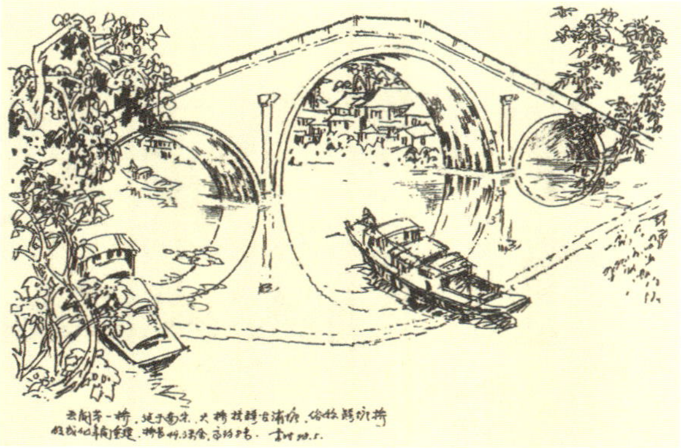

云间第一桥（徐震时绘）

大仓桥建造中的拳拳匠心，还体现在桥的重要部位拱券上。大仓桥为五孔石拱桥，牢筑圆弧状石拱桥券洞，是承托石桥负重受力，不斜不倒的关键所在。圆弧状拱券容易失稳，所以既要有稳定的受力基础，又要有确保拱券稳实连接的技术保障措施；如石桥修缮时，在筑坝拦水已干的河道底床上搭建起脚手架，需做到脚手架平稳而立并与券洞弧形对准，以利于人工作业，保障石料上叠，支撑券洞受力加固。建造桥洞的传统方法有两种。一种叫“纵联法”，像砌墙似的一层层往上砌，各层石块相互交错。使用这种方法砌成的桥洞是一个整体，比较坚固。但若有一块石块松动，就会牵动整个桥洞，且在通航河道中实施修补较为困难。另一种方法是“并列式”，即并排砌成多道券后，合成一个整券。好处是一块石块出现问题，只影响一券，不牵动整体，局部修补，无须全面封桥断航。明代松江大仓桥所处的地理位置，不仅市河两岸人烟稠密，而且漕运繁忙，加之天启元年（1621），信奉道教的客商在桥南附近建水次西仓关帝庙，南来北往的香客甚多。水次西仓关帝庙修缮前夕，曾于庙中发现碑记，其中有晋商捐资修庙的记录。因此，大仓桥的拱券建造为纵联分节，并列起券。

此外，在松江大仓桥西、花园浜南的古浦塘上，有座南北横跨的明代三拱石桥。1985 年 7 月，公布为松江县文物保护单位。桥长 40.5 米，宽 5.25 米，高

陈子龙

云间第一桥内壁石刻（1999）

约8米，桥额刻“云间第一桥”。此桥原名“安就桥”，俗称“跨塘桥”。宋陆蒙《跨塘桥》诗云：

路接张泾近，
塘连谷水长。
一声清鹤唳，
片月在沧浪。

始建于宋代的跨塘桥，初为石桥，后易木桥。相传因端午节众人挤于桥上观龙舟，木桥被压塌。明成化年间（1465—1487），松江知府王衡于原址上重建这座桥形优美、似有“跨塘乘月”诗情画意的三拱石桥，桥额刻有“云间第一桥”字样。据叶梦珠《阅世编》记：“松江西门外市西尽处，有南北桥石梁跨秀州塘，曰跨塘桥。潮汐最急，急行遇逆水，数十篙师不能挽一舟而过。水洞三环，高可通巨舰，漕船当水涨亦出入无碍也。”1986年大修时，除桥拱仍用青石纵联分节并列起券外，改原为青石砌筑的桥面石阶和桥栏为花岗石。

明代大仓桥和跨塘桥，筑桥用材和建造工艺基本相仿，如都选用青石为主，拱式纵联分节并列起券，两座桥的传统拱式，可追溯到隋代桥工石匠李春，将地面建筑中的拱券结构移用于桥梁建筑，创建了流芳百世的安济桥，亦即赵州

松江中山西路市河整修两岸（2011 年）

祭江亭

桥。石拱桥的拱券结构方式，由若干块扇形拱券石拼合而成，结构以半圆形筒拱为主，拱石排列主要有纵联和并列式两种。古代造桥工匠，为加强拱石联连，会在拱石两端凿出榫卯，石桥构件之间经常使用铁锭和铁栓等“锁定”，以强化石拱桥的整体稳固性。

大仓桥和云间第一桥除了实用性强、稳固性好的特点外，还具有大型石拱桥的美感特色，中孔跨径大，边孔跨径小，承托桥身凌波越空，宛若水上飞虹。从古至今，它们一直是文人雅士题咏的对象，诗文、书画绵延不绝。当下，大仓桥和云间第一桥，已成为仓城历史文化风貌区中最典型的人文地标。

颐　园

沈氏造园梦　印证《园冶》说

位于今松江区永丰街道上海第四福利院内的颐园，始建于明万历年间（1573—1620），名“因而园”。清道光年间（1821—1850），园转易罗姓，改称“罗氏园”。清光绪年间，园为浙江归安知县许威拥有，易名“颐园”。民国时期为高君藩所得，俗称“高家花园”。相传，颐园最早的主人为沈氏。2005年颐园修缮施工期间，发现明代踹布作坊中使用的踹布工具石元宝，推知沈氏应是松江府城西部地区著名的布商。从颐园透出的浓郁文化气息来看，这位布商又应该是位好文且为人低调的儒商。“因而”二字，一般用于连词；沈氏从元曲中化出，用于园名，则有微不足道的意思。2014年4月，颐园被公布为上海市文物保护单位。

沈氏建颐园（韩雯绘）

颐园占地1300平方米，仅2亩许，是隐于秀南街陈家弄街巷居民深处的一座袖珍型私家花园。颐园历经数百年风雨洗涤，不仅顽强地生存了下来，而且是松江明代古典园林。颐园弥足珍贵的地方，在于从它的身上可以原汁原味地探寻到明代江南园林的精髓所在，并能与明代吴江计成所著《园冶》中的营造法式互为印证。因为松江颐园布局和建筑形制具有江南明

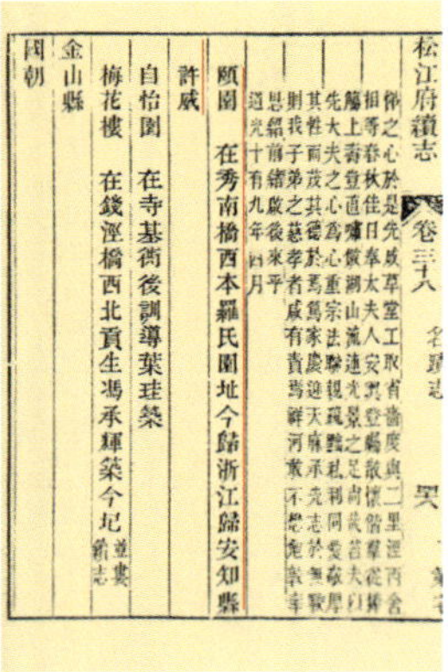
松江府續志 卷三十八 名蹟志

頤園 在秀南橋西本羅氏園址今歸浙江歸安知縣

許威

自怡園 在寺基衙後訓導葉珪築

梅花樓 在錢涇橋西北貢生馮承輝築今圮 並婁續志

金山縣

國朝

光绪《松江府续志》卷三十八

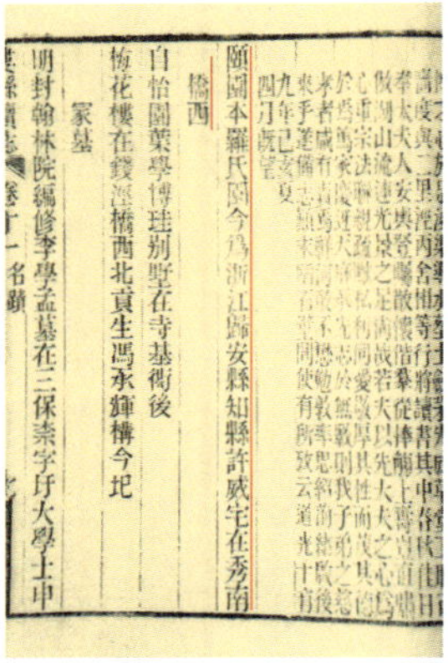
頤園本羅氏園今為浙江歸安縣知縣許威宅在秀南

橋西

自怡園葉學博珪別墅在寺基街後

梅花樓在錢涇橋西北貢生馮承輝構今圮

冢墓

明封翰林院編修李學孟墓在三保案字圩大學士申

婁縣續志 卷十一 名蹟

光绪《娄县续志》卷十一

颐园

式宅园的典型意义，其建筑形制比苏州拙政园和上海豫园等更具明代园林建筑的时代特征。

明代计成所著《园冶》，是我国古代园林最杰出的代表作。计成生于明万历十年（1582），《园冶》撰写于公元1631年，刊行于崇祯七年（1634）。由此可见，明代松江颐园比计成撰著《园冶》的时间要早一些。《松江历史文化概述》所载园林建筑章节中，曾对颐园与《园冶》的关系做出印证论述，认为颐园的布局和《园冶》一书如出一辙。《园冶》所述的有关法则，在目前的苏州地区亦难找到明代实物与之对照，但在颐园中得到很好的落实，因此松江颐园是研究江南园林的宝贵实物资料。颐园布局分南北两部分，南部以楼阁取胜，“观稼楼”保持了明代楼阁玲珑剔透的典型形制，而宅楼之草架结构是明代园林宅楼的典型实例；北部以山水为特色，有明代中期的黄石悬崖式假山和小中见大的水池以及三曲水桥，都体现了颐园叠山理水的巧妙手法。据有关专家考证，颐园所呈现的许多特征与计成《园冶》中的论述几乎相同，以下几个方面可以相互印证。

其一是选址。计成《园冶一·相地》，对“城市地”和“旁宅地”均有论述。计成认为城市里一般不适合建园，如果要造的话，一定要选在幽静偏僻的地方。住宅旁边和后面如有空地的话，也可造园。颐园位于城市的边缘，北部是住宅，宅门临街，接近尘嚣。南部幽僻，与农田接壤。园内南边有一楼阁“观稼楼”。如此便与计成的造园选址观相一致。

其二曰布局。计成《园冶二·立基·书房》云：“书房之基，立于园林者，无拘内外，择偏僻处，随便通园，令游人莫知有此。”书房是读书的地方，需要安静。颐园书斋设于西北角，与园有一墙之隔，且曲径通幽，不熟悉的人，知从画舫内通园已不易，而由假山洞室通园，更是一条密道。

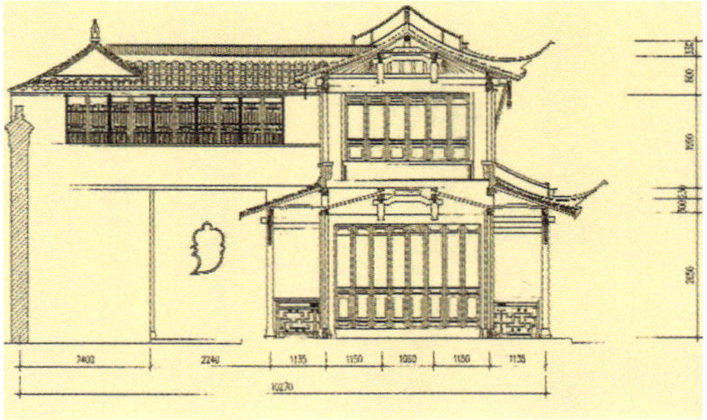

观稼楼剖面图

观稼楼

颐园水池与假山

其三云建筑。计成《园冶三·屋宇》中讲到梁架的时代特征：“前添敞卷，后进余轩；必用重椽，须支草架；高低依制，左右分为。”敞卷、轩是一种室内顶部装饰形式，重椽是指屋架覆盖两层椽子下层的室内顶部装饰，草架是有重椽建筑的梁架形式。颐园的楼与阁都是草架和重椽，尤其是楼的结构，其敞卷的形制和《园冶三·屋宇·图式》的前后卷式，几乎是一个模式。有所区别的只是颐园为七架梁，《园冶》记载的是九架梁而已。

其四说装修。计成《园冶四·装折》，侧重记建筑门、窗、天花板、栏杆等装修：“凡造作难予装修，唯园屋异乎家宅，曲折有条，端方非额……古以菱花为巧，今以柳叶生奇，加之明瓦斯坚……”颐园现存的大部分装修，是清代中叶后的实物。1989年，在勘测时发现了几款早期窗式，有嵌菱花式等。此外，松江以明瓦嵌于窗棂的工艺，一直保持到近代。

其五述叠山。计成《园冶八·掇山·池山》曰：“池上理山，园中第一胜也。若大若小，更有妙境。就小点其步石，从巅架以飞梁；洞穴潜藏，穿岩径水；峰峦飘渺……”颐园北部以山池为主景，正所谓池上理山。理山被计成认为是造园第一胜景，而颐园的叠山与《园冶》所叙如同一个版式。《园冶》论选石，有太湖石、昆山石等。颐园假山所用黄石，

颐园悬崖石黄石假山

回廊、三曲桥

与江苏昆山石相近，具有相同的古朴质感。

其六论借景。计成《园冶十·借景》认为，构造园林没有一定格局，但借景要有依据，要根据四季的变化来设计，即“构园无格，借景有因。切要四时，何关八宅”；同时主张要避开城市的喧嚣，以清幽之地为邻，即“城市宣卑，必择居邻闲逸”。颐园择城乡结合部而建，把郊野四季风光借入园内；园中又有一山一池，可令人怡情山水，“俯玩月，坐石品泉”也。

上述可见，于咫尺之内再造乾坤的颐园，园子虽小，却小巧玲珑，假山、水池、石桥、楼、阁、斋、舫、榭、廊和古树名木、翠竹花草等园林要素齐备，与计成《园冶》所提倡的造园境界“虽为人作，宛自天开”相辅相成。以小见大的颐园，以南北两组景物来划分景区、分隔空间，同时运用分合、高深、曲直、虚实、明暗等对比手法，给人带来移步换景、柳暗花明的美感愉悦；同时又在园林文化中融入了反映对立统一规律的哲学审美，从而使这座明代园林更具历久弥新的深远意境。颐园有过年久失修的衰败，也有 2005 年“修旧如旧”的全面修缮，获得新生，彰显深闺独秀、芳华而立的存世魅力。

月台梁架

书斋立面图

松江仓城

西仓城漕粮重地　夏之旭受命增建

松江仓城从建水次西仓已有五百八十多年历史，最盛时有官廒四百余楹，仓城地区曾为松江府的漕运中心、经济中心、物资交流中心。巡抚周忱巡察松江府，于明宣德八年（1433）始建“水次西仓”。明嘉靖时期，倭寇犯境，嘉靖三十三年（1554）三月，倭寇约九十人从漴阙（今奉贤）直抵府城南门，“焚水次南仓”。同年四月，倭寇八百余人，自闵行突至水次西仓，“烧残殆尽”。明末吴履震撰《五茸志逸》卷八载：“西仓旧无城，自甲寅（1554）倭乱，筑堡德胜港，驻兵以御之。后以倭息，虑官粮失守，隆庆戊辰（1568），知县聂廷璧移筑西仓城。”西仓城即水次西仓城城墙，周二里，高一丈八尺，砖城墙是在夯土墙的两面包城砖，用白灰浆砌砖，松江砌水次西仓砖城墙时，将石灰化好后，保持湿度，上加顶盖，半年左右使用，城墙更坚硬牢固。城设仓东门、仓西门、仓南门和仓北门。城外开挖护城河，四濠环绕，河宽六丈，深三尺余。仓城具体方位东起原

夏之旭（叶菁绘）

松江古代仓城、漕运旧址

仓城护城河，俗称小仓桥河，南至今松汇西路南端，旧有仓南门，外有太平桥，直通祝家埭村；北起秀南街十米以外，设有仓北门，其北为大仓桥；西达六角尖，今秀春塘之东。

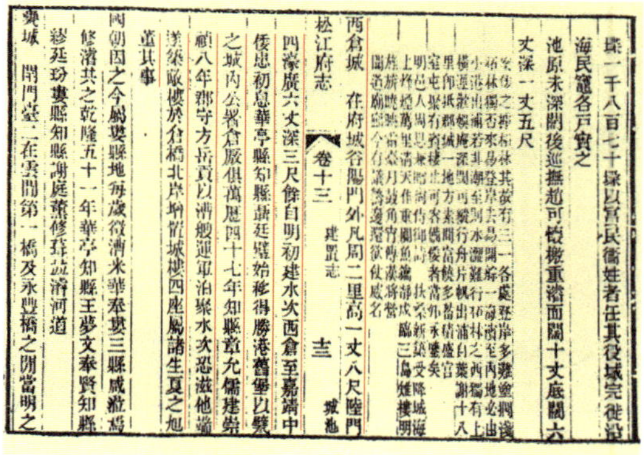

堞一千八百七十垛以貧民備姓者任其役城完徙沿
海民竈各戶實之
池原未深闊後巡撫趙可懷撥重濬面闊十丈底闊六
丈深一丈五尺
西倉城　在府城谷陽門外凡周二里高一丈八尺陸門
松江府志　卷十三　建置志　城池
四濠廣六丈深三尺餘自明初建水次西倉至嘉靖中
倭患初息華亭縣知縣聶廷璧始移得勝港舊堡以甃
之城內公署倉廒俱萬歷四十七年知縣章允儒建崇
禎八年郡守方岳貢以漕艘運軍泊聚水次恐滋他端
并築敵樓於倉橋北岸增城樓四座屬諸生夏之旭
董其事
國朝因之今婁縣地每歲徵漕米華奉婁三縣咸[illegible]
修濬其之乾隆五十一年華亭知縣王夢文奉賢知縣
繆延玢婁縣知縣謝庭薰修葺並濬河道
甕城　閘門臺二在雲間第一橋及永豐橋之間當明之

水次西仓 嘉庆《松江府志》相关记载

明万历四十七年（1619），华亭知县章允儒在仓城内建官署，东为丞舍，中为监牧伯行署，两翼建官廒。最西为驻侯临节公廨，后为别室。郡人许乐善、董其昌各为之作记。至此，仓城内廨舍祠仓悉具，成为当时松江城西部一座子城。明崇祯八年（1635），松江知府方岳贡虑仓城地近泖滨，盗贼不时出没；“漕艘运军泊聚”，唯恐生事，命几社领袖之一夏允彝之兄夏之旭主持，先在仓城内开挖十字形小河，排水防火，河贯通仓城东西南北，与城外古浦塘相连；又在城内架建南北四座、东西一座石板桥。并增高旧城垣，增置城楼四座，在仓城内辟数条贯通东西南北的石皮街。城外建仓城街，至今尚存。方岳贡又令士民附仓居者皆得构廒房，赁民贮米，从而形成了仓城一带众多的“栈房”，具有以米兴市的特色，水次西仓也由此改称“仓城”。仓桥北岸增置堞楼，以便瞭望观察，加强警卫。兴筑后的

夏允彝、夏完淳父子《邦彦画像》

仓城，规制颇壮，防火防盗，防卫森严，有固若金汤之势，为仓城历史上最大规模的一次增建。

明崇祯十二年（1639），方岳贡在完成仓城增建工程不久后，又在大仓桥与跨塘桥之间建造瓮城。瓮城城墙高耸，外墙两面用青砖砌筑，中间垫土夯实，城墙上筑有东西两座高台，台上建堞楼。城墙开有拱形城门，晨启夕关，有城守营官兵驻守。城墙门壁上镌有陈子龙所撰《西乳闸门台记略》石碑。筑城以前，此段古浦塘漕艘星罗，恰遇“此长不戒，屡有盗警”，不筑瓮城难以保护仓城漕粮、漕艘及周边地区的安全。据此，方岳贡相度地势，扼其要喉，遂筑瓮城于两桥之间置“闸门台二”“上覆以楼，旁施埤垷，下设扉阖，晨启夕合”成为松江府城的西关。

夏之旭，字元初，生于1592年，明松江府华亭县人。“聪颖具才学，然隐迹失志，诗文书画虽具造诣而不彰于世。”明崇祯八年（1635）受命增建仓城，参与设计施工，展示建筑才华。身处明清易代之际，他曾参与反清，策反吴胜兆。失败后，削发于竹篱庵。经国仇家恨创痛，立训诫子不应科举、不入仕途，自己不入市尘。清顺治四年（1647），陈子龙、夏完淳先后被捕，夏之旭因藏匿过陈子龙，为清吏所逼，自知难以幸免，将子名瑞，安置于竹篱庵（今在九里亭）

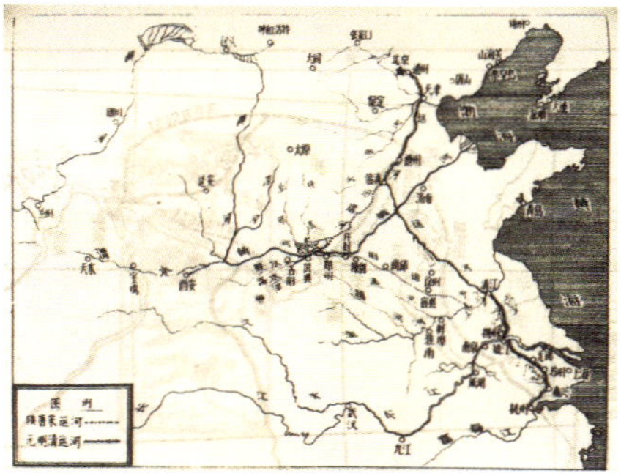

隋至清运河示意图

大运河上往来粮船与陆上粮仓

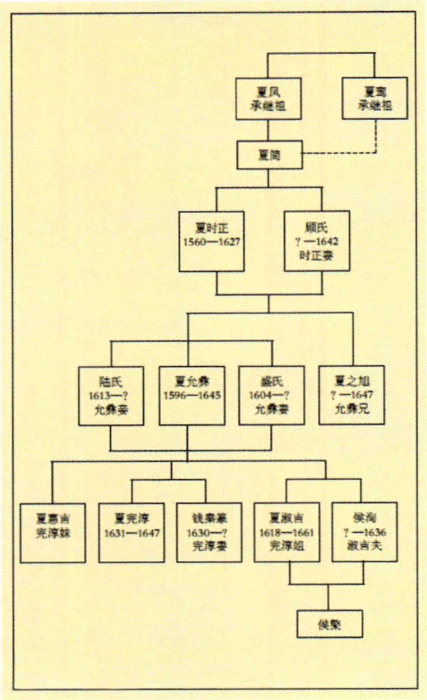

夏家世系表

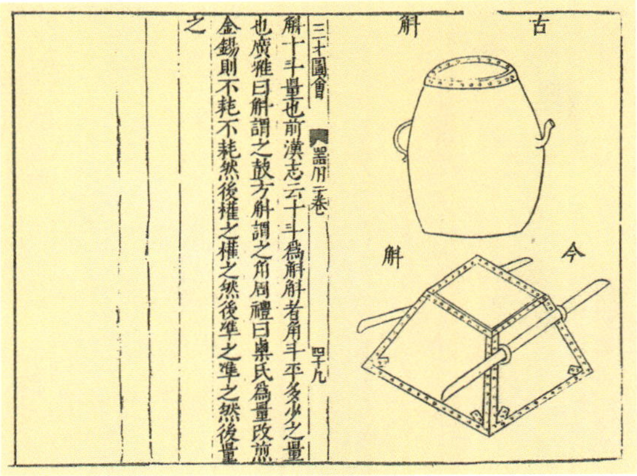

古斛今斛（《三才图会》）

夏家，作《绝命词》，于五月二十五日自缢于孔庙，享年55岁。

追根溯源建西仓。明初收储田赋采用粮长制，参照万石设一粮长的标准，松江府粮长百名左右。当时的粮长可以直接押粮进京，以致明初的漕粮征调较少受到府、县的直接管理。粮长因此而贪赃枉法、鱼肉乡里者并不鲜见，同时也导致田赋多年拖欠，明初帝王对此颇为重视。巡抚周忱在对江南田赋诸多情形进行充分调研基础上，于明宣德八年（1433），在松江府治西、东南各五里，分建水次西仓、水次南仓。“凡府以东之税，输于南仓；以西者，输于西仓。漕舟至，就仓给发，公私便之。后南仓废，皆归并于西仓。”

清顺治十三年（1656）分华亭县设娄县。最初利用水次西仓办公用房作县署，东为丞舍，中为监司牧伯官员行署，又在西侧建官廒，最西面建驻侯临节公廨，后建别室，作为娄县衙门。从此，仓城又成为娄县的行政中心，一座漕仓拥有这样的历史，江南特有，全国罕见。顺治十五年（1658），知县王有极买下明代朱大韶宅后改造成娄县县署所在地，仓城又恢复正常运行。

清咸丰十年（1860），太平军攻入松江府城，仓城在战争中遭到严重破坏。据《华亭县志》载：“咸丰十年，寇毁过半。”清同治三年（1864）六月，娄县知县王秉鉴在水次西仓旧址重建大堂、内厅各三间，楼房六间，幕友房四间及门房、茶坊、厨房十间，新建东西仓廒二十间，并建轿班房头门五间，仓前照壁一座。明清二代仓城数次修建，不一一赘述。

明清松江有“苏松税赋甲天下”之说，仓城作为松江府漕粮积贮的重要仓廪，漕运任务十分繁重。据《江南通志》载：江淮卫之五帮、七帮、八帮，兴武卫之三帮、四帮、六帮、七帮、八帮，均兑运松江府粮；镇海卫兼运苏松漕白二粮，金山帮兼运松常漕白二粮。嘉庆年间，华亭县漕运帮船共 50 艘，其中兴武七帮船 34 艘，兴武六帮船 12 艘，江淮五帮船 4 艘；娄县漕运帮船 53 艘，均为兴武三帮船艘；奉贤县漕运帮船 58 艘，全部为兴武八帮船艘。另有兑运白粮帮船，华亭县 6 艘、娄县 6 艘、奉贤县 5 艘。在仓城漕运的帮船总数为 168 艘。

漕舫图

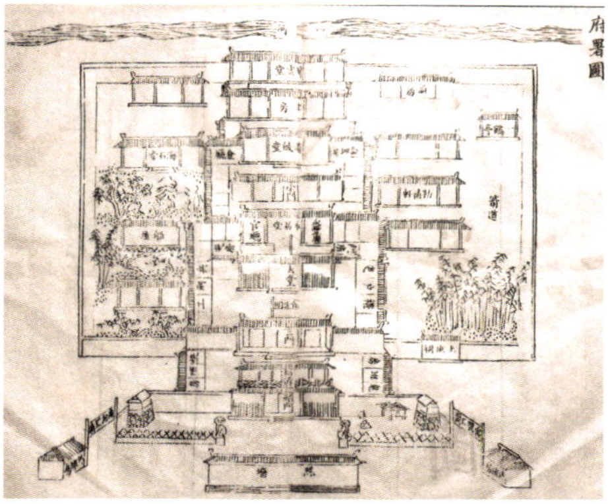

《松江府署图》（摘自嘉庆《松江府志》）

《江南通志》载：漕船至仓城装载起运，“开仓之日，县官衣冠至仓王庙拈香，召名班演讲三日”。根据漕运习俗，官府择吉日，在仓城举行盛大漕运公祭仪式。各帮漕船均集泊于仓城内河、大仓桥下、古浦塘中，可谓樯桅毗连，漕舟踏浪。府县诸官和当地士绅衣冠楚楚齐集仓王庙，按等级列队，祭祀开始，鼓号齐鸣，参祀者每人高举三炷香，依次向仓王神像鞠躬、磕头、礼拜，祈求开仓吉利；尔后帮船运丁、船夫分别祭拜，磕头许愿，保佑一路漕运安全顺利。祭祀完毕后，由负责漕运的推官宣布开仓运粮。此时仓城内外鞭炮齐鸣，人声鼎沸，观看戏班演唱，交流与购买各类物品，一派繁荣景象。水手大部分为北方人，尤以旗人为多，他们把北方产的人参、豆油、豆饼、粉丝、腌制产品、梨、枣、杂粮、木材之类携至松江；闽、粤、

漕运图（《三才图会》）

农民交纳税粮

浙南方商人，把大量糖、烟、苏木、药材、竹器、陶瓷制品等带到大仓桥下销售，他们购买松江布、鞋、袜、金膏药、酒、竹器制品等松江特产。一时地摊遍布仓桥一带，物资交流，购买踊跃，人声喧嚷，还有杂耍、小吃等，仿佛在举行隆重的庙会。仓城周围著名的茶肆德胜楼和畅园，每日云雾蒸腾，人满为患。旅馆有单家寓、强家寓、许家寓诸家，饭店有宏兴馆和龚家饭店等，这些都是外来水手经常光顾的地方。还有王家锡作、钱来米店、沈氏布庄、眼镜店、古董店，还有十几家绣花鞋庄成为一道亮丽的风景线。至于游戏赌博场所也有数家，在秀南街西段开有几家妓馆。在河滩还有竹行、木行、鱼行、水果行、陶瓷行、米行……日堕西山，万灯齐耀，琴声、笑声、叫卖声、麻将声，一片喧哗声，终宵不绝。漕运促进了松江城镇的发展。现代作家二月河、薛家柱参阅松江历史，写出著名的长篇小说《胡雪岩》，作品中用较多篇幅，生动地描写了胡雪岩参与松江漕运，描绘松江仓城漕运繁忙，商业繁荣，似《清明上河图》般景象。

明代以来，仓城地区不仅是松江的漕运中心，也是民间米粮加工贸易的集散中心。当时米商云集仓城周边的仓桥、跨塘桥、秀野桥，以米行、米市为主的“三滩”，买卖转运、加工的粮船来往不绝，其中以跨塘桥滩最为集中，松江三分之二的米行开设于此。从清代至民国初期，三滩米业盛景不衰，年粮食上市量约四五十万石。每逢秋收，新谷登场，四乡农民牵砻舂米，舟楫装载或肩挑背负，求粜者齐集仓城“三滩”。

清光绪后期，田赋实行“漕粮改折”，又根据商品经济的发展，商品粮贸易增加，为减少漕粮运输中的大量开支，革除漕政败坏、漕务积弊，减轻重赋地区负担。清政府于光绪二十七年（1901）决定，江苏、浙江、山东三省正式停止征漕，松江属江苏省管辖，历时一千余年的漕运宣告结束。1919 年，仓七图康麟书以振兴街面为名，秘密呈准官府，以国币 400 余元承买仓城城砖。是年 12 月 11 日官产处招标出售仓城城砖，康中标后将城墙零碎折卖，将仓城碑石移置家门，明代仓城遂被拆除。

2003 年 9 月松江区文物管理委员会和有关部门对中山西路、秀南街、秀野桥西至玉树路东，总面积 0.2 平方千米范围进行普查，古建筑和近代建筑 157 处，经鉴定，明代后期至清代初期 16 处，清代中期 15 处，清代后期 52 处，民国 74 处。古建筑中有 7 处为原区级文物保护单位。2003 年，经区文广局审核批准，公布此区域内 81 处古建筑和近代建筑登记为不可移动文物，古建筑等历史风貌建筑占地面积达 60% 以上，符合上海市历史文化风貌区申报条件。2005 年 10 月

明成化十八年（1482）松江府官造城砖

清康熙、道光年间松江城墙砖（2005 年摄）

松江仓城历史文化风貌区规划图

上海市人民政府正式批准《上海市郊区及浦东新区历史文化风貌区范围》，对仓城历史文化作了界定。仓城历史文化风貌区占地面积66公顷，位于沪杭铁路以北，乐都西路以南，花园浜路（今仓汇路）以东，南以化工路、松汇西路为界，东以黄墙港、沈泾塘为界。其中核心保护区为玉树路以东、黄墙港以西，市河与中山西路两侧区域，面积19.5公顷。仓城历史文化风貌区以旧仓城命名，是明清松江城市发展的重要见证，也是松江府城文化的“活化石”。

后乐园

儒学大师朱舜水　造园日本布风光

朱舜水（1600—1682），名之瑜，字楚玙，又作鲁玙，寓居日本后号舜水，浙江余姚人，寄籍松江。清康熙八年（1669），朱舜水生日这天，日本东京都后乐园中出现以下一幕：拥有诸侯高贵地位的水户藩主德川光圀，以奉老之礼，飨宴终身穿明代服装的“胜国宾师”朱舜水。德川光圀临其宅第，并以画有太公望、藤原在衡等中日两国六位年高德劭者画像的新屏风祝其遐寿。

松江方塔公园内今设有“朱舜水纪念堂”，由此思接明崇祯《松江府志》卷四十六记第宅园林曰：“后乐园，在黄浦东。亦文裕之居。”陆深（1477—1544），字子渊，号俨山，赠礼部右侍郎，赐谥文裕。文裕之后乐园，即明代著名大儒陆深建在上海浦东陆家嘴的一处江南名园。史载，明嘉靖三十四年（1555），倭寇五千余突至海上，“结营于浦东”，陆氏后乐园化为烽烟之地。

朱舜水

上述可见，后乐园本是一座位于上海浦东的中国江南园林，时至清初在东京都出现的后乐园，实与抗清复明已无希望，遂寓居日本的朱舜水有关。日本东京都后乐园，是在始建于宽永六年（1629）原为水户藩主德川赖良的大名庭旧园基础上改建的，即德川光圀接任藩主后，恭请寓居日本的儒学大师朱舜水，对旧园实施润色改建。朱舜水给改建的园林取了个意味深长的园名“后乐园”，并亲笔题书园额。由此，世人得观陆深“后乐园”伴随东渡扶桑的朱舜水，在异国他乡续传“先天下之忧而忧，后天下之乐而乐”的中国儒家文化风韵。

松江朱舜水纪念堂内景

“后乐园”名取意于北宋范仲淹《岳阳楼记》中的名句，上追可见唐代白居易《闲题家池寄王屋张道士》云：“进不趋要路，退不入深山。深山太濩落，要路多险艰。不如家池上，乐逸无忧患。”感悟出自范仲淹“先天下之忧而忧，后天下之乐而乐”的园名文化底蕴，尚可在孔子《论语》中找到思想根源。子曰“仁者不忧”，又曰“修己以安百姓”，即修养自己来使所有百姓安乐；再如“因民之所利而利之，斯不亦惠而不费乎”，意为就着人民能得到利益之处而使他们有利，这不也是给人民以好处而自己却无所耗费吗？总之，孔子以民为先的思想，正是范仲淹先忧后乐思想的根基。

后乐园内庭遗址

余姚舜江边的舜江楼

从朱舜水关于造园的独到见解中，尚能进一步认知其作为一位儒学大师继承儒学传统的践行运用。子曰：“奢则不孙，俭则固。与其不孙也，宁固。”意为奢侈豪华就显得骄傲，省俭朴素就显得寒碜。与其骄傲，宁可寒碜。又云：“质胜文则野，文胜质则史。文质彬彬，然后君子。”意为朴实多于文采，就未免粗野；文采多于朴实，又未免虚浮。文采和朴实，配合适当，这才是君

水户藩主德川光圀

子。朱舜水认为，造园应力戒非俗即枯，即“富贵则易俗”，“寒俭则易枯”。朱舜水心中的理想之园是“不肥不瘠，亦精亦雅。远近合宜，天然高下。耕稼知勤，杂作田野。水流山峙，茅店潇洒。小桥仄径，行回容治”。细品朱舜水的造园观，在儒家思想润于其中的同时又见传承发展的新意。

日本江户小石川后乐园景观，不仅有湖光山色，桥、堂连景，书法碑匾点缀，蓬莱岛、得仁堂、圆月桥、小庐山、西湖堤等中国风景观目不暇接，而且有朱舜水引荐的华夏菖蒲、腊梅与日本樱花一并点染园林胜境。爱中国也爱日本的朱舜水，在这座中国式的后乐园里植入了丰润的江南文化和丰富的思想情感，其中诸多景观彰显由江南松江而来的文化底蕴。例如，朱舜水最初改建的后乐园有小西湖与西湖和舫廊等景观。北宋苏东坡赞美杭州西湖云：“欲把西湖比西子，淡妆浓抹总相宜。”古时松江也有西湖，名“旧西湖”，又称“瑁湖”，在郡城西南隅。相传，旧西湖曾为郡城第一胜景。纵观朱舜水的一生，在家乡余姚生活了 19 年，后依附其兄长朱启明寄籍松江 25 年。明清易代，未归降清的朱舜水选择了避世而非弃世的人生之路，浪迹天涯，在海上漂泊了 15 年，七渡扶桑，六至安南（今越南），二至暹罗（今泰国），61 岁得准留居长崎，此后寓居日本 23 年，直至终老。

1665 年，日本国副将军、水户侯德川光圀派人到长崎礼聘朱舜水为国师，延其至江户（今日本东京）讲学。至江户后，德川光圀竭诚以敬，亲执弟子礼。据《朱舜水集・书简四》云：“不佞老人有道，

园内樱花

后乐园春景

后乐园秋景

后乐园冬景

得仁堂

小西湖与西湖堤

朱舜水登陆长崎的地点——出岛

朱鲁玙乃字也，不敢称，欲得一庵、斋之号称之。”也就是说，德川光圀对于面前这位“蹈海全节”、名播四海的中国大儒，不敢直呼其名讳，故请宾师自取一号，朱舜水乃以“敝邑之水名”为其号称，以示不忘故土。从朱舜水的行迹中看出，松江是他一生中学习、生活最为时久的地方。他曾是松江府儒学生，拜满腹经纶、学富五车的朱永佑、张肯堂、吴钟峦为师。应了名师出高徒那句话，崇祯十一年（1638），才学出众的朱舜水被学政荐为“文武全才第一”，以“恩贡生”推荐于礼部，又被礼部推荐为“开国以来第一”人才。

东门外张塔桥

朱舜水的老师张肯堂，家住松江东门外张塔桥附近。此桥原为单孔石桥。出东门，一直到最东南的华阳桥，一路可见多座石拱桥；今存世的石拱桥尚有元明时期建造的东、西杨家桥，三里桥，钱家桥等。拱桥形如弯月，跨于水上，富有灵动的诗情画意。古代松郡带有“月”字的桥并非鲜见，如“月河桥”“月西桥”等。日本后乐园景观中曾建有一座石拱桥，朱舜水为之冠名“圆月桥”。猜想这一桥名，或蕴含“花好月圆”之意，或含有以桥寓情、梦圆故乡的意思。受朱舜水后乐园“圆月桥”影响，诸如“跨虹桥”等相继出现在日本古典园林中。此外，松江古有“合掌桥”，而日本有世界文化遗产“合掌村”，这是否与朱舜水在日传播中国文化有历史关联，未加考证，但从后乐园“圆月桥”被尊为日本国宝的历史地位来看，朱舜水所传承的儒家学术思想如桥之纽带，似虹跨大海，若山积之高，泽积而长。

从朱舜水《游后乐园赋（并序）》中读出了后乐园浓郁的文化气息，如赋所云“上公乃召儒臣以燕乐，特开邸第之芳园”。嘉庆《松江府志》卷三十一载元末寓居松江的杨维桢所撰《淞泮燕集序》，文中记录了张士诚统辖下的松江知府王雍曾是淞畔燕集的号召者。王雍礼贤下士，感召六十余位文人雅士参与这次燕集活动。此外，明代松江南园和李雯之父李逢申的横云山庄等，都曾是松郡文人的雅集之所。由此可见，朱舜水改建的后乐园极具人文品质，时为一处儒臣游赏唱和的“燕乐”之地。

后乐园圆月桥

有评价说，后乐园是一座“洋溢着中国趣味的深山幽谷”。在朱舜水的《游后乐园赋（并序）》中读到以下生动描述：“转落英之曲径，经卧波之长桥。争妍竞艳，目炫心招。辑群樱以作回廊，蹀躞芬芳联数里；结蟠藤而成厦屋，旖旎组纠列三千。萦回鸟道，瞥见平田。羊肠屈曲，足音跫然。……卉木之丛，渊澄之际，有瓢（一亭兀然，名曰团瓢，草覆者为草团瓢）如掌，中置古骚人，西行无冬无夏，露月云风，倚仗戴笠。端居深念，沉思自得。未

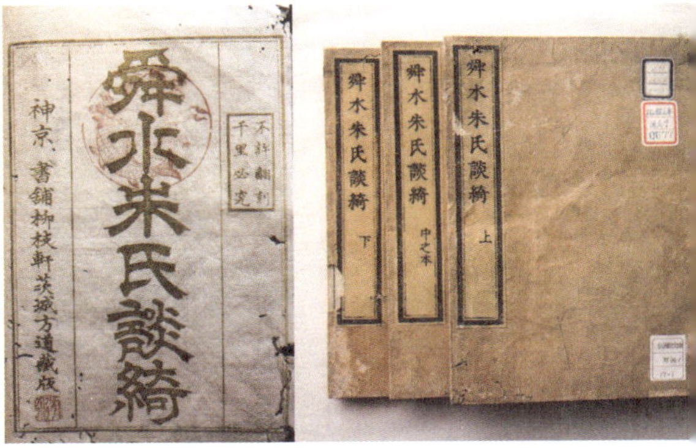

《舜水朱氏谈绮》（柳川古文书馆藏）

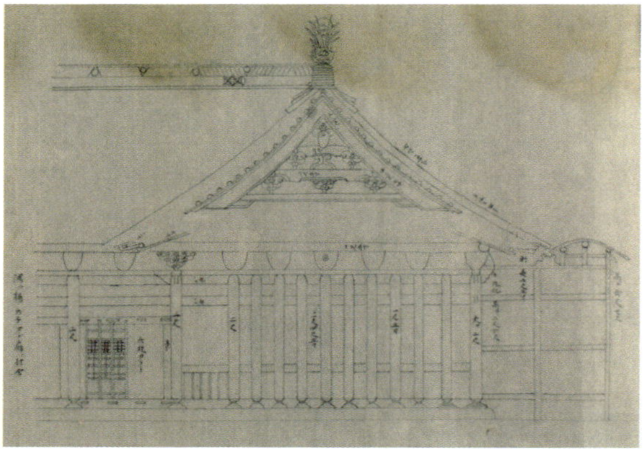

大成殿（《学宫图说译注》）

见推敲，一丘一壑。”自然景观与人文景观美美与共的后乐园，引人入胜，不仅风光优美，而且似有孔子赞美颜回“一箪食，一瓢饮，在陋巷，人不堪其忧，回也不改其乐”的回响之音不绝于耳。

据有关学者介绍，朱舜水改建后乐园的深厚造园功底，与他学习、生活在松江二十多年有着密切关系。明代松江，造园之风兴盛，尤其是明后期愈加登峰造极；同时因文人参与造园，大大提升了园林品质。此外，晚明松江实学鼓荡风雷，如陈子龙与友人合编的 504 卷《皇明经世文选》，就是明代的一部文章总集。从朱舜水的《学宫图说》和《舜水朱氏谈绮》等著作中看出，他不仅学习过北宋《营造法式》、明代《鲁班经》、计成《园冶》和松江府王圻、王思义父子编著的《三才图会》，而且掌握了营造园林的文学意境和规划设计，山水、建筑、桥梁以及园艺花卉等方面的知识。

孔子创立的儒家文学观有两点最为重要：一是尚文，一是尚用。惟其尚文，所以不同于墨家；惟其尚用，所以不同于道家。朱舜水去日本时曾带去三尊孔子像，他是一位主张实理实学、学知利行、实行履学、学贵实行的儒学大师，故他对《论语》中的“子夏曰：‘百工居肆以成其事，君子学以致其道。’”的说法兼容并蓄，以自己的实践证明，君子与百工应互相融通，即儒学者也可为能工巧匠。《松江县志》记实学知识非常渊博的朱舜水，曾把农圃工匠技术、衣冠器用制作，介绍予日本人民。朱舜水在日本传授的实际应用知识，不仅涉及水稻、蔬菜、畜禽、水产等诸多领域，而且他本人娴熟艺事，长于工技。在手工方面，最为精通的是书柬、礼器、服饰制作；在园林建筑方面，他擅长园艺，能识花草，甚至对学宫建筑颇有造诣。71 岁那年，朱舜水应德川光圀兴建学校之请，作《学宫图说》和建筑模型，制作文庙、启圣宫、明伦堂、尊经堂、学舍、进贤楼、射圃、门楼等精巧建筑群。日本匠人中有对殿堂结构之法不能通晓者，朱舜水亲授之。现东京“汤岛圣堂”，是公元1797年幕府十一代将军德川家斋，依照朱舜水当年为德川光圀制作的孔庙模型按图索骥予以扩建的。朱舜水寓居日本期间，不仅修编了《大日本史》，而且广泛传授中国文化。他去世后，其在日本的学生将他所介绍的中国人文风物辑成《舜水朱氏谈绮》传世，此书至今仍被视为“一部明代人文风物的百科全书”。朱舜水是日本兴儒强国的思想先驱，被后人尊为日本的孔夫子。近代中国黄遵宪、康有为、梁启超、章太炎、孙中山、李大钊、鲁迅等人，都对朱舜水传播儒学真谛，给日本国民以莫大感化之功给予高度评价。

《大日本史》

《朱舜水集》

综上所述，壮心不已的朱舜水，是个既有儒家思想学术高度又崇尚平实的人，他主张圣贤之道的实用之学，反对高高在上、脱离实际；认为孔子的学说就如同布帛菽粟，没有什么诡怪离奇之处，不像后来理学家那样使人炫耀而令人羡慕。然而，天下可以没有云绡雾縠，却不能没有布帛；可以没有交梨火枣，却不能没有粱粟。这便是朱舜水“止在彝伦日用”的“实理”学说，由此开启了颜元“理在事中”的唯物论思想。世人从朱舜水改建后乐园和其实学著作《舜水朱氏谈绮》以及《朱舜水集》中，看到了一位知行合一的儒学大师，以其实学思想矗立世界之林，令人敬怀至今，甚至在当代书写《松江工匠》一书时，也未敢忘怀其名。

醉白池

大申购园改建　江南著名园林

上海五大古典园林之一的醉白池园，位于松江区岳阳街道人民南路 64 号。《谷水旧闻》载："醉白池曾为董思白觞咏处，国朝后归顾水部大申。"晚明董其昌曾在此饮酒咏叹，翰墨挥毫，曰："堂敞四面，面池背石，轩豁爽恺。前有广庭，乔柯丛筱，映带左右。"《松江县志》记醉白池："清顺治年间，邑绅顾大申在明代一座旧园遗址上改建而成。"今占地面积七十六亩的醉白池公园，由老园和新园两部分构成。老园子占地十六亩，即清代顾大申在旧园址上重新改建的醉白池内园。1958 年后，在园西扩地六十亩拓建外园，形成了现在的规模。2014 年 4 月，醉白池被公布为上海市文物保护单位。

顾大申改建醉白池（韩雯绘）

古代松江大户人家营造私家花园，虽规模不等，风格多元，但文人与能工巧匠一并参与其中，使园林具有浓厚的文化艺术氛围，精致高雅的宜赏宜品韵味，这是园主的希望，也是松江古典园林所共有的人文特征。醉白池也不例外。

醉白池旧大门

醉白池疑舫、四面厅

不过，醉白池园主顾大申，与明清时建造私家园林的园主相比较，优势更为凸显。他首先是个文人和书画家。史载其于明崇祯年间，与同郡王广心、周茂源、宋徵舆诸人唱和，曾著有《堪斋诗存》八卷；其善画山水，远师董源、巨然，近法董其昌，尤善设色，高出时流，萧然远俗。他同时又是一位博学多才、有所专长的官员。史载顾大申，初名镛，字震雉，一号见山，华亭人。清顺治九年（1652）进士，官至工部郎中。工部是管理全国工程事务的机关，职掌土木兴建之制，器物所用之式，渠堰疏降之法等。清黄之隽《醉白池记》载："此顺、康间顾水部见山所创别墅也。"可见，留有《河渠书》十八卷的顾大申，在顺治、康熙年间，改建了名园醉白池。所以，作为江南存世著名古典园林的醉白池园，应了《园冶》作者计成的一句话："三分匠，七分主人。"意思是造园人的久久为功，不懈努力，从根本上来说，是要将主人的学识修养、襟怀抱负物化其中。正因如此，由园主直接谋划布局、亲自参与营建的醉白池愈加耐人品味。

醉白池旧园建筑景观，除四面厅、疑舫等建筑外，均在清代陆续建成，其精华是丰厚的人文底蕴，以水石精舍和花木之胜而驰名江南，尤以黄石堆砌的清池荷塘为灵动之精华所在。首先，"醉白池"园名富有厚重的文化蕴涵。据《醉白池记》载：宋代"韩魏公慕白（白居易）而筑醉白堂于私第之池，水部君（顾大申）又仿韩而以堂名其池"。今由程十发所书的醉白池匾额，古为董其昌弟子太仓王时敏隶书而成。其次是半绕醉白池塘、总长30米的回廊上，嵌有著名的《邦彦画像》，石刻摹本上的91位人物栩栩如生。《邦彦画像》是清代康熙至乾隆时期松江籍著名画家徐璋，以人物肖像形式浓缩的一部松郡名人传

醉白池原东大门门楣清代木雕（唐西林摄）

《邦彦画像》长廊（曹雪丽摄）

《邦彦画像》局部（《寻觅醉白古韵》）

赵孟頫《前后赤壁赋》碑廊（《影韵醉白》）

记；后石刻上墙于醉白池回廊壁上，由存之于目而达思怀于心，以尚乡贤之志并广传后世子孙，从而使醉白池园林文化注入了直抵人心的深厚底蕴。其次，醉白池内园中有多方碑刻，构成了观赏园林文化的又一道风景，如传自唐代大画家吴道子所绘《观音大士像》刻石，画像旁有明代松江徐阶等名臣题跋；还有原砌于醉白池四面厅的赵孟頫书《赤壁赋》石刻；明代董其昌“韩范先声”石刻；清代改琦《魁星图》碑，由“正心修身，克己复礼”八字以笔墨线条组成文魁星画面；以及明代方孝孺“正心诚意”碑和《醉白池后记》碑等。碑文记载了醉白池从顾大申、顾思照的私家园林变迁为育婴堂的风云往事。此外还有《关羽画竹法》碑和民国《醉白池记》碑等。

醉白池特色，以池塘为中心，四周布景，步移景换。池边景观有老树轩、

醉白池内园一角（2003）

育婴堂界碑（《寻觅醉白古韵》）

疑舫、池上草堂、半山半水半书窗、花露涵香、莲叶东南、乐天轩、卧树轩等；四周建筑不仅有临水清雅韵致的美感可叹，而且极富园林文化品位，如“半山半水半书窗”，就有“风声雨声读书声”的回响。这座建筑面积为 16 平方米的六角书屋亭，位于醉白池塘西南隅，半倚池岸，半悬池上，亭子面东方向无窗，故曰“半山半水半书窗”。六角亭与南侧回廊连接，入眼便是一架梁半面坡顶下嵌于回廊壁间的《邦彦画像》石刻，当下仍具有读书成才、为人所仰的恒久意义。1958 年之后，醉白池园扩地拓建，新筑山溪蹬石，新修荷池石桥，新植草坪花圃，新建玉兰院、射鹿苑诸景，并迁晚清建筑雕花厅等移至园内，使故园旧梦与古园新貌融为一体，成为当代游人温故知新，富有心灵寄托的一座游赏乐园和精神家园。

花式栏杆（宝成楼）（《影韵醉白》）

佘山天主教堂

叶肇昌设计施工　远东第一大教堂

松江西佘山之巅，有一座与法国罗德圣母大殿齐名的佘山圣母大殿，也称远东圣母大殿。该教堂始建于1871年，1925年翻造扩建，至1935年落成，由教区建筑设计师叶肇昌设计督造施工。

叶肇昌（1869—1943），字树藩，葡萄牙人，天主教耶稣会传教士，生于上海，建筑师兼设计师。早年就读于虹口圣方济学校，后从美籍建筑师多德尔学习建筑工程学，任上海震旦大学工程系建筑学教授。曾先后负责设计、监造天主教堂徐家汇大教堂以及震旦大学、徐家汇公学校舍等。佘山山顶圣母大殿建筑风格中增设不少中国元素，如红砖外墙，殿内方砖地面，屋顶绿色琉璃瓦等。在教堂十年的建造过程中，叶肇昌始终亲临督造并参与施工。叶肇昌设计或参与的建筑物，多数名列上海市近现代优秀建筑物。1989年9月，佘山天主教堂被公布为上海市文物保护单位。

佘山天主教堂

1844年，法籍传教士南格禄

佘山天主教堂地砖

佘山天主教堂屋顶绿色琉璃瓦

到佘山勘测地形，准备建屋。同治二年（1863）九月，法国传教士以《中法北京条约》所许特权，购置佘山一部分山地，先在西佘山山腰处，建天主教中堂。天主教耶稣会江南宗座代牧区代理主教鄂尔璧首先在半山建造平房5间，作为传教士修养憩息之所。其中一间又饰有神像作为小堂，为神职人员进行宗教生活的场所。此后继续辟路筑屋，不断扩建宗教设施。

1866年8月，在山顶造一座六角亭设祭台供奉圣母玛利亚。圣母像为中国修士陆省三在巴黎时所绘，改称“进教之佑圣母”，奉为佘山主保，以每年5月24日为佘山进教之佑瞻礼日。同治十年（1871）一月，经教徒募捐和教徒奉献，开始在西佘山山顶建造十字形教堂，两年后建成，并在山坡建“之”字形14处苦路像。是年五月，郎怀任主教来佘山主持开堂大礼，上山朝圣教徒逾万人。

佘山天主教堂朝拜信徒（2001年）

现在的天主教中堂，重建于1894年。堂内设祭台供奉神像，可容五百余人。上山朝圣者一般先在此修心诵经，再依次上山。中堂正门面西，堂门两侧有对联一副：“小堂筑山腰，且憩片刻，修孝子礼；大殿临峰顶，再登几级，求

佘山、薛山、凤凰山

圣母诞生日佘山天主教堂活动（2006年）

佘山大教堂内景

慈母恩。”中堂前有可容千人的圆形广场。广场西侧山坡有开阔的空地一方，建有耶稣圣心亭、圣母亭、若瑟亭，合称“三圣亭”，亭内供奉耶稣圣心、圣母及若瑟的塑像。

从中堂登山顶，途中有一“之”字形的“经折路”，分别陈列着14处苦路像。所谓“苦路”，是指耶稣遇害途中所走过的路。在“经折路”的每个拐弯处，各建有约一米见方、用砖瓦砌成的小亭子，每亭中都有耶稣受难途中受到的种种遭遇的塑像。上山朝圣者，必须经历苦路朝拜，以此来表达对耶稣的崇敬之情。

佘山圣母大殿于1925年圣母月开始翻造扩建。山顶教堂拆除，新建大堂。由当时的姚宋李主教祝圣奠基，教区著名的设计师叶肇昌监造施工。1935年11月6日宣告竣工，历时十年零半个月。由当时的主教惠济民主持开殿大礼弥撒。1947年5月18日，举行了“佘山圣母加冕”仪式。到场参与典礼的主教和司铎、教友约六万余人。是日，佘山万头攒动，经声、歌声、乐声缭绕空际，震撼了整个佘山，盛况空前。且定每年5月，按双重庆典，隆重举行中国之后童贞玛利亚月庆祝活动。1948年5月，当时的主教于斌与美国大使司徒雷登在国民党官员陪同下，从上海抵达佘山朝圣。

佘山圣母大教堂在建筑上很有特色。大殿东西长56米，南北宽16.1米，最宽处24.7米，内顶高16.5米，屋脊高22.3米，建筑平面呈拉丁式十字形。钟楼高38米，堂内结构以花岗石为主，堂外砌以红砖，屋顶为绿色琉璃瓦，全套钢窗配以由宗教故事为内容的

佘山天主教堂除尘扩音

佘山天主教堂上十字架

佘山天主教堂窗花

彩色拼花玻璃。大殿设座位 3000 只，可容纳 4000 名教友。

整幢建筑有“四无”之称，即无木、无钉、无钢、无梁。五彩玻璃大小不一，神像各异。建筑造型南长北短，东宽西狭，内圆外尖，内石外砖。大殿集多国建筑风格于一体，其拱形、甬道为罗马式，廊柱为希腊式，尖顶为哥特式，橄榄形钟楼为以色列式，东端小圆顶为西班牙式，清水壁和斗角地砖为中国式，琉璃瓦则为中国宫廷式。大殿没有正门边门之分，四周殿门都为正门。从殿顶至琉璃瓦层隔有 5 米空间，使殿内冬暖夏凉。殿内采光极好，室内都能被阳光照射到。

佘山天主堂钟楼

奇妙的是，依靠拱顶回音壁，不需电声设备，殿堂四周都能清晰地听到神父的诵经布道声。更美妙的是，廊柱和斗拱之间的壁槽具有良好的吸潮功能和清洁功能。据大殿管理人员介绍，开殿至今，四壁和拱顶从未清扫过，但至今无一尘染，参观者对此啧啧称奇。可以想象，这一切凝聚着设计者与建设者的经验、智慧与创造力。

佘山天文台

蔡尚质创导筹款建造　中国近代最早天文台

松江城北有座仅高百米的神奇之山——佘山，山顶上建有远东地区级别最高的佘山天主教堂，东侧还有一座由法国传教士蔡尚质创导筹款，清光绪二十五年（1899）批准修建，翌年（1900）建筑落成，1901 年设备完成安装使用的天文台，这是在我国土地上第一座真正意义上的近代天文台，当时号称远东第一，创办人蔡尚质神父被委派为佘山天文台首任台长。2004 年在佘山天文台这座百年老台基础上，建成我国第一家专业天文博物馆——上海天文博物馆；2013 年 3 月，公布为全国重点文物保护单位；2016 年入选首批《中国 20 世纪建筑遗产名录》。

佘山天文台

蔡尚质，为入乡随俗取的中国名字，字思达，由法语名字谐音而来。法国名为 Stanislaus Chevalier，生于清咸丰二年（1852），法国耶稣会司铎，天文学家。清光绪九年（1883）来到上海，在徐家汇天文台工作，筹办并负责授时部门。他用两年时间测定长江沿岸五十座城市的经纬度，并编制出版《扬子江上游地图集》，为往来的轮船服务。光

蔡尚质

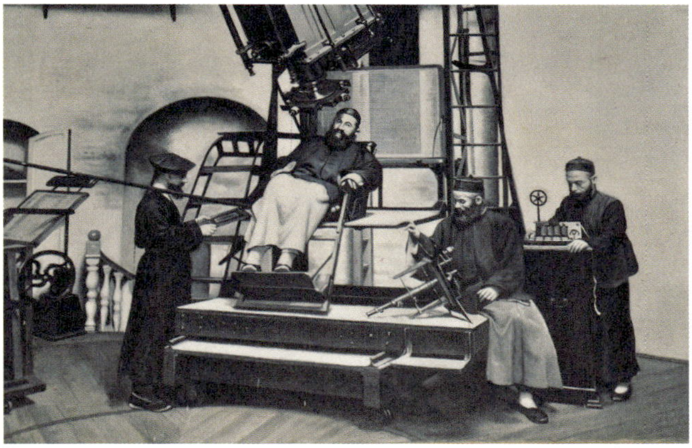

佘山天文台首任台长蔡尚质（中间坐者）
使用 40 厘米望远镜观测

绪二十五年（1899）创导筹款建造佘山天文台，并任第一任台长。在他的主持下，在佘山安装了当时亚洲最大的 40 厘米直径折射式望远镜，开展了以太阳照相研究与太阳观测为主的太阳研究及小行星与彗星观测，并深入开展对太阳黑子、日珥、光斑等课题的观测和照片拍摄，保存至今有天文照片近 7000 张，取得了一系列成果。1902 年的猎户座大星云 M42，1905 年的太阳黑子，1907 年 1 月 14 日拍摄的中国第一套日食照片，他还手绘木星图。1908 年，曾拍摄到一组四张彗星图片，1910 年又拍下一组哈雷彗星描迹图。后负责徐家汇天文台，为第二任台长。其间他还到震旦大学任课，培养天文人才。1925 年在第一次国际经度联测时，他负责上海基点工

佘山天文台

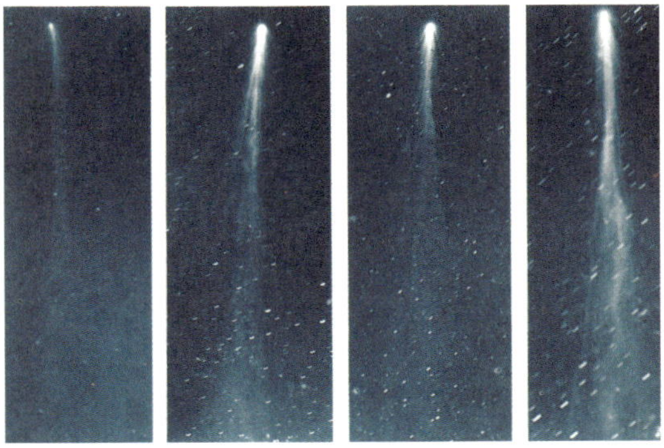

彗星（1908 年摄）

作，使上海基点被列为世界经度三大基点之一。蔡尚质还与他人合作完成中西星名对照表，这是第一部用现代形式写出的中国星表。蔡尚质所著的《赤道带照相星表》曾获法国科学院奖金。他还在佘山天文台培养了高平子、龚惠人等几位著名的天文人才。蔡尚质十分重视天文图书及资料的收集，在他影响下，从1900年建台以来，收藏了二十六个国家六百余种总计二万多册的中外天文期刊和专著，还有其他有关书籍近万册。1930年蔡尚质病逝于上海，享年78岁。

余山天文台的建立需追溯到清同治十一年（1872）8月，天主教江南教区为航海需要，决定在上海建立一座天文台，高龙盘神父等人在蒲西路221号（原址已不在）建成五开间平房，占地百余平方米，安装了一些设备，开始了气象观测等工作。后扩充至地球物理方面（地磁和地震），名为徐家汇天文台，但其天文工作自1884年开始仅有观星授时一项，尚无真正意义上的天文研究工作。蔡尚质认为徐家汇的自然条件适合天文观测，他在一篇文章中认为徐家汇“天空无比纯净并且在冬天时空气几乎完全干燥，这保证了工作的成功。由于这些特殊的条件，即使是裸眼，银河的亮度也增加一倍，此外，太阳升起在地平线上比欧洲早七到八个小时，能够进行有效的观测，在这里从事天文研究具有更特别的意义”。在蔡尚质神父的积极倡导下，徐家汇天文台有了一个较为具体的构想，决定向法国定制一架口径40厘米、焦距7米双筒赤道式装置（天图式）望远镜

国际经度联测纪念碑

1910年哈雷彗星描迹图（5月13日、24日、29日）

和铁制圆顶，但尚需一笔很大款项的筹募。徐家汇天文台十余年间为上海港及海员等报时、气象服务的良好形象，首先得到工部局总董施高塔（天文学家）的赞成与捐款，后有海运公司、上海海事保险公司、江南教区等单位捐款，解决了10万法郎购买资金。

上海天文台第一任台长、名誉台长李珩教授

清光绪二十四年（1898）赤道式装置（天图式）望远镜和铁制配套圆顶送抵上海，安装出现新问题，徐家汇地区土质疏松，而3吨多重望远镜与直径10米铁制圆顶十分笨重，很难安装稳固，这对于高精度观测至关重要，佘山就在这种情况下进入了蔡尚质等耶稣会士的视野。

清光绪二十五年（1899）将徐家汇天文部门移至佘山的请求获得批准，建造天文台的工作由蔡尚质负责，按设计图纸施工。他们将望远镜和铁制圆顶从徐家汇运至25千米外的佘山脚下，再运到百米左右高的西佘山顶。要精确安装，在当时的设备和技术条件下，并非易事。百年老台，百年楼，佘山天文台最珍贵的建筑当属历经百年的主楼。该主楼具有典型的欧洲风格，占地面积约2000平方米。佘山天文台总占地面积约8000平方米。从《佘山天文年刊》所附的图显示，天文台圆顶占据中心，远远高出其他建筑，圆顶西侧是三个房间，供天文学家居住和办公之用。东侧是一座子午仪室及藏书室。照相室和照相凹版印刷室、印刷机室在藏书室下面。圆顶的南侧是一个计算室，以及一个位于地下的技师工作室。在老楼内部还

40厘米双筒折射望远镜

1915年的徐家汇天文台

上海天文台（徐家汇）

上海天文台台长叶叔华教授

有别具一格的壁炉、百叶窗和法式建筑布局。从空中俯瞰百年老楼，外形是一个十字架形。法国高梯埃光学工厂定制的直径40厘米的折射式望远镜，虽重逾3吨，但由于设计合理，它可以灵活地在架子上左右、上下转动，可对准天上不同位置的星体。由法国配套定制的铁制大圆顶，能360度转动，它的上面有一道天窗，平时封闭，防止雨水、灰尘落入。晴夜观测时，圆顶转到准备观测的方向，再把天窗打开，就可以用望远镜观测了，该台落成后进行的第一项工作就是测定其经纬度。望远镜下面有一把铁条焊成的座椅，至今未曾替换过，一百多年来，中外好几代天文学家都坐在这把椅子上，度过了无数个不眠之夜。

1949年后，中国科学院接管了徐家汇和佘山两个天文台，著名天文学家李珩教授担任佘山天文台负责人，并于1962年出任新成立的中科院上海天文台第一任台长。李珩之后继任上海天文台台长的是一代天文女杰叶叔华院士。20世纪80年代后期，百年老台周围建设了多个新型天文观测设备，老台逐渐退出了科研第一线。1987年考虑到天体测量仪器的更新换代，为适应天文研究的需

圆顶安装时摄影

1.56 米天体测量望远镜观测室

要，中国自行设计制造的第一架大型光学 1.56 米望远镜在佘山西峰安装调试完成，超过了美国 1.55 米天体测量望远镜。我国 1.56 米望远镜本体因其多项创新设计而获 1992 年国家科技进步一等奖。1987 年 11 月在松江佘山东麓建成上海天文台佘山 25 米射电天文观测站，1989 年 1 月通过中国科学院院级鉴定。该站主要设备是一架射电望远镜，天线口径为 25 米，是中国第一台大型射电望远镜。1994 年上海天文台 VLBI 基地被欧洲 VLBI 网（EVN）接纳为正式成员。同年 7 月，发生苏梅克—列维 9 号（SL9）彗星与木星相撞事件，这是人类有史以来第一次准确预报的太阳系天体碰撞事件，上海天文台参加了慧木星相撞观测

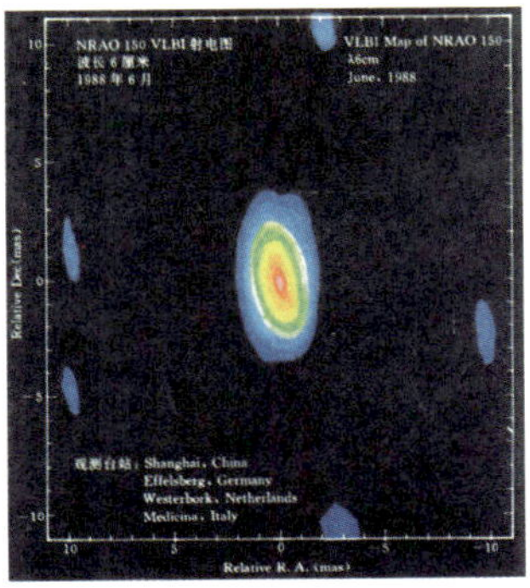

VLBI 观测结果

VLBI 系统的频率基准——氢原子钟

1994 年列准 9 号彗星被木星的引力分裂成碎片，就此撞上了木星

25 米射电望远镜坐落在月湖旁

网，运用了 1.56 米望远镜的光学观察和 25 米望远镜的射电观测，共拍摄到六百余幅 CCD 照片，获得六次撞击的准确时间和撞击的光变曲线，找到大部分撞击遗迹，并测量了遗迹大小，射电观测在 12 厘米和 3.6 厘米波段也取得有价值的结果。用地球自转的日长变化预测厄尔尼诺现象取得新结果，提出新的厄尔尼诺事件正在形成的预报。发现全球各地铅垂线变化与海洋南方涛动指数存在相关性；人造卫星激光测距网开始执行与日、澳、俄联合组成的西太平洋激光联测计划，用 SLR 资料首次获得上海与夏威夷之间的基线变化率，精度为 5 毫米 / 年。全球定位系统（GPS）佘山基准站建成。上海台已成为世界上少数几家同时拥有 VLBI、SLR 和 GPS 等多种现代

65 米射电望远镜

观测手段的台站之一。鉴于中国天文学家、中科院院士、上海天文台研究员叶叔华在天文领域中的突出贡献，国际有关组织授权紫金山天文台将他们发现的3241号小行星命名为“叶叔华星”，这是唯一一颗以中国女性命名的小行星。为了适应中国嫦娥探月计划，25米射电望远镜进行了全面改造，使其成为嫦娥探月计划VLBI检测系统的主力设备。上海天文台还在徐家汇总部建立了中国VLBI网的联合控制中心，圆满完成了第一次、第二次嫦娥探月工程的VLBI检测工作，为嫦娥探月工程的保驾护航起到了重要的作用。

天文台图书室

上海天文博物馆陈列室

2012年佘山地区又建起了一座天文观测台，成为亚洲第一、世界第三的天文研究中心，这座当时中国最大的65米射电望远镜，高70米，重2700多吨，共有8个接收波段。望远镜主反射面积为3780平方米，相当于9个标准篮球场，由14圈共1008块高精度实面板拼装成，每块面板单元精度达到0.1毫米。整个望远镜可以通过基座上的轮轨、天线俯仰机构灵活转动，全方位跟踪所观测的目标天体。这座65米射电望远镜既能捕捉宇宙百亿光年深处的微弱声音，又能为我国探月和火星等深空探测提供导航。发射嫦娥三号时，佘山基地65米射电望远镜取代25米望远镜，取名为“天马65米射电望远镜”。天马望远镜使嫦娥三号落月探测的定轨精度大幅度提高，为月球车成功着陆“保驾护航”。

1997年5月，上海天文台佘山工作站被上海市命名为“上海市科普教育基地”。1999年，佘山天文台被中国科协命名为“全国科普教育基地”。2004年6

月上海天文台佘山站主楼大修和上海天文博物馆建设工作同时开展。这次修缮工作前首先对主楼的历史进行认真细致的考证，要求“整旧如旧”，拆除了一些与大楼原风格不相协调的辅助建筑，将主楼色调改回原始风格，彻底清洗百年的层层涂料，露出了始建时墙体的原貌，经过工人的巧手将整个墙面上密如蛛网的所有裂缝进行修补，还仔细地为每条裂缝注射进特制的胶体，防止其继续开裂、剥落，所有空鼓处也被一一填补，并在外墙刷上一层透明的憎水剂，它就像一件又防雨又排汗透气的冲锋衣，既能让墙内的湿气透出，又不会让雨水等浸润墙体。此外，还将外墙凌乱的电线清除，百叶窗修整一新，铁锈斑驳的落水管全部更换，修复受损路面，铺设特色的“弹格路”等，基本上恢复了大楼原有风貌。2004 年 11 月 16 日上海天文博物馆正式开馆，该馆设有“时间与人类”“中外天文交流”两大展馆，取得了良好的科普教育作用。原佘山天文台从科研基地到科普教育基地，完成了一个重要的角色转变，使该馆以丰富的历史内涵加上现代展示手段，让这座百年老台焕发青春，更使其如虎添翼，既保护了中国现代最早天文台的历史古迹，又成为积极开展天文科普宣传的重要教育基地。

上海天文博物馆外景

柒

佚名工匠篇

房　址

干栏建筑湖边立　地面房屋高地起

据考古证实，先民定居于今松江区域的历史可追溯至5500年前。所以，与先民生存密切相关的原始建筑遗迹，吸引着人们去追寻和探索，其中就包括先民住的是什么样的房屋，当时的能工巧匠又是如何搭建这些房屋等问题。遗憾的是，2008年至2012年先后在广富林遗址发现的房址遗迹，莫说没有任何地面式房屋建筑被完整保存下来，甚至连残垣断壁也未见踪影。例如，2010年在遗址发掘区西部首次发现的崧泽文化房址，仅在发掘灰坑地面上见有基槽和柱洞，墙体和房顶均已荡然无存。有幸的是，上海博物馆考古研究部有发掘报告称，2008年在广富林遗址发掘区的湖边地带，共发现竹木构遗存一处、房址五座，且于2012年在发掘区东部发现一座保存较好的地面式双间房屋房址。上述两次发现，为距今四千年左右的广富林文化时期的干栏式建筑遗存和地面式房址遗迹。

双间排房模型

《旧唐书·南蛮传》云："山有毒草及沙虱蝮蛇，人并楼居，登梯而上，号为'干栏'。"我国有干栏式建筑的历史距今已有六七千年之久。这种建筑特点是整座房屋以木桩（柱）为房屋基础，在桩上铺就横木或板材，形成居住面后，在横木上立柱盖顶。所以，整个建筑除几根柱子着地外，其他都离开地面，看起来很像是"空中楼阁"，最早发现于河姆渡文化遗址，至良渚文化时期仍然流行。2008年，考古人员在广富林文化遗址发掘区东北部湖边地带发现大范围竹、木建筑遗存。这些遗存主要有三种形式，西部为较粗木桩，中部为穿插排列的竹木桩，东部为排列整齐的竹桩。考古人员认为，西部排列整齐的粗木桩可能是干栏式建筑，东部竹桩可能与捕捞活动有关，而中部竹、木建筑遗存可能是个小码头。

复原的干栏式房屋

从广富林文化遗址发现的西部排列整齐的粗木桩基上看出，先民建造干栏式房屋时，先在湖边将木桩打入地下，桩基夯实后，再就地取材，横竖连接成完整的木架构房屋，并用大小梁承托悬空的隔层地板，形成上下两层空间。上层因防潮防湿，且可免除毒蛇野兽侵害，供人居住；下层占地面积较大，宜堆放杂物，饲养家畜。另据2008年广富林遗址发掘简报记载，在竹、木建筑遗址范围内没有发现带榫卯结构的竹、木构件。据悉，在浙江余姚河姆渡遗址中，不仅发现我国最早的干栏式建筑，而且见到了采用榫卯技术建造干栏式房屋的先例。为什么在距今4000年左右的广富林文化遗址发掘中未发现带有榫卯的竹、木构件？可能因松江地势较低，古为"泄洪走廊"有关，也或许在未发掘的核心保护区中，今后还会有新的发现。

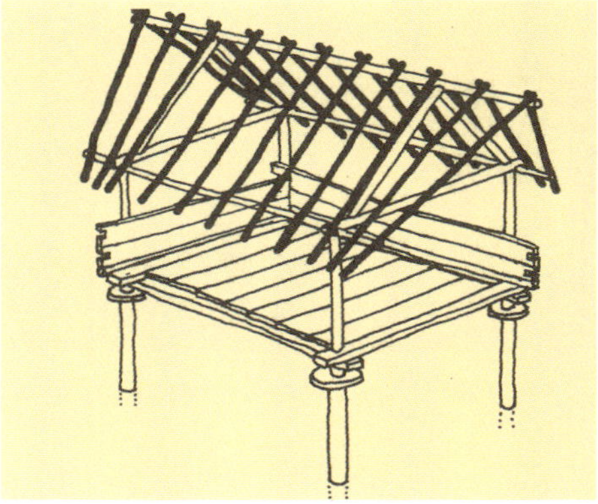

干栏式房屋复原示意图（《文明的实证》）

广富林古文化遗址考古发掘现场

话说我国进入氏族社会后，有两类建筑

搭建双间排房模型

广富林河流

具有代表性，一是长江流域多水地区的干栏式建筑，另一是黄河流域的木骨泥墙房屋。广富林文化时期发现的房址遗迹，大多具有北方木骨泥墙房屋的根基和建造格局。由此验证了一个基本史实，即距今4000年左右，北方龙山文化先民以强劲的文化输出态势由北而南迁徙，族群行至广富林地区，停止了继续南迁的脚步，在此安营扎寨、繁衍生息，从此成为移居今上海地区最早的中原移民。故有两种可能，一是在外来移民特征鲜明的广富林文化时期，相对于北方移民建造的地面式房屋而言，南方的干栏式建筑已退居“配角”地位。二是良渚文化与时俱进，地面起建式房屋，成为主流建筑。到了广富林文化时期，干栏式建筑很可能只是水码头上搭建的先民捕鱼活动用房而已。

建于广富林平坦地面上的房屋，是地面上筑基、立柱、有墙壁和房顶的一种土木结合的建筑形式。从房址遗迹上可见，既有近圆形的单间建筑和长方形单间建筑，又有双间排房和三间连体房址。其中，2012年在广富林遗址东北部发掘区发现的双间房屋房址即双间排房颇具典型意义。因为广富林文化时期已处于父系氏族社会，这种双间排房客观反映了父系氏族社会一夫一妻的家庭居住面貌。

2012年，考古人员在双间排房发掘区丈量房址东西约13米，南北宽约4米，中间有一道隔墙，东间约19平方米，西间约33平方米，总面积约52平方米。在广富林遗址双间排房考古发掘现场，由东向西看，发现房址基槽构划出的形状很像一个横着的“吕”字。由此联想起，北方龙山原始聚落遗址曾有“吕”字形平面布局的居室遗迹发现。这种“吕”字形房屋也是用隔墙分出内外两个空间，外大内小，推测内室为卧室，外室是起居和厨房所在。

具体而言，先民建房时，先在地上开挖宽度约30厘米、深度约40厘米的

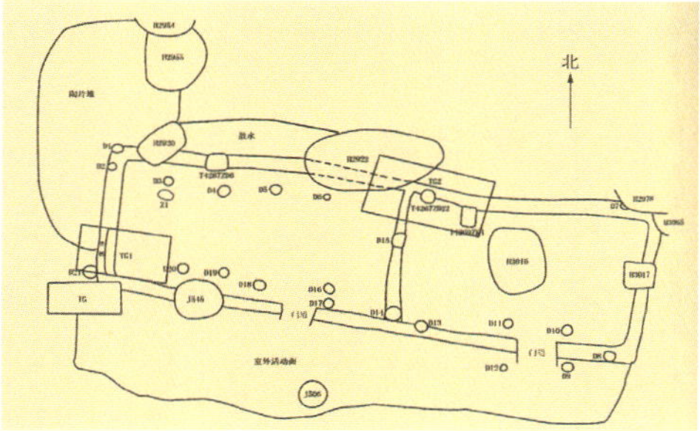

广富林文化方形房址

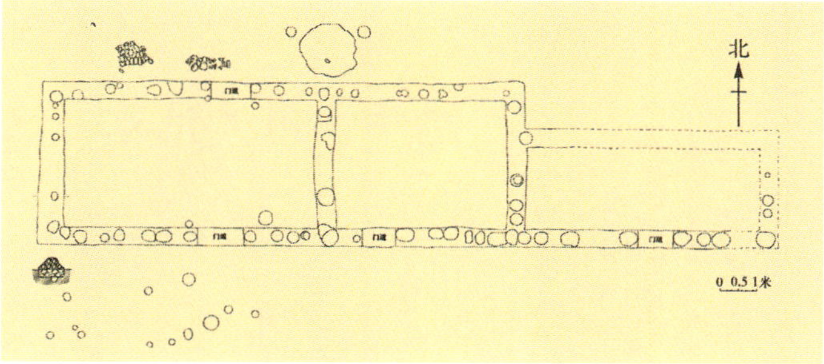

广富林文化房址F3、平剖面图

基槽，然后在基槽中有间隔地挖掘柱洞，作立柱之用，并在柱子之间编缀竹条或木条等建筑材料，再用草拌泥一层层抹上去施以火烤，使木骨泥墙由湿变干，由软变硬。

总括以上可见，当历史进入良渚文化晚期并叩响广富林文化时期的门环之际，广富林地域的地面式房屋，虽有近水而建的选址意向，但房屋选址的优先考虑是地势较高且较平坦的地方。这与水井开采技术越来越高有关，先民可以到远离地表水的纵深地带定居生活。广富林文化先民建造的木骨泥墙双间排房较为先进，如房顶已为出檐式，室内地面部分活动空间见有水平散布的破碎陶片等。当时的建房主要步骤是，先在已选定的房址四周，开挖墙体、基槽和柱洞，再在基槽柱洞中立柱，填以掺杂红烧土或陶片的土加以夯实。立柱上以榫卯结构或绑缚方式承接横梁，形成房屋梁柱的基本框架，然后起墙、盖顶。墙体用经编排的细木棍、竹子或芦苇做骨架，两面抹上掺和谷壳、秸秆的混合泥，火烤泥墙以增加牢固度，此即“木骨泥墙”。

在当下广富林文化遗址景区的富林湖西岸一线，游人观赏到一道人字顶架构的水上景观房风光，合掌而立，礼敬苍天，则是现代建造的干栏式建筑，是当代工匠传承传统文化的创新和创造。站立在富林湖畔，由干栏式建筑而思广富林文化时期的双间排房，心里想着先民中的能工巧匠，用勤劳的双手开创美好生活的景象，如双间排房室内地面见有破碎陶片铺垫，既增加了活动面的坡度，又起到装饰地面的美观效果。仅此，已令人感叹，广富林先民萌发的生活审美意趣和建筑所承载的工匠技艺，如云间朝霞，辉映千古，历久弥新。

水　井

挖井饮用淡洁水　文明史上里程碑

水是人类生存的基本条件之一，远古先民逐水而迁，傍水而居。水井作为一种建筑形式，是人类发现在具备地下水的地方，通过掘穴深挖获得水源，以利种植、养殖和饮水所需，从而扩大了人们居住和生产领域，体现了我们祖先战胜自然的智慧和力量。松江地处长江三角洲，地势较低，河湖众多，南宋绍熙《云间志》载“华亭（松江古称）号为泽国”。这一区域的先民不存在缺水难题，但濒临海洋，河湖水体受海潮涨落影响极大，海平面上涨后会导致海水倒灌，从而引起地表水盐分升高，不堪饮用。另外，洪涝灾害，河流季节涨水，植物、动物腐烂等，会使水体浑浊或受到污染，以致不能直接饮用。为了获取清洁卫生的生活淡水，人们开始挖井，利用地下水。水井的发明在人类发展史上具有划时代的意义，是促进人类文明的里程碑。1980 年至 1982 年，上海市文物管理委员会为配合基建工程，对松江汤庙村遗址进行了三次小规模发掘，发掘面积 159 平方米，发现了属于崧泽文化的 1 号水井。该井距今 5500 年左右，水井呈直圆筒形，中腰微鼓，最大直径 0.7 米，生土层中残存井筒深 2 米，

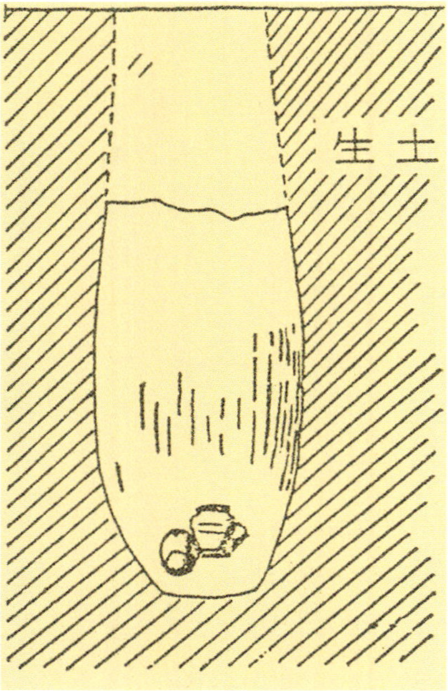

约 5500 年前汤庙村水井剖面复原图（《考古上海》）原注：竹、芦苇固壁水井及井中出土的陶瓶、陶罐

井壁留有芦苇印痕，纵向排列，间距4—5厘米，井中还见有残竹片。

考古工作者根据湖北楚都纪南城遗址发现的五座东周以前的竹圈井，还有紧贴井壁用竹子和柳条编织成圆筒形井圈的情况，推测这座井的加固应与之类似，系芦苇作经，贴住井壁。再用竹片作纬，成圈状箍支撑井壁。这为我国最原始的井壁加固技术和材料提供了重要实物证据。从中可见远古先民已有意识地在井壁上附加防护设施，以防止打水时，水器触碰井壁，破坏井壁导致水源污浊。

1987年，上海进行大规模水利建设，开挖大型河流油墩港。该工程紧邻崧泽遗址，为了防止殃及文物，考古工作者在工程必经区域进行抢救性发掘，获一大批文物，还意外地清理出两口6000年前的马家浜文化时期的水井，其中一

水井现场图（《考古上海》）

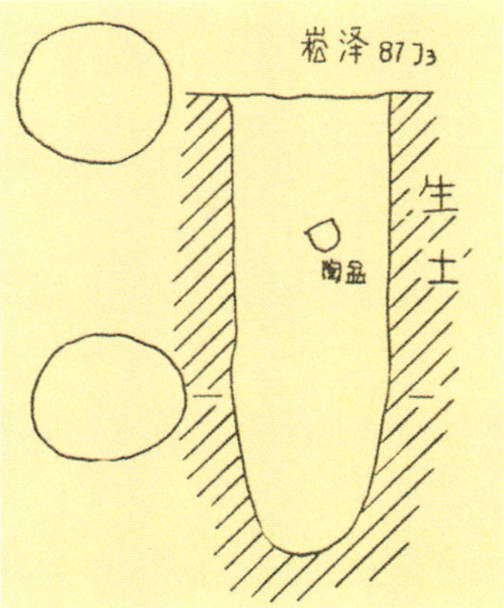

马家浜文化水井剖面图
（《考古上海）

汤庙村遗址发掘现场
（《考古上海》）

水井出土夹砂陶盆及鹿角等（上海马家浜文化）(《考古上海》)

崧泽遗址发现的马家浜文化水井，是目前中国发现最早的水井（《实证上海史》）

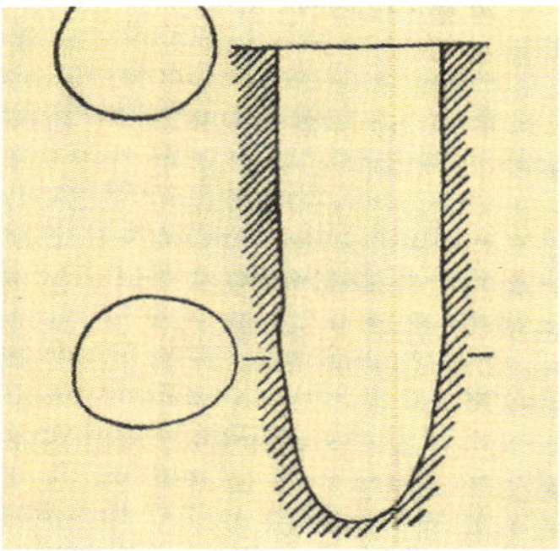

崧泽遗址发现的马家浜文化水井剖面图（《实证上海史》）

口是直筒形水井，残深 2.26 米，直径 0.67—0.75 米。井壁坚硬，无任何加固材料，井中满是黑灰土，系土构井。出土了先民用过后丢弃的鹿骨角、梅子核、烧饭用的夹砂陶鼎、釜残片，还有一件夹砂深腹红陶盆。

2001 年底至 2002 年初，上海市文物管理委员会考古部对松江广富林遗址又进行一次发掘，发现一口良渚文化时期的水井。该井口近圆形，斜直壁下内收，平底。口径 243—250 厘米、底径 30—50 厘米、深 310 厘米。在距井口深 44 厘米和 60 厘米处各有一个不规则踏步。在距井底深 110 厘米处有一筐形竹编物。竹编筐因长年受周围泥土的侵压而变形，筐口已成椭圆形，口外有两个用竹篾编成的小提圈。竹编筐也是斜直壁下内收，底平。筐口径 93—96 厘米，底径 30—50 厘米，深 110 厘米。井内有陶鼎 2 件。足部皆残，平唇，圜底。器内外皆有严重的烟炱，内底残留有稻米类焦糊物。井中出土有几件陶器，一件夹细砂红陶，一件夹细砂黑陶。还有一件印纹陶罐，泥质红胎，质地较硬。小口，短颈，圆唇，弧肩，垂弧腹，腹最大径近器底部，圜底近平。另外发现陶壶三件。人们可根据井内陶器的研究来推断水井的年代。汤庙村水井用芦苇、竹片作经纬圈状箍支撑井壁法，广富林水井改进为竹编筐支撑井壁法，工艺更细密，支撑力更大，更好过滤泥沙，水质更洁净。

2010 年，由于松江的开发建设，计划在原划定广富林遗址保护区以外的西南区进行施工，上海博物馆考古研究部对该区域进行抢救性考古发掘，总发掘面积约8000平方米，发现新石器时代水井168口，其中周代水井50余口，还发现了1口汉代陶井。该陶井平面呈圆形，直径1.1米，深约2.5米，陶制井圈，由宽40厘米左右的弧形陶构件拼接而成，残存4圈。井圈与井壁之间填充灰色黏土，土质细腻纯净。井底部平铺3块厚约5厘米的木板，木板上有方形孔。以上可知，由早期竹片加固井壁技术，已发展到弧形陶构件拼接加固井壁技术。

松江南横村南朝陶圈井

2012年，在上海市文物局的协调下，由上海博物馆主持，联合复旦大学、上海大学、南京大学、山东大学和宁波市文物考古研究所共同组成考古队，对广富林遗址再次进行抢救性考古发掘，本次发掘地处广富林遗址的东南边缘区域，实际发掘面积为14190平方米，本次考古发掘发现古代水井338口。广富林遗址历次考古发掘三百多口周代至汉代时期的水井，根据专家按水井数量推算，如果一户一口井，5人至6人一户，村落约居住2000人，证明了广富林遗址在东周至汉代时期是非常重要的大型聚落，广富林城镇雏形已现，同时也印证了古代“因井为市”之说。

井字形木构水井（《考古上海》）

1981年，松江天马南横村社员在稻田里挖水沟，在距地表深30余厘米发现井口，往下挖共有8圈井圈，陶质灰黑色，圆筒形器表素面无纹，井圈口沿均呈宽折沿，叠压连接，每圈外直径为61—64.5厘米，高31—31.4厘米，井深2.5米。井底未见砖木铺垫，只有一些青釉碗、罐等瓷片，具有南北朝时期特征，也是此井圈年代的佐证。这件陶井圈，体积大且中空，其烧制的难度，运输的易碎、筑井时

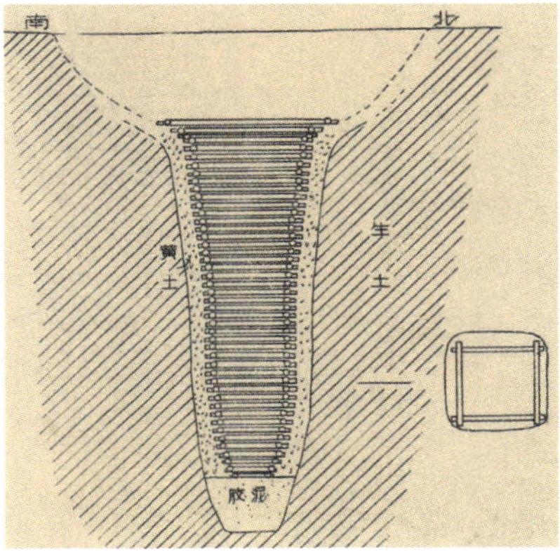

木构水井剖面图
（龙山文化　河南白营遗址）

石圈木壁水井（上海松江广富林遗址）

的反复操作，不是一般人能承受的，总会把它同东汉至南北朝时期的庄园与井里相联系。足以说明，南北朝时期当地人的生活质量较之先秦时期已有长足提高。此井圈为国家文物珍品，现分藏上海市文物管理委员会和松江博物馆。

陶井的建造方法十分巧妙与科学。据专家判断，挖井人先按所需水井大小的要求，制作模具，才能烧制出同样大小的陶井圈。天马山南横村陶井圈，每一圈高约30厘米，陶井圈一节节衔接起来成为立筒状，逐步放入挖好的水井内，井壁和井圈之间用土或碎陶片填实。专家按陶井圈无基础设施等情况分析，在挖井时可能还采用了与现代修建桥墩相似的沉井法，即先挖一个土井，当挖到接近水线的流沙层时，将部分陶井圈放入井内，再从井圈内挖去泥土。井圈受到重叠在上面的井圈或人工施加的压力而逐渐下沉，一直挖到见水为止——这是施工技术的一个创新。

最早期水井的挖掘用的是简单原始的工具。这种水井口径大，挖掘时人可以入井内直接进行操作，但水井的深度也很有限。春秋战国时期制造铁器工具，凿井工具有所改进，像滑轮、杠杆（桔槔）之类逐渐使用。这样，开挖时既省力，又提高了速度，井的深度也不断增加。松江地区由土井到竹构井、木构井，再到陶井和砖瓦井；由无栏到设木井栏、石井栏、砖井栏等，也有井建“井亭”。明代著名科学家徐光启（松江府人）在《农政全书》中说：“凿井之法有五：第一择地，第二量浅深，第三避震气，第四察泉脉，第五澄水。”这可以说是对我国劳动人民在寻找地下水和凿井技术方面积累的丰富经验总结。英国学者李约瑟在《中国科学技术史》卷一中写道：中国古代深井钻井技术，是于11世纪前后传入西方的。直至1900年以前，世界上所有的深井，基本上都是采用中国人民创造的方法打成的。

石　犁

中国最早石犁之一　远古农耕文化标志

距今 6000 年左右，马家浜文化先民最早出现在今上海境内的“九峰”周边地区。先民使用的松土生产工具是利用动物骨骼制作而成的骨耜，看上去很像现代的铲或锹。因此，人们称使用骨耜农具的原始农业生产阶段为“耜耕农业”。上海博物馆副馆长陈杰介绍说，这种简单的耕作方式，直到距今 5500 年以后，崧泽文化晚期才发生改变，一种平面呈三角形，两边开刃，形似春秋战国时期出土的三角铁犁铧的新型石器农具诞生了。因为其器形很像铁犁铧，所以就命名为石犁。中国由此进入“犁耕农业”新阶段。

考古人员在广富林遗址不仅发现了水田遗迹和石犁、石镰、石刀等耕作、收获工具，而且发现了炭化稻米。我国野生水稻被驯化为栽培水稻的历史相当悠久，河姆渡遗址中曾发现炭化稻谷遗存；而在广富林文化时期发现的水稻田遗迹，经水田堆积土样检测，水稻植硅体含量已达到水稻田标准。历次广富林遗址考古发现并确定的粮食作物仅有水稻一种，以粳稻为主，另有籼稻品种。从而表明广富林文化时期的水稻种植一直是当地先民所从事的最主要的农业生产活动，水田农业经济已呈现精细化的

5000 多年前的石犁（松江汤庙村出土）

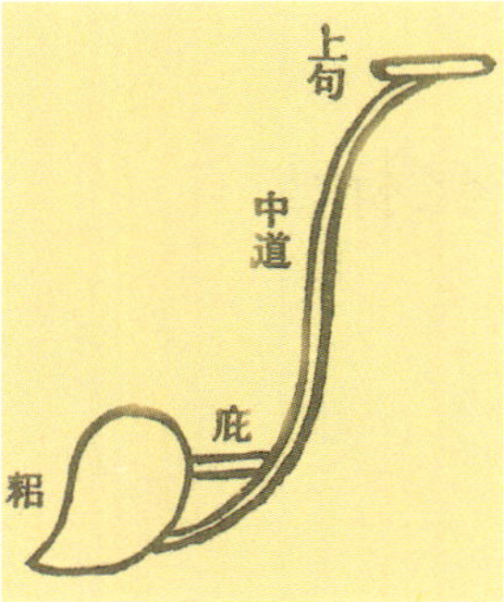

耒耜图（《王祯农书》）

从耒耜向犁演化示意图
（《农具史话》）

发展态势。时至东周和汉代，当地水稻种植规模不断扩大，由此奠定了江南鱼米之乡的基础。其中，由当地先民率先创制、使用并不断改进的农耕生产工具石犁，成为中国“犁耕农业”时代松江先民拥有创新智慧的一个闪光符号。

三角形石犁是长江三角洲地区特有的生产工具。我国最早的两件石犁分别发现于松江汤庙村和浙江邱城遗址，为崧泽文化遗存，距今 5000 多年。石犁诞生后的使用历史相当悠久，我国西藏、青海、甘肃、云南和四川的一些地区，甚至 1949 年以后还在使用。水井和石犁的发明，皆为农耕文明处于相对稳定状态的生活写照，恰如先秦流传于民间的《击壤歌》云：“日出而作，日入而息。凿井而饮，耕田而食。”

松江地区最早考古发现石犁的时间是 1962 年，地点在小昆山汤庙村附近。首次发现并出土于汤庙村遗址中的这件石犁，器形较小，残宽 10.4 厘米，残高 13.9 厘米，为单面刃倒三角形，锋部夹角较大，约 75°，器中有一穿孔，故为单孔石犁，是崧泽文化晚期的遗存。1975 年，在松江机山遗址出土了另一件器身呈锐角三角形的三孔

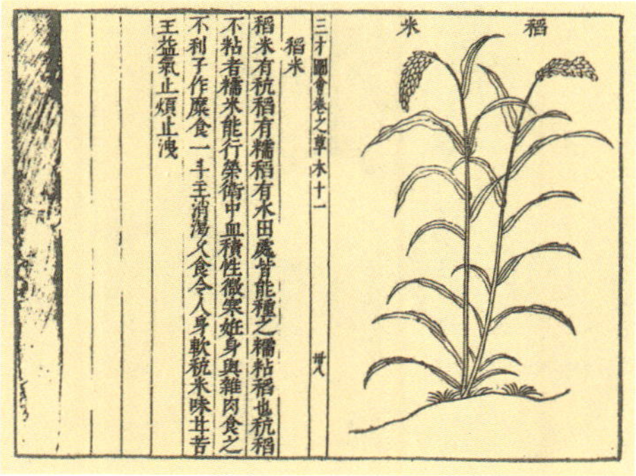

水稻（《三才图会》）

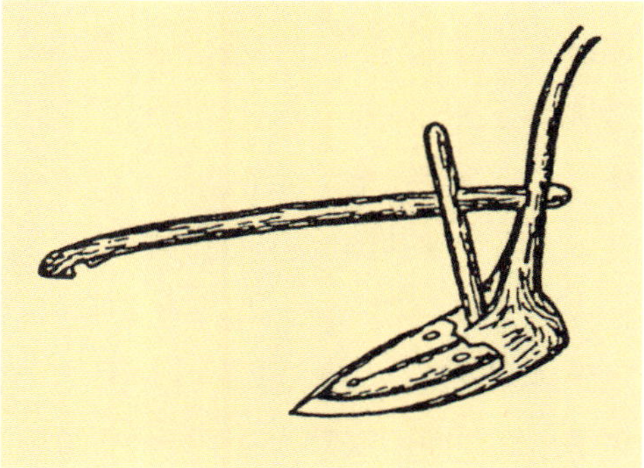

崧泽文化三角形石犁耕地示意图

石犁。器高 24 厘米，底宽 22 厘米，为良渚文化石犁。2000 年以后，又在松江广富林遗址出土过多件不同时期的石犁，如 2003 年出土一件残高 53.6 厘米、宽 34 厘米的三角形四孔石犁，为广富林文化石犁；又如 2012 年出土一件高 19 厘米、宽 17 厘米、平面呈等边三角形的四孔石犁，为崧泽文化石犁。

上述石犁的共同特点是皆为三角形磨制石器，但不同的是崧泽文化石犁交角较大，器身较短，形体较小，至良渚文化石犁，锋部交角变小，形体变大；而广富林文化石犁体型更大，犁头的角度更锐。从中可见，越到后来越利于深耕翻土作业，提高功效，从而在生产工具的不断优化改进上为大面积翻耕土地、深耕细作创造了可能实现的基本条件。耕翻土地与农作物收成好坏有着密切关系。据《松江县志》记，本地 1 米土体内有两个特殊的土层，一是有机质含量很高的腐泥层，含碳量达 20%—30%，其中残留着许多植物遗体。另一是黄泥层，原是早年草甸土的发生层，后来被沼泽覆盖而埋藏。这便是距今四五千年前先民赖以生存的古土壤。无论是古代还是现代科学种田，播种前耕翻被阳光照晒和雨水淋后板结的土地，以恢复宜播的土壤结构并将杂草和农作物根茎等埋入地下，以增加土地肥力，都是有效进行自然利用、促进农田生态良性循环的重要生产环节。

松江机山遗址 石犁
(《实证上海史》)

明代宋应星撰《天工开物·稻工》写到，稻田收割后如果不再种植，就应在当年秋天耕垦土地时让旧稻茬烂在土里，可相当粪肥的一倍之肥力。如果秋天干旱无水，或农民拖到明春才耕地，收获就会减少。如果撒枯饼或浇粪水在田里施肥，就怕雨水的到来，会把肥质冲走。要密切注意天时，这就要靠老农的“心计”了。耕过一次之后，勤者还可再耕、三耕。然后再耙地碎土，使土质匀碎，肥分自会在土中散开。由此可见，农民年复一年，耕翻土地，花去了大量的劳力。所以，石犁得以问世，是人间福音。

松江广富林文化四孔石犁
(《寻根上海》)

人们也许会问到一些疑惑的问题，如松江出土的早期石犁，可有工匠的名字传世？又如先民磨制的石犁是否就

稻谷（广富林遗址出土）

广富林文化四孔石犁模型

地取材等？也就是要问一问这些出土的石犁，是本地先民创制的，还是从外地传入的？云间闪烁的星辰和松郡九峰，可以一虚一实地回应上述问题。因为在文字出现之前，只能遥望新石器中晚期那条历史长河。睹物思人，在关乎史前考证记录中，已见明显的社会分工，并形成了手工业门类，陶器、石器、骨器、玉器等工艺制作水平亦已达到相当精致的程度。所以，我们可以仰望云间星空，敬怀一个与日月同辉的姓氏代码“无名氏”。推论而言，他们应是上海地区最早的无名工匠，是具有追求卓越、与时俱进首创精神的上海先民。正是这些无名的工匠，用创新创造的聪明智慧，在创制中国农业先进生产工具——石犁上取得了领先业绩，从而改写了中国农业由“粗耕”到“犁耕”发展阶段的早期进程。

1989 年，《同济大学学报》第三期上刊登了董荣鑫《上海市青浦县崧泽文化遗址出土石器的岩石类型及其来源》一文，具体论证并阐述了上海早期人类就近取材制作工具和装饰件的有利条件。文章认为，崧泽遗址出土的石器，其主要类型是中生代侏罗—白垩纪中酸性火山喷发所形成的火山岩和火山碎屑岩类，其中尤以沉凝灰岩类为主。此外，有少量中生代燕山期侵入的花岗岩类和古生代的泥板岩类、硅质石英砂岩——石英岩类。这些用于制作石器的岩石，在崧泽遗址附近几千米到数十千米的范围内均有露现。且火山岩系岩石中节理发育，石英砂岩和泥板岩成层产出，易于采取，河谷、湖和海滨的石英卵石，则随手可取。另据《松江县志》载，九峰诸山以中生代熔岩与火山碎屑岩分布最广，其中以粗面流纹岩、英安流纹岩、粗面流质熔结凝灰岩、流纹质（岩屑）晶屑凝灰岩、流纹质玻屑凝灰岩为多。它们生长的时间，距今 1.5 亿年左右。上述可证，生活在九峰周边地区的崧泽、良渚、广富林文化时期的先民，具有就地取材磨制石犁的得天独厚的条件。

相对于制作精致的陶器、玉器和骨雕器等而言，磨制石犁的工序和工艺要

《牛耕图》(东汉　陕西靖边壁画墓)

简易得多。先民从采集石材做起，随后进行粗加工，将石材打磨成平整扁薄的三角形，再进行细加工，打磨两腰刃部，形成单面斜刃，并于器身上钻出一孔或多孔，用于犁头与犁托或称之为犁床连体固定，就完成了一件可以插入泥土进行耕地作业的完整生产工具——石犁。有人以我国最早发现两件之一的出土于松江汤庙村的崧泽文化石犁是单孔石犁为例，认为器身钻有孔数多少，是判定该石犁问世历史早与晚的依据之一。其实，这并非认定标准，因为后来在松江广富林遗址中出土过崧泽文化时期的四孔石犁。所以，判定一件新石器时代石犁，既要根据发掘中的地层关系，也要根据石犁的综合形制进行鉴别。

“工欲善其事，必先利其器”。久远回荡在云间的“石犁”之歌，曾以面貌一新的“线性”耕作方式率先示范于峰泖大地，不仅对长江三角洲地区产生广泛而深远的历史影响，而且预示并实际见证进入犁耕阶段的中国农业发生了史无前例的质变飞跃。不仅如此，由崧泽文化先民率先创制的石犁，在良渚文化时期的农业生产领域得到广泛应用，石犁磨制工艺也得到进一步改进。

距今 4000 年左右，广富林迎来了今上海地区历史上最早的龙山文化移民，他们带来了北方的先进文化和技艺。然而，我国相传的“五谷”一说为麻、麦、稷、黍、菽，而无稻，是缘于北方少水田而稻产量不高。所以，如何耕作水田，种植水稻，是来到广富林后的北方移民遇到的新课题。也因此，石犁这一先进生产工具，又成为南北文化交融的一个闪光符号。上海博物馆副馆长陈杰在《实证上海史》一书中以广富林出土的三角形大石犁为例，佐证广富林的多元文化首先受到来自本地传统的影响，进而融合发展。所以，今藏于上海博物馆中的多件松江出土的石犁，不仅承载着古老久远的大国工匠技艺，而且彰显磨砺创新的勇毅笃行精神，从而使冰冷的石头有了生命温度，在中国农业科技发展史上熠熠生辉，并灿然如故地守望一段难以忘怀的历史进程。

鹿钺图陶尊

良渚文化首次发现　文字起源提供线索

良渚文化是以它的最早发现地——良渚遗址而命名的考古学文化。2001 年，广富林考古发掘了一座良渚文化墓葬，随葬品中有一件陶尊，其腹部以刻划技法画了一幅鹿钺图。一只鹿长着两只长角，惟妙惟肖，旁边有一件带柄的石钺，柄向外弧曲呈未张开的弓形，柄下端还安装着镦。旁边还有一图，可惜已经大部分磨损，从残留痕迹看似一只鹿。以前具象或抽象的石钺曾数次被发掘出土，但是鹿和石钺两种图形组合在一起，在良渚文化中还是第一次发现。

《说文》曰："钺，大斧也。"《尚书·顾命》上曰："钺，铖同兵类，脱胎斧，大者钺，小者铖，一人冕执钺，一人冠执铖。"钺源自斧，史前社会刀耕火种，开荒种地时石斧是合适的工具。随着社会发展，钺又被兼用于氏族之间械斗的兵器。由于石斧被作为兵器使用，逐渐被赋予权力含义，钺因此而成为权力的象征。尊是大型盛酒器，也是史前祭祀所用的祭器。新石器时代的先人们在鹿钺图陶尊里，是否装过汲取天地精华、珍贵稀缺的酒？是果子酒，还是粮食酒？该陶尊中如装过酒，不但说明广富林制酒的悠久历史，也体现

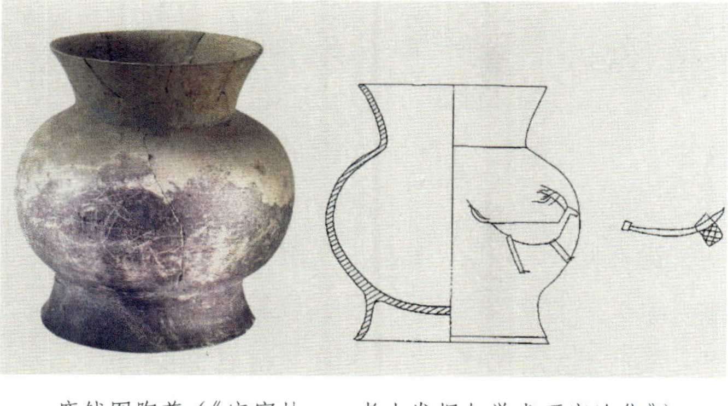

鹿钺图陶尊（《广富林——考古发掘与学术研究论集》）

了当时粮食生产的富余程度等诸多情况，我们期待着考古工作者们解开这个远古之谜。

制陶专家认为，陶器装饰是生产生活结合最密切的造型装饰艺术，是美化陶器制品的一个重要组成部分，它使陶器制品成为一件有一定思想内容和完美装饰形式相统一的艺术品。其发展和演化的历史悠久，自新石器时代远古先民的制陶工匠们不断发挥聪明才智，成为长期生产和生活实践中的创造。纵览远古陶器刻划法，根据考古专家介绍，先民工匠一般用木、竹类平口或斜口刀状工具在已干或半干的坯体上刻划出图像，然后罩釉入窑烧成。

考古专家从鹿在良渚先民物质生活和精神活动中的地位，以及和石钺的功能，对鹿钺图分析了几种可能：一、陶尊腹部鹿钺图，可能是记录了一次大型的由氏族首领亲自率领的集体活动。石钺就是权杖，代表了权力和有组织的大规模行动，鹿为行动对象；二、此图描绘的可能是一次狩猎，以捕获鹿科动物为目的；三、此图展现的可能是一次祭祀，祭品就是鹿。广富林陶尊腹部鹿钺图是先民们某种意识的体现，是一种文化现象的表现，对松江刻划装饰发展奠定了基础。

鹿钺图陶尊（广富林遗址出土）

上海博物馆考古研究部专家宋建认为，陶尊腹部的鹿钺图也为探索中国文字的起源和发展

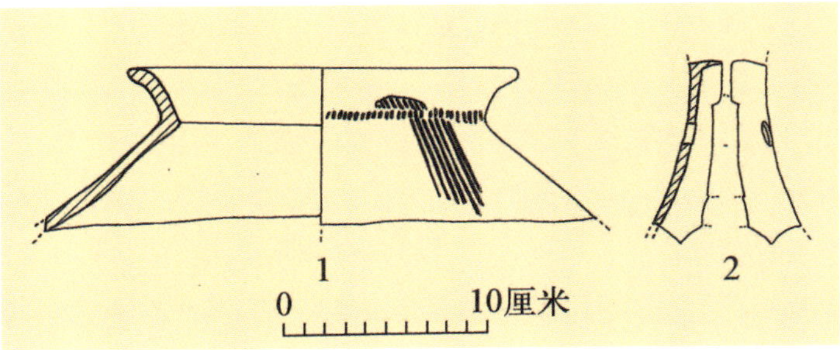

第一阶段陶器纹饰
（《广富林——考古发掘与学术研究论集》）

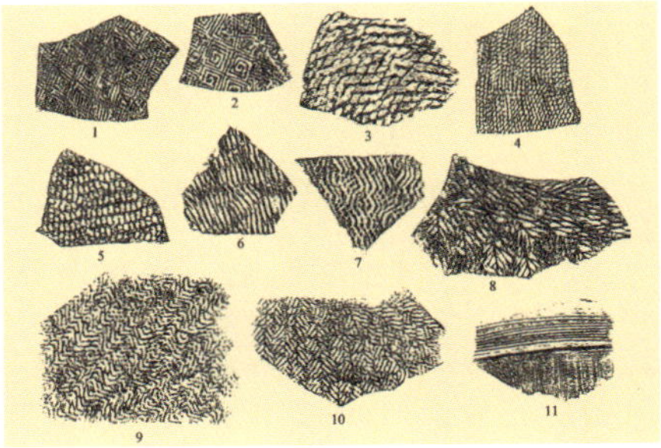

第三阶段印纹陶纹饰
（《广富林——考古发掘与学术研究论集》）

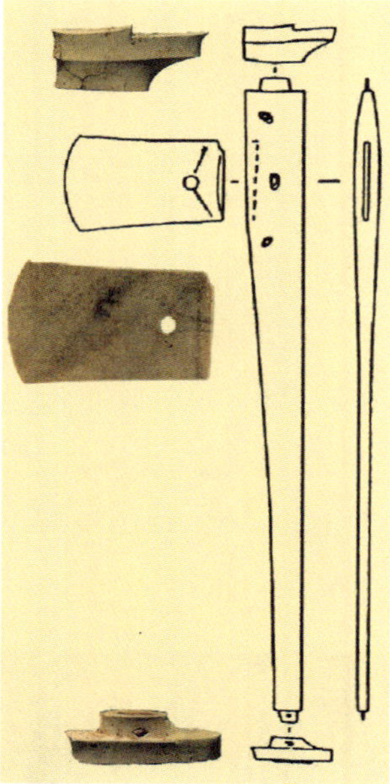

石钺复原图（《广富林——考古发掘与学术研究论集》）

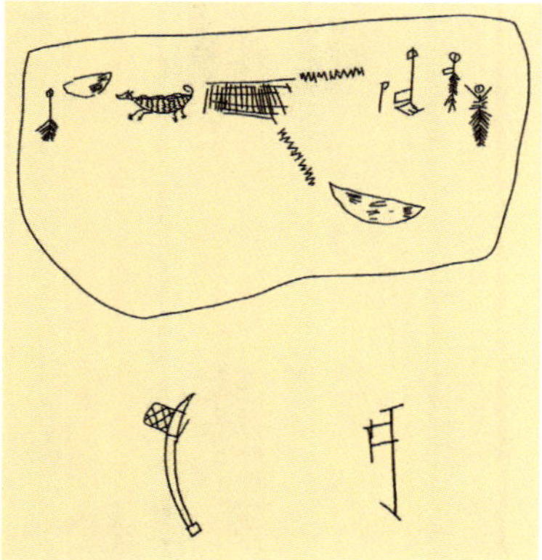

从钺到圈足尊石钺图，再到澄湖贯耳壶看从图到文的演化轨迹（《广富林——考古发掘与学术研究论集》）

提供了极其重要的线索。中国的文字起源走过了一个从原始文字到成熟文字的发展过程。商代的甲骨文系统是目前得到确认的中国最早的成熟文字，夏代只是在河南二里头等遗址发现了许多陶文，绝大多数都是单字，仅极个别的是多字，但并未连接成句，只能称作原始文字。良渚文化是史前时期原始文字存世量最多也发展最快的文化，原始文字的种类有几十种之多。原始文字的书写大多采用刻划方法，又大多数以陶器作为文字的载体，也有一些刻在玉器表面。良渚文化的单个字发现得比较多，出现得也早，良渚文化进入繁盛阶段之后才发明了多字排列组句。良渚文化原始文字的进步性表现在出现了多字排列的完整句，这是原始文字发展过程中的一项突出成就。因为句子能够传递完整的信息，比起只能表达简单意思的单个字来说，无疑是一个飞跃。从钺的实物到广富林圈足尊的鹿钺图，再到澄湖贯耳壶的图形文字，可以很清楚地看到从图到文的演化轨迹，以实物揭示了汉字造字方法“六书”之一——象形文字的起源过程。

鹿钺图释义，专家们不但有鹿钺组合为集体狩猎说，以鹿为祭品的祭祀说，鹿钺组合文字说，还有图中鹿为麋鹿、梅花鹿之说等。鹿科动物在良渚文化先民的生活中有着重要作用，鹿在广富林先民生活中有多种不同的用途。在物质生活方面，鹿肉富含蛋白质等多种营养物质，可供食用。鹿骨和鹿角可用以制作多种生产工具。在精神生活方面，先人经常举行祭祀活动，供奉祖先和各种神灵，鹿就是一种特别的供品，广富林良渚文化墓地上发现用鹿头祭祀先人。

陶尊上的细刻麋鹿纹（良渚文化 松江广富林遗址）

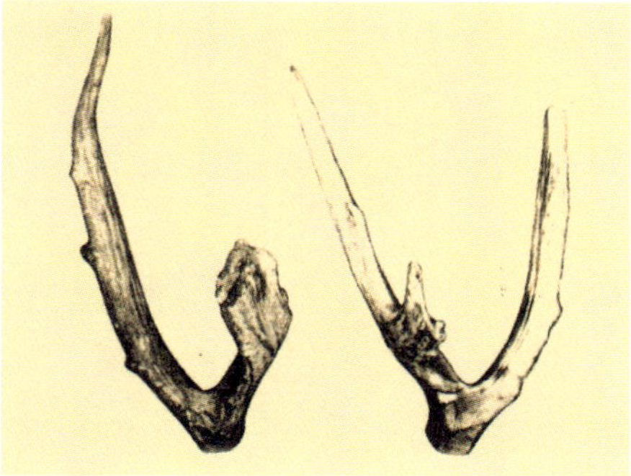

麋鹿角（马家浜文化层 崧泽遗址）

松江九峰包括广富林地区成群结队被先民们打猎肉食的重要对象，竟是中国独有的物种——麋鹿。这是一种非常特殊的鹿类，麋鹿现在是国家一级保护动物，也是世界珍稀动物和濒危物种。在民间，麋鹿自古被称为吉祥之物，神奇之物，是崇拜的图腾和仪式中的重要祭品，还成为生命力旺盛（鹿角年年落而复生）的标志。麋鹿形态似鹿非鹿，似马非马，似牛非牛，似驴非驴，俗称“四不像”。雄鹿头上有华丽开张如树枝的大角，体重大的超过 200 公斤。雌鹿无角，体重一般在 100 公斤左右。麋鹿在一系列天灾人祸中一度在野外绝种，后来逐渐在中国大陆消失。1865 年，法国传教士兼博物学家阿芒·大卫在中国北京南部考察动植物时发现麋鹿，这是世人第一次从学术角度知道了麋鹿。此后几十年间，不断有麋鹿的活体被运出中国，流向英国等西方国家。英国的十一世贝福特公爵花重金收养了极珍贵的 18 头麋鹿，放养在他的乌邦寺庄园中。1894 年，河北永定河洪水泛滥，北京及其邻近地区也发生了严重水患，皇家的鹿苑遭到灭顶之灾。幸存的二三十头麋鹿大部分被八国联军捕杀抢劫，只留下五头麋鹿。1920 年，在中国大陆上的最后一头雄性麋鹿突然死去，其他几头雄鹿被运往欧洲，此后在我国土地上已失去了麋鹿的身影。直到 1985 年在世界动物保护组织协调下，英国政府决定无偿向中国政府提供麋鹿种群。8 月 24 日，22 头麋鹿乘专机从英国乌邦寺庄园回到故土北京，当晚运至南海子麋鹿苑。不久，又在江苏大丰建立麋鹿自然保护区，终于实现麋鹿百年回归的夙愿。后来，英国首相撒切尔夫人在伦敦举行的一个欢迎中国领导人访英的宴会上致辞，她将麋鹿重

麋鹿（《新民晚报》）

返家园与香港问题的解决同列为中英外交史上的大事。麋鹿为先民主食之一，麋鹿养育了松江先祖。松江也是麋鹿的故乡，麋鹿是松江的吉祥物，松江人期盼着麋鹿的回归，盼望着亲眼见见这件特别的鹿钺图陶尊。

纺轮　骨针

制作纺轮捻麻线　磨砺骨针缝衣衫

古谚云："一夫不耕或受之饥，一妇不织或受之寒。"在松江广富林遗址考古发掘中发现的纺轮和骨针，见证了上溯母系氏族公社时期传承的编织技术源远流长，反映出时至父系氏族公社的一些社会现象，如生产工具往往是男性随葬品，纺轮、骨针和饰件等物常为女性随葬品。

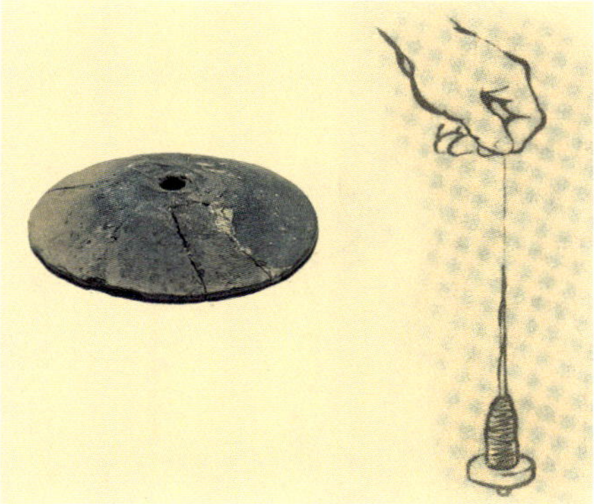

陶纺轮

上海博物馆考古部在1999年至2000年的考古发掘中，考古人员继崧泽文化遗址发现纺轮之后，又在广富林遗存中发现了陶制纺轮，既有泥质红陶、饼形、两面平、直径为2.8厘米的素面纺轮，也有夹砂灰陶、馒头形、一面鼓凸一面平、直径为3.3厘米的素面纺轮。为了便于安装纺纶棒，外边两面的孔径大，中央内窄。

陶纺轮（《文明的实证》）

编织和纺织是新石器时代晚期广富林先民所从事的具有技术含量的普遍活动。当时用骨针编织和纺轮"纺纱"的原料有苎麻和葛等。据悉，先民曾有过用天然片状物缝缀衣衫以御风防寒的生活经历，但当纺轮这一生产工具出现

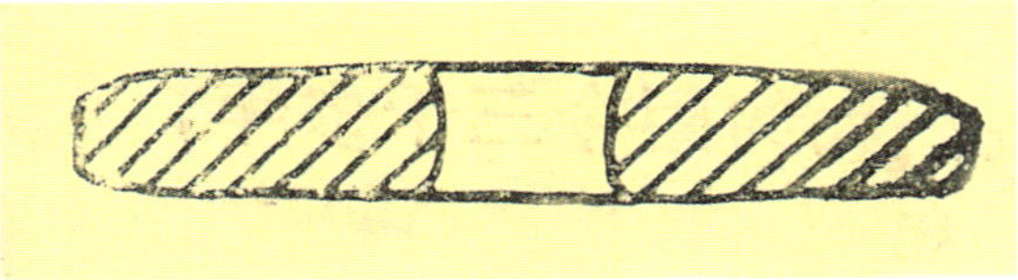

陕西半坡石纺纶剖面图（《中华远古祖先的发明》）

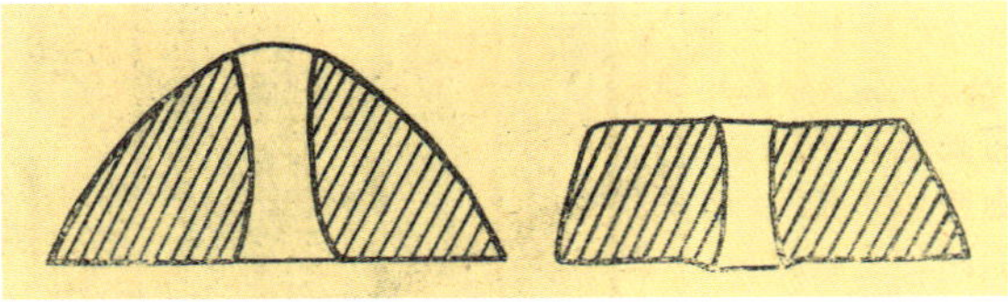

陕西半坡陶纺轮剖面图（《中华远古祖先的发明》）

纺轮使用方法示意图
（《中华远古祖先的发明》）

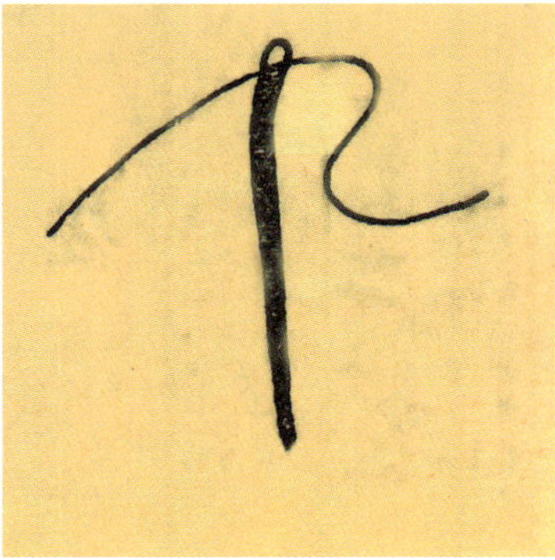

骨针

后，便有了早期的纺织品。

由于有机质的保存十分困难，在遗址中很难发现纺织品实物。据上海博物馆考古部专家推测，上海地区与苏州相邻，江苏省吴县（今苏州市吴中区）草鞋山遗址曾出土过三块纺织品残片。经鉴定，纺织品原料可能是野生葛，织造方法属于纬线起花的罗纹编织，比普通的平纹编织更加先进。广富林先民已经熟练掌握了纺织的技术。从广富林出土的陶制纺轮器具上看出，纺轮一般是两面平的扁圆形和一面鼓的馒头形两种，纺轮中的圆孔是插纺杆用的。使用时，当人手用力转动纺轮，纺轮的重力和旋转，使纤维牵伸和加拈的力也不断沿着与纺轮垂直的方向，即纺杆的方向向上传递，纤维不断被牵伸加拈；当纺轮停止转动时，加拈过的纱便会缠绕在缚杆上，从而完成了“纺纱”的生产过程。这便是后来家家机杼声相和，由麻丝纺织进入棉纺织业的先声。

新石器时代的妇女们剥取苎、葛、麻等一类野生植物的纤维，用纺纶捻成细线，然后先固定经的一端，把另一端系在身上，穿梭似的来回编织，织成平纹的麻布。

2013 年，考古人员在松江广富林遗址发现一枚骨针，属广富林文化时期，距今 4100 年至 3900 年。这枚骨角器由偶蹄目动物的长骨制作而成，通体磨制精细，针尖为锥形，尾部扁圆，有一对钻圆孔。由于形制较大，考古人员认为可能是用来编织网一类的物件。

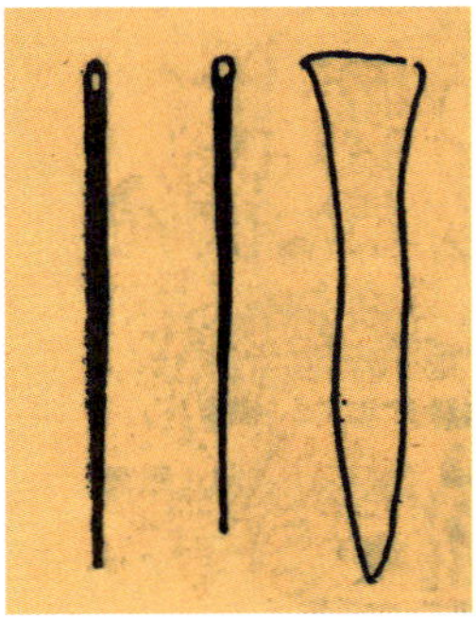

骨针和骨锥

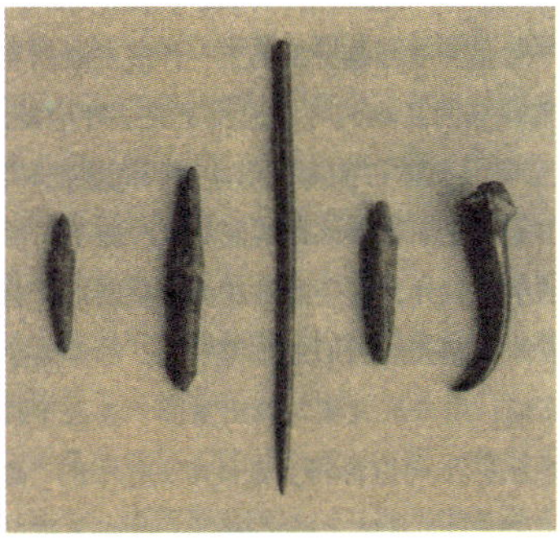

良渚文化骨器一组
（《文明的实证》）

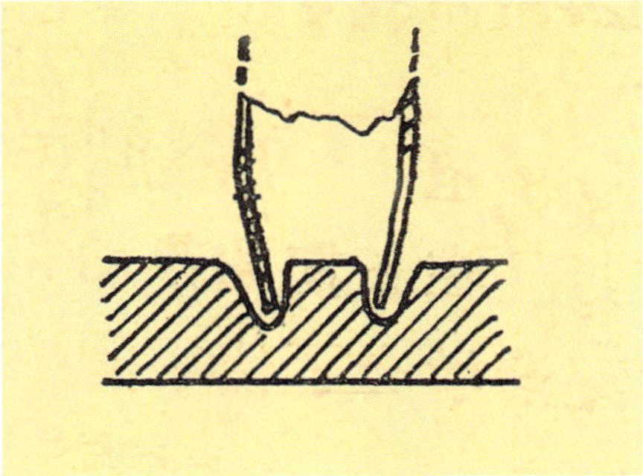

管穿孔法示意图
（《中华远古祖先的发明》）

由此看到，继骨耜农业时代之后的广富林文化时期，由先民磨制而成的骨针器具，小可缝制衣服，大可编织渔网，女性在一夫一妻制的父系氏族公社时期，从夫而居，发挥着制作食物、缝制编织、抚养后代的作用。

中国棉纺织行业通常把松江府乌泥泾的黄道婆看作始祖来供奉，立祠以祀；丝织业中一般把黄帝轩辕氏作为始祖神，如苏州机神庙即名“轩辕宫”；而染色业供奉的始祖是葛洪，杭州附近有葛岭，今松江醉白池公园中有葛仙翁的“五色泉”。松江时至明代，为全国棉纺织业中心，享有“衣被天下”的美誉。漫漫历史烟云，令人在广富林人追远而叹史前的一幕：骨针编织水乡情，纺轮转动心中梦。

骨针模型（广富林骨针广场）

玉　琮

史前权贵身份象征　重要祭祀文化礼器

我国玉器诞生于新石器时代中晚期，是石器打制进化为磨制过程中的一大新发现，即先民发现了多呈白绿二色、湿润而有光泽的石头。这种美石即玉石，加工成器，便是玉器。在结束玉石不分时代的同时，专门从事玉料加工制作的匠人，逐渐从石匠身份转换为玉匠，或称之为玉工。一代代中华玉工，与时俱进，用日趋成熟的技艺，日臻完美的作品，与玉相伴，载道而行，书写绵延千古、经久不衰的华夏玉器篇章。因此，我们看到了在当代上海地区出土的，融物质、精神、科技文化于一体的古老玉器，蕴含中国传统文化醇厚温润、精致和谐的基因，涵养中华民族自古爱玉的审美情操。

玉琮

一般而言，若论中国史前玉器，必推良渚玉器；说良渚玉器，又必说良渚玉琮。因为玉琮是良渚文化先民创造的一种沟通神灵天地的礼器，见证了中国古代礼制的形成过程，是中华五千多年文明的重要实证。据《周礼·春官·大宗伯》记载："以玉作六器，以礼天地四方，以苍璧礼天，以黄琮礼地。"玉琮与玉璧、玉圭、玉璋、玉璜、玉琥一起，被统称为"六

制造石器设想图
(《中华远古祖先的发明》)

石刀使用方法示意图
(《中华远古祖先的发明》)

器”，是祭祀用的重要礼器，也是巫师通神的法器，还是富有权贵身份的象征。

玉琮由圆筒形的镯演变而来，逐渐异化为一种具有独特形体和特定功能的玉器。良渚玉琮的早期形制呈圆筒形，外壁四块长方形凸面上琢刻相同的兽面纹饰。晚期的良渚玉琮形制，则以高节琮为主。上海地区是良渚文化的主要分布区域之一，因此，良渚文化玉琮，在上海地区多有发现。1982 年在青浦县福泉山遗址 9 号墓出土了一件湖绿色的神人兽面纹玉琮，整器造型规整，线条流畅，构图对称和谐，形象庄严生动，填刻文细小精密，犹如微雕，便是良渚文化玉器中的珍品。又如 1988 年在金山亭林遗址 16 号墓出土的“神人纹玉琮”，全器以横槽分为九节，每节四角各雕琢一个简化的神人纹，管钻眼睛，未见眼睑，是良渚文化晚期高节琮的主要类型之一。

2010 年，考古队在松江广富林遗址首次发现广富林文化玉琮。据当年考古发掘报告称，玉琮出土于广富林文化遗址发掘区南部的一个灰坑中，是当年年度发掘的最重要的一件器物。玉琮因长期与水和土壤以及其他物质接触呈暗褐色，内圆外方，高约 8 厘米，表面仅施六道横槽作为装饰，与良渚文化的玉琮有着明显的区别。这是广富林文化遗址发现的第一件玉琮，它与广富林文化遗存的其他发现一起，进一步完善了广富林文化的器物组合，并为深入探讨广富林文化与周边关系提供了更加翔实的资料。2012 年考古发掘，再次发现了广富林文化时期的多件玉琮。其中较为完整的一件玉琮，形制内圆外方，圆角，外壁略弧，素面，外

碰砧法
制造石器的方法之一
(《中华远古祖先的发明》)

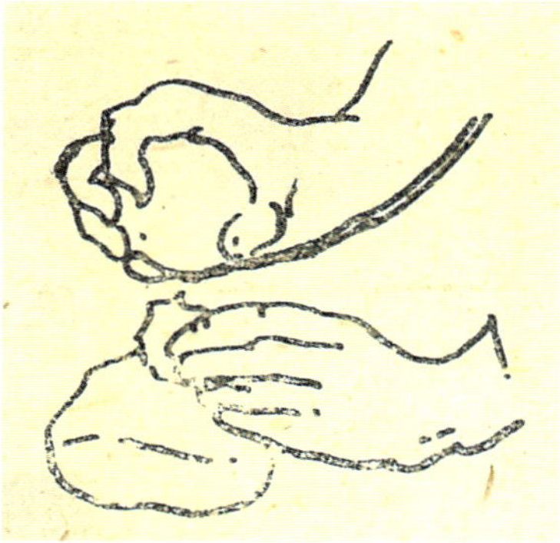

砸击法
制造石器的方法之一
(《中华远古祖先的发明》)

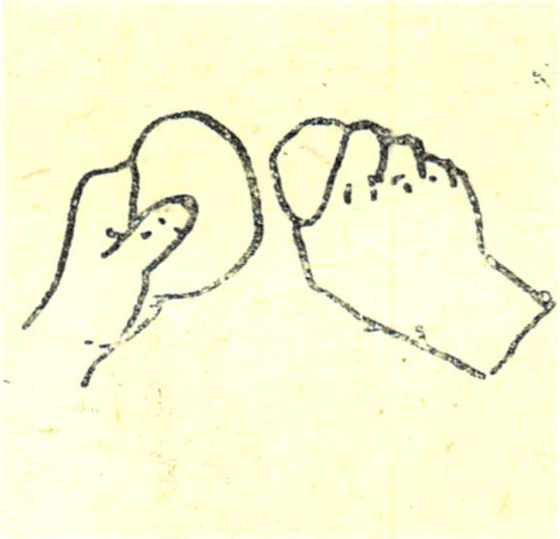

锤击法
制造石器的方法之一
(《中华远古祖先的发明》)

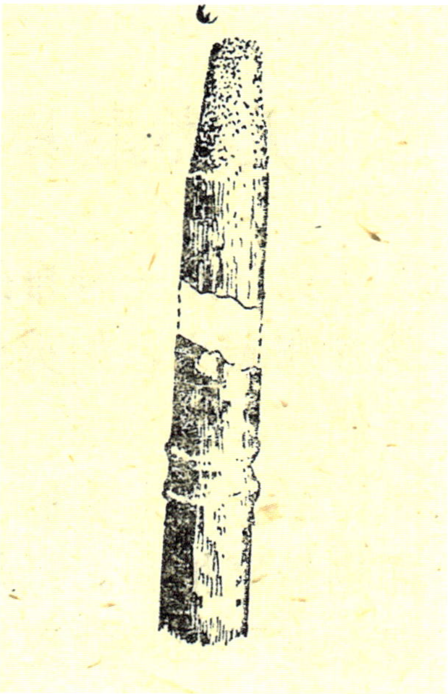

筒管状穿孔器
(《中华远古祖先的发明》)

径 14 厘米，内径 9.5 厘米，高 9.8 厘米。上述玉琮的发现，再次确认了广富林遗址是目前发现的广富林文化时期最重要的遗址。此外，广富林遗址还出土过吴越时期的玉琮。

在距今遥远的新石器时代，没有松江、青浦、金山等行政区域划分，只有先民生活在上海最早成陆地域冈身以西的历史地区。欣赏先民创制的玉器，首先要问一个问题：先民加工的玉料从何而来？据清嘉庆《松江府志》载：“府境诸山自杭天目而来，累累然隐起平畴间。”据悉，考古和地质工作者曾于 1990 年共赴江苏溧阳小梅岭进行地质调查，在此发现了江浙一带唯一的玉矿。地质学家认为，类似小梅岭的地质条件，长江三角洲地区及其周围的天目山脉、茅山山脉、宁镇山脉等皆有之。由此可见，当地先民所采玉料是就地取材。这一定论，同时得到用当代科技手段检测的肯定。张明华在《上海地区最早居民的来源及其习俗》一文中说：“上海人的原石玉料，经同济大学专家鉴定，均为本地山体岩石中的夹杂物，它并非如今人所见一些大型玉矿的开采物，因此体积都很小，色杂、质杂，加工成的玉器不少因受制于矿材的不纯而留下石质。”

“开玉解科”和“锉切成坯”，是玉石加工的第一道工序。据上海博物馆考古部专家研究分析，把大块玉石锯开后分成两块以上较小的玉料，便于玉工合理利用，是玉工进行玉石加工要做的第一件事。开料切割的方法主要有两种，一是“线切割法”，二是“片切割法”。所谓线切割法，主要是指用柔性的线状物作为工具，带动解玉砂切割玉石的技法。所谓片切割法，即用质地较硬的片状物作为“锯”，带动解玉砂切割玉的方法。两种切割方法中都用了一种硬度比玉石更高的物质“解玉砂”。从明代宋应星《天工开物》“玉”篇中得知，古代对解玉砂的产地和质地都有一定要求，如其所云：“中国解玉沙出顺天玉田与真定邢台两邑。其沙非出河中，有泉流出精粹如面，借以攻玉，永无耗折。”大意是剖玉所用的沙，在内地出自顺天府玉田（今河北玉田）和真定府邢台（今河北邢台）两地，此沙不是产于河中，而是从泉中流出的细如面粉的细沙，用以磨玉永不耗损。由此推知，松郡九峰周边地区出土的崧泽、良渚、广富林文化时期的玉石切割工艺，无不得益于解玉砂的相助。虽说当地先民使用的解玉砂，是从长江三角洲地区或别处的哪座山石涌泉中流出暂且无考，但妙用解玉砂的技艺已为当地玉工

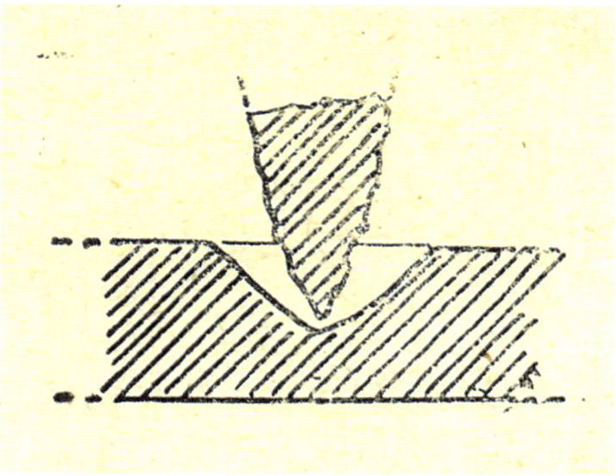

锥琢穿孔法示意图
（《中华远古祖先的发明》）

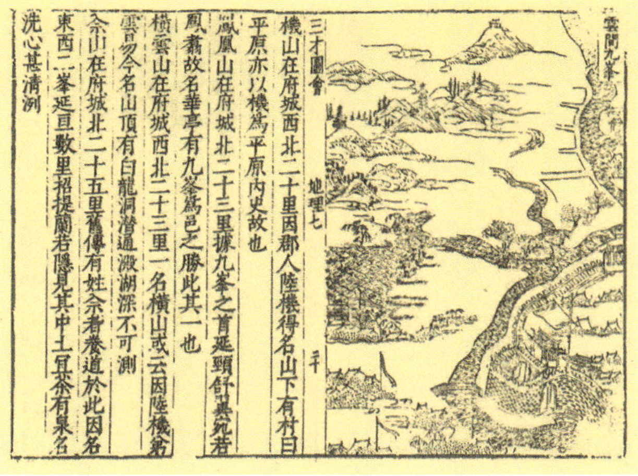

雲間九峯

三才圖會 地理七

機山在府城西北二十里因郡人陸機得名山下有村曰
平原亦以機爲平原內史故也
鳳凰山在府城北二十三里據九峯之首延頸舒翼宛若
鳳翥故名華亭有九峯爲邑之勝此其一也
橫雲山在府城西北二十三里一名橫山或云因陸機答
雲曰勿今名山頂有白龍洞潛通澱湖深不可測
佘山在府城北二十五里舊傳有姓佘者養道於此因名
東西二峯延亘數里招提蘭若隱見其中土宜茶有泉名
洗心甚清冽

云间九峰（《三才图会》）

打制石器（《实证上海史》）

所熟知和掌握，确有出土玉器可证。此外，收录了西周初年至春秋中叶的《诗经·鹤鸣》有“他山之石，可以为错”的名句，“错”有打磨玉石的意思。也就是说，他方山上有佳石，可以用来磨玉英。这句话的意思中，可能包含了硬度很高的解玉砂在内。

《三字经》曰：“玉不琢，不成器。”一件玉器作品的完成，除了选择玉料进行切割外，还要完成钻孔、研磨、雕刻、抛光等多道工序。钻孔有实心钻和空心管钻两种。例如，良渚玉器用实心钻钻出圆润的孔眼，可能是以弯弓拉动裹带解玉砂的桯钻来回转动钻琢而成。操作工艺类似现在木匠沿用的扯钻形式在木头上钻眼，钻孔过程中需要不停地加水和解玉砂。良渚玉器的空心管钻的方法，很可能使用了在快轮制陶基础上发展起来的原始管转机械装置，即将玉料固定在平放的转盘上，并把外径与钻孔相当的竹管，安装在某一可以使竹管不断下压的装置上，快速转动转盘并不断下压竹管，不停地向钻孔处添加水和解玉砂。研磨，即借助磨砺工具和解玉砂的磨削作用，取得意料之中的器形并弥补切割、钻孔等遗留的缺陷。雕刻是按照表面勾勒的图案，以浅浮雕、透雕、阴线刻纹等技法对器身进行工艺加工或纹饰。玉器上多见阴刻纹，刻划的工具应为装柄加固的燧石、打制成的石钻或其他尖状器。从福泉山等墓葬出土的玉器上细如发丝的阴刻划纹上看出，良渚先民已能制服鲨鱼，取其锐利坚硬的牙齿为刻玉工具。抛光则是用柔性的皮革、树皮等材料对玉器表面进行打磨，使玉器呈现温润光泽的美丽质感。经过以上工序，一件带着匠心温度的玉器便告诞生。虽说良渚玉琮与广富林文化玉琮有一定差别，但在玉器加工工序上大抵相仿。

进一步说到承前启后的广富林遗址，又为两汉时期上海地区最重要的文化遗址，出土过吴越时期的玉琮，可证玉文化在松江地区的源远流长。据《小昆山镇志》记：“小昆山原名昆山，别名九峰，又号玉山。”小昆山上今有西晋吴郡华亭人陆机兄弟读书台和“婉娈草堂”。北宋唐询《华亭十咏·昆山》诗云：“昔有人如玉，兹山得美名。”王安石和诗曰：“玉人生此山，山也传其名。”明末清初著名诗人吴梅村《小昆山》诗叹：“积玉昆冈绝代无，读书台上赋吴都。”陆容《菽园杂记》载：“昆山在松江府华亭界，晋陆机兄弟生其下，皆有文学，时人比之‘昆冈玉片’。”在我国相传的玉文化中，推崇“玉乃石之美者，有五德”，古代孔圣人则以玉来比喻君子德行。正因炎黄子孙素有爱玉的传统情怀，汲天地精华并由玉工精心雕琢的玉器，承载着中华民族的温润代代相传。

小昆山图（嘉庆《松江府志》）

二陆读书台

陶　甗

先民创造陶器蒸锅　彻底改变饮食结构

松江最早发现陶甗的时间是 1980 年，但故事还要从 1962 年说起。1961 年 9 月，上海博物馆考古部在广富林遗址进行试掘性考古发掘，发现了一定数量的文物遗存。1962 年，为普及文物保护知识，松江县博物馆筹备处人员到天马公社宣传广富林遗址发掘成果。有位大队干部听后报告说，他们所在的汤庙村附近也有类似的东西，市、县文管部门遂即派员到所说的现场进行田野调查，结果发现地处华田泾和走马塘两条大河汇合处及周边土地上，存有新石器时代至晋代的诸多陶瓷片、砖瓦和残缺石器。一座蕴含新石器时代崧泽、良渚文化，又保存商周至战国以及晋和宋代丰富文化遗存的汤庙村文化遗址，就这样被揭开了距今五千余年的神秘面纱。

陶甗(《云间文博》)

具体情况是 1980 年至 1982 年期间，上海市文物管理委员会为配合当地水利工程建设需要，在汤庙村进行了三次小规模发掘。1980 年，考古人员在编号 T3 地块发现 4 座新石器时代墓葬，并于随葬品中发现了 1 件甗器。该甗为夹砂黄泥陶，形制为覆盘形盖，敞口，直腹，圆底，并附有三个侧扁足。此

2008 年广富林遗址考古场景

甗腹部有锯齿形堆纹和双弧纹线压划纹，内壁有一周凸棱，可承箅。陶甗口径 21.4 厘米，高 31.2 厘米。此后，松江广富林遗址也曾出土过多件陶甗，分别载于上海博物馆考古研究部《上海松江区广富林遗址 2001—2005 年发掘简报》和《2008 年发掘简报》中，如发现一件多夹细砂、以红陶色为主、器物表面施有一层红色陶衣的鼎式甗、敞口，内壁双折，圆唇，斜弧腹，腹内壁有隔裆、圜底，下形足外缘加厚，中部凹弧，口径 17 厘米，高度 18.6 厘米；又如发掘出陶甗残件，仅见口沿和腹部残片，腹片内有腰隔裆，为夹白细砂红褐陶，敞口，内壁双折沿，圆唇。颈内侧有两周弦纹，口径 22 厘米，残高 7.6 厘米。另外还发现过夹砂灰陶甗，器物为残件，残高 14 厘米。上述陶甗，先后承载着崧泽文化晚期过渡至良渚、广富林文化时期的历史脉息。

鼎 + 甑 = 甗(汤庙村遗址出土)

鼎式甗（《广富林——考古发掘与学术研究论集》）

我们虽然不能一一解读考古发掘报告中的专业术语，但有些关键词对人们解析和认知陶甗的特征与功能颇有帮助，如从发掘报告对陶甗是“夹砂黄泥陶”“多夹细砂”“夹白细砂”“夹砂灰陶”的材质成分描述中可以看出，这些陶甗胎质均为夹砂陶。用夹砂陶制作炊器的好处是胎体薄，传热快，耐高温，不会像泥质陶那样因传热不均而致使胎体烧裂。此外，考古发掘报告记出土的陶甗“内壁有一周内棱，可承箅”，或记“腹内壁有隔裆”。这正是区分陶甗与鼎、甑等炊器有别的重要标志。

成语“三足鼎立”“釜底抽薪”的本来意思皆与炊具有关，如在一件釜或盆之类的容器腹部下方，成三角方位安上三个支持容器的长足，即可称之为鼎。甑是一种平底上有穿孔、形制类似深腹盆的炊器。甑的发明，是我国饮食史上的一件大事，解决了过去只能用鼎等陶炊具煮稀饭或流汁，但不能煮干食的问题。追怀思远，今上海地区生活在新石器时代崧泽文化时期的先民，其薪火相传于马家浜文化，而甑的最早发现，为距今6000年前马家浜文化晚期，至崧泽文化时期，一种新的炊具被工匠创制出来，这就是鼎与甑结合为一体的陶甗。

松江汤庙村遗址不仅出土过陶甗，而且发掘出全国最早的两件石犁中的一件崧泽文化晚期石犁。《实证上海史》一书的作者将犁与甗相提并论：“它们就像所有的人类发明一样，悄悄地改变了我们的生活。犁的出现，改变了中国传统的耕作方式，促进了农业生产的巨大进步；甗的发明，代表了一种新的烹饪方式的普及应用，它对生活的影响直至几千年后的今天。”

今天，人们日常使用的带有隔层的不锈钢蒸锅，则由史前创制的古老陶甗脱胎出来的。从松江汤庙村和青浦金山坟等遗址出土的陶甗上看出，新石器时代陶工所创制的原始陶甗，器形面貌仍如鼎形，只是在胎体内壁加烧了一周凸沿，用以承箅，箅架以下盛水，箅架之上放置待蒸的食物。因陶甗腰

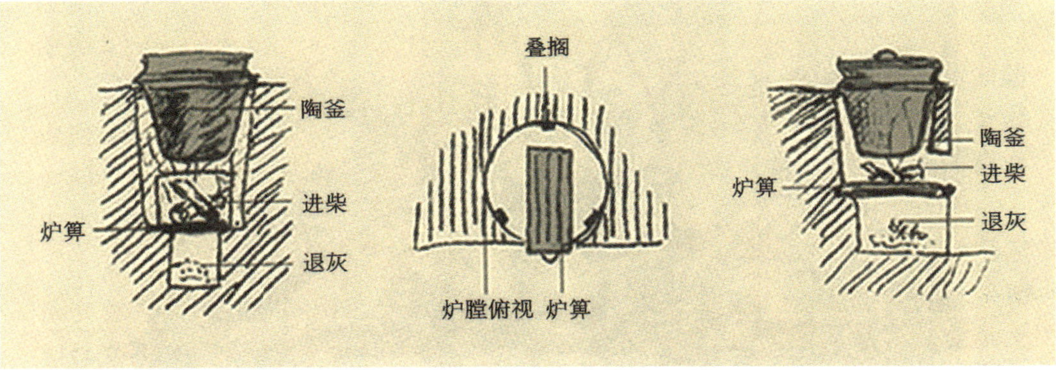

陶釜的使用方法之一（《实证上海史》）

部斜向有孔，可以根据需要向内注水，保证蒸汽源源不断。甑和陶甗的发明和创制，是从生食到熟食再到品尝蒸法烹饪美食的巨大进步，而陶甗腹内的箅，用时可以放上，不用时可以去掉箅架，这与炊器甑相比起来，更为方便实用。正因如此，人们看到了兼灶和锅为一体、融煮和蒸于一炉的陶甗，在一器两用中转化热能，不仅经济实惠，而且能蒸出保持食物原料营养和风味的健康美食。故自崧泽文化晚期陶甗出现后，流行于良渚文化时期，成为长江三角洲地区的主要炊器之一。从古至今，陶甗代代相传，虽然制作炊具的材质不断变化，形制也有不同时代特征，但其作为蒸煮美食的功能蒸蒸日上，至今仍是享用蒸食的完美生活炊具。

陶　鬶

北方移民器具　龙山文化遗物

1999年，上海考古工作者开始把工作重心放到了广富林遗址的发掘上，经过一个多月的发掘，遗址中陆续出土了一些陶器残片，部分器表刻划花纹或装饰有绳纹、篮纹等，根据考古工作者判断这类陶片显然不是长江三角洲地区本地传统原始文化的遗物，它来自哪里？是什么部族的先民所创造的遗物？发掘延续到当年12月底，在一个灰坑中出土了一些陶片和龟甲残片等，其中两件器物特别引起了大家的注意。一件是夹砂灰陶鼎，是当时先民炊煮用具，这一遗存代表了良渚文化之后，马桥文化之前的一个新的文化类型。另一件是盛水器夹砂灰陶鬶残片，其上有三道凸弦纹——当时主持发掘的考古领队宋建敏锐地感觉到这些陶片可能是北方新石器时代晚期龙山文化系统遗物。他后来还在《广富林遗存看环太湖地区早期文明的衰变》文中认为，陶器最能反映文化遗存的渊源关系。广富林遗存的陶器中明显直接从王油坊类型输入的有白陶带流鬶和竖条纹筒形杯。陶鬶薄胎，流不太高，近口沿处凸弦纹。距今4000年左右的广富林出现了一支外来移民，他们承续北方龙山文化脉息，从属于黄河流域王油坊类型，

陶鬶（《广富林——考古发掘与学术研究论集》）

由北而南，越过长江后一路迁徙，在原良渚文化的分布区内安营扎寨，定居繁衍，由此南北文化融合，创造了广富林文化。陶鬶、陶杯等陶制用具皆为先民留下的遗存。

徐峰在《王油坊类型龙山文化南徙路线重建——兼论江淮地区的“廊道”性》中写道：“在鲁西南、豫东和皖北地区这样一个地理上属于交界的区域内，曾经生存发展着一支被称为‘王油坊类型’（又称‘造律台类型’）的龙山文化族群。龙山文化时期是一个动荡文化的时代，这一时期，各区域文化的内部，阶层与贫富之分化相对于大汶口文化时期不但没有减缓，相反愈演愈烈；区域文化外部，各区域之间的接触、碰撞、冲突也越来越频繁。无论是在区域内部，还是区域之间，都潜藏着一股压力。为了换取社会的稳定和可持续的发展，这一区域社会进程中生发出来的压力，必须得到适时的排遣。作为释放这种压力的形式之一——人群的流动、迁徙出现了。”徐峰还在文中关于王油坊类型龙山文化南徙其原因中写道，江淮东部地区的史前文化有一个不可忽视的生态因素，即濒海的环境；以及淮河流域气候趋向干旱，使得禹会村遗址逐渐远离水源，农业生产受到制约，食物来源减

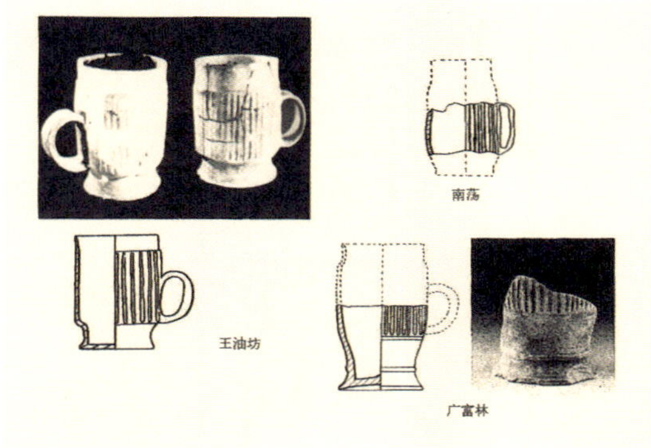

陶杯（《广富林——考古发掘与学术研究论集》）

黄河流域王油坊类型先民迁徙途中
（广富林“上海之根，海派之源”展览）

黄河流域王油坊类型先民迁徙至广富林安营扎寨（广富林“上海之根，海派之源”展览）

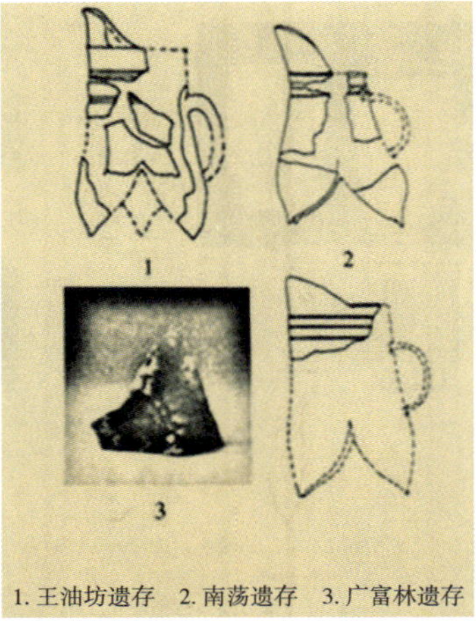

陶鬶
（《广富林——考古发掘与学术研究论集》）

广富林文化 陶鬶
（《寻根上海》）

少，从而使以农业为主的龙山文化发展受到制约，人们被迫迁徙。其迁徙路线据徐峰分析有数条，其中的东线：禹会至南荡，至江阴花山，再去松江广富林。以上为王油坊类型龙山文化人群迁徙原因及迁徙至广富林的路线，仅供专家学者与读者研究参考。

陶鬶是新石器时期陶制炊事用具。熟食是人类的重大发明，食物煮熟后可杀灭病菌，减少疾病的发生，也为人类提供更丰富的美食，方便吸收食物中生食无法获得的营养，极大地促进人类智力、体格的进步。《说文·鬲部》如此描述“陶鬶”道：“三足釜也，有柄可持，有喙可泻物。”喙，即鸟嘴。鬶是山东龙山文化的典型器物之一，起源于大汶口文化中期，盛行于大汶口文化晚期和龙山文化阶段。鬶是一种造型精巧的器物，有实足和袋足之别，实足鬶一般由流、腹和三个圆锥状实足组成，袋足鬶则以三个大袋足为腹。鬶造型有点像鸟，这种器形最早出现在山东地区，山东位于东方——那里以鸟为图腾，所以陶鬶似鸟。

广富林文化的陶鬶器型、质地等变化较大，根据陶质变化，主要有泥质陶、夹砂陶和印纹硬陶三类。泥质陶鬶由三个袋足及粗短的颈部组成，直口，口部捏制流，流上翘，呈昂首状，袋足肥大且短，足尖较明显，无实足，袋足根部及颈侧有一桥状把手，把手外翻。颈部饰多道弦纹。该器与山东龙山文化出土的陶鬶

陶器制作模拟图
（广富林“上海之根，海派之源”展览）

陶器制作模拟图
（广富林“上海之根，海派之源”展览）

十分相似。泥质黑陶，直口略外撇，口部捏制流，高领，圆肩，斜腹，一侧有宽鋬，平底略凹。领部饰九道凸弦纹，肩部饰二道凹弦纹，鋬上饰四道凹弦纹。夹砂陶鬶，由三个萝卜状袋足及颈部组成，敞口，口部捏制封闭流，高领，领部饰多道弦纹及一道凸棱纹，袋足根部有一宽鋬，紧贴颈部，鋬背面有一道凸棱纹。该器的袋足为模制而成。硬陶鬶，直口，翻缘，矮领，圆肩，弧腹，圜底，矮圈足外撇，口侧捏制成流，一侧有宽鬶。颈部饰一道凸棱纹，肩腹部拍印方格纹，鋬为施纹完成后加装。这种同类陶器在广富林遗址中发现过多件。

据专家研究推测制陶鬶工艺流程大概有选料、淘洗、制胎、修饰、装烧等。由于当地未发现直接的制陶遗迹与窑具，据专家推测陶器烧造规模不大，多为家庭或小型作坊式，露天简易烧制。《实证上海史》载，良渚文化的陶器制作已熟练地运用轮制成型再加整修的方法，器形规整，一般器壁较薄，胎壁厚薄均匀，少量薄胎黑陶，陶壁厚度仅 1.3 毫米—2 毫米，显示了高超的制陶技巧；许多陶器上细刻的精美图案以及彩绘陶在当地的考古发现，均折射出良渚文化社会的进步性。

黄河流域王油坊类型一支迁徙至广富林，带来了白陶带流鬶、竖条纹筒形杯等为代表的器型，也带来了先进的制陶工艺，使我们看到了广富林在火与土的结晶中，凝结了一种多元文化包容的基因。南北先民在制陶过程中取长补短，相互借鉴，不断完善制陶技艺，使广富林文化的陶器日臻完美。

侧扁三角足陶鼎

特色陶器本地造　广富林文化代表

陶器是先民离不开的生活用品，代表了遗址文化面貌的主导因素，是确定考古学文化性质的一个重要依据。陶器的出现，是新石器时代的主要特征之一。陶器在人类生活中具有重要的意义，不仅丰富了生活用具，而且也增强了定居的稳定性。1999 年 12 月，在广富林遗址挖掘的一个灰坑中，发现了十分引人关注的夹砂灰陶鼎，这是当时先民炊煮用具。其形制为折沿，沿面内凹似盘口状，垂腹、圈底，器身下接侧装的三角足，足尖被按捺成钩状，出土时器表还粘满着厚厚的烟灰，它是新发现的广富林文化陶鼎，即广富林文化中最具代表性的侧扁三角足陶鼎。

广富林文化 侧扁三角足陶鼎
（《广富林——考古发掘与学术研究论集》）

考古专家认为，广富林侧扁三角足陶鼎是一种特殊的器物，体现了多种文化因素综合影响的特征，它由外来的文化因素与本土文化因素杂糅、结合而创造出来，是广富林文化中独有的器形之一。它的主要制作方法和足的特点来自王油坊类型，但抱腹式

1999年广富林考古现场(广富林遗址一角)
(《实证上海史》)

鼎身与部分带划纹的鼎足却是受到了良渚文化因素的影响。本地文化传统因素的孑遗在广富林文化中，较多存在于早段的器物特征上，而随着时间的推移，其影响力逐渐减少。以带划纹鼎足的变化为例，其主要特征是在足上单面或双面有刻划纹，器形与良渚文化末期的大鱼鳍形足有明显的嬗变关系。在广富林文化早段，划纹足占有一定的比例，但是到了广富林文化的晚段，其比例已经非常小，显示外来文化对本地区传统文化的强势取代。

广富林文化与龙山文化有着密不可分的关系，尤其与龙山文化王油坊类型极为相似。王油坊类型主要分布于豫东、鲁西南以及皖北地区，由河南商丘地区永城王油坊而得名。将广富林文化的陶器与王油坊类型陶器相对比，无论在装饰手法上，还是在种类和形制上，都有很多共同点，两者有部分器型特点几乎完全一致。如陶鼎，王油坊类型陶鼎具有侧装三角足，其足尖按为钩状，鼎足足跟处有手按的按捺窝，广富林文化陶鼎亦是如此，显示了两者在制作工艺上的一脉相承。广富林文化在形成过程中，受龙山文化王油坊类型的影响很大，其构成了广富林文化的主体，涵盖了广富林文化的大部分器形。但是在吸收外来文化影响的同时，广富林文化时期的先民又根据当地传统文化因素，开创了具有自身特点的创造发明，多方面的文化因素共同构成了一个崭新的地方性文化。

制陶是一种专门技术，陶土是基础。广富林遗址属于典型的湖相堆积地貌，广富林文化时期底层到生土层之间分布有数层较厚的青灰色黏土，各层含沙量不一，这为当时人们制作各类夹砂陶、泥质陶提供了充足的原料。根据专家对广富林遗址出土陶器成分的检测，当时制陶对原料选择的随意性较大，这也从侧面说明陶土来自当地。专家学者还利用自然科学手段对广富林遗址出土陶器进行微观检测，从陶器的化学成分、岩相组成、显微结构、物理性能等方面进行分析后发现，除了竖条纹杯、白陶鬶在主次元素的组成有别于其他常见陶器外，其他陶器均不能找到非本地生产的相关证据。结合陶器易损而不便于大规模长距离运输的特点，再加上当时出土的数量与极差的运输条件，专家认为作为日常用器的陶鼎应为广富林遗址当地生产。广富林文化陶鼎数量最多，绝大多数为夹砂陶，侧扁三角足陶鼎的特征最强。从统计数据看，陶胎中砂砾的直径均不超过 1.5 毫米，结合遗址附近土壤的状况，可以想象当时的工匠在制备泥料时，是有过对陶土中砂砾的挑拣或者添加沙子，以防烧制时爆裂。

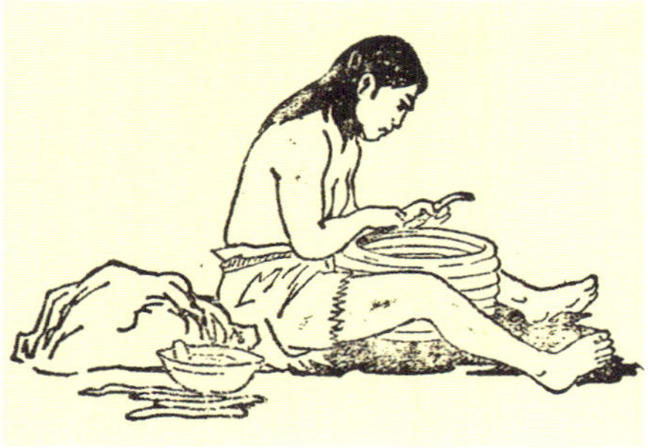

泥条盘筑陶器制作法

轮盘及工具

陶器的制作方法，对小型的器皿用捏制，较大的器物则要搓成泥条，盘筑成器形。或者分为几部分相拼接，然后表里抹平，加以修整。陶器表面加工有压磨，用平滑的石子在陶坯上压磨使之光滑。纹饰的制作技法主要有压印、刻划和附加堆纹，既使陶壁坚实，也使压纹成为装饰，更加美观。广富林文化的侧扁三

广富林文化侧扁三角形足鼎A型

用缠绕绳子的木棍或刻纹陶拍和陶垫在鼎底部纵横方向滚压或拍打数排绳纹

鼎底部中央纹饰叠压重合

角足陶鼎的制作工艺，据专家观察发现，同一器型侧扁三角足陶鼎的外部形态及尺寸大小极其一致，从少量修整不完全的鼎足发现，鼎足胎体断面泥路纹饰呈“U”形，不少鼎足足跟更显示出泥片空隙，据此推测广富林文化时期工匠制作鼎足的方法是利用陶轮制成厚薄均等的泥片，根据鼎足大小的需要裁撤并对折成鼎足状，随后修整去除泥缝痕迹并按需要刻划纹饰，干燥备用。

良渚文化、广富林文化、马桥文化阶段均未发现陶窑，但是专家通过间接研究广富林文化出土陶器，大致了解当时陶器的烧成工艺。专家还采用科技手段对广富林遗址陶器进行检测发现，绝大部分夹砂陶器烧成温度低于1000℃，部分印纹陶烧成温度大于1100℃。另外，按陶片统计数据显示，广富林文化时期夹砂陶占63%，泥质陶占31%，而其中灰、黑陶占总数的75%。以上数据再结合良渚文化时期出现的大量夹砂黑衣陶和精致的磨光黑陶，专家们推测广富林时期陶器生产已经大部分使用了穴式窑。

广富林遗址考古发掘获得大量石刀、石犁等农业生产工具，尤其是三角石犁的发现，表明广富林文化时期具有了先进的农业发展水平。此时的社会生产力应当稳定在一个相当宽裕的水平，从而为规模化的陶器生产提供了坚实的基础。广富林文化陶器的制作工艺主要包括泥料制备、胎体成型、器物修饰及陶器的烧成工艺，尤其是侧扁三角足陶鼎的形态属性表现出生产工艺的一致性。侧扁三角足陶鼎以夹砂陶占据绝对优势，极少或不见夹炭、夹蚌陶，

鼎的上腹部弦纹

鼎足根部的细划纹（安装前刻划）

这从陶土的选择上体现出陶器生产的标准化和一致性。专家在统计数据过程中发现，侧扁三角足陶鼎陶胎中砂砾粒度均保持在1.5毫米以下，除非受专业化生产的严格限制，要实现全部陶土均达到如此标准是让人难以想象的。另外，在胎体成型阶段，有两种类型，一种鼎身采用二次成型技术并且足尖多经捏压；还有一种鼎身采用一次成型，两类鼎的足跟内侧多有见椭圆形按窝加固，鼎足形态尺寸保持一致等。这些均从一个侧面表现出陶鼎制作工艺的一致性。侧扁三角足陶鼎上腹饰二道至四道弦纹，底部排印错乱绳纹的修饰风格同样表现高度的一致性。从陶色上看，广富林文化侧扁三角足陶鼎除部分红褐陶外，绝大多数为灰陶，从灰陶胎体断面看，又绝大多数为“夹心”陶。无论是受当时陶工技术所限，还是陶工有意而为，陶色上表现出的这种高度一致性，间接说明了当时烧制活动的规模化和一致性。广富林遗址的陶器反映出当时处在一个相对集中生产，以“个体作坊式”为主的生产阶段。从专家提供的资料看到，广富林文化时期工匠制造侧扁三角足陶鼎的创造性劳动，创制出了如此独特精美的广富林文化陶鼎。

镞　尊

富林石范铸青铜　匠心打造兵礼器

青铜时代的来临，是中华文明进步的一大重要标志。历经夏、商、周的中国青铜器时代，大约形成于公元前 2000 年。考古实证上述时期，松江不仅出土过多件青铜器物，且以雕饰精美、等级高贵的青铜礼器彰显于世。此外，用于青铜冶铸的石范于 2012 年在广富林遗址出土，此物可证，早在周代，此地先民已掌握了青铜器制造技术，从而为解析上海地区古代青铜冶铸文化密码、探索文明进程，提供了重要的实物依据。

据上海博物馆副馆长陈杰介绍，上海地区出土的青铜器主要分为农具、兵器、礼器三类，其中青铜农具主要有锸，功能近似今天的锹；还有耨，为耘田除草工具；另有镰和铚等收割工具。松江地区出土的青铜兵器、礼器较有特色。

先说上海地区出土的青铜兵器主要是青铜镞。上海马桥遗址曾出土过铜镞，但较之 1999 年在松江广富林遗址出土的双翼青铜镞，后者两翼

春秋时期青铜棘刺纹尊
（《广富林——考古发掘与学术研究论集》）

双翼青铜镞

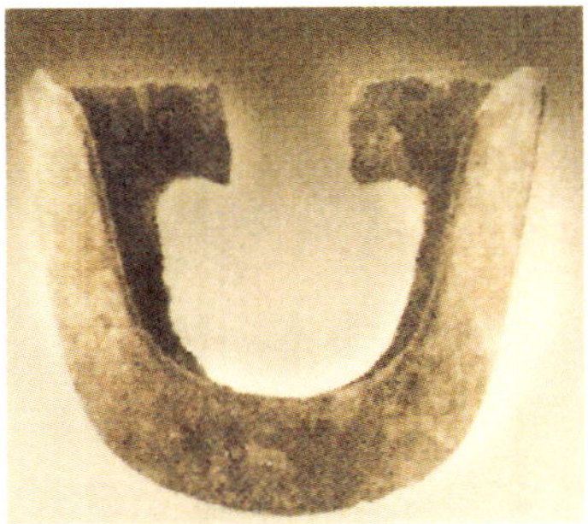

铜锸 开垦工具

铜耨 中耕工具

铜铚 收割工具

周代青铜鼎残器

周 青铜矛（《寻根上海》）

更长，也更加尖锐。青铜箭镞是冷兵器时代的一种远射兵器。这种兵器，箭铤圆而细长，可以牢固地插入箭杆，镞背突起，前锋尖利，两翼扁平，向后伸展，形成倒刺。由于广富林出土的双翼青铜镞，在圆铤双翼基础上做了改进，加大了两翼夹角，进而使得倒刺更为尖利，人体一旦中箭，不仅扩大了受创面积而且箭头很难拔出。这种利箭与强弓搭配使用，远距离穿透力和杀伤力大为增强。

青铜礼器是中国青铜文化中社会等级的重要象征，上海地区发现完整的青铜礼器现有三例，均发现于今松江区域内；专家基本断定三件青铜礼器均属春秋晚期遗存。第一件名为青铜镶嵌蟠蛇纹尊，1962 年在凤凰山南麓出土，残高 36.3 厘米，口径 24.9 厘米。此尊整体器形为敞口，高颈，扁圆腹，高圈足。腹部装饰 12 组花纹，6 组是 S 形窃曲纹，6 组是棘刺纹。尊的颈部下端和圈足上端与腹部对称，也各装饰 12 组花纹。宋建先生从棘刺纹亦即细而短的青铜芒刺上判断，此尊纹饰极具南方特色，在北方商周青铜器上从未见过。同时，从此尊装饰上留有明显的玉石镶嵌印痕上看出，使用了当时

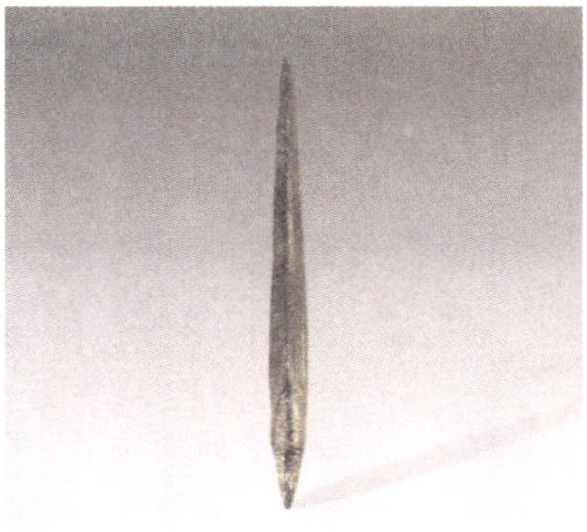
骨镞 广富林文化（距今 4100—3900 年）（《松江史志》）

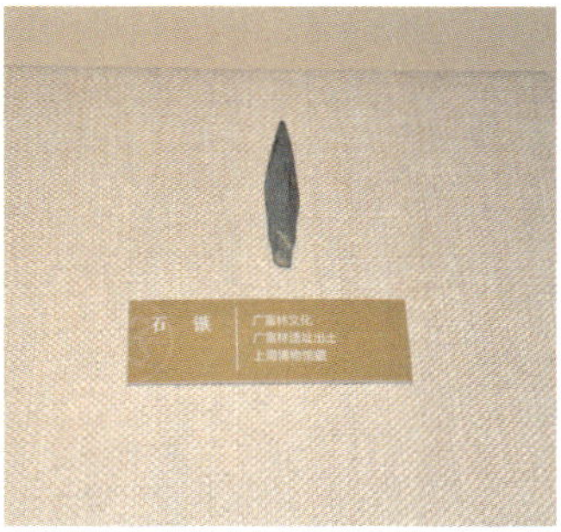

石镞（广富林遗址出土）

周代石范

很先进的镶嵌工艺。专家依据类型学分析后认定，松江凤凰山出土的青铜尊应该是春秋晚期的重要礼器。

另据相关人士分析，凤凰山出土的青铜尊，应是古代郊祀以后埋于地下的礼器。该器物整体外观精致，典雅华贵，纹饰秀丽纤细，具有春秋时代吴越青铜器的典型特征。此尊现藏上海博物馆。

青铜镶嵌蟠蛇纹尊（春秋时期）

继续说松江广富林遗址出土的两例青铜尊，一例是 2011 年出土的青铜兽面纹尊。此尊高 15.9 厘米，口径 17 厘米，器形略显矮胖，上腹饰圈点纹一周，中腹饰变形兽面纹，乳突状双眼，下腹饰圈纹二层，每层纹饰之间以弦纹相隔。另一例是 2012 年出土的青铜棘刺纹尊。尊高 24 厘米，口径 22.8 厘米，上口内侧对称兽面纹，大圆眼，宽直鼻梁，两角左右分开，尖部上扬似牛角，上部还有两道眉纹。腹部饰细密棘刺纹，中腹饰对称几何形纹饰，颈、圈足与腹部纹饰交界处各饰一周锯齿纹。此尊是广富林遗址出土青铜礼器中最为完整、体量最大的一件。另外，于 2009 年在广富林遗址发现青铜鼎残件，说明了周代广富林遗址的重要性。

2012 年广富林遗址考古发掘现场首次出土一件仅存半块的重要遗存，即周代青铜冶铸石范。石范为长方形，弧背，两侧有长形槽，宽 9.4 厘米，高 15.5 厘米，厚 5.2 厘米。“范”即模具，石范即石质材料制成的铸造模具。现代汉语中“模范”

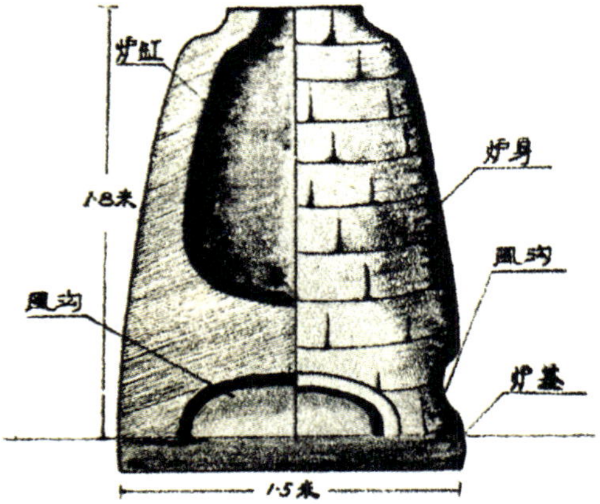

炼铜竖炉复原图
（《中国古代冶铁技术发展史》
据 1976 年湖北大冶铜绿山发现
春秋炼铜竖炉复原图）

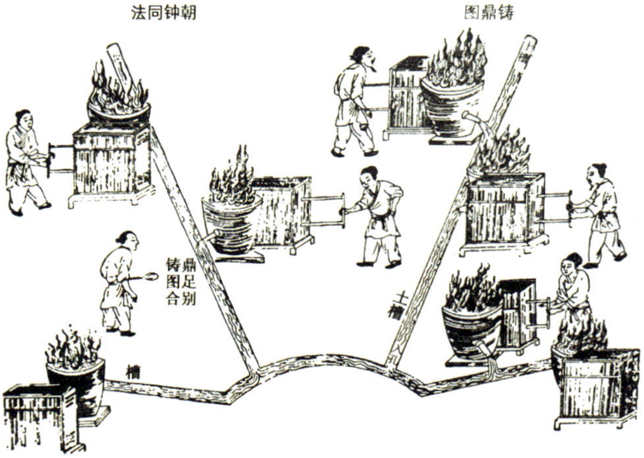

明代铸鼎时所用的手风箱冶炉
《天工开物》

一词，其来源是古代铸造青铜器的泥范、陶范等工具。所谓的“模范法”，就是首先用陶泥做出“模”，再在模上雕刻好所有的造型和纹饰，然后将湿软的黏土敷上去，翻制出青铜器“外范”，接着把外范切成若干块拆解下来，之后将“模”刮去一层作为泥芯，这就是内模，把外范和内模阴干、定型，放入窑内烧制烤硬，装配合拢，这时才将熔化的青铜合金溶液注入外范和内模之间的空隙，经过冷却，一件青铜器也就大致铸成。广富林出土的铸造工具石范，证明早在周代当地工匠已掌握了青铜制造工艺，松江广富林曾是古代上海地区的青铜冶铸制造基地之一。这一发现，又与上海地区吴越时期的古代文化遗址所反映的史实互相对应，即这一时期上海地区发现的古遗址多达三十个，而松江广富林遗址是其中分布面积最大，遗迹现象最多，出土遗物等级最高的大型聚落。

不过，目前考古界尚未断定松江出土的高贵青铜礼器铸造地就是广富林，但这个千古之谜，同时让古老神奇的先民智慧和工匠技艺倍添诱人魅力。回望历史，可见松江地方出土的青铜器物，映照了一段时代里程，历久弥新地闪耀着青铜文明之光。

唐经幢

晚唐最高大完整经幢　国家级石幢精美绝伦

以肃穆、华丽之姿矗立于松江老城区中山小学内的唐经幢，兴建于唐大中十三年(859)，是上海市第一批公布的市级文物保护单位，1988年1月，公布为全国重点文物保护单位，是上海地区存世的最古老的地面建筑，又是我国晚唐时期现存最高大、完整的一座经幢，在全国经幢中居于重要地位。中国著名的考古学家夏鼐于1978年来松江考察，参观了这座唐经幢后，惊叹不已，称其为唐代石雕艺术中的珍品。

松江唐经幢

经幢属佛教建筑，因用巨石叠砌而成，故又名石幢。佛教传入华夏后，与中土文化相融合，形成了具有中国民族风格和特色的佛教文化，并以文学、音乐、戏剧、书法、绘画、雕塑等形式流传下来。松江唐经幢就是多姿多彩的佛教文化建筑的魅力展示。

唐代初期，掀起了建造经幢之风。《佛顶尊胜陀罗尼经》中称，书写此经并建立经幢，能解除一切恶道之苦，并能避免在死后被打入地狱以及转世投胎当畜生和饿死鬼，故对本来就是中国佛教中心的中原地区的善男信女们来

松江区中山小学

说，具有较强的感召力。江南地区现存中晚期唐经幢实物较多，典型的尚有：松江唐经幢、嘉定南翔寺唐经幢（一对）、无锡惠山唐经幢、甪直保圣寺唐经幢、常熟兴福寺唐经幢、海宁安国寺唐经幢（三座）、杭州龙兴寺唐经幢（一对）、金华唐经幢、宁波普济寺唐经幢（现存于保国寺）、宁波永寿庵经幢（现存于保国寺）等。从建筑艺术方面看，以松江唐经幢为代表。

作为佛教文化艺术中石刻的一种，经幢的基本结构是凿石为柱，上覆以盖，下附台座，刻佛名、佛像或经咒于上。松江唐经幢，又称陀罗尼经幢，梵文“陀罗尼”意为“秘咒”，与唐朝佛门密宗的建立有关。它虽始建于晚唐时期，却颇具盛唐风范，造型端庄，雕刻洗练，气象恢弘，堪称精品。松江唐经幢，柱身呈八角形，青石雕刻，现存 21 级。从第一级海水纹依次向上，各级分别为圆形盘龙束腰、莲瓣卷云台座、蹲狮浮雕、唐草纹仰莲座、菩萨浮雕八面束腰、叠涩（无雕刻）、勾阑幢座、幢身下段（有雕刻）、幢身（刻有佛经）、狮首华盖、联珠、卷云纹托座、四天王浮雕、八角腰檐、蟠龙圆柱、仰莲托座、底座、“礼佛图”（16 尊石刻佛像，展现释迦成佛的经历和郡主在两位女官扶持下前去礼佛的场景）、八角攒

佛像浮雕（2000 年）

唐经幢维修前后

松江唐经幢文物保护单位石碑

唐经幢上的龙纹雕刻

唐经幢上的水纹座与狮子束腰

唐经幢上的石狮雕刻

唐经幢上的佛像雕刻

唐经幢的中部石刻

唐经幢的底座

尘盖、菱形平盖。幢身镌刻有《佛顶尊胜陀罗尼经》并序和题记。题记记载此幢是信佛者集款所造，祈求消灾造福。所记捐款的信士，如乐安处士蒋复为追思亡母养育之恩及祈祷已故二弟早升天界；吴兴处士沈直是为悲悼超度已故父母。幢身下段刻有150余名舍钱物者姓氏，多为妇女，平时节衣缩食，献出金钱、衣饰。此举得到录事参军李嵩、华亭知县李璪及主簿等官吏的赞同。而据施蛰存考证，是李嵩或李璪为悼念其亡父母及二弟，而由蒋复、沈直捐资作缘者，故称功缘主。

一般而言，经幢作为驱邪除灾的圣物，多建于佛教寺院门前或墓道前面，而松江唐经幢却选址于华亭县城中央通衢大道，即位于古城中心地段四通八达的交通要道。据南宋绍熙《云间志》载，“石幢巷，在县西南一百五十步”即距当时的华亭县署仅有一百五十步左右，位于城市中心。由此可见，在当时人们的心中，唐经幢不仅是消灾造福的神灵之物，而且是由民间发起、官方推动建造的华亭古城标志性的佛教文化建筑物。

若将唐经幢上栩栩如生的图画稍加归类，会看到经幢上雕刻的动物较多，且以龙、狮形象为主，应与佛本生故事中的护卫者和护法兽有缘；在反映自然

松江唐经幢《郡主礼佛图》

唐经幢上截

唐经幢下截

界事物方面，又以莲花、莲瓣居多，应与佛祖释迦牟尼（悉达多太子）降生时，出现七宝莲花承接佛祖的传说有关；经幢上还刻有菩萨、经文、四大天王、礼佛图、题记人间往事等，充分展示了佛光普照的神奇现象。

在松江人的记忆中，唐经幢与“黑鱼精”的传说有关。唐中叶以前，因东海海岸未筑海塘，华亭地区经常遭受海潮和洪涝的双重灾害。人们对水患怨恨至极，但又不想也不敢诅咒天地，于是便有了水妖“黑鱼精”的传说。相传建造唐经幢的地方，“地有涌泉，云是海眼”，“黑鱼精”就是从海眼里出来兴风作浪的。这条“黑鱼精”上岸后由小变大，头在“黑鱼弄”，尾在石幢巷。因此，无论如何都不能让它钻出“海眼”现身，故需建一巨大且具有佛法神力的石幢将之镇住。直到今天，松江老城中山中路尚有一弄堂名叫“黑鱼弄”。1962 年之前，松江唐经幢仅有十一级幢身显露在土墩之外，经过两年多的清理，修补残损断裂，复原幢物构件，唐经幢才得以原貌重现。

李　塔

木雕印砖佛像多　塔成航标水路畅

上海地区今存十三座古代高耸佛塔，其中有五座在松江；位于石湖荡镇李塔汇街 88 号延寿寺内的李塔，就是松江五塔之一。李塔又称礼塔，当地港河交叉纵横，过往船只以李塔作为航标，因河港汇集于李塔，故有“李塔汇”之地名。李塔卓绝的风姿与建于北宋年间、至清代修缮后被誉为江南造型最美的松江方塔外形相似。方塔与李塔，在建构上有许多共有的文化基因，近似的营造方式。例如，两塔均承袭唐代风格，皆为砖木结构楼阁式佛塔。方塔九层四面，李塔七层四面，皆以方正而立，且同为每面三间，正间设壸门，入内为方室，塔身各层均有腰檐、平座、栏杆，塔的顶部都有以相轮九重和铜葫芦宝瓶等组成的塔刹，且两塔皆建有珍藏文物的地宫等。李塔内外壁间，各层嵌有形态各异的模印砖佛像 195 尊，其中 20 尊嵌于塔室内壁，这一点比方塔更有其自身的文化特色。可见，同样集中体现我国古代建筑技艺的佛塔，李塔不仅是众多工匠（木匠、泥瓦匠等）集体智慧的结晶，

李塔（1997 年摄）

李塔汇

也凝聚着木刻、砖雕等手艺高超的雕刻家的心血与汗水。2002 年 4 月，公布为上海市文物保护单位。

李塔是一座江南地区较为典型的楼阁式佛塔。因楼与阁的建筑形式区别甚微，唐宋后常将两者并称，呼为楼阁。塔是一种纪念性、层级基本上是单数的多层建筑，起源于印度，随佛教传入我国后不断民族民俗化，如融入楼阁砖木结构建筑风格的松江方塔和李塔，就是中国化的楼阁式佛塔。

李塔砖雕佛像

佛塔主要由地宫、基座、塔身、塔刹几部分构成。李塔与方塔在建筑风貌上趋同的地方很多，但也存有一定差异。从外形面貌上观之，承袭唐代“头出檐，瘦塔身”风格的九层方塔，高度为 42.65 米，比高 40.94 米的七层李塔高出 1.71 米。目测可见，方塔由下至上，面宽逐层收缩，苗条瘦身的感觉比李塔更为明显。虽然方塔也是楼阁式建筑，但在这一点上似乎李塔更具典型意义。李塔的登塔扶梯较之方塔也有其特点。古代工匠建造方塔、李塔的扶梯材料为砖、石、木三种，扶梯与每层塔身的面宽相比，具有宽度小、坡度陡、折上向高的特点。方塔在底层西部围廊中置扶梯，穿过砖身中的踏步进入第二层。有学者认为，李塔的登塔之梯形式更为别致，一层为壁内折上式砖石梯，第二层至第七层为室内折上木梯。

古朴典雅的李塔，巍巍耸立，“居江浙水道之通津，五两、百丈往来其浒者，必泊游而揽浮图兰若之胜，埒于峰泖诸名刹”。古贤以为，位于延寿禅院内的李塔，与松郡峰泖诸多塔寺一起为人所仰。

修复前的李塔

修缮前的李塔局部

松江李塔大修

松江地区以山、水、桥等为名称的地方不少，如小昆山、佘山、新浜、泖港、新桥、仓桥等，但以塔名为地方名称的唯有李塔汇。清代黄之隽《延寿院记》："相传唐太宗子曹王明为苏州刺史，故以姓其塔。"故相传李塔是唐太宗之子李明所建，其实并非如此。李塔本名"礼塔"，李塔汇一名亦由"礼塔汇"而传。因为古代建造一座大型佛塔，一般需要两个基本条件，即浓郁的佛教文化氛围和富庶的地方经济实力，二者兼备，高僧大德才会倡导，周围信众才会积极响应，礼塔才会拔地而起。礼塔之名，应是其所处的地理位置和具有人文蕴含的一个名称。古代延寿寺紧靠交通干线驿道，松江人朝西送行最远到此为止，在这里举行饯行礼仪，即所谓的祖饯、祖道、祖礼。祖礼在延寿寺塔下举行，故称"礼塔"。

李塔地宫出土的阿育王塔

古人建造佛塔，往往是一座佛寺的重要象征。礼塔建于延寿寺院内，延寿寺的由来，可远溯至南宋嘉定六年（1213），浙江淀海僧人元信云游到此，通直郎钱某为元信建造澄庵，作为其供佛诵经之所。故而推论该塔始建于南宋晚期，原本是延寿寺（庵）中的一座佛塔，俗称礼塔。从明代天顺年间“明僧照重建”推论，礼塔最早的建造主人，可能与高僧元信存在某种历史关联。

关于李塔的起源，还有一个民间传说。相传王、姚两员外，各生一女一子，从小由父母作主定下娃娃亲。后来姚家败落，王员外试图悔婚，而王小姐生性懦弱，任凭父亲摆布，倒是王小姐身边的贴身使女李丫鬟深明大义。后来姚公子欲赴京赶考，希望王家帮助解决进京盘缠。王员外非但分文不给，还对姚公子羞辱了一番。姚公子一气之下，同意解除婚约，愤然离去。王家使女李丫鬟为之愤愤不平，尾追姚公子，苦苦挽留，并伴其发愤苦读，两人日久生情，有了爱慕之心。姚公子后来高中

鉴定李塔地宫文物（《松江文物志》）

庆贺李塔修缮竣工（《松江文物志》）

铸铁鎏金宝箧印金塔
五代（《松江文物珍赏》）

银舍利塔
明洪武—天顺（《松江文物珍赏》）

银佛像
明天顺（《松江文物珍赏》）

李塔风铃

松江李塔

状元，圣上恩准他迎娶李姑娘，在京完婚。姚公子备下厚礼，差人前往家乡接李姑娘前来京城。王员外暗中调包并谋害了李姑娘，把自己的女儿送往京城。时间算得很准，轿落状元府，已近成婚吉日，姚公子无法改变圣上钦定的良辰吉时，只得在皇上驾临状元府为其主婚时跪地含泪递呈奏章。皇上得闻此事龙颜大怒，查明实情后，准许姚公子返回家乡，在李姑娘遇害的地方修建了一座“李塔”。据说，这个民间故事，在历代修缮李塔的工匠中流传。

李塔地宫（《松江文物珍赏》）

1996 年，上海市文物管理委员会和松江县人民政府对年久失修、已向南倾斜的李塔实施修复，恢复了塔的围廊、斗拱、出檐、栏杆，增补了塔刹的残缺构件，并在塔檐修复时采用了“借转纠偏”法，适当调整出檐尺寸，在视觉上减少塔的倾斜程度。从古到今，工匠的智慧和精湛的技艺，让这座古塔在传说中愈加彰显迷人魅力。

云间第一楼

松江府城地标　雄伟甲于一方

云间第一楼今为松江二中校门，1985 年 7 月，公布为松江县文物保护单位。云间第一楼一侧古有通衢大道，唐代陀罗尼经幢立于楼之西南方位，宋代兴圣教寺塔耸立于东南一隅；而松江别称云间的由来则可追溯到西晋吴郡华亭人陆机胞弟陆云，在晋都洛阳张华府上自报家门“云间陆士龙”。云间第一楼南向的一条路名曾为“云间路”。

“登高一望民风厚，楼阁重重烟雨中”。在江南的历史烟雨里，可见松江唐

云间第一楼

云间第一楼（抗战时期的照片）

置县、元升府，至清代，松江府辖七县一厅。先为华亭县衙门楼，后为松江府署谯楼的云间第一楼，既是打开的一扇历史之门（古为华亭县和松江府治门），又是耸立于厚重历史基础上的一座谯楼（是古代松江府和今上海地区追古可寻的政治中心象征）。

追寻云间第一楼的前世今生，历经风雨洗礼而历久弥新。云间第一楼始建于宋代，为华亭县署门楼。元至元十四年（1277），华亭升府一年后改称松江府，云间第一楼遂为府治谯楼。据知府张之翰的记录，云间第一楼在元至元三十一年到元贞元年（1294—1295）“重建谯门于府署”；元大德五年（1301），知府周维惠迁谯楼于外。元至正六年（1346），谯楼毁于火灾。至正九年（1349），重新营造。《元重建谯楼记》云：“楼凡四楹，其高七十尺，视其旧有加。其下壁垒固密，广通轩豁，重檐上飞。”重建后的面貌，楼高22米，面阔三间，重檐歇山顶。这座雄峙于云间的庄严建筑，由元越明入清，一直为府治门。在明代成化年间（1465—1487）设铜壶滴漏计时器，弘治十二年（1499）增建榜廊，万历（1573—1621）和天启年间（1621—1628），又二度修缮的府署谯楼。清代顺治二年（1645）五月，清兵占松江，八月谯楼毁于战火。顺治十六年（1659）重建。清乾隆年间至20世纪30年代，云间第一楼陆续有修缮的记载。1949年以后，云间第一楼先是遭遇1949年7月24日强台风，建筑被卷走大半，后又遭1950年台风，楼仅存下半部分高6米左右的砖结构台基。1994年先行对台基抢修，随后于1999年全面修

云间第一楼20世纪30年代照片
（《松江文物保护单位图文集》）

云间第一楼旧台基（在校门两边）

重建云间第一楼（2000 年 1 月摄）

云间第一楼匾额（程十发题）

复云间第一楼。

从《元重建谯楼记》和清初叶梦珠《阅世编》卷三中，我们可以了解到关于古代工匠重建和修缮府治谯楼的一些大致情节。例如，《元重建谯楼记》："其下壁垒固密，广通轩豁，重檐上飞。"下有轮廓见方、城砖包砌的坚固台基，中有广通楼殿敞亮轩廊，上有建筑规制上仅次于庑殿顶的重檐歇山顶。叶梦珠《阅世编》云："苏州赋甲天下，府治门无丽谯。惟松江之丽谯最为巍焕，下筑台基，上建危楼五盈，楼上横匾曰'谯楼'，楼前竖匾曰'松江府'。"清初，被战火焚毁的谯楼，经顺治十六年（1659）重建后成为一郡之壮观。谯楼高约 17 米，面阔五间。《阅世编》记载了这次重建过程中的一些具体细节，如"砌新砖于旧筑之外，施新楼于旧楼之基"。也就是说，在谯楼旧台基墙外又包砌了一层新墙。又如"台上重楼，则买故尚书张公第后楼改建之"。也就是说，台基之上的建筑，是购置松江旧官吏张公宅的后楼建筑改建而成。据悉，还有一部分用于"台下栋宇"的木料，是官府派员采办于"上江"，即采购于长江上游地区。谯楼重建时，原书有"谯楼"二字的横匾"照旧安设"，书有"松江府"的楼前竖匾"仍移楼下"。有着旧址新貌的谯楼，虽然高度较之从前低了一些，但叶梦珠对重建谯楼的工匠技艺给予充分肯定，即"工技较精于昔矣"，尤其是"绣闼雕甍，翚飞矢棘，南轩北牖，外绕花阑"等可谓匠心独运，精工细作，有很高的建筑艺术品位。因府治谯楼雄伟壮观，甲于一郡，至清代道光十年（1830），为了有别于门楼、谯楼、鼓楼等顾名思义的一般常用称谓，赋予谯楼以地方特色，始称“云间第一楼”。也就是在这年，当地著名诗人唐天泰作《续华亭百咏》，其中第二十五首为《云间第一楼》，诗云：“画栋排云出，晴窗对日开。秋来咏明月，谁是庾公才！”

云间第一楼石碑

现在人们看到的云间第一楼，是1999年在仅存砖结构旧台基上实施复原修缮后的面貌。修缮之前，市、县有关部门专业人员，对云间第一楼原有的建筑形制和特色等相关问题进行了调研论证，如考证了云间第一楼为梁柱式阙楼建筑，其形制承袭了唐宋阙楼风范。阙楼是具有相应礼制规格、可以登高瞭望的高台建筑。据《松江文物志》载，明代以后，阙楼建筑的门道大多建成发券式（砖砌拱顶门道，如北京、西安等地的城门多为此式）。而云间第一楼的门道，左右两排排叉与梁枋交织支撑着楼面，这种门道的做法比之发券式更显古朴雄伟，因而在建筑上有较高的艺术价值。此外，修缮云间第一楼时，还以20世纪30年代的老照片资料为参考，以现存旧台基平面为复原依据，以国内尚存的类似古建筑为实物参照，确定修复设计方案。施工人员根据设计要求，采用传统建筑手法结合现代施工技术，对基础、台基进行加固处理，保存了台基的原有形式，对修缮中发现的显现清初“福寿”“宝应”等铭文城砖以及台基老城砖精心保护，充分利用；同时按照营造法式规范，用传统建材复建重檐楼殿。2000年5月修复工程竣工前夕，当代著名书画家程十发，题写了“云间第一楼”的匾额。

西林塔

三个塔名皆生辉　三层藏宝传佳话

位于松江区中山中路的西林寺内的西林塔，重建于明代，八面七层，砖木结构，高 47 米，为上海境内现存最高的古佛塔。西林塔初名延恩塔，意为延续恩泽。宋代咸淳年间（1265—1274），圆应睿禅师建接待浴院，又称接待院，前有宝塔，名延恩。元代陶宗仪《南村辍耕录》也有所记载："松江城中有四塔，西曰普照，又西曰延恩，西南曰超果，东南曰兴圣。"如今，上述四塔中尚有二座古塔存世，即俗称方塔的宋代兴圣教寺塔和重建于明代的圆应塔，又称西林塔。1982 年 9 月，西林塔公布为上海市文物保护单位。

西林塔

明洪武二十一年（1388），僧淳厚在接待院被毁旧址上建西林精舍，又募缘补建延恩塔，题名"圆应"。与之相印证的是撰于洪武二十五年（1392）的《松江府西林禅院圆应塔记》。《塔记》中记载了淳厚听僧友说："城西有宋圆应睿师接待浴院，兵燹之余，遗址在焉。遂即其地创西林精舍，堂殿门庑，规置井井，像设庄严，宜有悉备复贾余力，募缘补建延恩宝塔，八面七层，题名圆应，不忘本也。"

圆应塔又称西林塔，随西林寺而名。据悉，

西林塔（1936 年摄）

修复前西林塔（1992 年 5 月摄

圆应塔建成六十余年后，砖木销腐，几近倾塌，淳厚徒孙法瑞决意募资重修。明代风水术尤盛，法瑞以为原地理位置不适，便决定将宝塔从殿前移至大佛殿后方重建，至明正统十四年(1449)竣工。在中国古代佛寺中，立有佛塔的寺庙地位重要，往往需要得到朝廷最高层的认可或者赐建，不少佛寺的寺额为当朝皇帝所赐。早在明正统十二年(1447)，地方上章奏请英宗皇帝赐封寺塔，“西林大明禅寺”和西林寺塔以及简称的西林寺、西林塔由此而来。

西林塔天宫出土的玉罗汉

1949 年以后，百余年未曾大修的西林塔，其各层木结构已见危情，从顾及游人登塔安全起见，封闭底层塔门。1992 年，上海市文物管理委员会批准立项修复西林塔，1994 年 11 月竣工。西林塔修缮前，上海市文物管理委员会先行实地测绘，取得了详细的建筑数据资料，并对损坏和腐朽的情况逐层进行详细考证，制定了《西林塔修缮方案》，明确了复原塔檐、平座和修缮围廊、塔刹以及清理出塔四周明代地面等修缮内容。我国著名古建筑专家陈从周教授参与方案审定。修缮过程中最为激动人心的事情就是发现塔藏珍宝。时任上海博物馆副馆长的马承源、黄宣佩都曾亲临施工现场。发现塔藏文物的时间是冬天，市、县文物管理部门的专家和专业人员在四十多米高的塔顶天宫等处现场清理文物，高空作业时间久，塔上风力大；当塔藏文物被吊至地面时，一个个冷得打颤，谭玉峰等人忙喝口白酒暖和身子。当时，西林塔修缮办公室设在西林寺内进门右侧，马承源看到塔藏出土珍宝后眼前一亮。这位研究中国青铜器的顶级专家，一生鉴宝无数，但此时情不自禁，又激动了一回。他从口袋里自摸百元大钞，一人一张，奖励在场有功人员。

西林塔修缮过程中发现的塔藏珍宝，无论是数量还是种类，实为1949年后维修江南古塔中所罕见。这些分别珍藏在三个层面，即塔顶宝瓶、塔刹下砖砌天宫、塔底层地宫内的文物，在1993年11月至1994年1月的三个月内，先后分三次被修缮人员发现。清理后统计，出土文物数量达六百余件；其中又以地宫藏宝最丰，一次性出土塔藏文物五百余件。更为令人惊喜的是，地宫出土的文物，多数是明代前期，少量为元代以前。其中还存有一件经过长期收藏把玩，已经成为“熟坑”的良渚玉璧。

西林塔地宫

西林塔佛像

1994年，松江西林塔修复工地
（《上海考古第一人黄宣佩传》）

我国太湖流域是玉文化的发源地之一，良渚美玉成为松江塔藏文物之一，以及唐宋元明清玉器珍宝汇聚于一塔之中，为研究民间用玉和藏玉以及玉文化在松江传承的历史提供了宝贵的实物资料。从西林塔出土的玉器中，人们不仅看到了与苏州近邻的松江，不断用新的考古发现，印证宋应星《天工开物》所云：“良玉虽集京师，工巧则推苏郡。”截至2001年，上海市共获得出自元明清墓、塔中的出土玉器15批613件。据《上海出土唐宋元明清玉器统计表》显示，其中在松江西林塔天地宫出土的玉器为341件，约占上海出土玉器总量的56%。

修缮中的西林塔

清真寺

元哈散沙建造　邦克落照云间

位于松江老城区中山中路 365 号的清真寺（真教寺），始建于元至正年间（1341—1368），是上海地区最早的伊斯兰教建筑。当下有以清真寺邦克楼为代表的景名呼为“邦克落照”。1987 年 12 月，存世六百多年的松江清真寺修复竣工，著名古建筑专家陈从周教授来寺参观，欣然作联云：“古寺焕新，今日重来浑似梦；万民普福，白头犹及再逢春。”由联语中的“古寺”与“今日”，得观松江清真寺两道相映生辉的光芒交织，一是古寺焕发的历史文化异彩穿越时空；一是古往今来历经十多次修缮的清真寺，工匠心血注入，不断焕新逢春。1980 年 8 月，真教寺公布为上海市文物保护单位。

松江清真寺（真教寺）大门

始建于元末的松江清真寺，是伊斯兰教的礼拜寺，又名真教寺、清慎寺，俗称云间白鹤寺。谓之俗称，自然带有民族化和地方民俗内涵。有一种较为流行的说法认为，松江别称云间，曾是白鹤的家乡，故有此俗称。追远松江清真寺未建之前，元初的清真寺旧址，先为穆斯林墓地。据《松江伊斯兰教寺墓采访记》云，建寺人为元至正十一年（1351）任松江府达鲁花赤的哈散沙。元至元十四年（1277），始建于

礼拜殿修复中

清真寺礼拜殿

松江清真寺照壁

唐代的华亭县升府，第二年改称松江府。元代松江府的最高行政长官为达鲁花赤，蒙古语原意为“掌印者”，又含有“监事”的意思。元贞元年（1295）任松江府达鲁花赤的纳速纳丁，逝后葬于松江西部景家堰北，墓葬位置在松江清真寺大门内的天井西墙下。今松江清真寺内有伊斯兰教墓地，墓园东部东北角有河北沧州人曾任上海伊斯兰教协会副会长、中国著名武术家王子平夫妇合葬墓。历史上的墓地范围应比现在围合的地方还要大一些，因为2002年在清真寺外的东北部新发现有伊斯兰教墓地。上述可见，作为伊斯兰教礼拜寺的松江清真寺，既是穆斯林教徒接受心灵洗礼的“礼拜”圣地，又是寺墓合一的格局，这表明松江清真寺是穆斯林教徒驾鹤西去的安魂之地。

总体而言，清真寺建筑主要由礼拜殿、邦克楼、望月楼、大门、讲经堂、水房、阿訇办公场所和宿舍以及伊斯兰教陵寝建筑祠墓等组成。始建于元末，明代洪武初年敕建以扩，历代都有修建的松江清真寺，现占地面积为4800平方米。整体布局为曲尺形，正门位于缸甏巷，大门坐南面北，悬“敕建真教寺”匾。寺有内外照壁，外照壁刻“清妙元真”四字，内照壁刻“清真寺”三字。仪门内为庭院，围以龙墙。其东墙西侧立有清康熙十六年（1677）、嘉庆十七年（1812）重修碑及道光元年（1821）捐输碑等。庭院正西为仿木

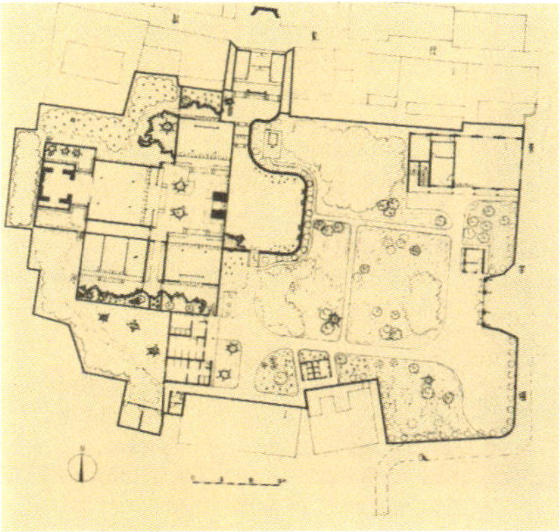

松江清真寺总平面图

清真寺鸟瞰（1987 年）

砖砌“邦克楼”。“邦克”有呼唤之意，每逢礼拜日，寺院喧礼员登楼呼唤信徒虔诚礼拜。此楼为明嘉靖十四年（1535）重建。楼西为礼拜殿，明万历十年（1582）建。堂殿间与穿廊相连的元代窑殿，是寺内具有典型元代特征的最早建筑。此外，清代在邦克楼与礼拜殿之间增筑南北厢房、讲经堂和懿议堂。寺内尚存古井三口，一口为明代所掘，另外两口分别为清代光绪年间和民国初年开掘，供穆斯林沐浴取水之用。出庭院南龙墙小门后，便可见数亩墓园。据相关专家考论，清真寺通常另有望月楼，也有与邦克楼同用者，松江清真寺当属后一类。

清真寺墓园一角

从松江清真寺的风貌上可以看出，其建筑特色为中外合璧，既有伊斯兰宗教建筑所呈现的阿拉伯艺术特色，又有中式建筑所包含的南方工匠的精湛技艺，以及环境布局上的江南风韵。伊斯兰教没有偶像崇拜，真主是“无似像”“不可知”“不可见”的，依据《古兰经》的说法，不可绘画神像作为偶像崇拜。所以，伊斯兰教建筑注重平面富有变化，常以凸、凹、长方、六角、直

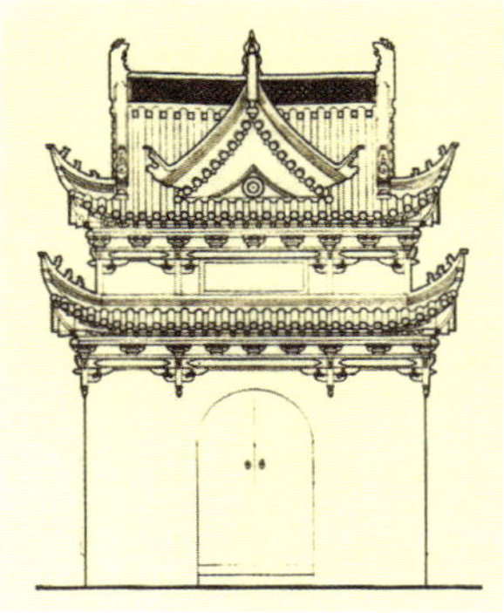

邦克楼正立面图

邦克楼修复前（1984 年）

邦克楼修复后

窑殿修复前（1984 年）

窑殿修复中

角、丁字、工字形等作为建筑平面符号进行装饰。在装饰题材上，所有的建筑均无动物形象，主要是植物纹样、几何图形和图案化的阿拉伯文字。邦克楼内的圆穹顶，也是典型的阿拉伯建筑风格。

松江清真寺主体建筑坐西向东，除了具有伊斯兰宗教建筑一般共有的特点外，同时具有中式建筑融于其内的显著特征。例如内外照壁的设置，就是我国古建筑特有的形式，虽然寺门面北，但立有照壁的松江清真寺，则注入“万物负阴而抱阳，冲气以为和”的阴阳平衡理念，由此开启了一扇富有中国传统居住文化固化其中的顺应“天地之道”的进出大门。还有外观中式、内作拱顶的邦克楼。《松江文物志》称，邦克楼外观为中国传统北方官式建筑风格，其斗拱、椽子有“卷刹”，为宋元遗制。角梁向上起翘，本地称“戗角”，雀替、垂莲柱、柱础、

松江清真寺龙墙

清真寺修复后的窑殿（2006 年）

枋皆用磨砖对缝工艺，手法细腻，刻工精湛，体现了南方工匠的技艺。此外，寺内庭院可见龙墙环之松柏苍苍，修竹幽篁，曲径通幽，具有江南园林布局之妙境。

从古至今，松江清真寺屡经修缮。据《元代清真寺修复记略》载，该寺在明、清两代有记载的修缮活动达十次。1964 年，陈从周教授写出了松江清真寺调查报告，指出该寺具有重要文物价值。20 世纪 70 年代，上海市文物管理委员会先行组织专家实地论证，1984 年 3 月进行修复工程设计。1985 年 3 月，松江县五里塘乡古建筑队中标承建。修复的建筑部分包括窑殿、连廊、礼拜殿、邦克楼、南北讲义堂、水房、照壁、龙墙、达鲁花赤墓，内容包括铺地和排水系统以及墓园修复等。修复工程采用了传统的施工工艺和建筑材料，聘用了八十多岁的老匠师任“都料匠”（即作头师傅），泥、木、石、漆等工种请老师傅把关，关键工序由老师傅亲自操作，从而保证了修复工程的质量。整个修复工程分前后两期进行，1987 年 12 月 1 日竣工。

砖刻照壁

大型砖雕杰作　画面寓意深远

彩画艺术和建筑雕刻为我国古代两大装饰艺术。建筑雕刻又分为泥、木、石、砖四个类别，其中，兴起于汉代的砖雕技艺，继承了石雕技法，同时又借助木雕透雕法自成一体。坐落于松江方塔公园内的砖刻照壁，简称照壁，为明洪武三年（1370）松江府城隍庙而建，是我国明初砖刻艺术代表作之一，曾被录入《中国古代建筑史》一书。砖刻照壁1962年9月、1987年9月和2014年4月，先后三次公布为上海市文物保护单位。

世事沧桑，砖刻照壁周边环境已有改变，但它是松江府城隍庙建筑存世的历史见证；照壁位于府城隍庙大门对面，中间隔着一条“三公”街，承载着追怀晚明松江名人董其昌、沈荃、李待问的历史记忆；同时还是20世纪30年代日机轰炸松江，府城照壁幸存的世事更迭印记。上述历史信息与照壁同在，尤以砖刻照壁是工匠智慧结晶而承传不朽。

松江砖刻照壁全貌

首先，照壁画面生动，寓意深刻。照壁生动雕刻了一只龙首、牛身、

松江砖刻照壁獍图案

龙鳞、鹿蹄、狮尾的巨型怪兽，民间称之为“獍”。怪兽身边雕刻了许多富有寓意的画面，如价值连城的奇珍异宝和寓意官运亨通的“挂印封侯”等，但它贪心不足，昂首张口，欲吞食从东海升起的一轮圆日，结果淹死在大海之中。松江府城隍庙为道教建筑，而砖刻照壁又为城隍庙附属建筑，所以砖刻照壁传递出贪得无厌者，必自食恶果，不得善终的价值取向。这是砖刻照壁得以立世久传的坚实思想根基。当下，方塔园被辟为廉政教育基地，则与之有关。

松江城隍庙山门与香炉
（《松江文物志》）

其次，照壁形式得体，画面布局巧妙。照壁又称照墙或影壁，是我国古代建筑特有的一种形式。立于方塔园内的砖刻照壁形制为硬山“一字式”三开间。从下往上看，下为砖筑须弥座，束腰中间和两端雕刻了“玛瑙珠子”状花饰。照壁上身采用了“影壁心”作法。以方砖为主，四周仿造木构件做出边框装饰，边框之外砌有“柱头”。柱头正面的耳子为花瓶形式。砖刻照壁两梢略低，正间略高。两梢间的中部各有一团形砖雕图案，左为东方保护神青龙，右为西方保护神白虎。正间由 70 块方砖拼成宽 6.1 米、高 4.7 米、近 30 平方米的大型画面。画面中的怪兽，四脚踩着元宝、珊瑚、如意、犀杯，旁边有灵芝和摇钱树。怪兽上方雕着旭日，怪兽周边还有各种吉祥图案，如花瓶中插了三支戟，谐音为“平升三级”；西面一角上有一颗大印挂在树上，旁边有只猴子，谐音为“挂印封侯”，还有“凤衔天书”、“八仙过海”、“鲤鱼跳龙门”等。

府城隍庙古银杏树

松江砖雕照壁下水陆池

再次，照壁线条流畅，立体感强，刀法技艺娴熟。由于这方砖刻照壁画面内容丰富且纷繁复杂，雕刻起来有些部位需要浅雕入微，有些部位需要深雕高浮，某些更为凸显的部位则需要借助圆雕的手法加以完成。《松江文物志》载砖刻照壁，“所刻神兽、动物、器物、花卉和图案线条等，层次分明，刀法流畅圆熟。”细观这方砖刻照壁，雕刻工艺极为精巧，一些精细的部位甚至是毫米级的。从砖刻照壁的雕刻工艺上看出，当时的匠人在方砖上雕刻画面时，采用了浅雕、深雕和圆雕等工艺刀法，精细雕凿，匠心独运。

砖刻照壁自诞生之年至今，已历经数百春秋，不仅砖刻画面大部分保存完好，而且照壁安然而立。首先，砖刻所使用的青砖在制作过程中经历了选土、练泥、澄浆、制坯、阴干，然后入窑用木柴、糠草等燃料烧坯，成砖需历经百日左右。所以，砖刻画面历经风雨侵蚀，仍能保持原貌。其次，21 世纪初，在照壁修缮前，其南立面的抹灰墙上，尚能看到铁质固定构件外露的“墙钉”。墙钉与墙体内砌入的木筋（术语称“木仁”），里外拉牢照墙，使其更为稳固。再次，照壁为条石基础，下设九层石条，基础稳实。还有，照壁前有一方“水陆池”，阻隔游人触撞砖刻照壁，起到了既得景观于水，又能保护照壁的作用。这一切，均显示了古代工匠的智慧。

21 世纪初，照壁墙体显露出向外弓凸倾斜的问题。2012 年 6 月，上海市及松江区两级文物管理部门会同有关专业单位，依据实地勘察技术资料，就照壁“佝偻”病症进行专家“会诊”，发现问题出在渗水上，而渗水的原因主要是屋脊风化和部分瓦件破损，木仁与墙钉连接处生锈铁涨，以及照壁画面深度雕刻的有些地方剥落、开裂所致。找准

砖刻照壁·青龙

砖刻照壁·白虎

封侯挂印

症结后，2012 年 11 月启动保护性修缮施工。施工中，采取了传统与现代技术相结合的方法，替换已损的压顶构件，支模浇筑防水顶梁；对照壁弓突部位的青砖和砂浆，进行纠偏和调平的清理和置换。同时在照墙内预埋了“L”型不锈钢拉结筋，作为原“木仁”的替代，并按最小干预原则，对砖刻残缺画面进行复原修补。经过四个维度上的防水修缮处理，即顶部采用了现浇顶梁和铺设防水层，北立面砖刻采取了增强渗透和涂刷有机硅保护层的处理方式，其他立面粉刷层进行了重做，照壁底部即须弥座中间位置采用化学注射法，增设了隔绝水汽的避潮层。如此，照壁本体则可保持一个稳定且较低的含水量状态。经过保护性科学修缮的照壁，风貌依旧，为我国明代存世于松江的一张砖刻名片。

凤衔天书

獍脚踩四宝

王公布

松江工匠传布艺　衣被一方仰东南

“松民之贸利，半仰给于纺织”的松江府，明代为全国棉纺织业中心，史有“衣被天下”之称。当时，台州地区用苎麻为纺织材料制作苎布，鼎盛时期则是“家家有苎机，人人是布匠”的盛况，享有“衣被一方”的美誉。松江与台州相距三百多千米，“衣被天下”的松江与“衣被一方”的台州在历史上确实存在某种关联。史实证明，台州纺织业的发展缘于一个人，此人名叫王孙熙，字君文，生于明嘉靖二十三年（1544），卒于明崇祯四年（1631），是《松江人物》收录的历史名人之一。王孙熙以精通《诗经》起家，当时的松江名士俊杰，许多出于他的门下。

华亭工匠织王公布图（周洪声绘）

王孙熙45岁乡试中举，52岁进士，授闽县令，后因母丧而归，丁忧期毕，补授天台县令，后又出守台州。王孙熙到任后，发现当地家庭因迫于贫困而溺弃女婴，溺弃女婴则导致人口结构比例失衡、男性婚娶困难等一系列潜在的社会问题。作为台州的父母官，他的同情无济于事，要解决这一人口问题，关键要对症下药，治愈“穷”根，让女子掌握赚钱养家的劳动技能，而不是成为家庭的拖累。台州盛产苎麻。苎麻是中国特有的以纺织为主要用途的农作物。其茎皮纤维细长，强韧，洁白，有光泽，透气性好，有弹力，吸水多而散湿快，且易染色，耐霉防虫蛀，是麻纺织品中理想的“夏布”。手工夏布曾是朝廷贡布。王孙熙经过深入调研后进一步发现，台州生产纺织原料具有得天独厚的条件，于是，他将松江先进的纺织工具和技术引入台州，帮助当地百姓家的女子和妇女成为机户主人，上供赋税，下给俯仰。

苎麻

王孙熙心中的盘算，是经过深思熟虑和颇有底气的。因为松江有很多名人和能人与他交往甚密，在松江漕帮和巧匠中，他也有一定的人脉基础。再说明代松江，一以“赋税甲天下”，一以“衣被天下”。商贾云集，巧匠集聚，在纺织工具创制和棉纺织染技艺等方面引领潮流。

苎麻清理

细说起来，松江在纺织工具和纺织技艺改革方面，从元代至明代，取得了长足进步。而浙江台州在明嘉靖和隆庆年间之前，纺织生产工具和纺织之法，较之松江而言，相对落后。松江古有南宋华亭人朱克柔的“缂丝”，为织中之圣；元代松江府乌泥泾人黄道婆，又为一代布衣之祖。黄道婆改革创新“捍、弹、纺、织”之具，传授“错纱配色，综线挈花”之法，能织出“折枝、团凤、棋局、字样，粲然若写”的精美棉布。所谓“捍、弹、纺、织”之具，就是去籽的搅车，亦称轧车；弹松的椎弓和纺纱的纺车以及织布的织机。虽然苎麻纺织成夏布，需经过浸麻、剥麻、漂洗、绩麻、成线、绞团、梳麻、上浆、纺织等工序，所需的工具与棉纺器具不完全一致，但主要设备有共通之处。

先棉图（周洪声绘）

松江先进的纺织技术和机器给了王孙熙信心和力量。他在台州任职期间，先是下令严禁溺婴弃婴，随之动员组织能制作先进棉纺工具和传授纺织之法的松江能工巧

晒麻线

绕麻线机

苎麻织布

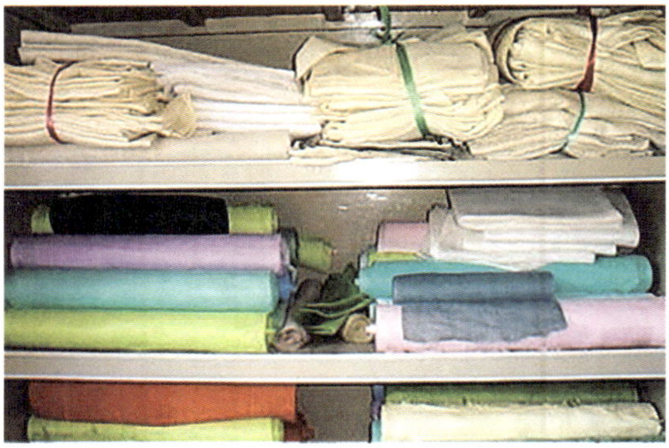
新夏布

匠前往台州。因为织苎麻的机具与织棉大体相同，工匠们制造出最先进的脚踏纺车用于纺苎纱。同时，王孙熙号令台州人家，所育之女都要学会织布。由此，台州遂变为东南一带的纺织中心，享有“衣被一方”之誉。王孙熙（87岁卒）为官一任，造福一方，深受百姓爱戴。该地区得以存活长大的女子额手称庆，说：“王父使我们重生！”感恩之情溢于言表，同时将她们织的手工夏布称之为“王公布”。

夏布衣衫

捌

院士科创篇

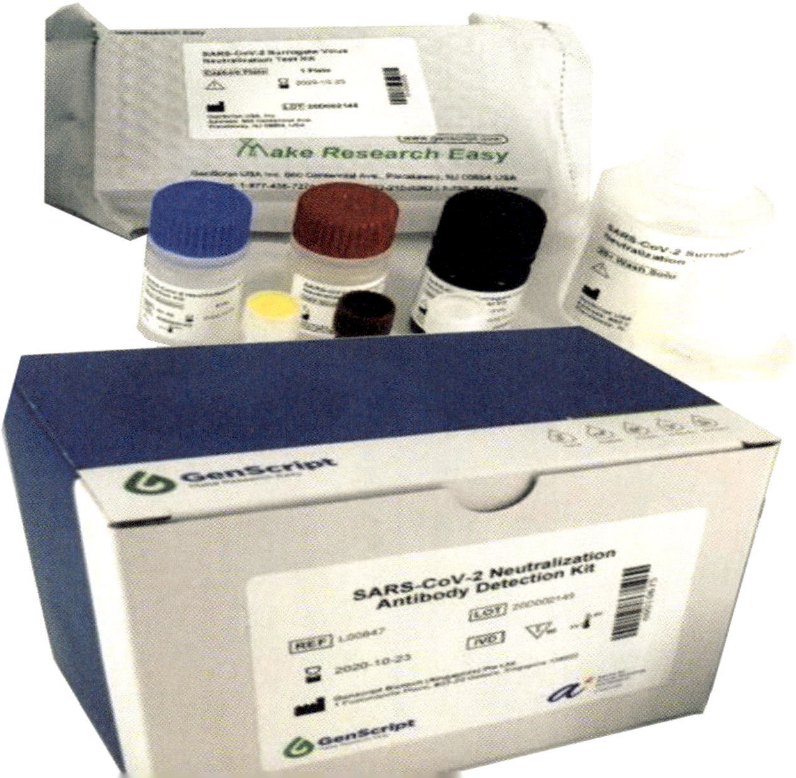
Make Research Easy
GenScript
SARS-CoV-2 Neutralization Antibody Detection Kit
GenScript

孙俊人

奠基军事工业　分纂百科全书

孙俊人（1915—2001），作为现当代电子工程专家，中国工程院院士，西安电子科技大学雷达工程专业主要创始人，中国人民解放军通信工程学院副院长，中国电子学会的创业者和力行者，被誉为我国军事电子科研和教育事业的主要创建人和开拓者之一。为兴办电子工程院校、主持国防电子研究院、营建大型国防电子工程系统、发展电子工业、培养科技人才等方面，做出了重要贡献。

1915年11月15日，孙俊人出生于松江秀野桥滩。1934年，从上海大同大学附中毕业后，考入上海交通大学电机系，攻读电信专业，获得电信专业学士学位。1937年11月中旬，淞沪会战结束，中国军队撤出，上海沦陷。孙俊人经过长途跋涉，终于到达了延安，受到了陈云、李富春的亲切接见。不久，孙俊人即参加中国共产党，投身抗日与革命的事业。孙俊人被授任为中共中央军委第三局通信学校教员、第三局通信材料厂实验室主任。

孙俊人

1940年，孙俊人被任命为中共军委第三局通信材料厂副厂长，不久又升为厂长。他曾在延安任中央军委第三局通信学校教员，那时招收的学员，文化程度颇不齐整，为使学员能较快地获得

延安宝塔山

必要的理论知识、独立操作服务或机务技能，配合作战需要，孙俊人在教学条件十分简陋的情况下，自编教材、自制教具，深入浅出地讲解无线电通信基本原理和部件。他不仅教授理论原理，还手把手操作示范关键部件的制造和安装，学员们很快就能掌握基本原理和操作技能。由于他能与学员打成一片，在教学方法上又善于诱导启发，深得领导部门赞扬与学员爱戴。当时孙俊人亲授的学员，有许多先后成为我军通信部队的骨干。还有一些学员于 1949 年以后，为中华人民共和国的军事通信和国防建设做出了重大贡献。

抗战胜利后，孙俊人又被任命为军委第三局技术研究室主任、电信管理局副局长兼技术处处长，专门为我军从事通信保障系统谋划技术进步的工作。在解放战争中，中国人民解放军时常截获国民党的电台信号与电报，这其中离不开孙俊人等技术骨干的工作。1949 年 2 月，平津战役已经结束，孙俊人参加了接管北平电信总局的工作。中华人民共和国成立后，孙俊人又被任命为邮电部

微波接收器

发报机

无线电通信发射塔

电信总局副局长、军事通信工程学校一部主任、中国人民解放军通信兵部副主任兼科技部部长。

1950 年，中央军委创办了张家口通信工程学校，是军内自己设校培养中高级技术干部的创举。从电信总局副局长任上调为该校第一部主任的孙俊人，意识到责任的重大。凡教师队伍的建设、教学计划的制订、课程的设置、实验室的建立，乃至教学方法的探讨，他都亲自参与，并亲自授课。

1952 年 5 月，为培养我国军事通信工程人才，加强国防力量，张家口通信工程学院并入大连大学电信系，改称解放军通信工程学院，孙俊人升任副院长，主要负责教学工作。雷达是测定目标的系统，是军队的“千里眼”“顺风耳”，要保卫祖国的凌空、海疆，必须培养大批高素质的雷达工程军事人才。

为创办我国第一个雷达工程专业，孙俊人自编教材、亲自授课，培养了我军首批雷达工程高级人才和学术带头人，其中很多人后来成为中科院院士。1956 年 7 月，中国人民解放军通信兵部成立时，孙俊人担任中华人民共和国科学技术部部长，建立了包括通信、雷达、导航、电子对抗在内的装备研究体系。

1957 年与 1958 年，孙俊人先后两次以随员或正式成员的身份，随我国政府代表团出访苏联，在商讨开展两国政府间技术合作事宜上发挥了积极的作用。尤其是 1957 年跟随毛泽东主席出访苏联，给孙俊人留下了深刻印象。1960 年，孙俊人晋升为总参通信兵部副主任兼科技部部长。

1961 年，国防科委组建第十研究院，孙俊人根据上级指示拟订的“加强基础，保证尖端，为常规补缺配套，帮助工厂解决技术难点”的建院方针为中央军委所采纳。不久，孙俊人调任研究院院长。在此期间，为配合国家战略武器和航天技术的研究试验工作，孙俊人主持进行了若干重大的电子工程研究试验项目，并建立、开发了军事电子信息的完整科研体系。

1962 年初，孙俊人参与创建中国电子学会，先后任中国电子学会副理事长、理事长，为中国电子学会的发展，促进国内外学术交流，开展电子信息技术经济战略研究，以及推动电子技术的科普工作。与此同时，孙俊人负责我国军事通信科教事业步向现代化的决策历程，包括对建立防空自动化系统的谋划。1962 年 6 月，中共中央军委为了加强国防间断工程的建设，将第十研究院的建制扩大升级，由中将罗舜初出任院长，孙俊人任主管科研工作的副院长。

经过孙俊人、罗舜初的精心策划，在六年左右的时间内，第十研究院成功地扩建和新建了 30 个预研与开发并举的大型研究所。其中，既有侧重在基础性应用研究和产品开发的真空电子学、半导体集成电路、电波传播、量子电子学与光电子学、化学与物理电源、新型材料与机电元件、计量与测量等研究所，也有侧重在为尖端国防工程配套兼为常规武器系统补缺的通信、雷达、计算机、无线电导航、电子对抗、加密与解密、自动控制、激光测距等专业研究所。

松江二中校园内景

由第十研究院组建的国土防空自动化控制系统（1025 工程）、空间合作目标测控系统（154 工程）和非合作目标测量系统（又称来袭导弹测量系统），不仅为在 20 世纪 60 年代前期进行的核爆炸试验、导弹试射实验以及反击美蒋间谍飞机侵扰的成功发挥了重要作用，而且还为此后我国诸种空间飞行器和人造地球卫星的发射、测控与入轨，以及对美国“空间实验室”卫星和苏联“宇宙－1402 号”失控核动力卫星陨落过程的准确跟踪和落点预报奠定了基础。

孙俊人为桂林电子科技大学东区新校址奠基培土

另外，第十研究院这一时期提供的陆基、岸基和舰基雷达，多路通信与保密通信设备，以及无线导航系统等，极大地增

松江秀野桥滩（孙俊人出生地）

强了我军常规部队的防御力量。第十研究院所属各研究所，开发出的新技术、新工艺，还为国内有关工厂解决生产关键问题提供了帮助。

1964 年，在孙俊人的策划下，第十研究院先后与清华大学、北京大学、北京工学院、北京航空学院、哈尔滨军事工程学院、成都电信工程学院等二十所高等院校，建立起分别旨在开展雷达、导航、电真空、半导体、专用计算机、电子元件、特种电机和固定物理等分支学科的协作研究关系。此举不仅在当时对合作双方的科技进步和人才培养起到了积极作用，还为此后的电子工业系统扩大与国内高校的此类合作造就机缘。为奖励孙俊人对国防工业所做出的贡献，中央军委特授予其少将军衔，颁发二级独立自由勋章、二级解放勋章。

1965 年，第四机械工业部与第十研究院合并，孙俊人任第四机械工业部副部长兼第十研究院院长。在规划我国导弹预警电子系统工作中，起到了重要作用。他提出并主持组建了我国电子研究所和四大电子工程院校，为我国电子工业科研与发展培养了大批人才。此时的孙俊人已经称得上中国军事通信工程行业的泰山北斗。

“文革”爆发后，孙俊人已经五十多岁。作为行业权威的孙俊人，被迫停止工作。一直到 1972 年，孙俊人才重新奉命负责第十研究院的业务工作。孙俊人深入调查研究，对一些“文革”后产生的乱象，努力进行拨乱反正，充分发挥科技人员的积极性，狠抓重点工程和科研质量整顿，收到了良好的效果。

1973 年到 1975 年间，孙俊人因患有心脏病，只得在家休养。病情好转后，又立刻开展工作。1977 年，“四人帮”已经被粉碎，在举国欢腾的形势下，孙俊人也深受鼓舞，又回到第四机械工业部，担任副部长职务分管科研工作，着手整顿被“四人帮”破坏的科研与教学秩序，进而依照改革开放的大政方针，开展

《中国大百科全书》

了一系列卓有成效的工作。

1980年，孙俊人调任电子工业部科技委主任。两年后，67岁的孙俊人，从领导岗位上离休，仍然以中国电子学会副理事长、理事长及其他重要学术职务的身份，继续为发展我国电子科技事业贡献余热。1984年，跨国电子与电气工程师学会（IEEE）授予他建会百年纪念勋章。1995年被选为中国工程院院士。1999年又被授予中国工程院资深院士。

《现代电子科学技术词典》

孙俊人是个不服老的人，在晚年也做了大量工作，如担任《中国大百科全书》总编辑委员会委员兼电子学与计算机编辑委员会主任，主持编辑《中国大百科全书·电子学与计算机》卷，全卷介绍了电子学与计算机科学技术的基本理论和电子材料、元件、器件、电子计量与测量技术、通信、雷达、遥感等31个分支的知识。

孙俊人还主编了《现代电子科学技术词典》，获得电子部颁发的特等奖。孙俊人热爱电子信息技术，把一生都献给我国的电子信息产业，成为我国军事电子信息科技事业的著名创建人之一。2001年6月19日在北京逝世，享年86岁。

嵇汝运

“嵇氏元素”载入药典　创建学科培养人才

嵇汝运（1918—2011），是我国著名的药物化学家，主要致力于新药的创制和研究，研制成抗血吸虫病、抗疟疾、抗心律失常、抗感染及金属解毒等方面的多种临床药物。他倡导药物化学与药理学相结合，为我国“化学药理学”的创立做出了开拓性的贡献。他与上海药物研究所有关人员一起，将制备巯锑纳的化学原料二巯基丁二酸钠发展成为金属解毒药物。经鉴定，该药对锑、汞等多种金属中毒均有解毒作用，因此被广泛应用于解救金属中毒病人，并载入《中国药典》。国外在数年后才开始研究这种新药。嵇汝运的学生自豪地说：“都说中国人仿制美国多种研发的药物，唯独这个药，美国不得不仿制中国的——至今世界上尚未研制出超越它的金属解毒药！”

嵇汝运

1918 年 4 月 24 日，嵇汝运出生于松江一个平民之家。嵇汝运的祖父，共生有五个儿子，除了嵇汝运的父亲之外，其余四位叔伯，均是因病早逝。特别是嵇汝运的大伯和小叔，都被肺结核夺去了年轻的生命，成为他们一家的心病。嵇汝运读小学时，其母亲又因伤寒而去世。所有这些，都在嵇汝运幼小的心灵中，留下了很深的创伤。

小学毕业后，嵇汝运考入家乡的松江中学（今松江二中）。当嵇汝运由松江中学初中毕业升入高中时，高中普通科突然改为化学专科，化学课程变成了他的主修课程。这个变化使嵇汝运踏入了化学的大门，同时也为他日后从事药物研究，打下了良好的基础。1937 年，嵇汝运从松江中学化学专科毕业，以优异成绩考入了中央大学（今南京大学）化学系。

松江中山路

1941 年，嵇汝运大学毕业后，被介绍到成都电信器材修理厂，从事电化学方面的科研与生产工作，后又在中央工业试验所，从事油脂化学实验工作。1947 年，嵇汝运考取了留美公费实习生，到美国新泽西州的油脂产品厂实习。半年以后，嵇汝运通过中英文教基金（原称中英“庚款”）留英全国统考，获得了继续深造的机会。他从美国直接前往英国伯明翰大学化学系攻读博士学位，主修生物化学专业。

嵇汝运
（1947 年留英前夕）

嵇汝运主要跟随化学系的斯塔西教授学习，从事与链霉素有关的氨基糖化学的研究工作。斯塔西教授后被选为英国皇家学会会员，是一个富有才华且十分严谨的化学专家。嵇汝运抱着“学好本领报效国家”的信念，开始了艰难的博士研究课题。几乎所有的节假日，嵇汝运都是在实验室或者图书馆里度过的，晚上在图书馆查阅资料，总要到闭馆时，他才恋恋不舍地离开。功夫不负有心人，当嵇汝运将厚厚的博士论文交给导师时，斯塔西教授大为惊讶，因为嵇汝运竟能第一个完成博士论文，这完全出乎了他的意料。斯塔西教授除了对英文文字的表达方式做了些修改以外，对其中的内容几乎没做改动。由于嵇汝运出色地完成了博士论文，随后被校方聘为医学院药理系博士后研究员，并担任部分教学工作。边研究边教学的嵇汝运开始进行神经系统药物的研究，很快就发现了一种局麻作用比普鲁卡因强十倍的新化合物。正当嵇汝运在英国的学术事业蒸蒸日上时，没想到他却做出了一个完全出乎大家意料的决定——抛弃英国丰厚的待遇，回到刚刚成立不久的新中国！

1950 年嵇汝运在英获博士学位

稽汝运归国后，即被安排进入中国科学院上海药物研究所工作。当时，国内正开展一场消灭血吸虫病的群众运动。嵇汝运响应党中央“一定要消灭血吸虫病”的号召，积极投入这场“歼灭”血吸虫的战斗当中。研究治疗血吸虫病的新药，对嵇汝运来说是一个全新的领域。为了获取第一手资料，他亲赴农村水乡，访问病家，采集粪便并亲自化验。嵇汝运和药物所有关科技人员与兄弟单位展开协作，经过夜以继日的反复实验研究，终于发现：从南瓜子中提取的一种氨基酸——南瓜子氨酸，对血吸虫的生长有抑制作用。

嵇汝运在实验室工作

血吸虫病患者

嵇汝运立即组织力量，完成了南瓜子氨酸的人工合成工作，从而使该药得以大量制取。当时，治疗血吸虫病主要依靠的是锑剂，但锑剂副作用大，病人难以接受。嵇汝运率课题组设想用螯合剂二巯基丁二酸和锑制备锑剂，既可保留锑剂的治疗效果，又可减少锑在体内的蓄积。经过多次反复试验，抗血吸虫病新药——巯锑钠试验成功。

人们对顽疾血吸虫病有了制服的办法。广大医务人员运用这种新药悉心治疗，使千千万万血吸虫病患者获得新生。同时，我国经过持久的大规模的群众灭螺运动，于 1958 年 6 月 30 日《人民日报》刊登余江县消灭了血吸虫病的消息。毛泽东主席写下了光辉诗篇《送瘟神》。嵇汝运在《人民日报》上看到该诗，他含泪激动万分地说：“我实现了母亲期望，长大后能创造出治疗平民的良药，做出一点成绩。”

此外，嵇汝运领导的研究小组，还试制成功了一种治疗家畜肝片吸虫病的新药——硫溴酚，于 1966 年通过鉴定，该药明显优于国外同类药物硫双二氯酚。

越南战争爆发后，中越战士疟疾频发。当时，国内治疗疟疾的主要药物——青蒿素，虽然见效很快，但是复发率也很高。于是，嵇汝运又率领药物所抗疟协作小组，开始了青蒿素结构的改造工作。从二氢青蒿素出发，合成了三百个醚类和酯类衍生物，经药理筛选，发现其中有数十个化合物的抗疟活性超过青蒿素，有的活性高出三十余倍，其中化合物 SM-224 被命名为蒿甲醚。该药先后获上海重大科技成果二等奖和国家发明三等奖。1976 年，嵇汝运带领其他科研人员，用短短的几个月时间，突击合成了当时国外阐明的脑内微量物质脑啡肽，获得了 1980 年中国科学院重大成果二等奖。1979 年起，又组织科技人员对加锡果宁进行全合成研究获得成功，为药理与临床研究提供了试验用药，这项工作曾与河南省医药工业研究所合作，获得 1984 年河南省卫生厅科技成果二等奖。

青浦县消灭血吸虫病立碑纪念

为使祖国的药学研究赶上国际先进水平，嵇汝运始终精力旺盛地探索本专业领域的前沿课题。他从工作初期起，就注意并倡导化学与药理学相互靠拢，主张化学家和药理学家就新药研究，经常交流思想、互相切磋。20 世纪 60 年代中期，国外分子生物学获得巨大进展，化学与药理学的结合也更加紧密。1973 年，嵇汝运便主持翻译了《分子药理学概论》，深受读者好评。

嵇汝运在上海药物所实验室工作（1956 年）

进入 20 世纪 80 年代，嵇汝运越发感到要使药物化学工作者对药理学产生兴趣，促进药物化学和药理学的相互渗透，不仅对每个药物研究工作者十分必要，而且更应着眼于未来，从在校的大学生抓起。他不辞辛劳，从广泛收集到的资料中精心选编材料，经反复修改后，撰写成《化学药理学》新教材，并于 1980 年首次在华东化工学院（现为华东理工大学）制药专业学生中开课。

不少教师及其他单位的科技人员也闻讯赶来听课。

嵇汝运在国际会议上作特邀报告（1996 年）

他在讲课时常以生动的比喻，解释深奥的原理，字字珠玑，妙趣横生。他那精辟的言辞，独特的见解，让人豁然开朗。现在化学药理学已成为华东理工大学制药专业的必修课之一。

嵇汝运还以极大的热忱，把国外最新进展和发展方向写成综述，在学术刊物上发表，供同行参考。自 1977 年以来，他撰写的综述文章涉及分子药理学、量子药理学和药物设计等最新进展，特别是在神经药理学方面付出了巨大的劳动，总共发表文章不下二十篇。他还参与编写了《分子药理学》《神经药理学》《基础药理学》《药理学概论》等教材。嵇汝运一生发表了二百多篇学术论文，出版了二十多部学术著作，获得多项国家和中科院自然科学奖、国家技术发明奖，先后荣获中国药学发展特别贡献奖、何梁何利基金科学与技术进步奖，1980 年当选为中科院院士，是我国在化学药理学这一新兴研究领域中公认的学术带头人。

嵇汝运关心研究生科研进展（2003 年）

嵇汝运在归国后的五十多年里，培养了一大批在医药界具有相当影响力的人才，开创并完善了中国化学药理学这一新兴学科。2011 年 5 月 15 日，嵇汝运病逝，享年 93 岁。其无私奉献的一生，值得后人永远铭记。

胡光镇

创建电子通讯系统工程　获国家科技进步特等奖

1927 年 8 月 26 日胡光镇生于松江，家住大吴桥东，就读于邱家湾观音堂小学。1948 年毕业于上海交通大学，1997 年当选为中国工程院院士。胡光镇先后在民航局、电子部和总参等研究部门工作，历任主任工程师、总工程师及研究员等职务。长期致力于通信电子技术研究，20 世纪 60 年代率先研制出多种全晶体管化多路通信设备。20 世纪 70 年代研究数据通信技术，建成数据传输系统。20 世纪 80 年代以来一直跟踪卫星通信技术及数字网技术，在建设系统工程中做出重要贡献。五十余年间，先后主持研制和完成了具有国内外先进水平的设备和系统十余种，取得了重大成果。1996 年获得国家科学技术进步特等奖，2001 年以来又获得国家科学技术进步奖一等奖等多项奖励。曾数次参加国际电联（ITU）研究组活动及国内外学术会议，作为中国通信学会及电子学会会士，兼任中国通信学会理事及中国电子学会通行学会委员，国家无线电管理局咨询专家组成员，以及其他职务。

胡光镇

胡光镇发表过数十篇具有很高的学术价值的论文和研究报告。《瞻望卫星通信的未来》描述了卫星通信业务与技术方面的发展情况，预

朱玉、胡光镇在大吴桥遗址旁留影

测了在信息技术高速发展的形势下卫星通信的未来。《卫星通信系统的发展前景》介绍了卫星通信经历了近半个世纪的发展历程，在国际、国内和区域的通信中发挥了重要作用。《国防信息系统网的技术发展动向》介绍了美国修订后的国防信息系统网（DISN）建设中的一些新动向，探讨了在我国建设国防信息系统网中的几个问题。《用于中继的 ATM 适配层类型 2 特定业务会聚子层（AAL2 2SSCS for Trunk）》介绍了 ITU-T SG-13 研究组在 1997 年 2 月的汉城会议上提出建议“B-IS-DN ATM AAL2 规范”，并在 1997 年 9 月的研究组会议上得以通过。该建议规范了 AAL2 的各种不同用户的低速可变长度短分组信息流，使对时延敏感的话音和数据能充分利用带宽，有效地进行传输，该建议将 AAL2 总的框架结构进行了描述，把 AAL2 层划分成公共部分子层（CPS）与特定业务会聚子层（SSCS），并对 CPS 子层进行详细规范。在 1998 年 9 月会议上，胡光镇对 SSCS 子层提出两个新的建议草案，一是 L366.1“AAL2 · SSCS 的分段与折装”；二是 I.TRUNK“用于中继的 AAL2SSVS”，并介绍 I.TRUNK 建议草案内容。《VSAT 的发展及标准化》概要阐述 VSAT 系统发展情况，以及近年来国际电联对 VSAT 通信系统标准化方面的建议，供从事 VSAT 通信系统的设计者参考。《DTX-60 系列新型数字线路倍增设备》一文叙述了 ECI 公司继 DTX-240 系列设备后，又推出 DTX-360 系列新型数字线路倍增设备，即 DTX-360A、DTX-360B 和 DTX-360A/C。还有《SDH 与其它网络之间的互通》《数字网技术规范研究的重要进展》《数据压缩传真机缓冲存贮器的研究与设计》等论文，具有很高的学术价值和实践意义。

胡光镇 1948 年毕业于上海交通大学，后服从分配，进入民航局，去香港工作，参加了著名的“两航起义”。“两航起义”是中国共产党领导下一次成功的爱国主义革命斗争。“两航”系原中国航空股份有限公司与中央航空运输股份有限公司的简称。1949年11月，通过港九民航工会的配合做工作，12架飞机（中国航空公司10架，中央航空公司2架）陆续从香港启德机场起飞，毅然投入祖国人民的怀抱。周总理在北京饭店会见并宴请“两航起义”北飞全体人员，他说：“我们欢迎两公司的起义，因为这是具有无限前途的中国人民民航事业的起点。”确实如此，“两航起义”归来的大批技术业务人员，成为新中国民航事业建设中一支主要技术业务骨干力量。

胡光镇院士已93岁高龄，依然承担着一些重要科研任务。他坦言，只要国家需要，就还愿意做一点力所能及的工作，生命不止，奋斗不息。

介绍了在通信技术及电子工程领域做出了杰出贡献的胡光镇院士以后，有必要提一提胡院士家光字辈的其他三人，姐姐、弟弟和妹妹，他们都是共产党员。姐姐朱玉女士，原名胡光镮，比胡光镇大一岁。曾担任原五机部二一三研究所副所长、科技委主任，以及红箭-8反坦克导弹（302）副总设计师，1987年荣获国家科学技术进步特等奖。在兄姐胡光镇、朱玉的关怀、资助和表率作用下，另两个弟妹也成为出类拔萃的人才。比朱玉小12岁的弟弟胡光锐，1960年大学毕业后，分配在姐

上海交通大学

中国民用航空总局

胡光镇在酒泉照片（胡光镇提供）

胡光镇与家人合影（左起：张慧云、胡光镇、庄心、朱玉、胡光锑、李林）

朱玉、胡光镇摄于松江区中山中路（岳庙附近）

姐与哥哥的母校——上海交通大学工作，曾多次完成国家自然科学研究项目和国防科技项目，数次获得教育部和国防科工委颁发的科学技术奖项，编写出版的教材获上海优秀教材一等奖。比朱玉小九岁的妹妹胡光锑，1950 年抗美援朝时，正在读高中，在校报名参军。1955 年转业后到北京八一学校（高干子弟寄宿制学校）任教。任教期间，曾获五好教师称号，被评为特级教师。1991 年退休后的 23 年里，被聘发挥余热，讲学、编撰教材，获得教育部课程中心新世纪教材编委会的终身成就奖。

姚守拙

核材料“放射化学家”　中草药工艺标准化

姚守拙1936年3月生于松江，祖父被日本人杀害是他一辈子背负在身上的伤痛，家仇国恨使他幼小的心灵扎下了立志报国的宏愿。1986年，姚守拙加入中国农工民主党，历任农工民主党中央委员、常委，湖南省委主任委员。1999年当选为中国科学院院士。1993年当选为第八届全国人大代表，是第九届、第十届全国政协委员，第十届全国政协常委；曾任湖南省政协副主席；湖南省科协副主席等职。曾获全国教育系统劳动模范、全国模范教师、全国优秀科技工作者等荣誉称号，是一位有突出贡献的教育家和科学家。

1954年，姚守拙18岁，被国家选派到苏联列宁格勒大学化学系学习，后来又被选拔到放射化学研究所深造。1959年，他以独到的学识见解，在论文中提出铀与钼等伴存元素的快速分离工艺，用于核反应堆燃料的处理取得成功，毕业时他因此被授予“放射化学工程师”，还被苏联国家考核委员会誉为核材料“放射化学家”。是年底，姚守拙以全优的成绩，结束了五年留学生涯回到祖国，在清华大学工程化学系任教。他一边认真教学，一边积极开展科研，所研制的氯化铯等7种铯盐制品均获成功，填补了国内空白，同时，

姚守拙

列宁格勒大学

湖南大学

还完成了分离同位素铀必需的 BF_3 等试剂的试制，为我国原子能工业的发展做出了贡献，并在中药现代化、标准化体系和研制方面也取得突出成绩。

1962 年姚守拙调湖南大学筹建放射化学专业，1966 年“文革”期间被打成“黑鬼”，1970 年以“里通外国反革命罪”被判刑。但他的报国之志丝毫不减，身陷囹圄，居然在服刑期间，奇迹般地试制成功钠硫电池和完成无氰有色金属快速分析，在当时达到国内先进水平。他还建立了关于催化释放反应的新机理，纠正了国外权威学者的理论错误，后又帮助湖南电机厂筹建起有色金属等原材料化验室，写出了三十多万字的《工厂实用快速化学分析》一书，以及有色金属无氰快速分析方面的多篇论文，为我国建立具有无毒、准确、简捷特点的无氰分析体系做出了突出贡献。1980 年姚守拙回到湖南大学，1983 年他的冤案得到彻底平反，1985 年被聘为教授。

1984 年以来，姚守拙先后承担国家自然科学基金和国家基础研究重大专项课题二十多项，其中七项通过鉴定，达到国际先进水平，多项研究成果获得国家和省部级奖励。他开辟了压电液相振荡化学传感器新领域，成为 20 世纪 80 年代该领域两位先驱者之一，在学术界首先提出了完整的压电晶体液相振荡性能定量关系式，被称为“姚（姚守拙）—周（周铁安）公式”。他将电分析化学与药学、医学、理论化学相结合，率先开展药物电极理论与应用研究，提出了变价态离子电极理论，发展了能斯脱倍增效应理论。同时，在传感技术、波谱技术及计算机化学技术应用与实践方面也做出了显著贡献，姚守拙的研究得到国外学者的称赞，认为姚守拙的研究成果是“先驱的开拓性研究工作”。其药物电极理论被公认为“中国科学家对药物电极理论做出的巨大贡献”，先后有二十多个国家的学者纷纷来函索要交流资料。美国著名的科技出版公司 Marcel Derker 来函邀请他撰写专著，一些国际著名学术刊物邀请他撰写专题评述，各国同行要求参观其实验室并建立科研合作关系。1987 年，他应邀赴英国牛津、剑桥大学讲学，受到英中友协主席李约瑟博士的接见并为他题词。1990 年，姚守拙应邀赴德国特里尔大学进行科研合作，被聘为客座教授。由于合作研究富有成效，德国的电分析化学家亨茨教授想以高薪聘请姚守拙留德长期合作。英国一家传感器公司也曾想以高薪聘请，姚守拙都不为所动。他说：“在留学期间，牢记周恩来总理给留学生算的一笔账：国家培养一个留学生，需要 45 个农民一年的劳动。我留学 5 年半，等于欠下 240 多个农民一年的劳动债。因此，我的一切属于培养我的祖国和人民。”

客轮码头

姚守拙在办公室

姚守拙和外国专家在一起

1990 年，姚守拙从德国回来，专程去湖南省第一监狱看望那里的干部和工作人员。他永远忘不了那位有胆有识的监狱长，让他在监狱里搞钠硫电池科研项目。当时，监狱长曾鼓励他：“做出成绩记在你身上，失误由我来承担责任。”使他在与外界隔绝，无文献可查，没有重要实验设备的情况下，不但实验成功，还达到了当时国内先进水平，省公安厅对监狱进行了嘉奖。姚守拙平反后回湖南大学的那一天，李队长亲自替他收拾行李，与另外几位干部冒雨数小时，送他上船；他忘不了，小高这位干部多次鼓励他为自己的冤案申诉。小高还陪他度过多少个为科研加班的不眠之夜；他忘不了，在劳动中受重伤，陶医生为他精心治疗，把他从死亡线上救回来……往事不堪回首，滴水之恩当涌泉相报，他以优异的科研成果向祖国、向好友们汇报。

20 世纪 90 年代，姚守拙应邀到日本参加国际性学术会议。当他听到日本人把中草药称作“植物药”时，他心里像针扎一样难受。在做特邀报告中，姚守拙坚持“中草药”这一中国医药的传统称谓，“我必须为老祖宗争回脸面”。回国后，专心研究化学与生物传感的姚守拙，又开辟了一个新的研究方向——中草药标准与工艺研究。他认为，中国作为中草药的发源地，但与世界中草药领域中所处的地位很不相称。日本占了世界中草药市场 80% 的份额，韩国占 10%，我国只占 3%。中国的中草药不能走向世界，关键就在于从采集、种植到制剂的随意性太大，缺乏标准，工艺落后。在国家“十五”攻关计划、国家计委、湖南省科技厅、省计委重点项目支持下，对中草药功效成分分离分析、标准对照品研制及相关标准化分析方法等方面展开了卓有成绩的研究，中草药中单体化合物分离纯化方面有较高水平。他所研制的高纯度（>98%）人参皂苷单体、菊苣酸、灵芝萜烯酸、红色黄色素、芦丁、五味子甲素等已被卫生部指定作为保健食品功能因子测定的标准对照品，并与中药企业合作建立相关药材和制剂的指纹图谱标准，纯化制备指纹图谱所需的对照品（单一化合物或提取物）。

中草药基地

姚守拙（左）与新疆同行在一起

姚守拙认为制作中药必须标准化，首先是优选出道地中药材。《中华人民共和国药典》是我国控制药品质量标准，收集道地好药材是做好中药的基础，绘制道地药材产地图，采购正宗道地好药材。中药在治疗疾病中有不可替代的优势，但传统服用汤剂，不够标准，加工又不方便。需要研制安全、疗效好的中成药，挖掘丹、膏、散、曲、药酒、饮片、丸等秘方药。如研制丸药，首先要将中药汤剂的剂量换算成丸剂的剂量，配制安全、效优的药料，采用先进工序和科学工艺，精准药材配比，将配方中药研磨成细粉，再把粉末掺入优质炼蜜中，加适量水，不停搅动、拌均匀。根据药物湿度和空气情况，把握温度，将秘制药材放入锅内，控制时间与火候，不使中药焦糊，药物凝固后即断火。趁药温和适度，把软胶状药物准确地分量切块，再把小块胶状药揉搓至均分的丸状；丸药冷却，包装待用。姚守拙领导的科研集体，经过几年的努力，在中药现代化和标准化体系研究方面取得了显著成绩，已研制出 54 种标准品和多种标准方法，获得了多项国家专利。

姚守拙院士先后撰写专著 6 本，其中《压电化学与生物传感》获 1999 年“全国优秀科技图书奖”暨“国家科学技术进步（科技著作）三等奖”。在国内外著名学术刊物上发表文章四百余篇，被世界著名检索机构 SCI、EI 等收录和国外同行广泛引用。姚守拙在“八五”期间成功地主持了国家自然科学基金重大专项课题，在生命科学新分析技术的研究方面做出了重大贡献；后又承担国家基金委多项重点研究项目，并担任湖南师范大学、湖南大学终身教授，湖南师范大学学位委员会主任。姚守拙先后开设了六门硕士、博士研究生课程，培养了硕士、博士一百多名，他指导的多篇论文被评为湖南省优秀论文一等奖。姚守拙指导的很多研究生毕业以后在不同的教学、科研单位破格晋升为副高、正高职称，入选国家各类人才培养计划。

姚守拙在演讲

孙九林

主持组织跨学科攻关　建成农作物估产系统

孙九林被称为“科研拓荒人”，我国著名资源学家，地球信息科学、资源环境信息工程领域的学术带头人之一。20 世纪 90 年代，他主持组织国家农作物遥感估产攻关，提出总体方案及集成技术等，建成国内第一个突破多项关键技术的多品种大面积估产实用系统，为全国农作物估产系统的建立做出了开创性贡献。“九五”期间，他又主持“面向应用”的国家农业信息系统和青藏数据库攻关，把信息技术在农业和资源中的应用推向新阶段，并提出了“资源环境虚拟科研环境”的构架，将信息技术在地学中的应用推向了一个更高层次，在推广实用科技方面做出了突出贡献。2001 年当选为中国工程院院士。从 2003 年开始主持国家科学数据共享工程试点项目“中国地球系统科学数据共享网建设”。

孙九林

1937 年 8 月 10 日，孙九林出生在松江东门城墙外的茅草棚中。其父是从苏北逃荒到松江谋生的黄包车夫，母亲不识字。他在兄弟姐妹中排行第八。出生后不久，侵华日军的飞机开始轰炸上海，全家又迁回苏北盐城西季庄。因为生活过于贫困，他的几个哥哥姐姐被送人抚养，家里只留下他和一个哥哥。直到 1951 年，他父亲当了教师，年长他三岁的哥哥也参加了工作，家里才有钱将 15 岁的孙九林送进学校。孙九林插班进入四年级学习，两年半完成了小学六年的课程，考入盐城中学。1959 年考入交通大学（西安分部）电力工程专业。在读期间，曾被派往上海华东水电勘测设计院，直接参与当时华东地区几个大型水电站的设计工作。1964 年 8 月进入中国科学院综合考察委员会动能研究室。1969 年底，随中国科学院进入湖北省潜江五七干校，当年即被派到潜江县主持引进国家高压电网电源工程，参与人员中仅他一人是电力工程专业出身的技术人员。在他的带领下，克服了缺少图纸等困难，于 1972 年 5 月将国家电网成功引入县城，送到千家万户和生产第一线。此工程在全省评比中脱颖而出，受到表彰。

孙九林在家中

松江东城门护城河

1972 年 5 月，孙九林从“五七干校”回到中科院地理研究所，参加了当时的重大项目“地图自动化”研究，在设备研制阶段，负责电源系统的研制，从强电专业进入与弱电打交道。然后又接触到计算机软硬件设备，这些设备大部分是进口的，资料全是英文，原先学俄语的他，从 ABC 学起，废寝忘食地攻克语言关。1978年春，孙九林调回中科院综合考察委员会，进入计算机与资源环境科学交叉研究领域。

江苏省盐城中学

孙九林具有“敏锐的战略眼光”，他主持的研究项目大多跨学科，具有开创性。在没有任何可以借鉴模式的情况下，他组织了一批有名的专家，精心编著了一部《地球系统研究与科学数据》，将地球系统科学中的主要学科和科学数据资源有机结合起来，详尽地论述了气候、

遥感卫星

电网建设

大气、陆地、海洋及生态等方面的地球系统研究和科学监测、分析的成果，整合了全球气候变化对人类社会产生的影响、地球系统研究的主要科学目标和研究方向等重大问题，对于推动我国地球系统科学研究和科学数据资源建设、科学数据共享诸多方面均有着深远的影响。20 世纪 80 年代在主持全国国土资源信息系统攻关期间，他首次提出我国资源信息系统结构、资源信息分类编码、区域开发模型体系、统计型空间信息系统模式等，率先在国内建成多层次适合国土规划和宏观管理的信息系统，被国家计委推广全国使用，为信息技术在资源中的应用做出了开拓性贡献。

20 世纪 90 年代初，国家提出利用遥感技术对我国主要产粮区粮食作物长势监测和产量估算，解决利用遥感、地理信息系统、全球定位系统、数学模型及农业科学知识等综合集成技术遥感估产系统，实现小麦、玉米、水稻等主要粮食作物的长势监测和产量估测，达到国家任务指标。孙九林团队在多项技术综合集成创新上取得了可喜的进展。

进入 21 世纪信息化时代，孙九林院士又以独特的眼光看到了信息化是推动国家经济发展和科技创新的重要机遇，他更努力地宣传、提倡和实践国家的科学数据共享工程，带领团队用十多年时间建设国家地球系统科学数据共享平台，在国内外产生了很大的影响。

对于已经与数据打了三十多年交道的孙九林而言，将数据资源服务于农业领域，是他在数据科研领域开拓的又一“荒地”。2013 年，他带队制定了东北黑

水稻田

土区水土流失综合治理跨平台专题工作方案，利用数据资源和信息技术，直接服务基层地方政府和农户，当年就达到了大豆增产、农民增收的目的。

小麦田

由孙九林院士领衔的“国家地球系统科学数据共享平台”通过国家“十五”“十一五”的试点和建设，于2011年经科技部、财政部认定，成为23家国家科技基础条件平台之一。在他的带领下，该“平台”获得2014年国家科技进步二等奖，并入选国家“十一五”重大科技成就展和“十二五”科技创新成就展。

玉米田

2016年，在中国大数据与人工智能院士论坛上，孙九林提出，要从源头保障农产品安全，就需要将全国几十万家农资终端门店构成一个网络，将种子、化肥、农药“业务流”数据化，使国家的农业投入品流通有据可

中国科学院地理科学与资源研究所

国产百万次集成电路电子计算机

循，为国家决策调控提供可靠数据支持，从而逐步实现农药、化肥使用量零增长的目标。

孙九林院士拥有专著十余部，论文一百余篇，将信息科学在农业与资源环境中的实际应用推向一个个全新阶段，共获得国家科技攻关重大成果奖三项、国家科技进步奖五项、中国科学院科技进步特等奖和一等奖等五项、中科院及省部级科技进步二等奖五项，获国家级有突出贡献专家称号。2001 年当选为中国工程院院士。他作为导师，为国家培养了六十多位研究生，这些学生不但在国内的相关领域成为骨干，有的还在国外从事科研和教学，也有直接为国际组织所聘用，为国争光。

孙九林院士现在是国家农业信息化专家委员、国家减灾委员会委员兼空间信息技术分会主任、国家科技基础工作专项专家委员会副主任、国家环境信息化专家委员会主任、中科院信息化专家咨询委员会主任等。孙九林院士身兼多职、实职、重职，始终不放松对年轻一代的关心与培养，仍兼任中科院地理科学与资源研究所的博士生导师、中科院大学终身教授、南京师范大学讲座教授、西安交通大学兼职教授和人居环境与建筑工程学院院长。孙九林院士对学生们说，在做研究时要将实地考察与技术模拟相结合，不可偏废，要用积极的态度相互协同、交流工作，做复合型的专业人才。

曾溢滔

一家两代三杰　共筑科研梦想

如果说男人优，女人秀，天作巧合，优秀成双；那么，他们生养的儿女，无疑是优秀的结晶。在中国的上海，家住松江新城区、科研试验基地办在松江石湖荡镇的曾溢滔，与夫人黄淑帧，女儿曾凡一，组成了一家两代三杰放飞家国梦的科技人才之家，就是优秀的典范之一。

曾溢滔，医学遗传学专家，中国工程院院士。1939 年 5 月 27 日出生在广东省顺德市，1965 年复旦大学遗传研究所研究生毕业，曾任上海市儿童医院上海医学遗传学研究所所长。据《科技人物》介绍，他是中国基因诊断技术的主要开拓者之一，率先将基因工程与临床医学相结合，系统地攻克了一些主要遗传病的基因诊断和产前诊断，推动了中国基因诊断学科的发展，在国际上具有较广泛的影响。具体说起来，他的科研成就主要体现在以下三个方面：一是在血红蛋白病领域的研究中，发现了八种国际新型血红蛋白，成为中国第一个获得美国国立卫生研究院科学基金的科学家；二是将基因工程与胚胎和生殖工程相结合，在国际上首次阐明牛类性别决定基因的核心序列，在奶牛胚胎性别鉴定和控制的重大研究领域取得了突破性进展；三是发表了三百多篇学术论文，专著二部，主

曾溢滔

曾溢滔在工作中

曾溢滔与同事探讨罕见病

持完成了三十多项科研成果，以第一完成人获五次国家级、十多次部委级和上海科技奖励。

曾溢滔的妻子黄淑帧，祖籍广东，生在上海，1962年毕业于上海第二医科大学医疗系，长期在上海市儿童医院上海医学遗传研究所从事遗传学、分子生物学和胚胎学等业务研究工作，研究员、硕士生导师。医学遗传研究所所长曾溢滔，既是她的科研引路人，又是她的顶头上司，还是她心爱的丈夫。他们因科研牵手相爱，又在科研之路上不断携手攀登高峰，至老仍是一对心怀天下的科研伴侣。黄淑帧在家是贤妻良母，追随丈夫的事业甘当"配角"，同时又是一位巾帼女杰。2004年3月，她作为本年度上海市妇联评选出的十位"巾帼创新奖"得主之一，以年龄最大，成果丰硕的卓然风采，站立在上海国际新闻中心的会场演讲台上激情发声。虽然无情岁月掳走了黄淑帧的青春，光阴洗涤漂白了她的黑发，但这位秀丽端庄，学过声乐指挥，爱唱歌剧且能蹦跳迪斯科的老教授，不仅满脸春风，而且和着"踏遍青山人未老"的旋律还在继续前行。黄淑帧的科研成绩报告单相当优秀，她首创的"微量干血DNA扩增技术"和"MRNA诊断技术"，不仅推动了基因诊断学科的发展，还在国外同行中产生广泛影响；她采用基因调控手段对β地中海贫血进行基因治疗获得成功，国际权威医学论坛JMAM在评述1996年国际血液学的进展时，把她的论文索引为代表性的文献。

1996年，以曾溢滔为首的上海遗传医学研究所，承担了国家"863"高科技重大专项“转基因动物乳腺生物反应”研究任务。当时，赴美进修并获得荣誉市民之称的黄淑帧，正在美国紧张工作，当丈夫需要她回来一起科研攻关时，她毫不犹豫，立即启程回国，与丈夫曾溢滔一起共赴上海市郊农村一线开辟试验基地。黄淑帧回忆说，58岁之前，她从没有摸过羊和牛，“58”好口彩，是她人生之路上与牛羊为伍的起步之年。坚持在科研一线攻关的黄淑帧，在国内外发表论文近三百篇，曾二十多次荣获国家级、卫生部和上海市科技进步奖。如今，她与丈夫一起感悟着“菊老香愈远，枫衰叶更红”的诗意，追逐梦想，笃志前行，承前启后，运用转基因技术，在动物身上建立人类“药厂”，正以中国科技人拥有的知识产权，托出一块造福人类的科研新领地。黄淑帧的心态远比她的岁数年轻。她曾在人生年逾半百时风趣地说过一件事，即生在上海的她，父亲很早去了香港，多年后再团聚，发现九十多岁的父亲耳聪目明，看报不戴老花镜，还能做生意挣钱。她十分庆幸自己获得了超常的遗传因子。

曾溢滔一家参加活动

曾溢滔和黄淑帧都有一个共同特点，那就是酷爱新鲜事物，喜欢多角度思考问题，而且童心烂漫，对感兴趣的事，喜欢动手体验。他俩都爱花爱草爱动物，常有奇思妙想和细微观

曾溢滔在实验室里指导学生

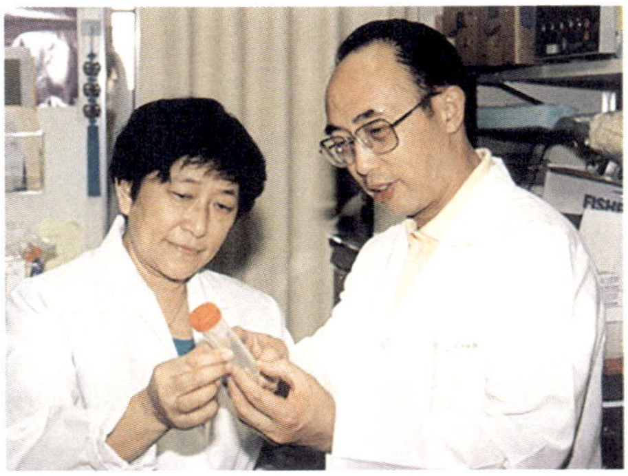

曾溢滔与黄淑帧

察，如曾溢滔观察蚕宝宝，发现它一生中“睡眠”四次，每次醒来就长大一次，因此浮想联翩：如果想办法让蚕宝宝多“睡”几次，会不会长得更大呢？夫妻俩都喜欢艺术。曾溢滔爱好广泛，喜欢文学和摄影，写小说，画油画，木工活也干得像模像样，家里的饭桌、书架、煤气台等均出自他的一双巧手；而7岁学习钢琴、具有音乐天赋的黄淑帧，曾去考过戏剧学院，小品演得好，歌喉也动人，担任过市三女中话剧团团长和研究所艺术团团长。因为丈夫爱做木工活，黄淑帧对木工如何装家具榫头看得入迷，随后在电脑上体验做木工活的乐趣，还喜欢摆弄相机。曾溢滔说：“科学研究本身是一门艺术。”黄淑帧觉得艺术实践和手工技艺与搞科研，在思维方式和工作路线上有不少相似之处。曾溢滔感叹，从小养成动手探索的习惯，对后来的科研工作受益无穷；黄淑帧感言，搞科研需要想象，需要组织能力，需要自己动手完成。所以，他们敬重工匠的创造，也努力让自己具备能工巧匠的专业素养。

曾溢滔一门三杰

1968年1月，曾溢滔和黄淑帧的女儿降生，三口之家，其乐融融。他们的目标，是把女儿曾凡一首先培养成为优秀艺术人才。曾凡一4岁学习钢琴，5岁登台演出，20岁后开个人演唱会，出版个人专辑。在1984年上海举办的首届外国流行歌曲大赛上，她以一头长发、浅笑盈盈的形象登台亮相。绚烂灯光下，她圆润的浑厚嗓音和声乐天赋以及扎实的英文演唱功底，惊艳四座，获得这场大赛独唱第一名。1993年，曾凡一原创的《红帆》拍成了MTV，在北京获得CCTV音乐大奖。她还拍摄过8部音乐电视，其中的一部是《当我们老了以后》；拍摄中，她的父母亲自上阵

曾溢滔的家庭生活

助演角色，真情打动人心。后来，宾夕法尼亚大学医学院以兴趣广泛、多方位全面发展的优秀人才为招生对象，在美国留学的曾凡一，从六千多名优秀大学生中脱颖而出，成为当年6位攻读医学和生物双博士学位的学生之一，获得全额奖学金。

现任上海交通大学医学遗传研究所所长的曾凡一，学成回国后继承父母的事业，主要从事遗传和生物学研究。2000年1月，上海交通大学医学遗传研究所与上海滔滔转基因工程股份有限公司合作，在松江区石湖荡镇建起了占地200亩的动物实验基地。2009年，曾凡一带领的研究团队与中科院动物所研究团队合作，在世界上首次成功地用诱导性多能干细胞“制造”出具有繁殖能力的小鼠“小小”，从而证明了IPS细胞具有真正的全能性。曾凡一谦虚

曾凡一

滔滔牛

上海交通大学动物研究中心

曾溢滔作报告

低调地说："给小鼠取名'小小'，是希望我们能在这个很大的领域里迈出小小的一步。"然而，就是这小小的一步，引起了世界医学界的很大反响，被美国《时代》周刊评为2009年世界医学十大突破之一，同时入选中国十大基础研究新闻和十大科技进展项目。继曾凡一的母亲黄淑帧是第三届"上海市巾帼创新奖"获得者之后，曾凡一于2009年获得第六届"上海市巾帼创新奖"，随后又于2010年获第六届"中国青年女科学家奖"的殊荣。

看着女儿茁壮成长，曾溢滔、黄淑帧相当欣慰。每当父母夸奖曾凡一时，她常会在父母面前回忆童年的往事，说读小学时，和父母一起吃住在实验室，从小就穿白大褂，跟在父母的身后。如同木匠的孩子生来会钉钉，在实验室里长大的曾凡一，从小就有爱动手、爱艺术、爱科研的天赋。心有灵犀一点通的父母了解自己的女儿，每当听到曾凡一吹奏萨克斯或在谱曲唱歌时，便知她是想累了，正在换一种方式呼唤科研灵感。父母传给女儿的精神财富很多，对父亲那句"假如我是他"的口头禅，曾凡一印象深刻。她在美国攻读双博士学位期间，父亲来信说："总结我几十年的经验，觉得这是一种很好的自我学习和锻炼方式。你可以用这种方法试试当教授、当校长，还可以试试当议员、当总统。这是你的自由权利，也是自我培养、自我提高的有效手段。"按照父亲"假如我是他"的教诲，曾凡一懂得了处处留心皆学问的科学真谛，更学会了换位思考。如今在研究所所长岗位上的她，不忘初心，牢记使命，保持强烈的求知欲和进取心，只争朝夕，踮起脚来摘果子，正在世界科学的前沿阵地上勇闯难关。平凡的曾凡一，却从事着不平凡的伟大事业。这便是曾溢滔一家两代三杰，科研路上放飞中国梦的故事。

丁文江

精密材料科学家　研发一流镁合金

2001 年丁文江在松江创办了上海轻合金精密成型有限公司，该公司充分利用我国镁资源的优势，依托上海交通大学科研资源，致力于镁、铝等轻合金材料在交通，通信和航空航天等领域的应用研究和生产，全面提升轻合金材料应用的技术水平和创新水平，已成为我国高品质镁、铝合金材料及其成型技术研究中心和产业化示范基地。

丁文江，1953 年 3 月出生，中共党员，上海交通大学材料科学与工程学院教授、博士生导师，中国工程院院士。现任轻合金精密成型国家工程研究中心主任，中国材料研究学会副理事长，中国铸造学会理事长，中国镁业协会副会长、上海交通大学校务委员会副主任。“十五”国家科技攻关重大专项“镁合金开发应用及产业化”专家，原总装备部国防安全重大基础研究项目“面向未来武器装备的高性能镁合金基础研究”首席技术顾问。主持完成和承担“九五”“十五”科技重点攻关项目、“973”项目、“863”项目和国防军工项目等三十多项。曾任上海交通大学副校长、上海市科委副主任、上海市科协副主席。

丁文江

丁文江院士长期从事先进镁合金、铝合金材料及成形技术研究，出版专著一部，发

上海交通大学校徽

丁文江在工作中

丁文江谈汽车轻量化技术（镁铝和碳纤维）

表 SCI（核心期刊）论文五百余篇，获授权中国发明专利一百八十余项。培养博士后、研究生一百余人。曾作为第一完成人荣获国家科技进步奖二等奖、国家技术发明奖二等奖、国防工业科技进步奖二等奖、上海市技术发明奖一等奖、上海市科技进步奖二等奖、中国汽车工业科技进步奖二等奖、上海市科技功臣奖、何梁何利奖、中国优秀青年科技创业奖、全国先进工作者、上海市劳动模范、全国优秀科技工作者等殊荣。他将基础研究、应用开发、工程化研究和技术转移有机融合，累计向社会输出技术四十多项。近几年来，科研成果实现技术转移和产业化累计产值逾 5 亿元人民币，对中国乃至世界镁合金研究的发展做出了重大贡献。

丁文江回忆：1985 年某天，一位前辈突然打电话过来，说："铝烧起来了，你赶紧过来看一下。"我顿时感到很讶异，因为铝的燃点超过 1800℃，一般条件下是不可能烧起来的。取样回来检验后，才发现烧起来的这种金属原来是镁。镁来自桑塔纳汽车的生产线。那一年上海刚刚引进这一款德国汽车，人们对其中应用的材料并不熟悉。在陆续走访了国内与材料有关的各大研究机构后，我发现国内竟然还没有专门研究镁的组织和个人。当时镁的研究在中国，几乎是空白！而德国人早已经将其应用在汽车制造上了。自此，丁文江开始关注并研究这种金属材料"镁"。

镁合金是目前实际应用中最轻的金属结构材料，镁的密度约为铝密度的 2/3，钢铁密度的1/4，具有较高的比强度和比刚度、良好的阻尼减震性能、优良的导电导热性能及良好的电磁屏蔽性能，机加工性能也优于铝合金，而且我国是镁资源大国。丁教授经过深思熟虑后，决定要做中国镁材料研究的开拓者！意识到一旦可以将镁应用于工业制造，大量部件将比用钢或者铝制造轻很多，这也就意味着能耗的极大降低。从此之后，丁教授全力投身这一领域，一干就是三十多年。

丁文江指导学生

丁文江在演讲

丁文江认为“有用是材料研究的灵魂”，并在轻合金研究方面始终坚持“瞄准应用”的理念。为了实现镁材料高强度、强耐腐蚀性能等与其可加工性的有机结合，丁文江对材料科研提出了16字的学术思想，即“寓精于料，料要成材，材要成器，器要有用”。为了贯彻“科研瞄准应用”的理念，他先后创建了“轻合金精密成型国家工程研究中心”和“上海市镁材料应用研究工程中心”。并与国内外企业建立了广泛的科研合作关系，包括美国通用汽车公司、美国波音飞机公司等。为了实现镁合金材料的高性能与其可加工性的有机结合，在材料开发的同时，注重其加工技术的开发。例如，基于中国优势资源镁与稀土，开发高性能镁稀土合金材料的同时，也开展了镁稀土合金熔体复合处理、镁稀土合金铸造成形、镁稀土合金塑性成形、镁稀土合金腐蚀与防护等技术研究与开发。首先以开展镁－稀土（尤其是重稀土）系新型合金的强韧化、微观机理与组织演变、耐热机制研究与成分设计为核心，研制出具有国际领先水平的新一代高性能镁稀土合金材料；在此基础上，围绕该类合金的成形关键环节（纯净化、细晶化与组织调控、精密成形）进行一系列技术创新，突破其材料制备、精密成形与表面防护处理等关键工艺与技术瓶颈，形成从基础研究、应用基础研究到技术开发、

丁文江参加上海科普教育发展基金会理事会

丁文江在洛阳特种材料研究所考察指导

产品应用及工程化的全流程研发体系。采用系列原创性工艺、技术与装备，开发出大型复杂军用关键重要部件，实现在国家航天、航空等关键重要部件上的应用。并以军用为主，辐射民用，实现军民融合，促进汽车、轨道交通、通信等民用领域的轻量化及我国镁与稀土工业的发展。这些年，丁文江团队已授权发明专利一百八十余项，并已经将相关技术成功转移给十余家企业。

在丁文江及团队历经几十年不断研发、探索，镁的易腐蚀、强度低和难变形等一系列难题被逐一破解，镁及镁合金性能不断提升，美国波音公司、美国通用汽车公司等许多国际巨头心甘情愿求助于中国“镁”。

丁文江的重点科研成果是：由37套模芯组成的全镁V6发动机缸体，被美国通用汽车公司评价为“国际上首次对全镁缸体、活塞、缸盖进行的研发，取得的成绩具国际先进水平”。日立公司评价耐热镁合金活塞为“高温强度显著优于铝合金，有望成为新一代发动机活塞材料，可实现减重30%”。为波音公司研制民机座椅骨架高强镁型材，为日本NK及丰田通商公司提供的JD系列轻合金制品。“强度镁合金及其国防工业应用”成果获2006年国防科技进步二等奖。

丁文江认为，镁在中国的优质储量世界排名第一，中国现有陕西、山西、海南、辽宁等一些大产地；中国的镁产量第一；中国镁的出口量第一。但是，这“三个第一”终不能让中国人引为骄傲的原因是，这些“第一”的背后缺乏的是中国自有技术和产品的技术附加值。骏马识途，无鞭自奋蹄。正是基于这种责无旁贷、为国分忧的使命感，使他1986年在取得颗粒增强铝基复合材料的熔体

上海科普教育发展基金会第四届理事会第一次会议合影（前排正中为丁文江理事长）

制备专利后，婉拒了日本三菱公司的极力挽留，毅然回到上海交通大学，回到他酷爱的教学与科研岗位上。

在轻型合金研究上，丁文江带领他的科研团队始终恪守“研究课题必须源于产业需求，研究成果要由产业实际应用加以检验”的工作导向，以科学家的睿智加上企业家的精明，在国内率先大力倡导和积极从事镁合金研究。他牢牢把握住中国镁储量资源和稀土资源的独特优势，将镁合金的应用研发做得风生水起。从手机壳体到飞机框架，从血管支架到卫星零部件，丁院士带领其科研团队在攻克一个个课题“山头”、打开技术应用领域中的一扇扇窗口之同时，秉承“做好自主设计，与应用技术相结合”的一贯理念，持续不断地在轻合金领域攻坚克难，带领大家为实现“打造国际上最具影响力和活力的镁合金研究团队和高性能镁合金制品的研发基地”之梦想而拼搏。

为了更好地进行科研成果转化，经国家发展计划委员会批准，由丁文江院士领头，于 2001 年在松江高科技园区成立了上海轻合金精密成型有限公司。公司充分利用了我国镁资源优势，依托上海交通大学科研资源，致力于镁、铝等轻合金材料在交通、通信和航空航天等领域的应用研究与生产，全面提升轻合金材料应用的技术水平和创新水平，已成为我国高品质镁、铝合金材料及其成型技术研究中心和产业化示范基地，为我国高新技术产业做出了显著的贡献。

王林发

全新抗体检测盒　新冠病毒快速测

新加坡《联合早报》2020 年 5 月 16 日报道，由杜克－新加坡国立大学新发传染病研究所所长王林发教授带领的研究团队，研发出 cPass 血清检测盒，1 小时内快速检测到新型冠状病毒（简称“新冠病毒”）“中和抗体”（NAbs）。这也是全球首个快速测探中和抗体的检测，有助于血浆疗法与新冠疫苗的发展，现已投放市场。王林发表示，新冠肺炎患者在染病的数天或一周后，血液内会产生两种抗体——中和抗体及结合抗体。中和抗体只占约 5%，但这种抗体能阻断病毒继续侵入细胞，因此在治疗和疫苗研究方面扮演重要角色。

王林发

王林发，1960 年 5 月 31 日出生于上海松江。曾就读于松江向阳小学（现松江实验小学）和松江东风中学（现松江六中），1982 年毕业于华东师范大学生物系，同年 10 月赴美国加州大学戴维斯分校留学，于 1986 年 6 月获得生物化学、分子化学博士学位，后又从事博士后研究 2 年。1989 年 5 月到澳大利亚莫纳什大学生化系工作。1990 年 12 月起任职于澳洲联邦科工组织（CSIRO）动物健康研究所，1996 年晋升为该所最年轻的首席研究员和课题主任；2007 年起任高级首席科学家和联邦科工组织的 OCE 科学带头人（OCE Science Leader）。2010 年 11 月 13 日，由澳大利亚前任科学院院长提名，被正式选为澳大利亚

松江区实验小学（前身为松江向阳小学）

松江六中（前身为松江东风中学）

技术科学与工程院院士，是目前在澳华人（大陆“文革”后出国留学）中唯一从事生物、医学领域研究的院士。2012 年 7 月起，任美国杜克大学 - 新加坡国立大学研究生医学院新发传染病研究所所长，长期致力于新生病毒研究。新冠肺炎疫情期间，他应邀成为世界卫生组织新冠病毒专家组成员。

王林发博士虽在海外拼搏三十余年，但始终心系家乡和祖国的发展。本次率队成功研发新冠病毒检测，值得松江人民自豪，也更引发了人们对他以往成就的关注。

王林发当选为澳大利亚技术科学与工程院院士

2002—2003 年的“非典”（非典型肺炎）事件曾引起全球恐慌。“非典”是指严重急性呼吸综合征（英语：Severe Acute Respiratory Syndrome，简称 SARS），2002 年 11 月在中国广东首发，并扩散至东南亚乃至全球，北京、香港的疫情一度最为严重；直至 2003 年中期，疫情才被逐渐消灭，形成了一次全球性传染病疫潮。据统计，至 2003 年底，全世界发现 8000 多人感染，近 800 人死亡。王林

全民防范 SARS

发在新生病毒研究方面取得了令人瞩目的成就，尤其在 SARS 病毒方面的研究，更是处于世界领先地位。

最早发现“非典”的地区是中国广东，时间在 2002 年 11 月 16 日前。“非典”名称的提出时间在 2003 年 1 月 21 日左右。“非典”是一种因感染 SARS 冠状病毒而导致的以发热、干咳、胸闷为主要症状，严重者出现快速进展的呼吸系统衰竭，是一种新的呼吸道传染病，极强的传染性与病情的快速进展是此病的主要

果子狸

蝙蝠

华东师范大学

澳大利亚莫纳什大学

特点。但当时没有人知道此病的起因和病源。不久，中国香港和内地科学家合作，在广东市场上果子狸中，找到了和病人身上同源性很高的 SARS 病毒，果子狸被媒体视为 SARS 的元凶。但 SARS 病毒的真正自然寄主仍然未知。2003 年 7 月，世界卫生组织（WHO）特邀王林发及其他七位国际专家来中国与中国科学家一起攻克 SARS 起源的难题。他们追根溯源，发现广东市场中有感染 SARS 病毒的果子狸，但给市场提供货源的果子狸农场里，却没有发现 SARS 感染现象。为此，首次提出 SARS 病毒并非起源于果子狸，而只是中间宿主，将病毒间接传染给人类。

美国《科学》杂志封面（2005 年 10 月）

王林发凭借多年研究蝙蝠病毒的经验，大胆提出 SARS 可能起源于蝙蝠的假设。经多方努力，组建了一个由王林发牵头和协调，包括中国、美国、澳大

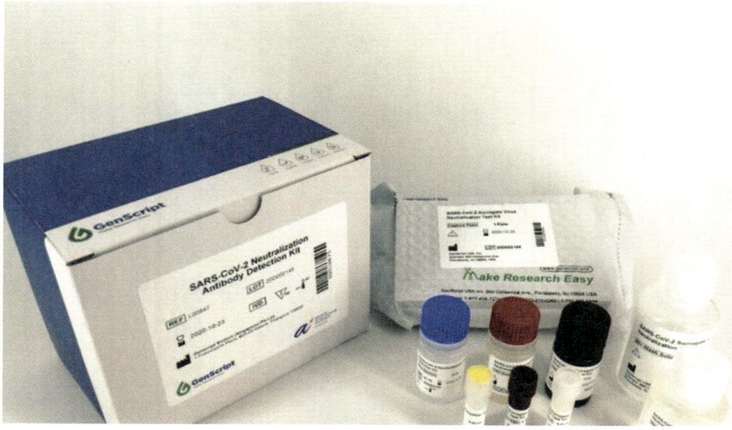

新血清试剂盒

利亚三国五个研究所组成的多学科的研究队伍。经过一年半时间的深入细致调研，发现中华菊头蝙蝠等携带多种“类 SARS”冠状病毒。这一发现进一步证实了蝙蝠是许多人畜共患病的病毒宿主，有些病毒扩散后造成极高死亡率。2005 年 10 月，他们的论文在世界顶尖的美国《科学》杂志上发表，第一次正式宣布蝙蝠作为 SARS 自然宿主的可能性。此后，王林发继续与中科院武汉病毒研究所进行了长期合作研究，于 2013 年找到了进一步证明 SARS 起源于蝙蝠的证据：第一次成功分离到活的蝙蝠类 SARS 冠状病毒，并证明蝙蝠冠状病毒和人的 SARS

王林发（右二）与多学科科学团队部分成员在一起

澳大利亚国家动物健康检测与监测研究所

2001 年版《上海年鉴》

冠状病毒共用人细胞表面的受体分子。另外，SARS 已愈病人的血清也能阻断蝙蝠冠状病毒进入人体细胞，证明这两个病毒的高度同源性。以此发现写成的论文于 2013 年 9 月 29 日发表在国际权威的《自然》杂志上。这一科学研究最终证实了 SARS 病毒起源于蝙蝠，而果子狸仅为“中间传播宿主”，为果子狸“平反”了。该项重要研究成果处于世界领先地位，为预防未来 SARS 爆发奠定了重要科学基础，受到国际舆论的高度重视，各大媒体，包括《纽约时报》和英国广播公司（BBC），对王林发作了采访报道。

王林发领导的科研组的第一个重大发现是澳洲的 Hendra 病毒。人感染此病毒后的死亡率在 50% 左右；同时还能感染马，致死率在 80%—90% 之间。王林发参与的科研组在两年内得出结论：这是一种全新的病毒，1994 年前从未被人发现过。Hendra 病毒起源于蝙蝠，是人类在蝙蝠中发现的第一个生物安全等级 -4（BSL-4）的病毒。基于这一重大发现，国际合作研究组织于 1998—1999 年在马来西亚又发现了一个与 Hendra 有“亲缘关系”的 Nipah 病毒。Nipah 病毒也起源于蝙蝠，可以直接或通过猪传给人，死亡率在 40%—100% 之间。从 1999 年起，该病毒已引起多次疫情暴发，在马来西亚、新加坡、印度、孟加拉国和菲律宾已造成 300 多人死亡。

王林发与他的科研组在过去十几年中还发现了许多蝙蝠携带的其他病毒，如马六甲病毒等十余个，共发表论文三百多篇，他是世界上公认的“蝙蝠源病毒研究专家”。他还担任七个国际杂志的编委，是《病毒学杂志》（*Virology Journal*）的主编。至今他已申请八项国际专利，其中两项已进入国际市场。

王林发还是世界卫生组织 SARS 科研顾问委员会委员。2003 年 8 月，他作为世界卫生组织专家组成员回国进行“SARS 病毒宿源”的考察研究，受到卫生部、科技部、农业部和广东省政府的接见。2007 年，他应邀在悉尼受到当时的中科院副院长（后任卫生部部长）陈竺的接见，并被聘请为中科院新发传染性疾病研究中心科学顾问委员会主席。此外还担任母校华东师大和中科院武汉病毒研究所的荣誉教授。他为祖国培养研究生、博士后，为推动国际学术交流合作做出贡献，得到中国政府的高度认可。1999 年，在庆祝建国“五十周年”大典之时，作为“百名博士归国考察团”的成员之一，参加了天安门广场的庆典活动，还受到了时任国务院副总理李岚清等党和国家领导人的接见。早在 2001 年《上海年鉴》“海外上海人”中记载 10 位有杰出成就、为祖国做出积极贡献的海外华侨和华人，王林发即名列其中。

2017 年，王林发再次与中科院武汉病毒研究所、华南农业大学等单位合作研究，发现 2016—2017 年在中国造成 2.4 万多头猪死亡的致命疾病是一种起源于蝙蝠的新型冠状病毒。这一重大科研发现发表在世界顶尖杂志《自然》上，并使中国的养猪业避免了一次灾难性的经济损失。目前，他又在与国内多家研究机构合作，为控制非洲猪瘟病毒的科研献计献策。

蝙蝠是一类很神奇的哺乳动物，它们占世界哺乳动物种类的 20%，共有一千多种。与其他同样大小的哺乳动物相比，它们的寿命要长 3—10 倍，而且它们得癌症的概率也比其他哺乳动物低。王林发对此又提出了一个大胆的假设：蝙蝠作为唯一具有飞行能力的哺乳动物，它们在九千万年前就与陆地哺乳动物“分道扬镳”，形成了自己独有的一套生物学系统，如果能搞懂它们这种特殊的生物学系统和生存原理，也许人类可以从蝙蝠身上学到许多有关如何控制传染病、减少癌症和延长寿命的秘诀。“大胆假设，小心求证”。王林发正领导在澳大利亚和新加坡的两个科研团队，以“向蝙蝠学习”为座右铭，协同研究，为攻克这一崭新的具有很大挑战性又具有重大实际意义的课题而努力奋斗。

岩洞中的蝙蝠

玖

航天军工篇

朱　玉

红箭导弹耀天光　研制副总是巾帼

朱玉是获得“国家科技进步奖特等奖”的科技专家，2019年已届94岁高龄。朱玉原名胡光镠，1926年出生在松江县城内邱家湾观音桥附近的传统民居里，在观音桥小学上学。孩提时，她在这个山清水秀的鱼米之乡幸福地生活了11年。1937年，侵华日军的飞机狂轰滥炸松江古城，她家避难到了上海当时的法租界徐家汇，一家人蜗居在树德坊3弄2号的客堂间楼上。1948年，朱玉在上海交通大学毕业。那时的上海交大有一批青年学生在该校地下党外围组织的社团活动中认识了共产党，选择了跟党走。在地下党的安排下，朱玉等八位同学秘密地从上海交大后门出发，快速到达十六铺码头，买了通铺船票，领一张席子睡在甲板上便毅然离开自己的父母，离开上海这个灯红酒绿的花花世界，奔赴解放区晋察冀边区，投奔共产党。

朱玉

晋察冀边区政府公营企业部分配朱玉等六个同学到井陉的研究所工作，六人都是理学院的，其中五人是化学系的，朱玉主修数学，选修化学。另外一名工学院电机系的同学分配到了新华电机厂，一名管理学院的同学分配到了机关。同时发给他们棉衣、被褥、鞋子，享受吃中灶、每年190斤小米津贴的供给制待遇。

井陉的研究所是从延安撤离转移过来的自然科学院，所长是早期海归人士王林，副所长是浙大毕业、奔赴延安的老干部华寿俊，工作人员主要是老区的中学生，以及少数北大、燕大等大学的学生，共有三十多人。井陉是个矿区，傅作义的飞机不时来轰炸，所长的夫人在矿区学校工作，不幸身亡，朱玉将新发的棉袄给她穿上入殓。研究所即转移到建屏县太行山，窑洞里，引山上的泉水饮用，烧煤的沙盘为加温器，研究为前方战争服务的项目。朱玉在所长指导下，合成了军需变压器油代用品。1949 年春，北京和平解放，太原随后解放，两位所长调北京参加接管，年轻的“老革命”离职深造，留下的人员出山沟进太原，这些大学生挑起了大梁。在华北兵工局领导开展火炸药火工品领域的课题研究，她的课题是研究代替雷汞的新起爆药。她没有学过这方面的知识，只能在实践中学习。在革命激情燃烧的年代里，人的潜能被极大地激发出来，不久她取得了成果，获得华北兵工局的嘉奖。

松江邱家湾

朱玉、胡光镇摄于邱家湾观音桥附近

1952 年，抗美援朝结束，朱玉和课题组奉命调整到在沈阳的东北兵工局所属第三研究所。沈阳解放比较早，第三研究所占用着日军留下的光学厂厂房，物质条件和科研队伍都比较雄厚，是全国唯一研究炸药火工品的研究所。朱玉的课题是继续研制火工品内装的三种新的起爆药。20 世纪 50 年代中苏友好，所里开办了室主任和技术骨干参加的俄语速成班。不久，来了一位和她同一专业的苏联女专家，名叫扎伊卡娃。她来到实验室，用显微镜仔细观察测量她们研制的起爆药的晶体，最后对朱玉她们说：“你们研制的起爆药晶体比我们国内的好！”专家来华的任务是为我国两个兵工厂生产这三种起爆药定型，朱玉就成为她的助手。工厂没有招待所，客人住在抚顺市里，朱玉住在工厂女单身职工宿舍，睡的是一块木板和两条长凳搭起的床，吃的是大食堂的大白菜土豆加高粱米饭。由于她参加过俄语速成班，还有翻译在，和苏联专家交流和工作时，没有太大困难。但是在设计隔离设备时，遇到了难题，因为专家没有提出结构草图，而这正是她的弱项，甚至是盲区。思虑再三，朱玉决心征服它，于是就养成了夜半醒来头脑特别清醒时思考问题的习惯。碰巧有一次她去医院看牙病时，注意到灵活的医疗设备结构是球形的，这一下子触动了她的灵感，马上就和工厂设计人员研究，画出图纸，完美地解决了问题，攻克了难题。工厂和研究所结合，相继完成了抚顺和重庆两个工厂的生产定型任务。

朱玉起初在华北兵工局所属单位工作。中华人民共和国成立后，研究所迁往太原、沈阳，最后到了西安。研究所建有国家级重点实验室，她在那里继续搞军品科研。朱玉投入军品科研工作，一干就是 41 年。其间，曾先后获得华北兵工局颁发的刻有“勤劳功伟”四个字的奖章、1954 年的沈阳市劳动模范奖章和奖状、兵器工业总公司的特别荣誉奖奖状、国防科工委的荣誉奖章和奖状。1955 年，曾作为优秀青年知识分子代表当选为辽宁省第一届人大代表，参加了第一届辽宁省人民代表大会。朱玉曾担任原五机部 213 研究所副所长、科技委主任，以及红箭 -8 反坦克导弹副总设计师。1987 年，离休前一年，荣获“国家科学技术进步奖特等奖”。2016 年归根回到松江养老的朱玉，在回忆文章中描述的情景，凸显出那种大国工匠的气度和风范。

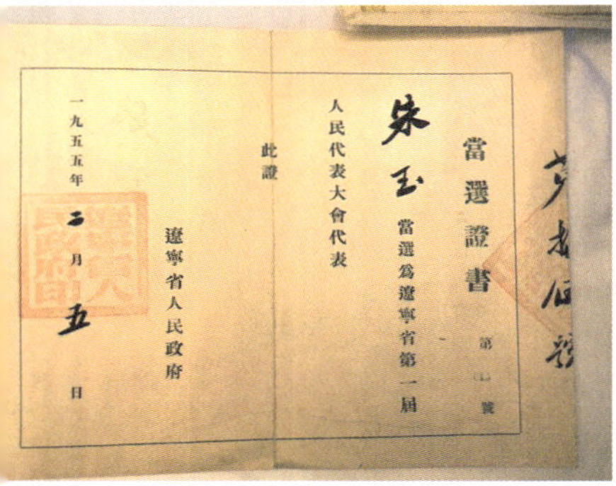

朱玉辽宁省人大代表证书

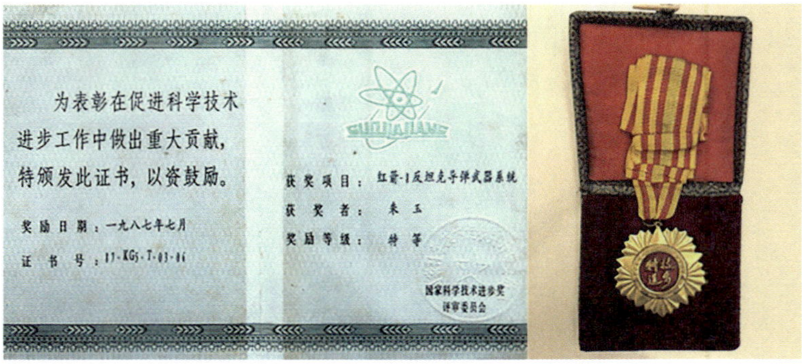

朱玉获科技进步奖特等奖证书

给朱玉留下最深印象的是苏联提供的第一代东风、红旗上游导弹的资料是工艺部分，没有设计部分。兵工系统负责配套的炸药火工品的配套协作任务。不久因苏联毁约，研究所便开始组织进行“反设计”工作，知其所以然，掌握其设计原理和工艺过程的关系，配合试制生产。而反设计的措施是科学巨匠钱学森提出来的，钱学森曾经几次来所里给研究室主任、技术骨干讲解火箭推进剂的种类，固体和液体推进剂的区分，还介绍了系统工程理念的重要性，系统工程的理念从那时起就开始深深印记在她的脑海里。

《松江新城》2019 年第四期封面

胡光镇到泰康之家·申园探望姐姐朱玉

朱玉记得原子弹上马之前，上级先调走了所里一名搞火工品的老工程师陈作印到二机部第九研究院，为协作配套做前期步骤，原子弹的爆炸采用了我国核科学奠基人王淦昌院士的爆轰裂变方案，需要高能炸药和快速电雷管，上级向研究所下达高能炸药（142）和快速电雷管（24−1）研制任务，由朱玉工作的有关工厂生产，并由她的研究室承担了快速电雷管（24−1）的研制。王淦昌院士经常来所检查指导研制工作，他的助理钱晋长驻在所里，还派有一个科研小组来研究室合作，建立和形成了严格、严肃、严谨的工作规程和氛围。火工品是爆炸、点火敏感的高危产品，一旦麻痹大意，防护不当、过量、未隔离，均可能引爆，因此必须万分小心。

卫星配置的火工品要复杂得多，资料介绍，美国的阿波罗探月装配了 145 个火工品。卫星除了入轨前的发射点火，助推分离，星箭分离，整流罩分离外，还有入轨、变轨、返回等姿态调整，每一个动作都需要一个特定的小发动机和相应的火工品点火来完成。例如：曾发生过，杨利伟乘坐的返回舱着陆时落地速度太快，触地弹起时话筒磕破了杨利伟的嘴唇。后来增加了一个反向推力的

晚辈陪朱玉、胡光镇寻根

朱玉兄弟姐妹合影
（左起：朱玉、胡光镇、胡光锐、胡光锑）

小发动机，使之软着陆。卫星太阳能帆板展开采用的火工品一直是朱玉所在单位的213所研制并生产。

朱玉离休前最后的科研任务是担任红箭-8反坦克导弹的副总设计师。总师组有4名副总师，她负责的是火工品系统。20世纪60年代末“珍宝岛事件”之后，五机部决定上马反坦克导弹，仿制并赶超美国的“陶式”导弹。朱玉被邀加盟总师组，是年龄最大的，她带去了参加“两弹一星”有关系统工程和可靠性的重要理念，推进了研制工作的质量。1984年，国庆35周年阅兵时，红箭-8反坦克导弹亮相天安门广场，该项目获得了1987年的国家科学技术进步奖特等奖，“红箭-8”的可靠性能和价格都优于美国和法国的同类产品，是军品市场的首选。

说朱玉——胡光镮，就无法绕过同样功勋卓著的中国工程院院士、工程与通信技术专家——她的弟弟胡光镇。胡光镇先后在民航局、电子部和总参等研究部门工作，历任主任工程师、总工程师及研究员等职务。弟弟胡光镇跟姐姐朱玉一样，也获得了“国家科学技术进步奖特等奖”，只是时间晚一点，是在1996年，并于2001年后又获得“国家科学技术进步奖一等奖”等奖励，著有数十篇学术价值较高的论文和研究报告。他们姐弟共四人，都是中共党员。另两个弟妹在各自领域都取得了不凡的成就。

李文埮

核材料专家　科研耀年华

2007 年，一套由化学工业出版社出版的“核材料科学与工程”系列图书全部出齐。在出版社举办的首发式上，来自核工业领域的 13 位院士、五十多位专家学者共同回顾 7 年来写书、编书的艰辛，并畅谈了我国核工业发展的前景。《核材料科学与工程·核材料导论》是此套丛书之一，作者李文埮。本书专题介绍轻水堆核电厂燃料元件的设计与制造。包括轻水堆燃料元件基本概念，轻水堆燃料元件设计和制造的法规标准，压水堆和沸水堆燃料元件设计，压水堆和沸水堆燃料元件制造，燃料元件设计和制造中的质量保证以及轻水堆燃料元件的研究现状与发展。编写导论体现了李文埮对核材料的专业水准和重要贡献。

李文埮

《松江科技志》介绍：李文埮历任中科院冶金研究所实习研究员、核工业部原子能研究所研究室主任、所科技委副主任等职。早期开展核反应堆材料的使用性能及其辐照效应的研究，后期从事核燃料的制备工艺研究。1970 年以来，率领课题组建成了国内第一个钚燃料实验室，还参与核潜艇用核料辐照行为研究的组织领导工作。1980 年后，又建立了激光热导仪。近年来还承接国家高技术项目——快中子堆金属燃料的研制，以上科研成果均直接应用于核工程，为我国核反应堆事业做出了重要贡献，

李文琰先生主编和合编的专著、百科全书和辞典

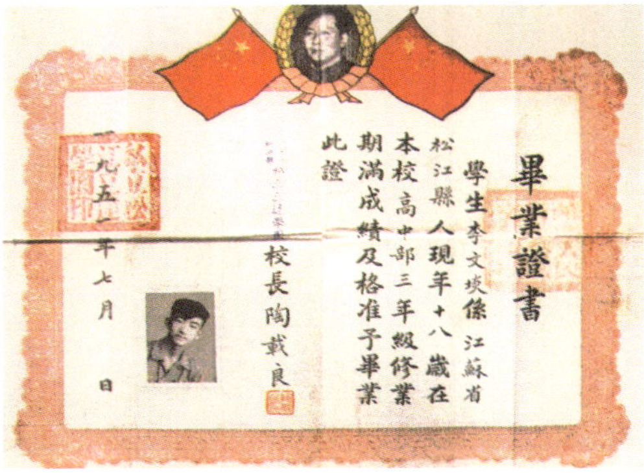
畢業證書

學生李文琰係江蘇省松江縣人現年十八歲在本校高中部三年級修業期滿成績及格准予畢業此證

校長陶載良

一九五一年七月 日

立达学园毕业证书（《代有才人》）

李文琰在意大利罗马参加核燃料标准学术年会（背景是中国驻意使馆）（《代有才人》）

曾获得国家科学大会奖、部级科技进步奖。撰写科学论文八十余篇，百科全书几万字，编著《核材料导论》（2007 年），还编著《材料科学理论》《陶瓷学原理》及《核反应堆材料（英文版）》等讲义，译作《手套箱技术》。为表彰他在原子能科学技术中做出的突出贡献，享受国务院特殊津贴。

1933 年 12 月李文琰生于松江，先后就读于祭江亭小学、永丰小学、王子彝先生私塾、松江县立中学，1951 年私立立达学园高中毕业。1952 年 9 月考入复旦大学物理系，1956 年 7 月毕业。当年 9 月，被国家统一分配到中国科学院自动化研究所，1957 年 1 月，调入中国科学院冶金陶瓷研究所，参加金属 X 射线衍射分析研究。1958 年 1 月，下放上海西郊农村劳动锻炼。1959 年 1 月，调入中国科学院原子能研究所，在王竹溪（著名物理学家）和李林（著名地质学家李四光的女儿）任正副主任的材料研究室工作，直至退休。

1996 年退休后，李文琰继续自己的追求和梦想。1998 年受单位聘用，他申请了“MOX 燃料可行性预研”课题，在该研究成果的基础上，于 1999 年至 2000 年又提出“MOX 燃料元件技术研究”课题的申请，当年年底获得了批准。合作单位有国营四〇四厂（甘肃）和第五研究设计院（河南）。根据项目要求，从2001年起的5年内，在四〇四厂建设一座“MOX燃料制造实验室”，于2005年建成后因故未能投入研究，2010年该项目列入了“十二五”规划，并扩建“MOX燃料元件制造厂”，总投资3.6亿元，于2016年完成。直至2008年，他还受聘于核工业研究生部，兼任核反应堆工程教研室主任，并讲授“核材料科学”和“陶瓷学原理”课程。他指导研究生十余名。

李文琰和家人在一起（前排李文琰夫妇，后排为其女儿和外孙女）

李文琰在纪念文集《岁月如歌》中说：“我们这个所的所长钱三强，副所长王淦昌、彭桓武等，都是著名的原子物理学家。20世纪50年代中期，苏联为我国援建大型核设施——重水型实验核反应堆和回旋加速器各一台，地址选在北京房山县北坊村。从1955年起，该核基地（后称为二部，中关村原址称为一部）开始建设，到1958年，仅用了两至三年时间，研究所已初具规模。旋即，国家决定与苏联合作研制核武。毛主席批示：要大力协同做好这件事。于是，全国有关部门对此工作便大开绿灯，并在全国动员抽调工人、技术人员和管理干部。所里的工作重点逐渐由中关村转移到房山县北坊村，我就在此背景下来到了科学院总部，被分配在反应堆材料研究室。主要从事核材料的热物理性能测量和中子辐照效应、核燃料制造工艺等研究工作。我们首要的研究任务是建立UO_2粉末比表面积、块体密度和热导率的测量手段。”

李文琰在书房（《代有才人》）

1959年10月，李文琰在组长张肇源带领下，用相对法测出了在100—800℃温度范围内二氧化铀（UO_2）的热导率，为国内提供了第一批核燃料热导率数据。1960年中，他与郁金南在调试中，绝对法热导仪的高真空、单向热流和稳态相继达到预定水平，测出了在100—700℃范围内不锈钢的热导率，数据准确度达到国外同类工作水平。他们在实验室挑灯夜战，在星期日加班加点，紧张工作

测出二氧化铀高温热导率的导热仪（李文琰提供）

与学习，潜移默化地培养了良好的科研作风。1960年，苏联撕毁合作协议后，部设计院决定自主设计，堆用材料改由国内生产。在任务紧迫的情况下，部里成立了“慢化剂石墨生产攻关组”，他是成员之一，他向设计院提出了“石墨辐照效应”研究项目。

1959年至1961年，李文琰参与“核材料热物理实验室”的建设，并承接核材料的热物性测量任务，其成果填补了我国核材料热物性数据的空白。1961年至1963年，他承担“核材料辐照技术”课题研究，与同事张昭粤合作，用自制的Al–Co合金箔做中子探测片、β放射线绝对测量的方法，成功地测得被辐照试样的热中子注量，为研究室解决了长期困惑的技术难题。他又与同事李耀鑫合作，应用四探针技术在核反应堆内实现了边辐照边测量石墨的电阻变化。该技术的掌握不仅展示了核材料中辐照效应的动态表象，而且破除了人们对堆内测量物性的神秘感和恐惧感。

1962年至1965年，李文琰参与“(钚)生产堆用石墨的试制”任务，并承担“国产石墨和苏制石墨中子辐照尺寸效应研究”项目。还参加了由吉林碳素厂(承担石墨试制)、中科院应化所、中科院金属所和他所在的分析检验所组成的联合攻关组，成功试制出可与苏制石墨媲美的国产堆用石墨。又与同事王起瑞、申树棠合作，用低中子注量辐照后石墨的尺寸变化数据，结合由溴化长大技术模拟石墨长大的各项异性结构因子，再通过理论计算，获得了石墨在使用寿期内，纵向和横向的尺寸变化数据，为石墨核反应堆的砌体设计和安全运行提供了重要依据。

1967年至1972年，他承担了“钚粉末冶金实验室”的建设任务。1965年上级下达“快中子堆研究”任务。为了提供中子堆研制所需的铀钚混合材料，他提出了“建立钚粉末冶金实验室”项目申请，后经中央批准立项。在该项目实施过程中，全组十人齐心协力，顽强拼搏，解决了三大关键技术。该实验室建成后，

钚粉末冶金实验室外观（《代有才人》）

经过调试和冷模拟实验，各项指标都达到设计要求。

1979 年至 1982 年，他承担了“核燃料二氧化铀（UO_2）测量”的研究任务。UO_2 是当今核发电用压水型核反应堆普遍使用的核燃料，其高温热导率是堆总热能产生和输运设计中的重要参数。他与崔广余、张莉丽等合作对仪器作了多项技术改进和条件修正，选用了高灵敏度的 Pbs 探测器、高精度的自动记录仪，测出了在 573—2773K 温度范围内 UO_2 的热导率，并对其热传导的物理机制做了科学分析。这在国内尚属首次。1987 年至 1991 年，他承担了国家“863”高技术计划能源领域“快中子增殖堆”课题中“金属核燃料”支课题的研究任务。

在“中国原子能科学研究院反应堆事业五十年”纪念文集《岁月如歌》一书中，李文埮撰写的文章有四篇，分别是《筚路蓝缕　励精图治——材料室物理组往事纪实》《全力以赴　争创佳绩——生产堆用石墨辐照任务始末》《一个未了却的心愿——记钚粉末冶金实验室建设》《饮水思源　虔心抒怀——追忆王竹溪、李林先生二三事》，内容翔实，情真意切。

1951 年毕业于立达学园高中的李文埮，在 20 世纪 90 年代末，携手多位老校友，反复与松江区领导联络、切磋，竭力促成了将松江三中恢复为“立达中学”，体现的不仅是一份感恩与怀旧情愫，更显示的是一种使命担当与社会责任感。

李文埮曾获得的荣誉主要有：部级科技进步奖二等奖两项（石墨辐照效应、色谱法比表面仪）；部级科技进步奖三等奖一项（UO_2 热导率测量）；化学工业协会奖一等奖一项（《核材料导论》），并获优秀科技图书一等奖。

蔡竹青

研制航空时钟　贡献国防事业

松江编撰的《劳模风采》记载："蔡竹青，男，1933 年 8 月生。1959 年被评为上海市先进生产（工作）者，同年又被评为全国先进工作者，1978 年被评为全国科技先进工作者。大学学历，高级工程师，上海大华器械有限公司总工程师。"蹊跷的是，从互联网上查到，设在西安的轻工业钟表研究所，也有个叫蔡竹青的研究人员，且也曾屡获技术奖项，而松江这本《劳模风采》书里却不见此种表述，让人疑惑：难道是同名同姓的两个人？幸运的是，经打听得知现年 86 岁的蔡竹青就住在上海市区，马上联系，方弄明白，西安与松江工作的是同一人。同时我们也知晓，蔡竹青还是个填补了国内航空时钟技术空白的专家。1978 年 3 月 19 日《人民日报》头版头条报道的具有里程碑意义、象征着"科学的春天来临"的"全国科学大会在北京隆重开幕"的消息中，蔡竹青与王淦昌、贝时璋、朱光亚、华罗庚、苏步青、陈永康、钱三强、钱学森等众多著名科学家一起坐在主席台上。

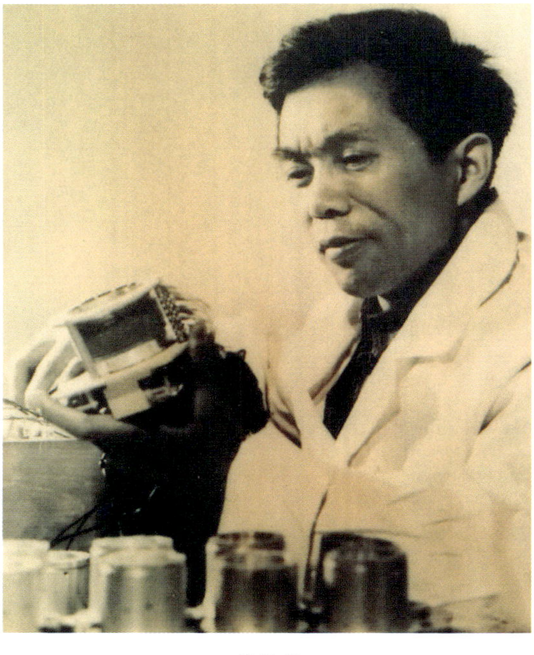

蔡竹青

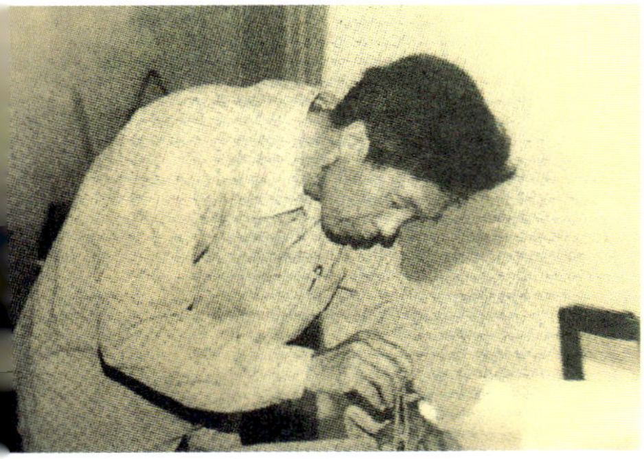
蔡竹青在工作中(《劳模风采》)

蔡竹青在大华器械有限公司车间内检查设备运转情况（蔡竹青提供）

1988年10月1日，蔡竹青获国防科工委颁发的“从事国防科技事业二十五年荣誉证书”和“献身国防科技事业荣誉证章”。由蔡竹青提供的一份轻工业钟表研究所2003年2月发给上海市松江区人事局、社保局《关于蔡竹青同志历年获奖情况的证明》，引录如下：蔡竹青同志于1984年调上海市松江县松江镇工业公司前是我所副所长、高级工程师。在钟表行业工作期间，为轻工军工配套做出了突出贡献。1997年解放军出版社出版、中国人民解放军历史资料丛书编委会编著的《军事工业・轻工》一书第698页计时专业，综述了蔡竹青同志的情况。蔡竹青，1933年8月生于江苏省启东县，1948年参加工作，1966年毕业于上海黄浦区业余工学院，中共党员。曾任上海手表厂608军工车间副主任、西安风雷仪表厂科研组副组长、轻工业部钟表工业科学研究所领导小组成员、副所长等职。1960—1963年，他主持017脉冲计数器的研制工作，解决了计数机构可靠性问题，参与和组织301航空时钟和105快艇钟的技术攻关。1964年分别获得国家科委、国家计委、国家经贸委颁发的军工新产品三等奖和两个一等奖。

航空时钟是指示各时区现在时间、航行时间等供飞行人员掌握精确时间和领航计算用的计时装置。机械式航空时钟的构造原理和一般时钟相似，但在结构上要能适应航空的恶劣环境条件。301时钟曾经广泛应用在早期国产飞机上，如歼五、歼六等。因为可靠性高，在核试验等部门也得到广泛应用。

1965—1971年，蔡竹青参加设计308航空时钟，1983年获轻工业部科技进步二等奖。1968—1975年，负责设计并研制成功318时间控制机构，应用于我国返回式人造卫星的时段控制，准确无误，保证了卫星按预定计划返回地面。1978年该产品获全国科学大会奖。1978—1980年，又对318时间控制机构进行

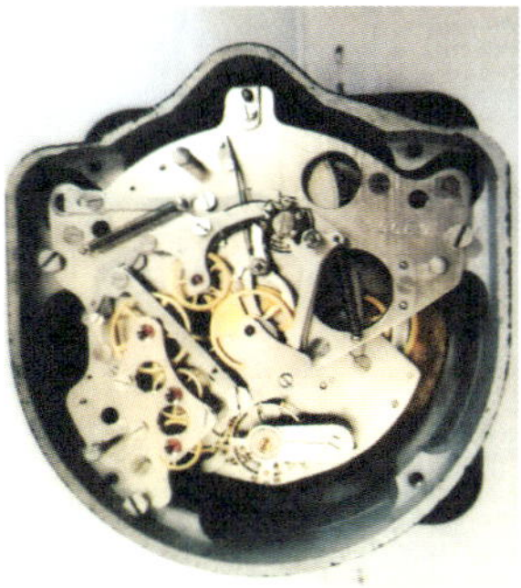

308 航空时钟内部结构
（蔡竹青提供）

308 航空时钟外形
（蔡竹青提供）

蔡竹青在装配调整 308 航空时钟精度（蔡竹青提供）

了改进，研制成功自动上弦的 362 时间控制机构，获 1981 年轻工业部科技成果二等奖。曾为 1985 年获国防专用国家科学技术进步奖特等奖“尖兵一号”可返回型卫星生产配套产品，此外，还研制成功用于核武器试验的 24 小时定时器等。

1978 年初春，蔡竹青受邀紧急赶往人造地球卫星发射场。他要对卫星中的一个重要部件进行缜密的检查。经过反复检查，直到确信没有分毫差错为止。随着一声震天动地的轰隆巨响，那庞大的黄色人造天体压倒狂风的呼叫，冲破寒流的阻拦，闪耀着绚丽夺目的光彩，向着星空疾飞而去。发射场的人群欢呼着，跳跃着，蔡竹青也激动得不能自已。然而胜利的喜悦还在眉梢，不可名状的忧虑却已袭上心头——卫星顺利上天，说明用于发射的各种机件性能良好。但收回又怎样呢？他和同事们呕心沥血所设计、制造的“人造地球卫星回收时控仪”，对卫星安全回到地面，起着发号施令的作用。如果“司令”中风失哑，或者结结巴巴，精兵强将不是失去指挥，就是乱了阵脚，战略目的将化为泡影。在发射

1978 年全国科学大会奖状

基地的休息室里，人们的耳膜里不时传来卫星发出的《东方红》乐曲和它的行动信息。这是人世间最美的音乐，却不能陪伴蔡竹青安然入睡。随着卫星返回地面时间的临近，他的心越吊越高，思维机器转动得比卫星运动的速度还要快……

蔡竹青在单独测试正常之后，又进行了联机试验。他清楚了解当卫星在轨道上完成任务后，要返回预定地面时，途中各种姿态的动作全由 318 时间控制机构发出指令，其中有：（1）相机胶片暗道关门；（2）起旋火箭点火；（3）制动火箭点火；（4）消旋火箭点火；（5）过载开关母线接通；（6）胶片暗道解锁；（7）弹射后盖和制动火箭，信标机和应答机开机；（8）弹引伞和拉开减速伞；（9）减速伞脱离拉出主伞。9 个指令时间的控制必须百分之百的正确和可靠，如果其中任何一个信号有差错，就会使卫星不能按计划返回，使整个工程前功尽弃。“卫星收回来啦！”随着值班员的一声呼叫，蔡竹青的心才终于放了下来，露出了难得的笑容；身边的人们不约而同地向他送来了热烈而由衷的祝贺话语。

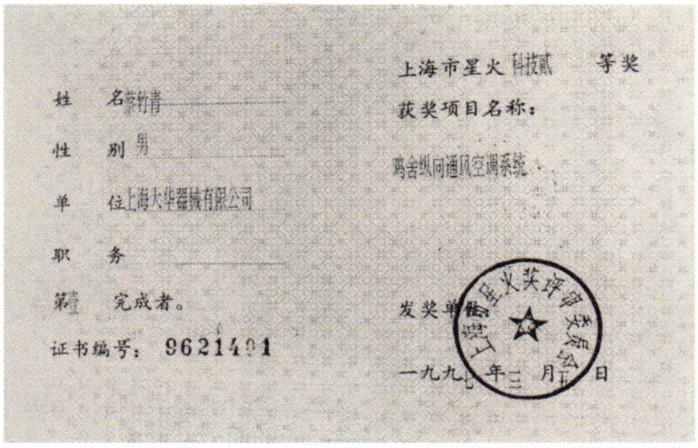
姓　名蔡竹青
性　别男
单　位上海大华器械有限公司
职　务
第壹　完成者。
证书编号：9621401

上海市星火科技贰　等奖
获奖项目名称：
禽舍纵向通风空调系统
发奖单位
一九九[illegible]年三月[illegible]日

上海市星火科技二等奖

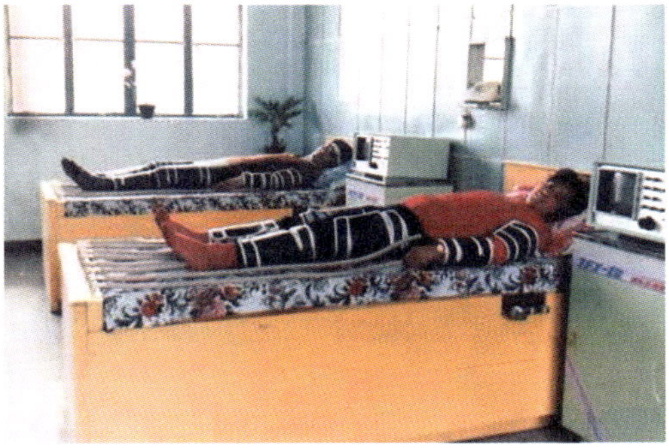

蔡竹青研制的医用体外反搏器

通过现场实际操作实验，蔡竹青发现 318 时间控制机构还存在一些不足。后来研制的 362 时间控制机构比 318 时间控制机构有几个方面的改进：（1）由手工上发条改为电动上发条，上满发条后由目测改为信号指示，操作人员不必再爬上高塔上发条了；（2）起动继电器由垂直改为侧向，防止离心力的自启动；（3）止动轮由端面改为径向，并加大行程，使工作可靠；（4）外壳由铝合金改为塑料，减轻了重量；（5）双零位时间由原来临时设置加工，改为任意可调；（6）输出触点簧由平面接触，改为导槽接触，更加可靠稳定；（7）信号盘与条盒轮组成一体，缩小了体积，并采用两端支承，增加了轴的强度和可靠性。

362 型时间控制器

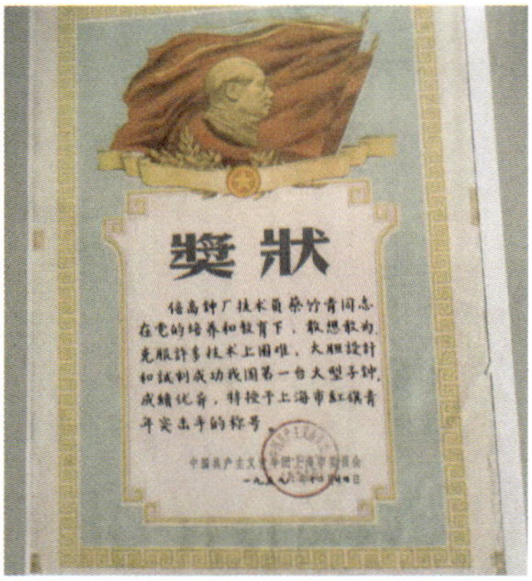

上海市红旗青年突击手

蔡竹青 15 岁进上海倍高钟厂当工人后，就废寝忘食钻研业务，并夜以继日研读业余中学、业余大学课程，不到几年就成为上海钟表行业的先进模范人物。从 1957 年起，连续获得市青年突击手等称号。1959 年，被抽调到北京，参加十大建筑工程，和攻关组同志尽心竭力设计、制造出中国式的第一座四米塔式大型子母钟，安装在北京火车站大楼上，填补了我国制钟史上的空白。是年，他被授予上海市社会主义建设先进工作者称号，并出席全国先进生产者代表大会，参加了上海市和全国群英会，受到周总理的接见，并荣获工人工程师的称号，那时才 27 岁。1985 年 7 月，被轻工业部授予轻工业军工配套工作先进个人称号。

1985 年后，蔡竹青在松江担任大华器械有限公司总工程师十多年，尤其在 1994 年—1996 年期间，由航天局提供材料，并克服了设备和工人专业水平等种种困难，建造与修复航空等时钟百余台，均在松江照相机零件厂设计和生产，该批人造卫星返回地面的时间控制器（362B）经航天部审核通过，除了极小部分外协，主要在松江照相机零件厂与冯惠民高级工程师等合作完成加工、装配、调试及交货过程，蔡竹青扎根松江继续为航天事业做贡献。他还为松江几家工厂研制多种配套机械，获上海市星火科技二等奖；还研制成医用整体封闭式“体外反搏器”，该器械得到上海市心血管专家的肯定，认为达到了国内先进水平；设计了 10 万大卡热风炉，生产了近 1000 台。1988 年、1990 年、1992 年，蔡竹青连续三次被松江县、松江镇评为在两个文明建设中做出优异成绩的优秀共产党员。2019 年 9 月，获得国庆七十周年纪念章。

东　涛

研发军用特种钢材　用于水面舰艇壳体

东涛，原名陈家骏，1937 年 7 月生于松江，2019 年 7 月卒于北京。1957 年毕业于松江一中，1962 年毕业于东北大学机械工程系金相热处理专业，1973 年 3 月任命为海军水面舰艇用钢专业组组长，1986 年 5 月任命为 945 钢研发项目技术总负责人，1992 年 12 月享受国务院特殊津贴。他是我国低合金高强度钢学术领域卓有成就的带头人之一。东涛于 20 世纪 80 年代，为海军现代化主持研发了水面舰艇壳体 945 钢，成功用于舷号为 112 和 113 中国第二代 052 型导弹驱逐舰。他所研发的新材料，建造了包括最新 056 型导弹护卫舰和 052D 型第三代导弹驱逐舰、081 型大型综合补给舰和 071 型两栖登陆舰等 240 余艘在役舰艇。在 052 工程研制工作表彰会上，海军首长赞誉 945 钢体现了中国特色、中国精神和中国气魄。

东涛

东涛组织研发生产的 945 钢，制造的 112 “哈尔滨号” 和 113 “青岛号” 中国第二代 052 型导弹驱逐舰，均为江南造船厂制造的姊妹舰，两舰被誉为 “中华第一舰”。112 “哈尔滨号” 导弹驱逐舰，1994 年 5 月服役于北海舰队，国外称之为 “旅沪” 级。2000 年 5 月 15 日由 113 “青岛号” 导弹驱逐舰和 “太仓号” 综合补给舰组成的中国海军舰艇编队，从青岛军港解缆起航，开始了人民海军历史上首次环球航行。“青岛号”舰自服役以来，先后十余次完成演习等重大任务，两次荣立集体二等功，一次荣立集体三等功，成为一柄所向披靡的“海上利剑”。“旅沪”级 112“哈尔滨号”和 113“青岛号”舰，为中国海上力量发展做出了卓越贡献，毫无疑问被载入中国海军的发展史册。052D 型防空导弹驱逐舰，即 052D 型驱逐舰，是中国人民解放军海军建造的第三代导弹驱逐舰。首艘 052D 型驱逐舰于 2012 年 8 月 28 日下水，由上海江南造船厂建造。随后又有 2 艘 052D 型驱逐舰分别下水。056 轻型护卫舰即 056 型护卫舰——“蚌埠”舰(江岛级轻护卫舰)，是中国人民解放军海军于 2012 年 8 月 10 日下水的第三代多用途轻型护卫舰，本级舰以近海防御作战为主要任务，成为中国第二线近海防御的主力舰艇。

东涛于 1962 年分配到钢铁研究总院工作，在钢铁研究总院，他师从我国特殊钢奠基人和工程用钢研发的先驱刘嘉禾，全身心地从事材料工程的新技术、

112“哈尔滨号”导弹驱逐舰

113“青岛号”导弹驱逐舰

052D 型防空导弹驱逐舰

纪念“哈尔滨”号导弹驱逐舰访问俄罗斯而设计的纪念封

新工艺基础研究，在研制总结、钢种定型、实船建造工程中，一年间有好几个月奔波在钢厂生产线上，或蹲点在造船厂船台上，甚至与工人同吃同住同劳动同研究，积累了第一手资料，为提高和改进设计打下基础。军工产品要求提高钢的强度十分重要，但钢的韧性也同样重要。研发课题是全力确保945 钢的韧性，不仅要保证以往采用的 903 和 908 钢的静态韧性，更要解决在攻击时的动态韧性，破天荒地采用断裂力学测定和韧性向转变温度途径两大类方法，对 945 钢的落锤试验和裂纹源爆炸试验；应力疲劳、高频腐蚀疲劳等手段探讨短裂纹疲劳特性及不同温度下（77−280° K）应变速率，进行裂纹稳态扩展和低温下的屈服特性及其微观机制的研究，达到迄今世界上同强度级别的水面舰艇用钢的韧性标准，达到世界标准，这是运用“弯道超车”取得的重要成果。1988 年 8 月召开“七五”国家科技重点攻关项目“945”钢和配套焊接材料研制及其应用研究鉴定会议，要对合金设计的论证，半工业和工业试制，钢的各类性能的测试、焊接、火工及水火工艺试验和模拟结构试验的全过程，还有规范标准部门、舰体设计部门，以及海军主业的综合评价。在两年半攻关中，完成了十二大类 286 项次试验研究工作，取得近 20 万个数据。研究内容广泛深入，是我国自 20 世纪 50 年代以来海军舰艇用钢研制中前所未有的，945 优质钢材研发仅用时两年半时间，在新钢材研发中极为少见，优质新钢材建造新舰艇，为海军现代化建设做出了新贡献。

松江一中

东涛与导师刘嘉禾

东涛先后承担国家重点科技攻关课题 18 项，研制过桥梁、船舶、工程机械、压力容器和油气输送管线用钢铁新材料。东涛除了研发 945 钢材外，还参加了901 和 902 钢的研制；20 世纪六七十年代完成了 903 钢和 908 钢的开发，该钢种为建造海军 021 型第一代导弹快艇和 051 型第一代导弹驱逐舰用材，做出了重大

本钢集团

贡献。他曾获得国家科技重大成果的科学大会奖、国家科学技术进步奖二等奖一项、省部级科技进步一等奖两项、二等奖两项和三等奖两项。东涛发表论文二百余篇，参与了《机械工程手册》《中国大百科全书·矿冶卷》《中国冶金百科全书·金属材料卷》《高技术新材料要览》《中国材料科学与工程手册》等编撰工作，完成了《钢铁——国民经济支柱材料》《钢——组织与性能》《八十年代合金钢》《低合金高强度钢》等书的编著。他是享受政府特殊津贴的教授级高级工程师，1995 年被国家计委、国家科委、国防科工委和国家经贸委评为军工配套协作先进工作者，获得了 1996 年度光华科技基金一等奖，1997 年又获 052 工程研制工作贡献一等奖，1998 年这项成果再次被评为国家科学技术进步二等奖。20 世纪 90 年代初，东涛离开了科研第一线，到钢铁研究总院科技委员会和中国钢研科技集团公司总工程师办公室从事科技管理工作，继续发挥余热。"九五"至"十二五"期间，他先后为宝钢、本钢、安钢、包钢等 17 家钢铁企业，编制钢材品种结构调整方案，或编制钢材新品种开发规划和科技发展规划；为山东省莱芜市政府、内蒙古达茂旗政府、江苏省江阴市政府编制钢铁产业建设规划或钢铁产业发展规划。东涛应邀在马钢、首钢、武钢等 23 家企业，作产业技术升级和钢材品种发展方向和发

1997 年，东涛在巴西利亚参加学术讨论会

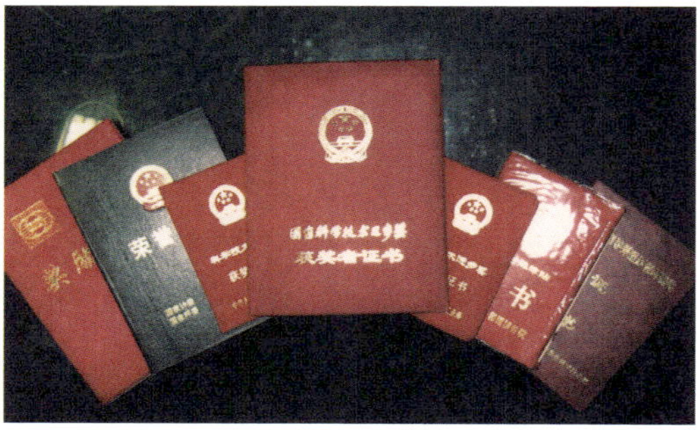

东涛获奖证书

展战略的指导报告，并协助和指导邯钢、马钢、通钢、包钢等地方骨干钢铁企业的钢材新品种的开发，包括改进技术方案、生产规程及供应验收条件等工作。他还协助通化钢铁公司开发了耐候性优良的汽车大梁板和耐缝隙腐蚀的供暖系统散热器用钢板，协助马鞍山钢铁公司开发了耐海洋大气腐蚀的跨海大桥用钢等 24 个钢材品种。

2011 年，东涛受聘江西新余钢铁公司，在国内率先研发成功油船货油舱（COT）用高性能耐腐蚀钢，打破了日本在世界上对该产品的垄断。他应邀作为专家或顾问，参与沈阳市临海经济区开发、湖南省怀化市钒资源综合利用、河北省滦县非高炉炼铁产业规划等工作，提供与钢铁产业及品种生产相关的意见和建议。2002 年，东涛兼任中信微合金化技术中心专家委员会副主任、技术评价委员会主任，先后发表指导性报告 78 篇，在此期间，我国铌铁消费由 100 吨增至 19500 吨，铌钢的年产量由 450 万吨增至 3800 万吨。他坚持不懈地将国际上最新微合金化冶金学理论和先进生产技术介绍到国内来，有力地推动了国内“西气东输”“西电东送”“青藏铁路”“三峡建设”和“南水北调”等重大工程所急需的新型微合金化高强度用钢的开发。在此期间，他发表了《中国含铌钢的开发和生产》《中国微合金化钢新进展》《钢材品种结构调整——从微合金化起步》等数十篇专题报告，并编著约八十万字的《中国铌钢技术发展史》，认真总结了国内钢铁企业开发微合金化中的经验和教训。东涛为中国杰出的国防材料和装备专家，海军舰艇用钢学科带头人，他在海军水面舰艇壳体用钢领域投入毕生精力，为我国的冶金工业做出了卓越的贡献。

1991 年东涛在苏联考察

东涛（2005 年夏摄于北京什刹海畔）

庄益明

创研星载电视摄像机　领军医用科技大项目

1958年5月17日，毛泽东主席在党的八届二次会议上，以伟大的气魄宣布：“我们也要搞人造卫星。”1970年4月23日22时，第一颗东方红卫星发射成功。不久，中国空间技术研究院立项研制返回式卫星，采用可见光照相手段，把卫星对地拍摄的照片（胶卷）返回地面，使“卫星对地观测”成为航天技术的重要应用领域。在全面完成了返回式卫星01批任务后，1980年，中国空间技术研究院又正式确定在返回式卫星02批上进行卫星对地摄像并实时传输回地面站的试验，这是又一层次的卫星对地观测技术，整个系统研发任务全部交给了庄益明他们单位航天五〇四所，庄益明被任命为首台星载电视摄像机的主管设计师、研制工程组组长，犹如承担了一部史诗般歌剧的主角演员。

庄益明

1983年8月19日，返回式卫星02批第二颗卫星发射成功，我国有史以来第一次收到了卫星对地摄像实时传输图像，充分证明了庄益明他们设计和研制的星载电视摄像机完全成功。随后在1984年和1985年发射的两颗返回式卫星也都获得性能良好的图像。解译判读所获取地面图像的中国科学院地理研究所的同志评价说：“我国卫星CCD遥感的图像质量较美国陆地卫星所拍摄的照片分辨率要高。”至此，星载电视摄像实时传输技术为我国航天事业创造了又一个奇迹，开创了我国空间对地观测图像实时传输的先河，为我国随后的资源卫星、军用侦察卫星等图像传输型遥感卫星的研制积累了实践经验，奠定了坚实基础。这一成果还应用于无人飞机摄取的电视图像实时传输系统，交给中国人民解放军原总参谋部使用。庄益明单位承担的这一卫星电视摄像实时传输试验项目荣获了国家科学技术进步奖二等奖，在中华人民共和国成立 70 周年时，该项目总体部的两名技术负责人获得了国家颁发的纪念章。

地面监视器照片

庄益明，1941 年 1 月 27 日生，松江泖港人。1959 年松江二中高中毕业，考取中国科学技术大学，副校长严济慈讲授物理课，无线电技术课由归国专家中科院电子所室主任陈芳允讲授，庄益明得到了我国一流科学家和学者的培育。1962 年 6 月加入中国共产党，1964 年 7 月毕业留校工作，1972 年 6 月调入航天部第五研究院（也称中国空间技术研究院）第五〇四研究所空间电视研究室工作，科研成果优异，被评为研究员职称。

庄益明中国科技大学毕业照

星载电视摄像机与大家平时使用的电视摄像机是截然不同的，它面临两大不可逾越的参数：一是卫星轨道高度在百千米以上，即远距离；二是卫星相对地球的运动速度每秒 7.8 千米，即高速运动，所以它是一种很特殊的非标准成像设备。在如此高速度运动、外太空变幻莫测的状况下，安装在卫星载体上的电视摄像机要获得清晰的地面目标图像谈何容易。基于当时的历史背景，不可能获得国外技术乃至元器件的支持，包括技术资料也只能从所谓的内部图书馆中，少量公开发表的文章报道里看到片言只语，一切依靠国内自力更生解决，研制难度可想而知。庄益明反复奔波在资料室、图书馆里，翻阅各种中英文报刊。一次偶然机会看到美国报道，美国国家宇航局（NASA）发射的陆地卫星（Landsat），于 1972 年、1975 年和 1978 年进行了三次卫星对地

莱阳地面站参试人员集体照

地面站引导雷达和图像信号接收天线

模拟星地摄像传输校飞照片

电视摄像传输试验，采用电真空摄像管（名为返回束光导摄像管 RBV）和划幅式摄像方式，两次失败，一次成功，使他看到了一线曙光。后来又查看到法国报道，针对真空器件在空间应用中的可靠性问题，采用了固体的 CCD 线阵成像敏感器和推扫式摄像方式，有限的资料，使庄益明看到了一丝方向。

“划幅式摄像方式”就是先摄取一幅目标图像存起来，然后电子束扫描这幅图像读出视频信号，随后把这幅图像抹掉。当卫星运动到上一幅图像对应的地面视场边缘时，再摄取第二幅图像，重复上述电子束扫描读出视频信号和再把这幅图像抹掉，准备摄取下一幅图像。如此循环往复，卫星运动对应的地面上一条带状区域连续地被划成一幅一幅的摄像形成视频信号，并实时传输回地球，地面站收到视频信号后恢复成图像并录像记录下来。CCD 线阵敏感器的“推扫式摄像方式”，就是随着卫星运动，对地面上相应的一条带状区域一行接一行地扫描并读出视频信号，传输到地面站恢复成图像并记录下来。两者信号处理和传输到地面站的技术是类同的，但恢复成图像，前者是一幅接一幅积累，而后者则是一行接一行积累。

庄益明带领团队共设计了两套技术方案，专门在电子部安排两个工厂，分别研发和生产用于“划幅式”成像的电真空摄像管和用于“推扫式”成像的 CCD 线阵敏感器，在西安西北光电仪器厂（现为中国兵器工业集团西安北方光电股份有限公司）组建了专业工程组，研制适合太空应用的长焦距宽视野高分辨力光学镜头。两套设备经多次反复研制完成后，先在飞机上进行为期 46 天、共七个架次的模拟星地摄像传输校飞试验，飞机飞行速高比近似于卫星对地运动的速高比，在不同天气环境、不同太阳角条件下，对不同景物进行摄像并实时传输回地面站接收、恢复和记录图像，同时对装在飞机上的星载设备的工作状态进行检测及调控，校飞试验结果非常满意。经综合考虑，项目总体部最后决定，采用 CCD 线阵摄像机做星载试验，并按计划共研制四套，于 1982 至 1985 年每年发射一次，实施卫星对地电视摄像实时传输试验。

西安站观看图像照片

1982 年 9 月，我国有史以来第一次用自己研制的首台 CCD 线阵星载电视摄像机，安装在返回式卫星上，进行对地球表面观测图像实时传输试验，庄益明亲临酒泉卫星发射场，执行技术保障任务。当卫星发射后环绕地球第一圈时，西安地面站电视接收设备只看到电视噪声图像，而没有地面目标图像，但同时又说摄像机工作状态的监测数据均正常。庄益明在酒泉发射场向五〇一部郑总指挥申诉："我们摄像机的光路被异物挡住了！"五〇一部的同志嬉笑说："我们从来没有发生过这种事，你这玩意儿坏了！"当卫星第二圈飞行时，地面雷达站发现在照相窗口外面附近确实有异物，疑似窗口盖板的爆炸螺栓工作异常，没有把盖板完全推出照相窗口，挡住了电视摄像机和胶卷照相机的光路。几天后卫星返回地面，冲洗出胶片后证明了庄益明的第一时间判断是正确的。五〇一部的同志很佩服地说："你们的电视系统很好地完成了监测任务。""庄益明不愧为我国首台和首批星载电视摄像机的设计者和研制者。"

1979 年，中国空间技术研究院第五〇四研究所获得一个公派赴美访问学者名额，通过层层选拔，庄益明以英语考试成绩第一名被录取。1983 年 3 月出国，至 1985 年 9 月在美国德州农工大学（TAXAS A&M University）遥感中心学习和工作。他的合作教授牛顿交给他一项原为美国国家宇航局（NASA）的研发任务，题为"设计和研制由微处理机控制的采用 1024 单元光敏二极管线阵作为敏感器的高分辨力光谱仪"，其目的在于卫星对地面资源目标探测，借助其光谱分布而不是摄取其光学图像作更精准识别。他仅用了不到四个月时间，就突破了其中

在美国做访问学者期间照片

庄益明（左三）与外国同行在一起

两项最关键技术，成功研制出了采用1024单元光敏二极管线阵作为敏感器的高分辨力光谱仪，而且各项技术指标全都达到要求，圆满完成任务。然后他花了近一年时间，从零知识开始学习微处理机控制技术。听课看书做实验，请教美国朋友，最终自制微处理机，自编程序，用于已研制成功的光谱仪，从而全面完成了“由微处理机控制的采用1024单元光敏二极管线阵为敏感器的高分辨力光谱仪”这一研究课题。这一设备可实施从数据采集、处理、存取，再传输到实验室主计算机并打印出对应于探测目标的光谱分布曲线。与同类仪器相比，它的突出优点是光谱分辨力特别高，达到0.6纳米，远高于当时遥感中心自己使用的光谱仪10至2纳米和美国地球资源卫星的100纳米。而且还具有数据处理速度快、精度高、设备体积小、重量轻和无任何机械转动部件的优点，从而可靠性好，更适用于星载、机载和野外使用。此后因遥感中心工作转向，庄益明投入并完成了微波电路计算机辅助设计和电路研制等工作。短短两年半时间，他写出学术论文六篇。庄益明优异的成绩，受到遥感中心主任牛顿教授的器重和校方的重视。副校长兼工程部主任用优厚待遇亲自挽留他，庄益明觉得根在中国，应为祖国建设事业贡献力量，就婉言谢绝了。

1985年10月初，庄益明回国。此时，正值我国科技体制改革时期，搞民品开发，也是国家之急需。医用X线电视设备，是指与X线机配套的电视摄像机和显示器，这种设备在发达国家已普遍使用，而我国必须依靠进口，费用十分昂贵。有位同事与庄益明商量将X线电视设备带到五〇四所研制，庄益明认为借鉴星载电视技术，可以实施该项目研制任务，但有人认为，庄益明出国刚回来搞民品太不值了，他认为只要国家和民众需要就是科技人员的责任。五〇四所组建了“医用X线电视设备研制中心”（简称“医电中心”），庄益明被任命为中心主任。医电中心贯彻一所两制，实施企业化管理，独立核算，建立产、研、供、销、人、财、物及售后服务等部门，在当时计划经济时代，在研究所事业单位里运作，困难无处不在。庄益明以国家利益、民众需要为己任，破天荒地带领医电中心员工，克服重重困难，研制成功并建立了我国第一条高质量的医用X线电视设备生产线。产品既符合医用高要求，又不同于常规工业电视标准，使用这套设备后，医生可免受X线辐射之苦，患者可减少X线剂量7—10倍。在设计、研制和销售过程中，他经常出差在外，与高校、工厂、研究机构、医院联系相关事宜。该设备从1986年投入市场，至1991年就已占据80%的国内市场，到1995年累计销售收入超过1亿元，产品还出口到7个国家和地区。当时五〇四所流传一个口头禅：“民品顶所半边天。”医用X线电视结束了我国这一设备全部依靠进口的历史，该设备被评为航天部十佳民用产品，并获得航天部科技进步一等奖，国家质量银奖。庄益明荣立航天部五院完成民品任务一等功，被国家机械电子部聘用为应用电视标准化技术委员会副主任委员，经所、院、部逐级推荐，被国家教育委员会和人事部表彰为有突出贡献回国留学人员，1991年8月被提升为航天五〇四所主管民用产品的副所长，1992年10月享受国务院特殊津贴。

1988年，庄益明借助医用X线电视设备，又研制成功一套由计算机控制的、具有实时图像处理功能的全自动肾结石粉碎机结石定位系统，产品性能和质量达到国际同类产品技术水平，获得了当时世界上生产肾结石粉碎机最佳的德国多尼尔公司赏识，与他们的肾结石粉碎机配套，在世界市场销售。2001年1月，庄益明退休后发挥余热，被一家民营公司聘用，不到3年时间主持研发成功3.5kW、5.0kW、15kW三种款式移动式C型臂高频X线机，在国内属首创，技术水平领先，产品销售国内外。

庄益明全家合影（1985年于北京长城）

唐建平

航天特级技师　带徒传艺攻关

中国航天科技集团公司第八研究院第八〇〇研究所（上海航天精密机械研究所），位于上海市松江区内，该单位网站上关于企业简介中载："上海航天精密机械研究所隶属于中国航天科技集团有限公司第八研究院，国防科研事业单位，前身为建于1958年的原国防部五院一分院第二设计部，是我国第一代地空导弹研究设计单位之一，现主要承担战术武器总体结构和总装综测、运载火箭箭体结构和大型环境试验等航天军工产品的研制、生产任务。"在这个特殊单位里涌现了一大批优秀的军工人才，唐建平是其中杰出的代表。

唐建平，男，1954年4月21日出生于江苏常熟。大专学历，是中国航天科技集团公司第八研究院八〇〇研究所唐建平班组组长，航天特级技师，国务院特殊津贴获得者。唐建平首席技师工作室被命名为国家级"技能大师工作室"、上海市"技能大师工作室"和上海市"劳模创新工作室"。他是自学成才、敢于创新、乐于奉献、向现代智能型工人转化的突出代表。先后被评为上海市百名优秀技师、上

唐建平

海市十大读书明星、上海市劳动模范、上海市工业十大工人标兵、上海市十大工人发明家、航天技术能手、中国航天工业总公司劳动模范、全国技术能手、中国高技能人才楷模、国防科技工业技能模范班组长、全国劳动模范、全国知识型职工标兵、中国航天科技集团公司优秀共产党员。先后荣获全国五一劳动奖章、中华技能大奖等荣誉称号。

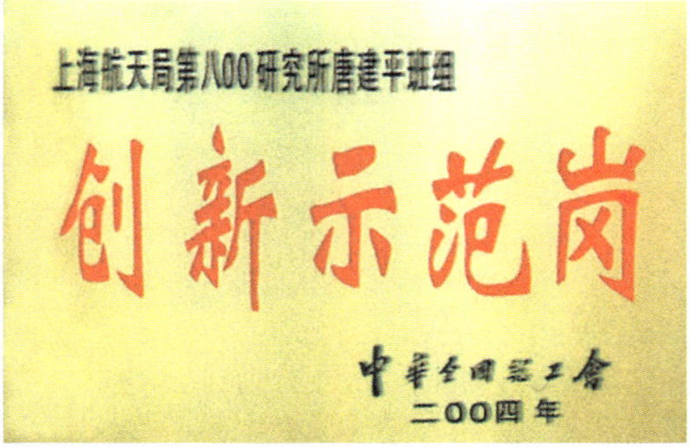

唐建平班组获创新示范岗（八〇〇研究所提供）

唐建平三十多年来从事运载火箭、防空导弹、气象卫星及神舟号飞船等航天型号产品复杂结构件的生产，特别擅长于刚度差、易变形的薄壁铝、镁合金和钛合金零件的加工。他与班组紧紧捆绑在一起。唐建平班组曾先后获得上海市劳模集体、全国五一劳动奖状、全国工人先锋号、全国质量信得过班组、全国学习型标兵班组、全国职工创新示范岗、中国航天科技集团公司"航天金牌班组"等近 30 种荣誉称号，蜚声航天科技界。他的班组是一个以精加工为主的数控加工班组，共有数控加工设备 23 台，班组由生产小组和技术小组组成。截至 2012 年，班组共有成员 41 人，平均年龄 29 岁，其中硕士 4 名，大学本科以上学历 7 人，技师以上 14 人，高级工 7 人，工程师以上 3 人。班组生产小组主要承担战术型号结构件和运载型号结构件等零件的精加工任务；技术小组主要承担面向科研生产一线的技术服务和数控核心专业发展建设等任务。

唐建平班组命名揭牌（八〇〇研究所提供）

唐建平班组的班组精神是钻研、精准、创新、和谐；班组理念是加工求精、质量求严、降本求效、工作求实；班组学习观是让学习成为生活习惯、把学习作为终身追求；班组创新观是技术创新促效益、管理创新促发展。班组拥有五条管理制度，俗称五大法宝，运用这些"法宝"，既确保了航天科研型号责任令任务圆满完成，又推动了班组学习创新能力和组员职业发展能力的全面提升。

唐建平在工作中
（八〇〇研究所提供）

近些年来，班组完成了以国优 QC 成果《降低 RiFa80 机床钻孔工序加工不合格率》为代表的 QC 成果 12 篇；完成了以《国家 973 工程中某电极零件的攻关》项目为代表的院级以上科研攻关及科技创新项目 14 个奖项；完成了以《基于 PRO/E 的多轴联动进给速度控制技术研究》为代表的科技论文 80 多篇，其中有 17 篇发表于《国防科技报告》《航天制造技术》《航天人才》等国家核心期刊；申报了以国防发明专利《薄型多面体结构件的加工装置及其方法》为代表的各类专利 20 项；完成技术革新、合理化建议 350 多项，实现了从“完成任务型”班组向“任务能力型”班组的转变，创造了一流的业绩，成为中国航天科技集团公司和上海市班组建设示范基地。

唐建平工作车间（八〇〇研究所提供）

唐建平和他团队的最大特色，体现在以技术创新为抓手，追求精益求精，在更高层面上显示大国工匠精神。某战术型号弹翼、尾翼的工艺攻关是八〇〇所最为重要的攻关项目，它的成功与否，将直接影响该型号产品批量生产的进度。在研制和试制阶段，该零件都是在普通铣床上加工的，加工质量不稳定，且周期长，无法满足批产要求。本着“求精求严”的原则，组长唐建平带领小组成员反复研究，充分论证后，大家决定用五轴加工中心来解决这一生产上的“瓶颈”问题。班组运用编程软件编制五轴五联动 NC 加工程序，分工负责，通力合作，加班加点，制定出了合理的加工方法，还自行设计专用工装，通过反复研究和试验，编制出精确的加工程序，选择了合理的刀具和加工参数，圆满地完成了这一攻坚任务。这一项目的完成，不但有效地保证了产品质量，而且为部队装备急需的两个战术型号产品批量生产的顺利进行奠定了基础。多年来，唐建平还被大家称为解决难题的高手。比如有一次，班组在连续加班了几天后，有一台美国进口的卧式加工中心突然出了问题，“瘫痪”在那里，车间主任立即与美方驻上海销售服务部联系，然而对方毫无商量余地告知：需要3个月时间，并且费用不低于4000美金。军工生产怎能等得起3个月？车间里顿时炸开了锅。此时，唐建平站了出来说：“我们试试吧，也许可以……”有人劝他别自找麻烦，这不是他们班组的事。但唐建平说干就干，逐段检查，结果发现原来是设备里的轴承套因缺油与电机轴咬死而烧坏。大家连夜画图纸，第二天找到加工单位，一共做了12个轴承套，仅花费了一百多元人民币，设备又“生龙活虎”起来。

唐建平班组获国防科技工业职业技能模范班组（八〇〇研究所提供）

班组信息化管理系统（八〇〇研究所提供）

班组骨干李寿涛、唐建平、周瑞红、蒋延峰、钱锋（从左至右）带头组织技术攻关（《勇创一流的航天团队》）

八〇〇所科研生产任务十分繁重，数控作为机加工的重点工序，在保证质量的前提下提速增效是班组工作的重中之重。班组的编程人员和操作人员，围绕科研生产的重点和难点，踊跃开展技术革新、生产攻关、QC活动、项目课题等，促进了产品质量和生产效率的双提升。例如，改进了某型号细长弹翼加工工装，解决了原工装在零件安装前工装各模块需校平问题，以及切屑清理和装夹拆卸费时的问题，有效保证了加工质量，并大大缩短了辅助时间。该成果获得2010年度集团公司“五小”成果奖；某型号四舱密封槽加工，通过切削方法和刀具的改进，不仅使表面质量得到提高，而且加工效率提高了

班组骨干认真备课，向组员传授编程基本知识和有关软件的应用知识（《勇创一流的航天团队》）

李斌班组、唐建平班组工作交流会暨李斌网站开通仪式（《勇创一流的航天团队》）

唐建平班组荣誉（《勇创一流的航天团队》）

三十多倍，相关成果正在申请专利；围绕刀具精细化管理，班组自主开发的“刀具全寿命周期管理系统”获得八院“启明星创新”成果奖，并已申请软件知识产权。面对“批产任务当量大，研制预研产品状态多、节点紧”的新形势，唐建平带领班组建立了质量精细化管理体系，加大对共性质量问题的研究与解决力度，提高通用产品的成熟度，从而确保了各项科研生产的顺利开展。

这些年来，一批又一批年轻操作工在唐建平的帮助和指导下，技术上进步很大。唐建平还认真指导组内的大学生解决在编程中碰到的数控加工工艺问题，并在所内举办了技术讲座。他撰写了多篇专业论文，还拥有五项国家专利。

朱云飞

坚守八尺钳台　航天金牌教练

中国航天科技集团公司第八研究院第八〇〇研究所103车间钳工组组长朱云飞，坚守八尺钳台二十余载，靠着手勤、眼勤、腿勤和脑勤，从一名泥瓦匠蝶变为航天系统的特级技师，成为全国技术能手，被人们啧啧称赞。

朱云飞，1966年生于崇明，1993年他27岁，告别干了整十年泥瓦工的市建三公司305工程队，顶替父亲来到位于松江西南部的八〇〇所工作。他不曾想到，这双每天和水泥石灰打交道的手，有一天会与祖国的航天事业息息相关。可是，从建筑工地到研究所，文化与技术一片空白，如果按航天工人的要求加工产品，那简直是“天方夜谭”。面对困境，朱云飞毫不退缩。他曾说：“我总是有一种情怀，觉得要做一些能够改变世界、创造未来的事情，这是我的人生目标。”

朱云飞

朱云飞入所没多久，周围的同事就察觉到他与众不同。每天从早到晚紧跟老师傅的脚步，牢记一招一式；班组长、技术人员、车间负责人，他一个都“不放过”，虚心求教。朱云飞认为：起初我提的问题旁人或许觉得很傻，但是我学会了、

八○○研究所大门

中国航天标志

理解了，就成了我自己的知识。

朱云飞的师傅于松宝说他有股劲儿，真的喜欢这份工作。看到“半路出家”的年轻人如此勤奋好学，师傅们都愿意倾力传授。慢慢地，朱云飞的问号逐渐减少，工艺技术日趋精湛，钻头、扳手、锉刀像被驯化了的野马一样，乖乖听起话来。

车间内部有“零废品率”的要求，但朱云飞做坏过。那次的事故让他对钳工工作有了更深刻的认识：“干活要用手，更要用心、用脑，想在航天立足，就要做到最好！”朱云飞白天跟师傅学技术，苦练基本功；晚上进补习班学文化，数学、物理、几何……他一门门从头学起。凡是所里有技术培训，他都参与，不放过任何一次充实自己的机会。多少个日夜，别人休闲消磨掉的时间，都成了他提升自己的好时光。凭着这股韧劲，他的技术水平赶上了大家，成为车间的操作能手。随后几年，他在所里举办的技术“比武”中不断取得好成绩。2007年在院技术“比武”中拔得头筹，2012年获“全国技术能手”称号，2014年成为中国航天科技集团的特级技师。花21年时间，完成了从一名学徒工到特级技师的蝶变。2017年，获“上海工匠”称号和上海市五一劳动奖章，享受国务院特殊津贴。

不知从何时起，他开始被人称作“师傅”，他当了班组长，成为钳工组领头人后，一心想着要把班组打造成一支技艺高超、能征善战的队伍，把个人力量最大限度地转化为集体力量。很快，好消息接踵而来：在市经济和信息化系统职业技能竞赛航空航天专场中，他们钳工组三名青年发挥出色，进入前十名，包括一名第三名。可谓“一战成名”。还在全国第六届技能大赛中获得团体第十名，包揽上海“航天杯”职业技能竞赛前五名。

朱云飞在工作中（八〇〇研究所提供）

钳工是敢于和机床比武的“真英雄”。急难险重的任务中少不了朱云飞的身影。这些年他处理过的“险情”，排除的“疑难杂症”，挽救过的产品，多得已经记不清了。但是对于他的革新和创新业绩，车间的同事们如数家珍：“他先后完成了三十余项技术革新，设计了卡环加工专用工装，生产效率提高了近三倍；改进舵叉与空气舵装配精度，设计了组合工装，生产效率提高了四倍，质量合格率 100%；设计了三个型号护套加工刀具和工装，使生产效率提高了近五倍；发明了簧片组合加工工装，生产效率提高了近七倍……”

朱云飞（中）参加 2017 年上海工匠表彰活动（八〇〇研究所提供）

朱云飞信奉“众人划桨开大船”。他希望能将自己几十年琢磨出来的经验、技巧尽可能多地分享给组员，让一个人的“知识储备”转化成一群人的“技能库”。“红蜘蛛”是一款实用的网络教学工具，既可在电脑使用，还可下载手机 APP。朱云飞整理了几千道题目上传，形成钳工专业题库，班组犹如班级，大家可以共同探讨、随意登录，复习题目、模拟考试，既方便又有效。根据班组成员应具备的生产型、竞赛型、复合型特质的要求，他有针对性地“因材施教”，在智力投资上不搞平均使用，而是通过班组内经常性的自行开展的“比武”去选拔苗子、尖子，在一

八〇〇研究所企业文化

八〇〇研究所行政办公楼（八〇〇研究所提供）

般培养的基础上加以优先培养，并把好苗子安排在某些重点型号的生产中去锻炼，让他们参与到攻关项目中去；对个别“屡试不第”的则安排做适宜的工作。

朱云飞努力完成了从“救火队员”到“金牌教练”的角色转换。他在组内建立了“首席技师攻关团队”，开展技术指导和“师带徒”工作。在长期工作实践中，朱云飞总结了十余项先进操作法，并将自己的经验、技巧倾囊相授，激发出无穷“正能量”。朱云飞带领大家一起干，事业越干越红火，他的钳工技术创新工作室申报“双向定位操作法”，在133项成果申报中胜出，成为八院唯一获得市职工先进操作法优秀成果奖的项目。朱云飞荣获院科研型号研制一等功，备受瞩目，赞誉声一片。

樊宏湍

“长四丙”火箭总指挥　探月背工程参与者

起步于20世纪60年代的长征系列运载火箭，是我国自行研制的航天运载工具。1970年4月24日，首次发射“东方红”卫星的运载火箭是“长征一号”，后来又有长征二、三、四、五、六、七、八等多种型号，故称为“长征”系列运载火箭，其中一种型号为“长征四号丙”，简称“长四丙”。报载2018年4月10日12点25分，在酒泉卫星发射中心，“长征四号丙”运载火箭成功执行“一箭四星”发射任务，将遥感卫星三十一号01组卫星及微纳技术试验卫星顺利送入预定轨道。5月21日，由长征四号丙运载火箭发射“鹊桥”号中继星，为嫦娥四号的着陆器和月球车提供地月中继通信支持；然后，由“月兔二号”巡视器和着陆器组成的嫦娥四号探测器由长征三号乙运载火箭于12月8日从西昌卫星发射中心升空，2019年1月3日顺利在月球背面预选区着陆，由多个国家和国际组织参与的科学探测任务陆续展开。此举，在人类历史上首次实现了航天器在月球背面软着陆和巡视勘察，首次实现了地球与月球背面的测控通信，在月球背面留下了世界探月史上的第一

樊宏湍

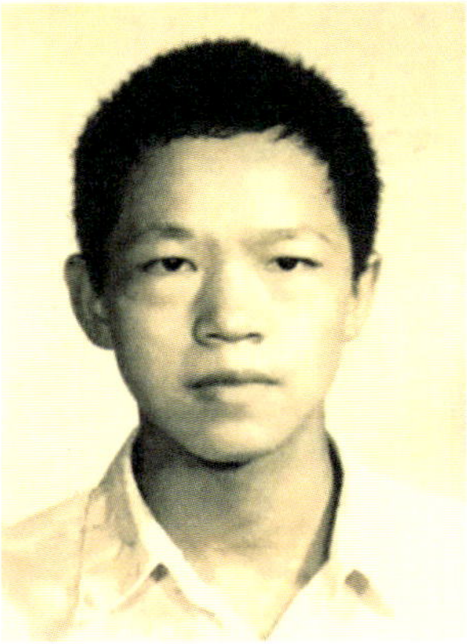

松江二中1982届学生
樊宏湍（松江二中提供）

行足迹，揭开了古老月背的神秘面纱，开启了人类探索宇宙奥秘的新篇章。消息可谓“轰动世界”“震撼国际”。

2019年11月25日，英国皇家航空学会2019年颁奖典礼在英国伦敦举行，“嫦娥四号”任务团队获得本年度全球唯一的团体金奖；该奖也是英国皇家航空学会成立153年来首次向中国项目颁发的奖项。

“长四丙”火箭是由上海航天技术研究院（又称中国航天科技集团有限公司第八研究院）、上海航天局抓总研制的一款运载火箭，樊宏湍光荣地成为“长征四号丙”火箭总指挥。2019年2月20日下午，中共中央总书记、国家主席、中央军委主席习近平，在北京人民大会堂会见探月工程“嫦娥四号”任务参研参试人员代表，樊宏湍站立于队伍的第一排。

长征四号丙火箭

樊宏湍于1966年10月生于河南内乡，1978年随父到松江，1982年毕业于松江二中，大学本科毕业后，进入上海航天技术研究院工作，2003—2009年任副总工程师，2009—2015年任总设计师，2015—2020年任总指挥。他的父母曾居住于松江永丰街道。喜讯传至茸城，老邻居们奔走相告，二中的学子们更是欢欣鼓舞。2019年3月1日，樊宏湍在写给母校的学弟学妹的一篇寄语中说：习近平总书记对探索浩瀚宇宙，发展航天事业，建设航天强国高度重视；希望同学们努力学习，勤于思考，勇于创新，释放青春激情，勇做新时代的追梦人！

宇宙浩瀚辽阔，探索艰苦卓绝。在我国跻身世界航天强国的追梦路上，“长四丙”总指挥樊宏湍和他的同事们，用汗水和热血、智慧与创造，书写航天人步伐铿锵、砥砺前行的奋斗篇章。由中国航天科技集团有限公司第八研究院负责总研制的“长征四号丙”，是常温液体三级运载火箭；它是在“长征四号乙”基础

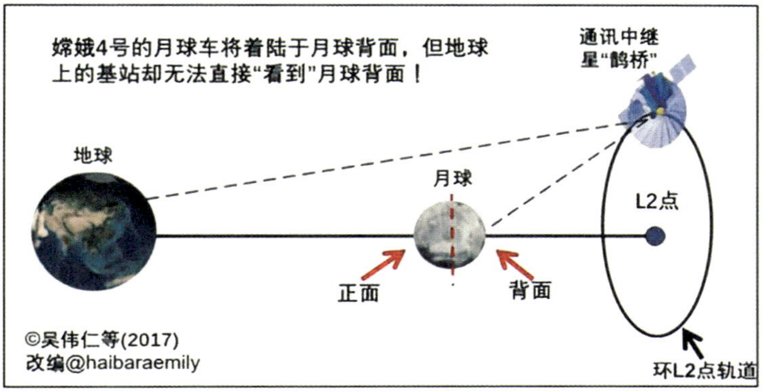

鹊桥中继星

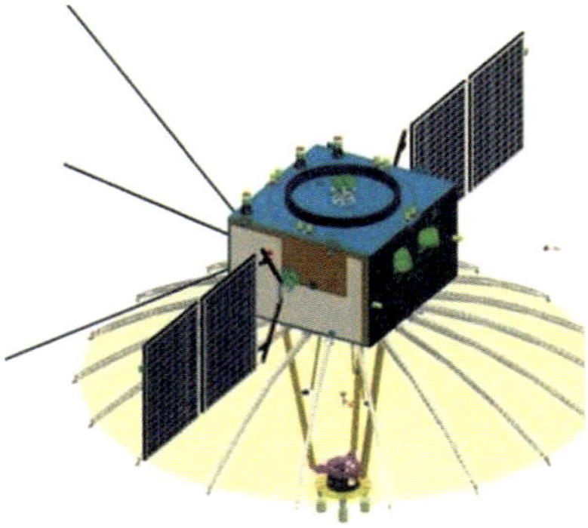

鹊桥中继星（示意图）

上增加了三子级二次启动能力，主要用于发射太阳同步轨道卫星的改进型运载火箭。

进入 21 世纪后，卫星探测技术有了长足发展，以往传统的光学探测方式受到环境条件的制约太多，不具备全天时、全天候的观测能力。一种以微波遥感成像的观测手段正在得到越来越多的应用。1999 年，我国正式开展了遥感卫星的研制任务，“长征四号乙”研制队伍也随之承担起了发射的历史重任。必须完成 161 项技术状态更改，才能满足发射任务的要求，而其中最难的莫过于三子级发动机的二次启动技术。2004 年 7 月 10 日，随着秦岭山沟中轰鸣的发动机声第二次响起，所有在场的参试队员都情不自禁地鼓起了掌，历经五年多时间，这支研制队伍终于完成了我国第一台常温推进剂二次启动发动机的研制工作。

2006 年 4 月 27 日，“长征四号乙”首次发射遥感卫星一号，开启了追赶太阳的征程，当远望号测量船传来卫星准确入轨的消息时，大家都无比激动，因为这是该火箭创造的一个新纪录。“长征四号乙”火箭又一次改写了世界火箭的历史，成为第一个首次进行两次启动便获得成功的火箭。2007 年 4 月，航天科技集团批复，将采用三子级发动机两次启动技术状态的“长征四号乙”火箭命名为“长征四号丙”运载火箭，并于 2018 年 5 月，在西昌卫星发射基地成功将“鹊桥”中继星送入预定轨道。

嫦娥四号任务是世界首次月球背面软着陆和巡视勘察任务。由于受到月球自身的遮挡，着陆在月球背面的探测器无法直接实现与地球的测控通信数据传输，因此需要首先发射一颗中继星，解决与月球背面的通信问题。“鹊桥”中继星作为架设在嫦娥四号着陆器和巡视器与地球间的“通信站”，为“着巡组合体”安全抵达月球背面构筑信息通路。2018 年 5 月 25 日 21 时 46 分，“鹊桥”中继星成功实施近月制动，进入月球至地月拉格朗日 L2 点的转移轨道。6 月 14 日 11 时 06 分，探月工程嫦娥四号任务“鹊桥”中继星成功实施轨道捕获控制，进入环绕月球约 6.5 万公里的地月拉格朗日 L2 点的 Halo 使命轨道，成为世界首颗运行在地月 L2 点的 Halo 轨道的卫星。2019 年 1 月 11 日，嫦娥四号着陆器与玉兔二号巡视器工作正常，在“鹊桥”中继星支持下顺利完成互拍，地面接收图像清晰完好，中外科学载荷工作正常，探测数据有效下传，搭载科学实验项目顺利开展，达到工程既定目标，标志着嫦娥四号任务圆满成功。至此，中国探月工程取得“五战五捷”。

曾几何时，为了遨游宇宙，成功实现探月工程目标，第八研究院接到任务后，随即投入大量人力、物力和财力，组织力量，进行相关科研攻关。“长征四号丙”运载火箭总指挥樊宏湍说出了航天人的心声：“质量在我手中，绝不使探月征程误点。”须知，“长四丙”运载火箭，以往主要发射太阳同步轨道卫星，而这次执行的是奔月轨道，需要将卫星送到近地点 200 千米、远地点 40 万千米的大椭圆轨道上，这对“长四丙”来说还是史无前例的，尤其是飞行轨道设计有别于以往，具有更高难度和更大挑战。樊宏湍和他的同事们一起迎难而上，克服重重困难，圆满地完成了任务。

松江二中树人院

樊宏湍工作照（松江二中提供）

为确保火箭成功发射，除了精心设计外，还有许多相关的细节问题需要一一解决。例如，2018 年 3 月 31 日、4 月 10 日、5 月 9 日、5 月 21 日中继星四次发射，在三个不同的基地、不同的地理环境和气候状况下进行，樊宏湍及其火箭团队需要应对的挑战很多。西昌基地地处盆地，多雨，高温，与酒泉、太原基地的干燥，风沙多形成强烈反差。为了应对高温，试验队策划了包括推进剂提前调温、应急泄出和补加等一系列预案；针对潮湿问题，组成了以主任设计师领队的防御防潮检查小分队，定期给火箭“体检”。此外，火箭发射试验队发扬“严慎细实”的优良作风，推行“点长制”，针对任务中 43 项强制检验点的关键测试和操作执行到位认真把关，确保“不带问题上箭，不带隐患上天”。

“长征四号丙”火箭发射“连轴转”，背后是樊宏湍和火箭团队马不停蹄、争分夺秒的紧张工作。例如春节前，完成 11 个集装箱的地面测发控系统设备装箱和装车工作。大年初十，“先头部队”先期抵达西昌发射中心，十个工作日内完成地面设备安装调试，中途又辗转赶往酒泉基地，完成“长四丙 Y25”火箭发射任务后迅速回返西昌基地。人们从火箭团队三个月来回奔波的忙碌身影中看到，引“长征四号丙”以为自豪的航天人，用实际行动书写着时不我待、勇往直前的新长征精神，传承着为国争光，吃苦耐劳，一丝不苟，只争朝夕的大国工匠精神。

嫦娥四号任务团队荣获英国皇家航空学会 2019 年度团队金奖

《在浩瀚星空谱写上海传奇——航天探索永无止境》是 2018 年 12 月 24 日《新民晚报》的一篇专题报道。据樊宏湍回顾，三十年来长征四号运载能力提高了 200 公斤，入轨精度提高了 5 到 6 倍，发射基地拓展到了太原、酒泉、西昌三个基地，发射试验队员由近 200 名精简至 85 名，发射时间由数个月缩短为 20 个工作日。此次

上海航天技术研究院

发射任务不仅是上海航天抓总研制的长征火箭第 100 发，也是上海航天 2018 年的第 11 次火箭发射任务，宣告上海航天进入“一年发十箭”的新时代。

2018 年起，我国火箭研制发射进入高密度期，“长征四号”火箭一跃成为我国近地轨道卫星发射的主力军。在高密度发射的现实需要面前，卫星的灵活需要和火箭的批量生产常常是一对矛盾，兼顾好“私人定制”与“去任务化”十分重要。“私人定制”是针对卫星特殊性所做的调整。此次高分十一号卫星是“长征四号”系列火箭有史以来运载的外形最大、质量最重的卫星载荷，为此，火箭为卫星定制了专属的大型号整流罩，并就星箭接口进行了放大。而“去任务化”的探索与实践则让“长四”系列火箭大大缩短了发射的准备时间。上一年，“长征四号”系列运载火箭完成了控制系统电阻盒的模块化、通用化设计，将现有的多种电阻盒状态重新设计为“长四乙”“长四丙”两种火箭通用的电阻盒状态，覆盖了“长征四号”系列火箭现有的各类任务状态。

“长征四号丙”火箭总指挥樊宏湍说，通过实施“去任务化”，火箭的适应性大大增强。现在的“长征四号”系列火箭，通过改进设计，减少了状态差异，合并了相近构型，有了确定的系统级状态，使产品具备了在发射前 6 个月适应发射任务调整的能力。经过不断发展和技术改进的“长征四号”系列火箭，已被授予“金牌火箭”称号。

后　记

《松江工匠》是一本集工匠传承作品、融会工匠技艺和相关史料的综合性专著。该书编撰工作始于 2017 年，历时三十多个月成书出版。书中收录古今与工匠有关的人物约百名，共分为 9 章，103 篇，40 万字左右。

本书是落实中共松江区委、松江区人民政府《人文松江建设三年行动计划》推进要求的具体成果之一，同时也是松江有史以来第一部记录和反映松江工匠精神的专著。在松江区文化和旅游局的重视下,《松江工匠》编委会成员努力克服工匠资料收集难，工匠身份和古今区划变动界定难，以及插画配图难的困难，力求全面、系统、准确展示古今工匠的创新创造成就。

为体现工匠精神古今传承，彰显新时代大国工匠风采，本书依据各有关单位报送的资料和新闻报道等披露的相关信息，有选择性地编写了部分松江人、新松江人以及在松江建功立业、为国家科技进步做出了卓越贡献的人和事，以传扬他们在科研领域勇于创新发明、功利千秋的工匠精神。

本书由原松江区地方史志编纂委员会办公室常务副主任王永顺负责编辑统稿。本书编写过程中，既得到上海通志馆、上海图书馆和松江有关单位的鼎力支持，又有周洪声、张新华、张光欣、叶菁、韩雯等松江老中青画家帮助绘制部分工匠人物画，同时选用了来自《云间文博》等书刊的图片资料。落志斌、叶佳雯在图片整理等工作中热情相助，还有一些图片因不知作者，故未记其名，敬请见书后，知情人或图片作者主动与编委会联系，在此一并表示衷心感谢！虽然编写人员为本书最终得以刊行付出了艰苦努力，但因史书中记载工匠和技艺史料较少，难免会留有遗憾，加之编写人员的学识有限，书中难免有不妥之处，敬请提出宝贵意见。

《松江工匠》编委会

2020 年 12 月

图书在版编目（CIP）数据

松江工匠 /《松江工匠》编委会编 . — 上海：上海书画出版社，2021.3

ISBN 978-7-5479-2567-6

Ⅰ. ①松… Ⅱ. ①松 Ⅲ. ①手工艺—民间艺人—列传—松江区 Ⅳ. ① K825.72

中国版本图书馆 CIP 数据核字（2021）第 041882 号

松江工匠

《松江工匠》编委会 编

责任编辑	孙 晖 赖 妮 袁 媛
特约审读	吴旭民
责任校对	郭晓霞
整体设计	上海轶芸广告设计有限公司
技术编辑	顾 杰

出版发行	上 海 世 纪 出 版 集 团 上 海 书 画 出 版 社
地址	上海市延安西路 593 号 200050
网址	www.ewen.co www.shshuhua.com
E-mail	shcpph@163.com
制版	上海世纪嘉晋数字信息技术有限公司
印刷	上海丽佳制版印刷有限公司
经销	各地新华书店
开本	720×1000 1/16
印张	31.75
版次	2021 年 6 月第 1 版 2021 年 6 月第 1 次印刷

书号 ISBN 978-7-5479-2567-6

定价 **248.00 元**